Régio

Dictionnaire littéraire et érotique des fruits et légumes

Jean-Luc Hennig

Dictionnaire littéraire et érotique des fruits et légumes

Albin Michel

22, rue Huyghens 75014 Paris

ISBN 2-226-06892-9

Avant-propos

Pendant que vous lirez ces lignes,
Sucez je vous prie le jus d'une cerise.
FRANCIS PICABIA.

*A propos des fruits & légumes, on parle généralement cuisine, diététique, jardinage, apprentissage du goût. Toutes choses utiles, sans doute, mais qui laissent peu de part, en fait, à l'imaginaire. Pourquoi, pour une fois, ne pas les envisager plutôt par ce que l'on en dit, par les mots ou les expressions qui servent à raconter leur histoire, bref comme une simple aventure du langage, et donc comme une rêverie intime, proche de ce que Bachelard appelait, d'une formule célèbre, l'*imagination matérielle *? Car, à vrai dire, ces fruits & légumes, nous faisons plus que les semer, les faire pousser, les cueillir, les éplucher, les assaisonner, les cuisiner, enfin les manipuler de toutes les façons imaginables, nous avons un rapport affectif avec eux, nous les aimons, nous les détestons, et surtout nous avons de curieuses façons de les aimer ou de les détester. Que se passe-t-il ? Quel est le mystère de cette attraction passionnée ?*

Sans doute a-t-on raison de déplorer aujourd'hui que tant d'espèces de fruits & légumes disparaissent, happées par l'industrialisation de l'agriculture, et que nous ayons en quelque sorte perdu le goût des choses, comme s'il s'était atrophié ou qu'il se fût réfugié, par peur ou par impuissance, dans la frénésie de l'uniformité. Mais le pire, c'est que même les mots viennent à manquer. Nous ne savons plus du tout ce qu'une tomate, une aubergine ou une grappe de raisin pourrait bien avoir à nous dire, parce que le langage fait défaut. Elle ne nous dit plus rien. Comme le remarque joliment Jacques Puisais, elle est muette. *Ce n'est pas seulement sa nature qui est muette, c'est notre langue. Plus on en sait en somme sur les végétaux, plus notre rêverie paraît amorphe et insignifiante. Nous sommes devant une pomme ou un navet comme devant une divinité mystérieuse et tragique. Il y a là des secrets qui résistent à ces monstrueuses analyses, mais on ne les connaît pas. On pratiquait autrefois, dans les écoles primaires, après qu'on eut appris à lire, deux exercices utiles : la* leçon de choses *et le* développement de texte. *Le premier se présentait comme une physique des objets, le second comme leur dépliant imaginaire. Et l'un sans l'autre paraissait inutile. On ne saurait parler du potiron ou de la courgette sans en connaître la physionomie et les propriétés, mais à quoi serviraient ces données objectives, si on les amputait justement du mystère qui nous rattache à eux ? A quoi nous serviraient-ils s'ils n'étaient aussi objets de poésie ? Je souhaiterais que ce livre permette de mieux apprendre à parler des fruits & légumes, comme à les faire parler. Et je crois que c'est leur rendre justice que d'introduire le langage dans le jardin, dans un esprit qui paraîtra peut-être un peu trublion, d'une humeur malicieuse ou perfide, mais qui est une façon de faire de ces organes pleins de vigueur des objets de dévoration et de sensualité, de les considérer dans la multiplicité de leurs sens, l'ambiguïté de leurs formes, la variété de leurs attributs érotiques comme des êtres vivants.*

Voyez les textes. Quels textes ? N'importe lesquels. Ceux qui vous tombent sous la main. Un traité d'histoire des religions, un fait divers, une recette de cuisine, un poème de Ponge, un récit de voyages du XVIe siècle, un dictionnaire des superstitions, une critique gastronomique, une chanson paillarde, des proverbes et expressions populaires, le Dictionnaire érotique moderne *d'Alfred Delvau (1864), une histoire de la nourriture, etc. A partir de là, des réseaux d'images s'organisent. Et grâce à ces nouvelles cartes, vous pouvez imaginer à votre tour un portrait singulier, drôle, pittoresque, aimable, ce que vous voudrez, de toutes ces créatures végétales. Découvrir, par exemple, qu'il y a pour un enfant une étrange proximité entre son horreur des épinards et l'amour que lui porte sa mère. Que les groseilles sont entièrement tournées vers le monde des femmes et des enfants, alors que le cassis est résolument du parti des hommes. Que l'abricot a quelque chose d'androgyne que n'a pas du tout la pêche. Que la tomate et la betterave sont liées au sang, en particulier au sang menstruel. Que la poire, qui se situe aux deux extrêmes de la blettissure et de l'âpreté, révèle un fond certain de masochisme. Que la truffe et l'huître (souvent associées dans les dîners amoureux) sont les deux démons du XVIIIe siècle. Etc. Ces réseaux d'images constitueront une petite mythologie portative de vos aliments, correspondant (disons) à ce que Barthes, en son temps, avait imaginé pour le bifteck-frites ou encore le lait et le vin, ou si* vous préférez une grammaire, improbable et rêveuse il est vrai, morphologie et syntaxe de vos affections, de vos colères ou de vos appétits.

La configuration des fruits & légumes évoque la sphère, le cylindre, l'anneau ou la coquille, elle est en quelque sorte giratoire et close sur elle-même. Leur force d'attraction paraît résider précisément en ce qu'ils n'ont ni face, ni côté, ni dos : ce sont de pures verticalités. Est-ce à dire pour autant que ce sont des formes immobiles ? « La bête souffre, elle aime, désire, chasse, agonise », note Gilles Lapouge (Utopie et civilisations). « Elle est imprévisible et son corps est ténébreux. Son apparence dissimule deux profondeurs, celle des instincts et celle des entrailles. » Au contraire, la plante ne cacherait ni mouvement, ni épaisseur, ni secret. Elle serait sans volonté et sans mystère. C'est pourquoi, dit-il, le monde végétal, tissu d'êtres sans passion, sans évolution et sans dessous, est peuplé d'utopiens (et il classe parmi ces utopiens, bien sûr, Linné). En somme, la plante serait immobile de ne pas exister, elle permettrait de réduire le vivant au nombre. Quelle erreur ! Quelle bévue ! En tout cas, des poètes comme Neruda, dans ses Odes élémentaires, ou Ponge, ou Follain, sont loin de partager ces sentiments déprimants à l'égard du végétal, ou même du minéral.

Aventures galantes ou assassines, intrigues, inimitiés, vices ou crimes, c'est un roman en effet que la vie des fruits & légumes. Un roman qui se présente un peu en étoile, comme une succession d'historiettes, selon l'expression de Tallemant des Réaux, c'est-à-dire de « petites histoires mêlées d'un peu de fiction et de galanterie » (Furetière), ou encore de rocamboles. Qu'est-ce que la rocambole ? C'est une espèce d'ail, mais aussi une chose piquante ou futile ou même insignifiante. « A tout péché », disait Ducerceau (La Nouvelle Eve), « la loi qui l'interdit est un attrait, une rocambole. » Il avait raison. Ne nous en privons pas. La rocambole, qui réveille les appétits, piquera donc de considérations pittoresques, de portraits, de rêveries, de digressions, d'épisodes romanesques, la vie déjà passablement agitée de ces crudités. On s'interrogera sur de curieuses complicités : pourquoi le persil et le putanat ? la pastèque et le hérisson ? les eunuques et les truffes ? Vauban et le pissenlit ? On observera, en somme, d'un regard épicurien et même assez gourmand ces choses du jardin, dans une sorte de poétique amoureuse. On visitera une mémoire de l'enfance, un possible de l'enfance, mais pas une enfance innocente, vertueuse et à jamais perdue, non. Une enfance qui n'a rien d'idéal et qui se donne *pour ce qu'elle est : joueuse, méchante, perverse, boudeuse et délicate. Cette enfance-là est sans doute ce qui nous rattache le plus à elles, et c'est pourquoi elles nous l'enseignent.*

Comme on voit, tout dans cette déclinaison d'affections reste subjectif. Car un fruit ou un légume n'est pas simplement le résultat d'une chimie interne, c'est aussi l'histoire de celui qui le mange. En somme, il n'est jamais inutile d'interroger le désir que nous pouvons avoir à caresser une poire, à déshabiller un bulbe de fenouil, à écraser des noix dans la salade, à chiffonner l'oseille, à peler l'orange à vif ou à mordre dans le cul d'un artichaut. Je ne crois pas pour autant avoir opéré une captation ou détourné à mon profit *ces délicieuses verdures, je dirais plutôt qu'elles se sont livrées à moi* à mon corps défendant. *Comme si j'avais en quelque sorte approché en elles (et en moi) quelque chose qui ne pouvait pas se dire autrement. Elles se sont ouvertes : écorchées ou simplement* boisées, *comme on dit d'une figue qui frotte contre la branche et qui en garde sur la peau une légère meurtrissure, une infime blessure. Parce que ces fruits & légumes m'ont révélé leur histoire, leur généalogie, leur sorcellerie, leurs mots, leurs émotions, et à travers tous ces langages, ils me parlaient de moi, c'est-à-dire qu'ils me parlaient tout simplement. Et le voyage de soi vaut bien toutes les mers du monde.*

Cette grammaire trace aussi une carte assez précise du corps humain. Elle en détaille les régions stratégiques (les seins, le sexe, les fesses, la bouche, la chevelure), mais aussi les fuseaux nerveux, la flore vaginale ou les cavités cérébrales. Elle en connaît les usages mobiles et multiples, bref elle fait du corps lui-même une exploration : inattendue et instructive. On se rappelle les corps-vergers (enfin les têtes) d'Arcimboldo. Ou le portrait de la Sarriette, dans Le Ventre de Paris *de Zola, adorable au milieu de ses fruits avec son débraillé de belle fille, ses cheveux frisottants qui lui tombaient sur le front, comme des pampres, et ses bras nus, son cou nu, tout ce qu'elle montrait de nu et de rose, avec une fraîcheur de pêche ou de cerise. Ou encore ce* Garçon à la corbeille de fruits, *de Caravage (vers 1583) : auréolant une nature morte véreuse, où des vies rampantes sortent de la peau des fruits comme de cadavres en décomposition, les chairs juteuses et duveteuses d'un enfant, un peu plus qu'un enfant tout de même, aux cheveux étonnamment noirs, aux lèvres ouvertes, aux yeux immenses, presque étourdis. C'est toujours, en définitive, la même fonction qui est dévolue aux végétaux : ce sont des passeurs d'images, des explorateurs de la vie du corps et de sa puissance érotique. A travers leur existence fantasque et turbulente, on retrouve à peu près tout de la matière des manuels érotologiques arabes et indiens. Oui, tout. Des « fraudes » de l'amour (comme disait Brantôme) à la sodomie, des baisers aux supplices, de la défloration aux passions schismatiques. On apprend tout ce qu'il faut apprendre dans un jardin, c'est-à-dire à déchiffrer l'amour.*

On peut d'ailleurs ajouter un phénomène assez troublant, c'est qu'on ne sait jamais vraiment, devant une aubergine, une orange ou un abricot, à qui on a affaire, ou à quoi. A quel sexe imaginaire les rattacher. Ils trichent, ils jouent sur l'étiquette, ils sont bien ce qu'on veut. Ils ne nous décrivent pas tant tel point du corps masculin ou féminin qu'ils ne sont des messagers qui volent de l'un à l'autre. Ils nous incitent à passer d'organe en organe, en toute naïveté comme en toute légèreté. Ils nous abusent : ils n'établissent aucune frontière irréductible, ils n'ont pas la morale sectaire. On devrait davantage porter attention à cette morale horticole, que certains jugeront perverse ou polythéiste, et qui est éminemment hédoniste. Car rien n'est plus éloigné de mon esprit de faire du jardin un monde de virginité ou d'irénée, c'est-à-dire un paradis. *Ou disons que je vois plutôt le paradis comme un jardin de la « concupiscence ardente et désordonnée ». D'ailleurs, personne ne saurait raisonnablement confondre une grammaire du potager et une introduction à la vie dévote.*

Et pourtant. Si les sybarites méprisaient la végétation par esprit de jouissance (Grimod de la Reynière était de ceux-là) et les ermites s'en contentaient par esprit de pénitence, on a vu récemment apparaître des gens qui font résolument du paradis végétarien une « diète éthique ». Il existe d'ailleurs un mouvement lié aux fondamentalistes catholiques, qui se fait appeler : Pour une sexualité écologique. *Ce qui est, semble-t-il, une façon assez adroite d'accorder la forêt vierge et la virginité mariale, l'Immaculée Conception ou le « jardin clos » de Marie, comme disaient les moines, « puisque le Christ est descendu en elle comme une rosée ». J'imagine que ce genre de sexualité doit faire tous ses efforts pour parvenir à peu près à l'état de « nature morte ». Les intransigeants du paradis vert n'ont pas trouvé, à vrai dire, l'illumination au pied de Notre-Dame, mais dans les abattoirs. Ce qui tendrait à prouver que l'horreur du sang et de la chair est peut-être d'abord une horreur de l'Autre. Bref, ces nouveaux croisés qui mâchent des graines de lin (germées), préparées en salade à l'huile d'olive (première pression à froid), s'accordent un verre de jus de choucroute, puis repartent à l'assaut de la verdure récalcitrante, à raison de cinquante à cent mouvements de mastication pour une même bouchée, exercice qu'ils s'imposent trois fois par jour afin de favoriser l'assimilation, que disent-ils d'autre, sinon la recherche éblouie de l'innocence, l'idéalisation du passé, la puissance de la culpabilité ? Vu que la calotte glaciaire fond, que les eaux montent, que la température augmente et que le désert avance, que reste-t-il en effet ? Sinon l'idéal ascétique, le renoncement, la claustration, le vin sans alcool et la prière ?*

Ces mystiques du végétarisme ont en somme étendu le jardin du monastère aux dimensions de la terre. Rien ne les empêche, au demeurant, de créer leur Église en plein désert, de manger des sauterelles comme Jean-Baptiste ou de s'installer sur leur colonne comme de pieux stylites. Ce n'est pas ma conception du jardin, de son bonheur et de ses cultures. D'ailleurs, le jardin n'aime pas le désert. Il n'aime pas non plus l'hiver, parce que l'hiver hait la chair. « Le froid est une leçon de morale », disait Michel Tournier (Le Roi des aulnes), *« de l'inspiration la plus haineusement janséniste. » Le jardin ne refuse pas l'idée que tout doit pourrir ou s'abîmer : il le refuse d'autant moins que les créatures végétales sont parmi les plus fragiles, les plus soumises aux intempéries et les plus fugitives (même si la pomme est considérée comme le plus stable des fruits à peau tendre et si elle peut rester six mois sans être gravement altérée, ce qui en fit le fruit privilégié des peintres). Elles ont donc une étrange proximité avec le pourrissement, avec les larves et les insectes. Les fruits & légumes se font même parfois les messagers de la mort. Certains entretiennent savamment le doute et la confusion, comme le persil et la ciguë, ou encore les amanites, d'autres sont à l'évidence des « déceptions diaboliques », comme on disait au Moyen Age. Toute la médecine de l'époque ne parle que de la corruption qu'entraîne la digestion de certains fruits succulents, si l'on ne prend pas certaines précautions d'usage. On sera donc loin d'être béat. La vie solaire et lumineuse (comme disaient les manichéens) des fruits & légumes ne doit pas cacher leur substance ténébreuse et mortelle.*

« Jardin d'En-haut, jardin d'En-bas », écrit Colette dans Gigi, *à propos du jardin de Sido, à Saint-Sauveur, « — leurs noms en disent*

assez sur la dénivellation du sol — nous laissaient sortir clandestinement, le mur enjambé, et clandestinement rentrer. » Ce n'est donc pas le jardin enclos sur son hypothétique vertu que nous allons explorer, le paradis de Rousseau, des Pythagoriciens et de je ne sais quels absolutistes crudivores, ce n'est pas le vert mystique, c'est le vert des révolutions végétales et des copulations d'étoiles, le vert des désordres, du libertinage, de la folie aussi, le vert du poison mais aussi le vert de l'indécrottable liberté.

A

La fumée de l'abricot

Peut-être parce que sa fleur vient à l'équinoxe de printemps, du moins en Provence, on s'inquiète toujours à propos de l'abricot. « Quand à glace il gèle à la Saint-Victorien, dit-on, en pêches, en abricots, il n'y a rien. » On a raison de se méfier. L'abricot est un fruit précoce, délicat et fantasque. C'est un caprice. Il a la légèreté étourdie d'une comédie de Musset. Et une saveur subtile, qu'on ne retrouve dans aucun autre fruit et qui, dans certaines variétés, évoque assez le musc ou l'oliban. C'est dire si on hésite, à son sujet, sur une origine animale ou végétale. Quand on le mâche, on ne sait jamais si on a affaire à une glande mâle ou à une gomme-résine : c'est ce qu'on appelle le charme de l'Orient. Encore que pour le Dr Henri Leclerc, phytothérapeute du début du siècle, l'abricot rappellerait plutôt, quand il est mûr, la punaise écrasée dans du vinaigre.

Yü

Contrairement à une opinion trop longtemps répandue, l'abricot n'est pas arménien, mais chinois. C'est du moins ce que disent les Chinois, qui certifient que Yü Huang, souverain suprême du monde et sauveur des hommes, le signalait déjà vers 2200 avant notre ère, dans le *Shan-hai king*, où il est dit que plusieurs Sing croissent sur les collines de Pékin. Et le Sing, c'est l'abricot. Un petit fruit sauvage, d'une saveur acide, mais mangeable. Yü Huang, l'Empereur de Jade, ne se serait donc pas contenté de fonder la dynastie des Hsia, il aurait signalé à notre intention la vertu de l'abricot des collines. C'est bien aimable à lui. L'abricot a d'ailleurs fait un grand détour pour y parvenir, par le nord de l'Inde, le Tibet, le Pendjab. Puis par la Perse, où il se faisait appeler *Mischmisch.* Certains lui en surent gré, comme Galien, qui déclare que « les abricots sont du même genre que les pêches, mais ils les dépassent de beaucoup en bonté ». En règle générale, pourtant, on l'assassina. « Après l'avoir absorbé, dit Rhazès, il faut prendre du vin pur, des électuaires au cumin et à l'encens, de la poudre d'ammi pour éviter l'humidité qu'il entraîne dans le sang, vu que cette humidité finit par la putréfaction et engendre des fièvres. » Il convient alors de suer abondamment et de vomir à plusieurs reprises. Bref, pour la médecine arabe, l'abricot est un fruit qu'il convient d'abord d'évacuer.

C'est une légende qui le suivra longtemps. La Quintinie, premier jardinier de Louis XIV, lui préféra toujours injustement la pêche, et renvoya tout bonnement l'abricot aux confitures. L'*Encyclopédie* dit aussi pis que pendre de l'abricot. Il causerait des dysenteries, des coliques, des fièvres intermittentes, que sais-je encore ? Bref, sa destinée fut longtemps liée aux entrailles et à leurs accidents. A quoi la grand-mère de Fontenelle, qui « ne confondait jamais les choses et leur faux-semblant », répliqua que c'était là un « fruit royal, dont les écervelés de notre temps devraient bien faire usage ». Les écervelés, hélas, n'en firent rien. Seul le sirop d'abricot, « pur ou mêlé avec de l'eau, mais avalé lentement et goutte à goutte », faisait (disait-on) merveille pour la gorge : c'est ainsi que Boileau retrouva la voix, sur les conseils de Gui Patin. Quant à sa pulpe, elle avait déjà permis à je ne sais plus quelle reine d'Egypte, peut-être Atsosito, de conserver l'élasticité de sa peau le temps d'un règne qui n'a, apparemment, pas laissé d'autres traces.

Hareng

L'abricot fit son apparition, en France, au milieu du XVe siècle. Mais les premières plantations n'apparurent réellement qu'au siècle suivant, principalement dans le Midi. Et il fallut attendre le XIXe siècle pour qu'il reçoive une légitime reconnaissance.

Il est vrai que ce fruit charnu, si délicatement ambré, ferme et moelleux tout à la fois, provoqua de drôles de réactions. Ainsi cette recette inattendue d'un hareng aux abricots, chez Alphonse Allais *(Ne nous frappons pas,* 1900). Ce n'est pas une préfiguration de la banane aux anchois de la cuisine futuriste, mais tout bêtement le résultat consternant d'un manque de jugeote. Celui d'une jeune mariée, toute fraîche, juste dix-sept ans, oh ! un ménage touchant à force d'être comique, des jouvenceaux qui sont déjà monsieur et madame gros comme le bras. La petite a décidé de confectionner un entremets pour son pauvre chéri, un soufflé d'abricots. Jamais, naturellement, de toute sa mignonne existence, elle n'a touché l'ombre d'une casserole. Mais quoi de plus simple, s'imagine-t-elle, avec le *livre de cuisine ?* Donc, le petit mari s'installe, on mange de bon appétit les comestibles variés et tout à coup il s'écrie :
— Qu'est-ce que c'est que ça ?
— Ça, mon chéri, c'est une surprise.
C'était une surprise peut-être, mais une surprise *immangeable.* La petite ne comprend pas, elle explique, elle se débat, elle dit qu'elle a fait exactement comme dans le livre, elle en est sûre, elle lit la recette : Battez six blancs d'œufs en neige très ferme, ajoutez six cuillerées d'abricot de manière à faire une purée, prenez des harengs laités dont vous enlevez la laitance... Mais lui étreint son crâne prêt à éclater.
— Des harengs !... avec des abricots !
— Lis toi-même.
Il éclate alors d'un rire convulsif.
La pauvre petite femme avait oublié de couper les feuilles du livre.

Oreille

A quoi ressemble l'abricot ? Pour certains, il ne fait pas de doute qu'il a tout d'une oreille. Une oreille saugrenue, qui pousserait sur les arbres. Jules Renard, à propos de Philippe, son jardinier de Chaumot (Nièvre), constata avec beaucoup de sérieux : « Ses oreilles : deux moitiés d'abricots mangées par les guêpes. » Déjà, en 1690, Furetière parlait d'*oreilles d'abricots* à propos d'« abricots confits dont on a ôté les noyaux et dont on a rejoint les deux moitiés, en sorte que l'extrémité de l'un n'aille qu'au milieu de l'autre, ce qui représente une espèce d'oreille ». Ce qu'on vit dans l'abricot, c'était donc un fruit en creux, un peu comme une coquille de pétoncle échouée sur la plage, à la valve épaisse recouverte en dessous d'un épiderme velouté. Mais au moins, dans la valve d'un pétoncle, peut-on espérer entendre les vagues. Jamais un abricot n'a fait entendre quoi que ce soit de semblable. On alla jusqu'à en faire un *oreillon*, ce qui est carrément désobligeant, car autrefois un oreillon (un *orillon*, disait-on), c'était un coup sur la tête. Bref, à tout prendre, il eût mieux valu parler d'oreiller, ce *mol oreiller* qui selon Montaigne était la définition du doute. Le doute est une perspective qui convient beaucoup mieux à l'abricot.

D'autres considérèrent que cette oreille, sans doute parce qu'elle était en feu, pouvait faire un très joli soleil. Giono, dans *Colline*, dit que le soleil est rond et roux comme un abricot. Ce qui n'est pas une simple vue de l'esprit. Jean Chardin, déjà, dans son *Voyage en Perse et aux Indes orientales* (1686), note qu'il a mangé d'excellents abricots dont la chair est rouge, la saveur délicieuse et que l'on appelle *tocmchams*, c'est-à-dire *œufs de soleil*. En fait, c'est un soleil assez timide que l'abricot. Un soleil réservé, précaire ou voilé, presque un cache-soleil. Pour Francis Ponge, l'abricot tiendrait même plutôt de la lune dans son halo. « Une lune, dit-il, qui ne s'entend qu'à mots couverts, à feu doux et comme sous l'effet de la pédale de feutre. Ses rayons les plus vifs sont dardés vers son centre. Son rinforzando lui est intérieur. »

Cul d'ange

S'interrogeant sur l'origine de son nom, Furetière se demande s'il dérive du latin *mala praecoqua* (fruits précoces), du grec *abron*, qui signifie mol et délicat, ou du latin *aperitium*, parce qu'il s'ouvre facilement. Voilà qui est intéressant. En fait, le mot est un emprunt à l'arabe *al barqûq* (lui-même emprunté au grec). Mais considérons l'abricot : la caractéristique du fruit est bien ce sillon semi-circulaire qui le sépare en deux rotondités vibrantes et douces. La pêche aussi, me direz-vous. Mais rappelez-vous ce petit couplet d'un opéra-comique du XVIIIe siècle, *L'Epreuve des fées* : « Vive une beauté jeune et fraîche, /Neuve sans avoir l'esprit sot, /Savoureuse comme une pêche, /Et ferme comme un abricot. » Autrement dit, si la pêche est fondante, l'abricot résiste, il rebondit, il a une fermeté élastique et drue. C'est pourquoi, sans doute, Ponge, qui décrit tour à tour l'abricot comme la lune dans son halo, la palourde des vergers et la tuile ronde (méditerranéenne ou chinoise), s'en tient finalement à ceci : « C'est un cul d'ange à la renverse, ou d'Enfant Jésus sur la nappe. Et le bran vénitien qui s'amasse en son centre, s'y montre sous le doigt dans la fente ébauché. » Voilà donc l'abricot : c'est un petit cul déculotté. Cul sens dessus dessous, cul troussé, velouté et blond, avec un rien de matité duveteuse et un reste de matière brenneuse. Un petit cul souriant et plissé en son centre comme une bourse à coulants. Bref, conclut Ponge, enthousiaste, « nous mordons ici en pleine réalité, accueillante et fraîche ».

Hiatus

Disons-le franchement, c'est une conception de l'abricot. Ce n'est pas la seule. On se montre toujours tranché à propos de l'abricot, farouchement exclusif : on a tort. D'autres ont considéré plutôt dans l'abricot le *pudendum muliebre*, comme on disait autrefois, pour brouiller les pistes. Ou, si l'on préfère, la *nature* d'une femme. Laquelle pouvait se dire aussi bien le « petit honneur » (Brantôme) que l'« ignominie » (Parny), ou même l'ouverture divine, l'hiatus, la parenthèse, la grange, le clapier, le paradis ou le n'importe quoi. Ce qui est varié, et autorise *a priori* l'apparition de l'abricot. La tradition de la poésie galante et de la langue verte suivra donc la vulve-abricot. Déjà on flirtait avec cette idée sous Henri III, quand on jouait au rébus. Au point que Catherine de Médicis se fâcha et interdit l'usage de l'abricot dans le rébus. En tout cas, selon le *Dictionnaire comique* de Le Roux (1718), on parle d'*abricot fendu*, « le plus souvent lorsqu'on parle d'une petite fille, et quelquefois aussi d'une grande ». Abricot, naturellement, par l'aspect velouté du pubis et la netteté du sillon interlabial. « Entre la fin de son con, précise Apollinaire (dans les *Exploits d'un jeune Don Juan)*, dont la forme était assez semblable à la fente d'un abricot, et son cul, se trouvait une distance de quelques doigts. » Une distance somme toute confortable pour qu'on ne confonde pas la vulve-abricot et le cul de l'ange. « L'as-tu vu l'abricot d'la cantinière ? L'as-tu vu son p'tit abricot fendu ? » était un refrain de soldat, qui se fredonnait sur l'air de *La Casquette du Père Bugeaud.* Pour Ange Bastiani *(Polka dans un champ de tir)*, un sourire suffirait à mettre l'abricot en folie, mais d'après Tony Duvert *(Paysage de fantaisie)*, le sourire paraît tout à fait insuffisant et même superflu. Car l'abricot, à son avis, veut être forcé. Et même assez rudement. René est ainsi assez sadique pour garder une fille prisonnière dans la cabane plusieurs jours attachée nue sans nourriture, tandis qu'« il vient en secret après l'école il la baise il ne lui parle jamais elle crève à petit feu il lui mord l'abricot jusque au sang il lui défonce aussi le cul ».

En Andalousie, les femmes qui voulaient se rendre irrésistibles mettaient des feuilles et des fleurs d'abricots sous leurs jupes. Lors des guerres napoléoniennes, on raconte même que certaines femmes habillées en gitanes rôdaient autour des camps français pour y aguicher de jeunes soldats, trop naïfs ou trop éméchés, les ramener avec elles, puis les tuer. Elles les faisaient alors rôtir. Que la galanterie féminine puisse ainsi se changer en fumée d'abricot est évidemment une chose dont ne se méfient pas toujours les jeunes soldats. Il est inutile d'ajouter que la fumée d'abricot a beaucoup nui à l'amour en général et à l'abricot en particulier.

L'ail
rend sentimental

On le surnomme parfois l'herbe aux sept chemises ou aux neufs vertus. L'ail est un membre bulbeux, qu'on appelle hâtivement tête d'ail *(ce qui n'est pas forcément bien compris), garni d'une petite dizaine de bourgeons charnus, serrés comme une portée de petits chiens (ce sont les* caïeux, *ou encore les* gousses*) et ramassés dans une tunique coriace, rosée, voire rouge vin. On le rencontre généralement en tresses, comme sur les petites filles. Ce qui donne envie forcément de tirer dessus. Et donc de les faire crier. Mais l'ail n'a rien à voir avec les petites filles : il est de la même famille que le poireau. Précisément, l'ail est un poireau fendu (d'où son nom allemand* Knoblauch, *c'est-à-dire la crevasse). Autrefois, les poireaux sauvages étaient divisés aussi en plusieurs petites gousses tassées les unes contre les autres. C'est une chose qui s'est perdue. Si bien que l'ail ne ressemble plus du tout au poireau.*

Cul-terreux

L'ail est vulgaire. Naturellement vulgaire. J'aurais dû commencer par là. Il est grossier, il fait peuple, cul-terreux, ci-devant, ce qu'on voudra. Grimod de la Reynière avait beau avoir des pattes d'oie en guise de mains, il avait parfaitement compris que l'ail n'avait rien à voir avec la table de Louis XV. Bref, il en fit, avec la tomate, l'emblème de la Révolution. « L'ail, dit-il, qu'on tolérait à peine autrefois dans nos cuisines, que les cuisiniers mêmes n'employaient qu'en cachette, dont le seul nom suffisait pour donner des vapeurs à nos petites-maîtresses de la cour et de la ville, est devenu depuis cette époque un assaisonnement presque vulgaire à Paris. » Mais Grimod avait tendance à voir la vie en noir. Tout ça parce que la morue à l'ail figurait à la carte du restaurant des Trois Frères Provençaux.

L'ail est viril. Et même étonnamment viril. Il sent la sueur d'homme. Mais comme on considérait que l'homme aillé en devenait un peu trop animal, on le jugea mal. C'est bien dommage. Dans l'Italie médiévale, on expliquait ainsi que l'ail, l'oignon, la rave et les grosses fèves convenaient parfaitement aux gens de la terre. Même si parfois l'ail se civilisait, quand on le fourrait dans le cul des oisons rôtis. L'*Encyclopédie* ne dit pas autre chose : « Les gens de qualité doivent laisser cet assaisonnement aux paysans, aux soldats ou aux marins, c'est pour eux un ragoût délicieux qu'ils utilisent d'ailleurs pour à peu près tout. » Originaire des steppes de l'Asie centrale, en particulier du désert de Kirghiz, l'ail permit pourtant l'édification de la grande pyramide de Gizeh (vers 4500 av. J.-C.), à la gloire de Khnoum Khoufoui, roi de la IVe dynastie memphite. Les Égyptiens se protégeaient contre les serpents mâles et femelles, contre le vent brûlant du khamsîn (en s'en frottant les lèvres et le nez), contre les inflammations de l'anus et les douleurs d'entrailles. Ils l'utilisaient même pour parfumer les âmes dans l'au-delà.

Pilon

A Athènes, les lutteurs en mâchaient des gousses crues pour se donner du muscle. Aristophane fut le grand dramaturge de l'ail. Dans *Les Acharniens, Les Cavaliers* et *La Paix*, la piétaille a toujours l'ail au poing. « Malheureux », dit Théoros à Dicéopolis dans *Les Acharniens,* « ne va pas attaquer des hommes qui sont ivres d'ail ! » On en faisait manger aux coqs de combat pour les doper, on attachait à leurs ergots des éperons de bronze et on invitait la jeunesse à regarder le carnage. Horace, qui était un ventre délicat, le jugeait à peu près aussi toxique que la ciguë. Il est vrai qu'il avait attrapé une indigestion d'une tête de mouton à l'ail le jour même de son arrivée à Rome. « Moissonneurs ! dit-il, entrailles de fer qui digérez ces herbes de Candie assaisonnées au sang de vipère ! » Car le plat populaire de tous les moissonneurs, rameurs, gladiateurs et autres forces mâles de la création était le *moretum,* qu'on préparait avec du fromage salé sec : on pile ensemble dans un mortier le fromage avec quatre gousses d'ail, du céleri, de la rue, de la coriandre verte, on verse de l'huile et un peu de vinaigre, et on mélange le tout. « L'important, insiste le pseudo-Virgile, qui nous en a transmis la recette, c'est de travailler vaillamment du pilon, et quand l'ouvrage prend tournure, de remuer lentement. On verse alors de l'huile goutte à goutte, on ajoute un filet de vinaigre fort, on mêle à nouveau le tout et on le travaille derechef. Enfin, avec deux doigts, on fait le tour du mortier pour en vider le contenu. » C'est assez corsé, gaillardement allusif et résolument échauffant. En tout cas, avec cette recette du *pilum* (le pilon) et de la *pila* (le mortier), les soldats se faisaient du bon sang. Et l'ail empesta longtemps les camps militaires.

Tripe

Fatalement, il croisa le monde des tripades (cher à Rabelais), ces beaux « tribars aux ails », ces ragoûts de tripes savoureuses et dispensatrices d'oubli (et on sait que la tripe, c'est le boyau ou le velours de la virilité) qu'on servit à l'occasion du mariage d'Anarche, roi des Amaurotes, aux puantes haleines et aux paillardises en tout genre. « L'argot, diront plus tard les Goncourt, ça pue l'ail, ça sent la capote. » La capote, pas toujours. Mais l'ail fut en effet la voie royale du pageot. Et la destinée argotique de la gousse fut bien de désigner la débauchée, la nymphomane et finalement la lesbienne. Mais, selon Pierre Guiraud, il ne s'agirait pas de la même gousse. La gousse de l'ail (qui est aussi celle du gousset) est voûtée, courbée, bombée (c'est l'ancien français *vous, vousse*). La gousse lesbienne ne serait ni plus ni moins qu'une chienne (une *gouce*). Elle désignait simplement, à l'origine, la femme au tempérament lascif : l'association débauchée et chienne est paraît-il ancienne et constante. Et le glissement parut aussi naturel de débauchée à tribade, fricarelle ou saphique. Mais une tribade active et provocante, s'entend. Cette gousse-là aurait subi la fatale attraction du verbe *gousser*, qui signifiait manger comme un chien. Et comme on sait, la lesbienne active est une dévoreuse de sexe. C'est alors que de la chienne on en est venu à l'ail, par un détour surprenant, et que *sentir l'ail*, *taper l'ail* ou *aimer l'ail*, c'est, dit joliment Brantôme, qui s'est beaucoup intéressé aux fricarelles, « s'entrechercher et s'entr'aimer comme des belettes ».

Frotte

L'ail en général s'avale par la bouche. Mais nous verrons que ce n'est pas un usage absolu. On le consomme nu (c'est bien entendu l'ail qui est nu), dans la chair du gigot, au plus intime de l'escargot, en compagnie du cèpe à la provençale, amusant les cuisses de grenouilles, ou alors en chemise, pour mariner le lièvre, par exemple. Du fait de ses origines rustiques (« Ail et pain, repas de vilain », disait-on), l'ail permit à ceux qui surveillaient leurs moutons ou qui montaient voir leur vignette de se sentir moins seuls. Ils en frottaient leur pain, le plus souvent côté croûte. C'est ce que Joseph Delteil appelle le pain *gradaillé*. « Choisir une grosse tranche de pain croûte et mie, rassis bien sûr. Frotter éperdument l'ail jusqu'à éblouissement. Arroser en long et en large d'huile et de vinaigre, une vraie géographie. Le hic est que ça se marie bien, que l'huile pénètre toute la masse jusqu'à l'âme, et que ça chante, et que ça siffle, et que ça fouette. Croquer à pleines lèvres, sans vergogne, je veux dire sans peur et sans reproche, comme au paradis terrestre. » Delteil, qui se disait cuisinier paléolithique, était très attiré par la virginité de l'ail. Colette aussi. La *frotte d'ail*, assaisonnée de gros sel et arrosée d'huile d'olive, était son en-cas favori à la Treille Muscate. Elle disait toujours qu'elle sentait l'ail de manière homicide, qu'elle engraissait à vue d'ail et terminait ses lettres à ses amis en les embrassant de tout son cœur à l'ail de Provence.

Croupion

Il y a pourtant un paradoxe de l'ail. C'est le *chapon*, croûton frotté d'ail qui enrichit la frisée. Que vient faire ici le chapon, qui comme on sait est un coq amoindri, auquel on a enlevé les haricots ? Pour Alexandre Dumas, ce serait une gasconnade. « Les paysans, dit-il, veulent simplement nous démontrer que leur succulent croûton vaut bien un chapon. » Ou, à l'inverse, que le croûton n'est jamais que le chapon du pauvre. Mais Fernand Lequenne a une autre idée, bien plus amusante : c'est celle du croupion. « Vous savez, dit-il, qu'un chapon est un coq chaponné ou chapelé (coupé), et à cause de cela, bien dodu, mais aussi capon, c'est-à-dire poltron et se cachant. Pour vous éviter sous la langue les morceaux d'ail trop piquants, on a créé également un jour le chapon : c'est le croûton qu'on coupe au pain, le croupion du pain, sur lequel on use énergiquement la gousse. Une fois bien imbibé de jus et de saveur, on le recoupe encore, ce malheureux chapon. Alors il est prêt à se cacher sous la salade dans l'assaisonnement qu'il absorbe en partie. Rien n'est plus délicieux. » On imagina même, succulence suprême, le *chapon aux chapons*. Ce sont des croûtes de pain rassis, ou un quignon abondamment frotté d'ail, qu'on introduit dans le croupion de la poularde gavée de mil à balai, salée et poivrée. C'est une splendeur, car la farce est tout imprégnée du suc de la volaille. Cela dit, l'ail se fourre aussi dans le croupion des conscrits. C'est un usage qu'on observe chez des jeunes gens consentants, qui cherchent surtout une bonne occasion de se faire réformer. Le bulbe de l'ail contient un suc âcre et volatil qui attire les larmes aux yeux. Fourré dans l'oignon de la soldatesque, il peut aussi provoquer des fièvres opportunes. Les maquignons d'Europe centrale n'en usaient pas autrement, non pas avec les troufions, mais avec leurs vieilles rosses : ils leur propulsaient *inter nates* une tête d'ail épluchée, ce qui donnait soudain à ces tocards l'allure de fringantes fiancées qui pouvait abuser les paysans du canton. Une autre recette, c'est (toujours dans la rondelle) un gros bout de racine de jusquiame, ce qui là encore permet à la bête étonnée de relever la queue et de lui communiquer aussitôt l'allant de la jeunesse. Il paraît inutile d'ajouter que le lendemain de cette petite fête, la bête était plus rosse que jamais.

Fumet

Autre paradoxe de l'ail : comment engendrer la torpeur en favorisant l'éréthisme sexuel ? Tout le monde vous dira que l'aïoli des dimanches d'été provoque ce qu'on appelle, en Provence, un petit *pénéquet*. Ce que Mistral traduit ainsi : faire la méridienne sur l'herbe mollette. L'ail n'aurait donc pas pour seule vertu de chasser les mouches : ce serait le plus innocent des narcotiques. Comme le notait Léon Daudet *(A boire et à manger)*, « il faut laisser agir le démon de l'ail ». Mais, ajoutait-il, au bout d'une heure et demie environ, on se réveille dispos et vigoureux, apte à tous ses devoirs d'homme. Sauf, évidemment, que l'odeur *reste*. Daudet, qui reconnaît que l'ail rend facilement sentimental dans ces circonstances, ajoute un peu vite qu'il importe que la jeune personne à qui l'*alliacé* exprime ce sentiment ait elle aussi la bouche enfumée. Quand ce n'est pas le cas ? Eh bien, c'est fichu. Car l'ail est un tue-l'amour. « Il est conseillé de ne pas abuser d'ail, insiste Manuel Vasquez Montalban, dans ses *Recettes immorales*, car cet excellent boutefeu des passions peut aussi les réduire en cendres. » Comment chasser alors une si décourageante odeur, qui fut la cause de tant de ruptures, entre autres celle d'Horace et de la courtisane Lydie ? Bref, comment évacuer l'odeur tout en préservant l'échauffement ?

Par une pomme fraîche et crue, répond Léon Daudet, imperturbable. Mais il faut attendre vingt-quatre heures. Et encore, ajoute-t-il, l'odeur est persistante chez les Anglais et les Américains (il ne sait pas pourquoi, mais c'est ainsi). Grâce à Dieu, l'ail se vend aujourd'hui en pharmacie, ce qui paraît résoudre la question. Sous forme de comprimés, appelés Kwaï, comme la rivière sous le pont. Mais Sidoine Apollinaire, qui fut évêque de Clermont-Ferrand au ve siècle, ne connaissait pas encore le comprimé Kwaï. Ce qui le contraignit à supporter, dans sa maison de campagne près de Lyon, les hordes burgondes, leurs bouches féroces et leurs gosiers brûlés. Esprit élégant, ancien préfet de Rome et auteur de quelques bagatelles, Sidoine se disait qu'il valait encore mieux manger de l'herbe et du vieux chat. Henri IV ne fut pas de cet avis, car sa gourmandise préférée était précisément l'omelette fourrée d'ail. Ce qui indiquerait que cet ail, qu'on décrit toujours comme « l'aromate des rustres », ne fut chez le Vert-Galant qu'un provincialisme du goût.

Bouc

Son grand-père l'avait d'ailleurs baptisé au vin de Jurançon et à la gousse d'ail, « dont il lui frotta ses petites lèvres, lesquelles il se fripa l'une contre l'autre comme pour sucer ». Et alors que Mme de Verneuil le grondait un jour cruellement de ce qu'il puait comme une charogne, on le voit très bien répondre, comme Brantôme, qu'« il n'y a rien de plus paillard ni plus propre pour satisfaire à la paillardise qu'un homme laid, sentant mieux son bouc puant ». C'était l'époque, il est vrai, où l'on connaissait son gentilhomme au sentir même, et où l'on voulait qu'il eût un peu « l'aisselle surette et les pieds fumants » (La Renardière). En tout cas, lorsque cette nuit de décembre 1600, à Lyon, Marie de Médicis se vit prise au débotté et pendant sa digestion par un époux qui n'était déjà plus si jeune et qui ne s'était pratiquement jamais lavé depuis sa naissance, le fumet royal était si corsé que la Florentine s'en trouva mal. On eut beau la réchauffer, la frictionner, apporter moines et bassinoires, elle ne retrouva pas ses esprits. Ainsi la défloration se fit-elle sous une sorte d'anesthésie crépusculaire qui n'était pas, semble-t-il, pour déplaire à ce grand trousseur qui croyait que son sexe était un os.

On l'aura compris : l'ail est un bulbe lubrique. La forme de sa tête évoque du reste assez complaisamment ce dont les hommes sont si fiers et dont ils tirent parfois abusivement avantage. Le Talmud, tout en reconnaissant que l'ail donne de l'éclat au visage, ajoute qu'il rend le sperme plus abondant. Et Hippocrate, dans son traité *Du régime*, confirme que l'ail est chaud, mais qu'il est mauvais aussi pour les yeux, « car en imposant au corps une purge considérable, il affaiblit la vue ». A quoi bon, dans ces conditions, faire l'amour à l'aveuglette ? On remarquera que c'est aux hommes surtout qu'il procure pareille vigueur. Chez les femmes, il semblerait plutôt endormir les sens jusqu'à provoquer une petite somnolence. Ce qui ne les empêcha pas de l'utiliser aussi pour repousser les hommes. En Grèce, lors des Thesmophories, qui étaient des cérémonies orgiastiques, toutes les femmes qui désiraient prendre part à la fête (les hommes en étaient exclus) étaient contraintes à la chasteté pendant les neuf jours précédents, « pour se refroidir et ôter tout appétit chaud de l'amour », dit joliment Brantôme. Elles dormaient donc sur une paillasse de feuilles rafraîchissantes, comme l'*agnus castus,* c'est-à-dire le gattilier ou faux poivrier, plante qui selon Rabelais rend l'homme « refroidi, maléficié et impotent à la génération », ou encore croquaient de l'ail pour éloigner les hommes par l'odeur affreuse de leur bouche.

Mais pensez, ajoute Brantôme, qu'après s'être châtrées ainsi, elles jetaient bien la paillasse au vent. D'ailleurs, cette diète des sens s'avérait un excellent moyen pour parvenir à un tel état de frénésie qu'elles pouvaient alors se livrer aux pires excès sans aucune retenue.

Oh ! là ! là !

Les Celtes avaient pour habitude de traiter les Latins de *mangeurs d'ail.* Une tradition qu'ils ont scrupuleusement conservée, puisque récemment encore les journaux anglais affirmaient que les Françaises étaient « sexuellement voraces », qu'elles sentaient l'ail et criaient *oh ! là ! là !* dans l'amour. Ce qui visiblement est rédhibitoire. L'ail n'était pas simplement suspendu en couronne, dans certaines régions, au-dessus du lit conjugal, il accompagnait parfois aussi la nuit de noces : c'était l'*aillade de minuit.* « A la noce d'Albine, j'y étais, dit encore Joseph Delteil. Il s'agit de surprendre nos tourtereaux au lit, elle toute rougissante dans sa collerette de dentelle, lui faussement faraud et de leur faire absorber de gré ou de force, dans un feu d'artifice de farces et attrapes, le sacré brouet : toute une énorme soupière de soupe noire de poivre, violette de vin et farcie d'ail. De quoi restaurer les pires abatteurs de bois, je vous jure. » Et c'est grâce à l'ail sauvage, le *molu* grec, à la racine noire et à la fleur couleur de lait, qu'Ulysse échappa aux maléfices de Circé, la magicienne d'Æa. Subjuguée, elle poussa alors un grand cri, s'effondra aux genoux du héros aux mille ruses et lui dit : « Allons, c'est assez, rentre au fourreau ton glaive et montons sur mon lit. » Ce qui évita conséquemment à Ulysse d'être transformé en pourceau.

Vampires

A part ça, bien sûr, l'ail préserve de tout. Du mauvais œil, des vampires, des morsures de vipère et des piqûres de scorpion. Ainsi que des vers intestinaux. « Li ails vaut contre morsure de beste venimeuse, et por chou [pour cela] l'appelle on triacle de vilains », disait-on au XIIIe siècle. Thériaque de vilains, donc. Raspail, au siècle dernier, parle du « camphre des pauvres ». Ce qui est curieux, c'est que l'ail puisse repousser les vampires, car enfin, s'il diminue la pression vasculaire et soulage le travail du cœur (écartant ainsi la perspective de la crise cardiaque), il contribue à fluidifier le sang, ce qui devrait permettre aux vampires de le digérer plus facilement. L'ail, en tout cas, servait à chasser les miasmes de la peste ou du choléra. Le médecin Charles de l'Orme, au XVIIe siècle, ne sortait jamais, en temps d'épidémie, sans garder dans sa bouche une gousse d'ail, dans ses oreilles de l'encens et dans chaque main un brin de rue. Et Giono, dans *Le Hussard sur le toit*, qui raconte une épidémie de choléra sous Louis-Philippe, décrit les femmes qui croquent l'ail et courent affolées chercher les voisines, en agitant leurs gousses comme des grelots apotropaïques.
Selon Bernardin de Saint-Pierre, ce serait aussi le remède le plus puissant contre « les vapeurs et les maux de nerfs de nos petites-maîtresses » : il calmerait les passions hystériques et les convulsions de la matrice, tout en activant la venue des « fleurs de sang ». Dioclès le conseillait bouilli aux frénétiques, ce qui n'empêche pas les chamans sibériens de mâcher de l'ail sauvage pour parvenir à l'extase. Et d'après Fourier, l'ail permettrait aux jeunes filles qui l'aiment d'étudier du même coup la grammaire, ce qui est audacieux. En revanche, on le déconseillait aux vaches comme aux nourrices : aux premières, parce que le lait s'en trouve désagréablement aillé, aux secondes,

parce qu'il provoque la colique du nourrisson. Mais il est vrai que la volaille élevée à l'ail pond mieux.
Quoi encore ? Ah oui ! l'ail fait passer les verrues, le torticolis et la mélancolie. Et Alexandre le Grand se servait d'ail broyé pour frotter la verge de son cheval, Bucéphale, et lui permettre ainsi de vider entièrement sa vessie. Enfin, l'ail fait revenir les âmes perdues. C'est du moins ce que croyaient les Bataks de Sumatra (selon J. Frazer), pour qui la langueur, les frayeurs et la mort étaient fort justement attribuées à la mort de l'âme. Il fallait donc rappeler la voyageuse et l'attirer comme un petit poulet, en jetant des figues, du riz ou de l'ail. L'ail qui calme la matrice, enflamme la verge et vide la vessie a donc aussi l'avantage de rapatrier notre âme. Il est simplement dommage qu'il empêche si souvent le baiser profond.

La soupe d'amandes de Mlle Mars

Grâce à l'amande, originaire de l'Asie occidentale, du Pamir à la mer Egée, les hommes ont connu l'huile d'amandes douces et le lait d'amandes chaud (dont Colette a dit le plus grand bien), une certaine nuance de velours vert aussi subtile que le bleu céruléen ou le gris tourterelle, le gâteau de Pithiviers, le petit four d'Aboukir, les tartelettes amandines chères au Cyrano d'Edmond Rostand, le macaron et même l'ambroisie, ce qui n'est pas rien. L'ambroisie, boisson à base de lait, de miel et d'amandes, donnait dit-on l'immortalité aux dieux. C'est du moins un jeune confiseur de Montélimar qui l'assure, Didier Chabert, qui a récemment inventé le nougat liquide et envisage de commercialiser prochainement le nougat gazeux. Bref, l'amande permet de ne pas tout à fait douter du bonheur.

Poules

Selon la médecine arabe, l'amande douce a la saveur exquise de la crème fraîche. Mais apparemment, l'astronome Lalande, au XVIIIe siècle, célèbre pour ses « essais de bouche », était d'un avis différent : portant toujours sur lui une provision d'araignées et de chenilles dans une bonbonnière, il déclarait en effet que la chenille avait le goût de l'amande, et l'araignée, celui de la noisette. Or, la chenille n'a jamais eu pour personne le goût de la crème fraîche. Ce détail mis à part, les

Arabes considéraient que l'amande douce augmente la production de sperme, pourvu qu'on la prenne avec du sucre, et fortifie le fruit de la conception chez les femmes enceintes, quand on la décortique et qu'on la mange le matin à jeun. Les amandes amères, constate Furetière, sont plus dangereuses. « Concassées, elles endorment les poules, ou les tuent, en sorte qu'on les prend facilement à la main et que c'est un secret de bohémiens. » Mais elles ont une autre vertu, connue déjà des Romains : elles modèrent les fumées du vin. C'est pourquoi elles accompagnent si souvent l'apéritif. Brillat-Savarin en fit l'essai, au cours d'une « lutte bachique », à New York, avec deux Anglais, dans une espèce de café-taverne spécialisé dans la soupe à la tortue. Suite à un fastueux dîner arrosé de porto, de madère, de *spirits* et de *ponche*, il constata la déroute spectaculaire et incontestable des deux Anglais, qui ne connaissaient pas le truc des amandes amères et qu'on dut aussitôt transporter chez eux, les pieds devant, sur l'air du *Rule Britannia*.

L'amande avait tant de qualités naturelles qu'on la sollicita souvent pour décrire le corps féminin, ou plutôt ce qu'il y a de féminin dans le corps, à quelque sexe qu'il appartienne. C'est ainsi que Jean Santeuil regarde Paris, sans timidité comme sans bravade, « de ses beaux yeux allongés et blancs comme une amande fraîche, des yeux plus capables de contenir une pensée qu'en ayant pour le moment aucune, comme un bassin profond mais vide ». Que Charles Bovary regarde Emma se piquer les doigts en cousant, tout en étant surpris de la blancheur de ses ongles : « Ils étaient brillants, fins du bout, plus nettoyés que les ivoires de Dieppe, et taillés en amande. » Que Céleste regarde le front si pur, qui cache tant de choses, du jeune Proust (dans *Sodome et Gomorrhe*), mais aussi « ses joues amies et fraîches comme l'intérieur d'une amande, ses petites mains de satin tout pelucheux et ses ongles comme des griffes ». Devant de si subtiles et aériennes évocations, on ne doit pourtant pas oublier que les mules de Gascogne étaient bien connues, elles aussi, pour avoir la croupe en amande, c'est-à-dire pointue.

Amygdale

Autrefois, aux Halles centrales, construites par Louis VII, et sur les marchés, on criait beaucoup. Beaucoup plus qu'aujourd'hui. On criait à la poire, on criait à l'épinard, au bon lait ou au hareng saur, et donc à l'amande aussi. Dont l'homonymie avec *amender* favorisait la grivoiserie sur les labours amoureux, amendements et engrais variés. Aux maris : « Amendez vos dames, amandes ! / Allemandes nouvelles ! » A leurs femmes : « Assez mal vit qui n'amende / Bonnes femmes, où êtes-vous ? / Amendez-vous, amendez-vous ! / Amandes douces, amandes ! » Mais l'amande, évidemment, n'a rien à voir avec ça. Avec l'amour non plus, du reste. Dans un conte d'Hoffmann, *Fiancée de roi*, un jeune homme, fiancé à demoiselle Anna, se prénomme joliment Amandus. « Ton cher Amandus », lui dit un jour son père, « est un de ceux qui *sont devant être*, bref un gérondif... ». L'amande serait-elle aussi un gérondif ? Le gérondif du verbe aimer *(amare)* ? En somme, une *amanda* qu'on doit aimer tout simplement parce qu'elle est aimable ? Pas du tout.

L'amande est une *amygdala*. Ce qui ne signifie pas qu'elle soit une amygdale, mais plutôt que l'amygdale ressemble à s'y méprendre à une amande. Cette amygdale végétale finit, en tout cas, dans la langue érotique, par désigner la vulve féminine, quoiqu'on lui ait parfois préféré le nom d'*ovale*. « La grande Jeanne de l'Échiquier d'Alençon l'appelait son ovale », nous informe Noël du Fail, au XVIe siècle. Et c'est sans doute cette image qui est à l'origine de l'*amande mystique* désignant au Moyen Age la virginité de Marie, Gloire ovale en forme d'amande qui orne les statues de la Vierge. Alors qu'on réserve, en général, le nom de *mandorle* à celle qui entoure le Christ en majesté, dans les représentations du jugement dernier, et que les saints n'ont droit qu'au rond de l'auréole. Bref, de l'amygdale à la vulve, l'amande dessine assez bien le corps des femmes, avant qu'elles aient connu le régime minceur.

Il y a pourtant une exception, c'est je crois la seule, d'une amande garçonnière, pour ne pas dire garçonnette. C'est Eugène Rolland qui en parle, dans sa *Flore populaire*. « On appelle, dit-il, *amendo brayo*, en Provence, une amande double qui vient sur le même pédicule, dont les coquilles sont réunies par le haut et séparées par le bas à la manière d'une *brayo*, ou culotte courte. » On dira que c'est un peu comme l'amande bessonne ou philippine (double amande contenue dans une seule écale) : une anomalie de la nature, une curiosité, un hapax sexuel. Peut-être, mais on remarquera par la même occasion que l'amande se montre alors plus pudique, puisqu'elle n'exhibe pas ses attributs, mais ce qui les cache. A quoi Montaigne aurait pu parfaitement répliquer que « si on cache une région du corps, c'est pour mieux attirer l'attention sur elle » (*Essais*, I, 23).

Mamelle

Moment indispensable du banquet médiéval, le *blanc-manger* fait un peu songer à la blanche mamelle molle (eût-elle subi une prothèse en gel de silicone) ou encore à une molécule de benzène isolée vue à travers un microscope à effet tunnel. C'est blanc, naturellement, puisque confectionné à base d'amandes pilées, encore qu'on l'ait parfois coloré avec du safran, du tournesol, de l'oseille ou du jus de cresson. Entremets sucré, au miel et aux amandes, le blanc-manger pouvait être aussi une gelée de viande blanche, faite de chair de chapon ou de veau pilée, ou même, s'il s'agissait d'un blanc-manger « à poisson », de brochet ou de perche, accompagné de riz et parfois de lait de chèvre. Quant à la gelée, c'était de la colle de poisson, de la farine de riz, des pattes de volailles ou de la *corne de cerf* râpée. La corne de cerf, diversement apprêtée, fut longtemps considérée comme une « bouchée satanique », un « fragment d'abysse », tout simplement parce que le cerf avait la réputation d'un animal d'une frémissante luxure, et que ses cornes, comme son membre, étaient jugées aphrodisiaques, en particulier dans les cours italiennes de la Renaissance. Les cerfs, dit Donzelli (1737), sont réputés « si effrénés dans le coït que souvent, au cours de l'acte, ils jettent les femelles à terre qui les fuient pour ne pas supporter l'excessive dureté de leur verge, et ainsi marchant et courant, ils les fécondent ».

On comprend mieux que le blanc-manger ait connu pareil engouement. D'autant plus que cette gelée d'amandes pilées, pressées et sucrées évoquait le lait, qui est le premier substantif buccal. C'était le lait d'un sein de femme, d'un sein particulièrement arrondi, et comme on sait l'optimisme est une abondance. Bref, cette mer laiteuse récompensait les convives, tout en apaisant la fièvre des épices : ce sein prodigieux était un peu comme une pluie d'été, chaude et fécondante. L'ennui, c'est qu'il fallait bien le trancher. Comment trancher un sein ? « Il est des substances si spéciales », convient Bachelard (dans *La Terre et les rêveries de la volonté*), « qu'à les attaquer avec une fine lame, on connaît une agressivité neuve. Qu'on songe seulement à la fente nette et frémissante d'une gelée traversée par le couteau, belle chair qui ne saigne pas. Est-ce pour cela que le dur et pur Axel, de Villiers de l'Isle-Adam, servait à son hôte un cuissot de sanglier garni de confiture de coing ? » Bref, conclut Bachelard, c'est le sadisme dans une assiette. Un sadisme qui laisse le couteau rêveur.

Caramel

Cette version molle de l'amande se complète d'une version croquante, qui fournit la *praline*. Confiserie assez proche de la dragée, à ceci près qu'elle est caramélisée. Elle fut inventée, semble-t-il, au temps de la Fronde, par un nommé Lassagne, officier de bouche du maréchal de Plessis, duc de Choiseul-Praslin (1598-1675). Mais précisément, l'origine de cette caramélisation de l'amande reste obscure. S'agirait-il d'enfants qui, un jour, auraient été surpris en train de faire caraméliser des amandes dérobées dans les cuisines, et à qui Lassagne aurait promis le secret en échange de leurs friandises ? Ou d'une maladresse d'un apprenti qui fit tomber des amandes dans du caramel au miel du Gâtinais ? Ou encore d'un marmiton qui grignotait des restes de caramel avec des amandes, ce qui aurait donné à Lassagne l'idée de les faire rissoler dans du sucre ? Toujours est-il que la praline arriva jusqu'à la cour de Louis XIII, qu'elle y remporta un vif succès, qu'elle contribua dit-on à certaines réussites diplomatiques dont le maréchal duc de Choiseul s'attribua tout le mérite et qu'elle fit longtemps le tour des foires, cuite en plein air dans une branlante en cuivre, où elle se vit, plus récemment, remplacée avec beau-

coup d'impudence par des cacahuètes. Quant à la *praline en délire*, dans l'argot des mauvais garçons, elle est évidemment d'un autre usage, quoiqu'elle n'en connaisse pas moins, dit-on, un grand succès de printemps.
L'amande se boit également. Mais contrairement à ce qu'on pourrait croire, la fameuse *horchata de chufas*, qu'on trouve en Espagne, ne se prépare pas à partir de l'amande, mais du souchet comestible, dit encore amande de terre. Boisson originaire du désert de Chufi, au Soudan, connue paraît-il depuis le XIIIe siècle, l'*horchata* est blanc cassé, sa subtile épaisseur s'atténue avec de la glace pilée et son goût ne ressemble à rien de connu, sinon que ce mélange de douceur et d'amertume a quelque chose de troublant. Car l'*horchata* doit être légèrement crémeuse. La vraie douceur laiteuse et parfumée du lait d'amandes fraîches, on la trouve en fait chez Colette. Cet orgeat chaud, qu'elle avait découvert au Maroc, elle en absorbait chaque fois qu'elle avait la fièvre. Mais, ajoute-t-elle dans *Prisons et Paradis*, il manquera toujours à sa recette ce qui le rend plus doux à l'âme et aux lèvres, un ciel d'un bleu cendré, percé d'étoiles larges, embrumées par la végétale humidité d'un printemps marocain, de belles mains de négresses qui soutiennent une jatte d'oranges et surtout « une danseuse chleuh d'un blanc de cire, accablée d'étoffes, voilée toute sauf un visage dont les yeux ne regardent pas la terre, et deux pieds crispés, sans joyaux, nus au centre d'une rose de mosaïque, une danseuse qui n'avance ni ne recule, qui se hausse un peu, grandit et retombe sur elle-même comme un jet d'eau... ».

Miel amer

« Ne frappez jamais le lait d'amandes, précisait-elle encore, mais laissez flotter, sur son onde un peu bleue, crémeuse, une feuille de citronnelle verte, à peine immergée, effilée comme une jonque de Chine. Et n'oubliez pas non plus — tout est perdu sans elle ! — la goutte d'essence de roses, une goutte, une seule. »
Voilà le lait d'amandes fraîches. Un lait qui a fini par désigner tout naturellement ce pour quoi il semblait être fait : la salive de sperme, le jus divin, l'écume du plaisir, bref ce qui pour un homme est l'essentiel de lui-même devenu liquide. « Ce lait

suprême, divin phosphore », dont parle Verlaine (dans *Hombres*), « Sentant bon la fleur d'amandier, / Où vient l'âpre soif mendier, / La soif de toi qui me dévore. » Ce limon onctueux, cet épais sirop, ce coup de liqueur tout chargé de puissances sexuelles, ce suc moelleux et palpable tient, selon Aristote, à la fois de l'écume de mer, par la blancheur, le bouillonnement intérieur et la liquéfaction à l'air, et de l'huile agitée, car le sperme ne gèle pas quand on l'expose en plein air (ce qu'on ignore parfois). Mais enfin, la différence majeure entre l'écume de sperme et le lait d'amandes, c'est que la première enivre souvent et monte à la tête, pas le second. En argot italien, *sbornia* désigne effectivement l'ivresse, et *sburno,* un dérivé du beurre *(burro),* le sperme. On ne saurait donc trop recommander d'éviter autant que possible cette matière spiritueuse, ce miel amer, cette *lessive* (comme disait Brantôme), ce lait de corps d'homme qui, croit-on, a conduit Verlaine, au moins autant que l'absinthe, à d'irréversibles tourments.

Fort heureusement, on ne connaît à Mlle Mars aucune complaisance de ce genre. Vouée toute sa carrière aux emplois d'ingénue ou de coquette, l'actrice fut aimée de Napoléon et de beaucoup d'autres, dont Stendhal (« Mlle Mars me fait retrouver mon cœur, que je croyais mort »). L'histoire, qui est parfois sans façons, n'a retenu de celle qu'on surnommait alors le Diamant qu'une salade de truffes et une soupe aux amandes. Certains s'en contenteraient. En tout cas, Alexandre Dumas, qui se croyait chez elle comme chez lui, reprenait souvent trois assiettées de cette soupe incomparable, dont il nous laissa la recette : « Après les avoir ébouillantées, Julienne (la cuisinière de la comédienne) avait retiré la pleure des amandes ; souvent même, elle les avait jetées dans un mortier, en les arrosant, au fur et à mesure qu'elle les pilait, de quelques gouttes d'eau, afin de les empêcher de rendre leur huile. Il ne lui restait plus alors, au moment où les convives passaient à table, qu'à verser sur cette pâte bien lisse de l'eau en ébullition, puis à passer le tout dans un linge fin, et à allonger avec du lait bouillant. » Dumas n'avait que le temps de se mettre à l'aise, et elle de délacer subrepticement ses chaussures, car Mlle Mars avait toujours eu les pieds sensibles, surtout lorsqu'elle était à table.

L'**ananas** m'effraie

« Ce fruit a un goût sucré et vineux qui tient quelque chose du jus de cerise, et qui laisse dans la bouche l'odeur d'une excellente eau rose. » Mais, ajoute Antoine Furetière (1690), l'ananas a une telle vertu dévorante que « si on laisse un clou dedans pendant une nuit, il en consommera tout l'acier ». L'ananas tiendrait donc davantage de l'animal que du fruit, et peut légitimement inquiéter. Bien que Jean de Léry, réformé bourguignon qui vécut longtemps à Genève, ait cru, en découvrant l'ananas au Brésil, en 1555, toucher les terres du paradis. Un capucin, Antonio de Rosario, publiant en 1702 un ouvrage consacré aux fruits du Brésil, plaçait même l'ananas au-dessus du fruit de la passion, tout en lui donnant une signification mystique pour le moins hardie. Ananas, qui est un mot guarani, voulait dire, selon le pieux franciscain Anna nascitur *(la mère de Dieu est née de sainte Anne). D'autres suggérèrent qu'il pourrait évoquer tout aussi bien le fastueux* zenana, *qui est le harem des Perses. Mais enfin on s'accordait en général à reconnaître, et Jean de Léry le premier, que l'ananas était bien « le plus excellent fruit de l'Amérique ».*

Étuve

Il n'apparut en France que vers 1734, sous Louis XV. On en voyait chaque jour, dit-on, une dizaine sur la table du duc de Bouillon, qui les faisait cultiver dans les serres perfectionnées de son domaine, voisin d'Evreux. Car voilà bien la raison de son succès : il doit tout à la serre chauffée. Et donc à la paix d'Utrecht. Grâce à elle, on vit le triomphe de la serre hollandaise et l'introduction de plantes ornementales des tropiques. Le botaniste Vaillant fit alors construire au Jardin des Plantes une serre chaude, « étuve » où l'on cultiva justement l'ananas, qui coûta une fortune en bois de chauffage, mais ne rapporta guère qu'un fruit malingre et acide. Ce qui n'empêcha pas l'abbé Delille, en 1782, dans un long poème intitulé *Les Jardins ou l'art d'embellir les paysages*, de s'extasier devant ce « fruit d'un faux été ». « Mais j'aime à voir ces toits, écrit-il, ces abris transparents, / Recéler des climats les tributs différents, / Cet asile enhardir le jasmin d'Ibérie, / La pervenche frileuse oublier sa patrie, / Et le jaune ananas par ces chaleurs trompé / Vous livrer de son fruit le trésor usurpé. » C'était gentil pour l'ananas, mais d'une exécrable poésie. « Sa gloire passera, les navets resteront », estima Rivarol à propos de l'abbé. Il avait à peu près résumé la situation, en effet.

Poisson-coffre

A quoi diable ressemble l'ananas ? Dans son *Histoire d'un voyage fait en la terre du Brésil* (1578), voici ce qu'en dit Jean de Léry : l'ananas est de figure semblable au glaïeul, et son fruit, « qui est de la grosseur d'un moyen melon, et de façon comme une pomme de pin, sans pendre ni pencher de côté ni d'autre, vient de la propre force de nos artichauts ». Avouez qu'on s'y perd un peu. Encore reste-t-on dans le domaine végétal. Certains n'étaient pas loin de croire à la survivance lointaine d'un monstre antédiluvien. Voyez son allure : une sorte de toupet ou de plumet vigoureux, piquant et arrogant, dont le feuillage, selon Henri Murger, fait songer à une « panoplie de sabres sauvages ». Et puis des écailles ou des yeux partout, des dizaines d'yeux comme un paon primitif, des yeux sans paupières, des yeux permanents. Car l'ananas est une inflorescence compacte, une extraordinaire masse charnue, qui n'est jamais que la multiplication des baies de l'épi, soudées entre elles, écrasées, gonflées, sucrées. C'est ce qui lui donne cette peau verruqueuse, un peu comme chez le poisson-coffre qui vit dans les mers chaudes et qui est du genre ostracien. On comprend d'autant moins que parfois, dans la langue verte, on implique l'ananas dans la description des seins de femme.

Mélancolie du paon

Jean de Bosschère, poète belge et traducteur de Milosz, ne supportait pas les couleurs. Aussi s'efforçait-il de vivre en noir et blanc. Et comme il s'entourait de paons, il les choisissait blancs (le paon blanc n'étant pas une variété particulière, mais une apparition sporadique dans les générations de paons bleus). Il en possédait, dit-on, deux cent cinquante. Et leur consacra un livre (*Les Paons et autres merveilles,* 1933), dont on peut retenir que, pour lui, le paon est un animal qui semble appartenir à la préhistoire. Venu des pays asiatiques, et peut-être de l'origine du monde, le paon serait un exilé, un splendide étranger, une anachronique survivance. « Son moule, dit-il, est d'une époque extravagante de luxuriance, d'une époque de fécondité que, par rapport à nos ciels fanés et à nos glaces, nous pourrions nous représenter comme l'originel et ambigu bouillonnement chaotique. » Le grand paon au cou de reptile bleu, et dont le corps ressemble à un vaste cryptogame vert, disparu, plein de fleurs étranges, incomparables, ou à une corbeille miraculeuse de mousses vertes qui ondulent au rythme du cou, sur des pattes d'acier bleu, serait donc une trace du grand tohu-bohu originel, où l'on ne faisait pas de distinction entre la pierre, le chardon et la perruche. Et quand le paon repense à tout ça, dit de Bosschère, il manifeste une sorte de désolation, de rêverie inquiète, de tristesse impénétrable qu'on pourrait prendre pour de la mélancolie. C'est bien ce qu'on se dit aussi devant un ananas.

Bois écorcé

« Je suis une tristesse à l'odeur d'ananas », notait déjà Supervielle. Et Bachelard ajoute : « Quand Supervielle me dit ça, je suis moins triste, je suis *plus doucement* triste. » Mais peut-être après tout est-ce le lot de tous les fruits des tropiques. Il y a aussi une tristesse de la goyave, dont a parlé Loti. Mais la banane ? La banane n'a rien de triste ! La banane est rigolote, elle serait même assez jazz-hot ! En fait, c'est Sartre, je crois, qui a le mieux compris la détresse de l'ananas. On sait que Sartre n'aimait pas grand-chose, en matière alimentaire. Outre une répulsion évidente pour les fruits de mer, pour toutes les raisons qu'on voudra, le glauque, le mou, le visqueux, le blanchâtre, le verdâtre, le cru, il avait un dégoût prononcé pour les tomates, qui avaient, selon lui, la chair acide. D'ailleurs, d'une manière générale, il n'aimait pas les végétaux, bien qu'il les sentît porteurs d'un moindre degré de conscience que les coquillages. Les noix et les amandes lui abîmaient la langue, et la seule chose qui lui parût supportable, et même franchement délicieuse, c'était l'ananas, parce qu'il ressemblait à quelque chose de cuit.

En tout cas, c'est bien à lui que songe Brunet, de *L'Huma*, dans *La Mort dans l'âme*, en juin 40. Quand après six jours, il se met à délirer, dans un camp de prisonniers français, près de Baccarat. « C'est un goût délicieux d'ananas frais, un jeune goût un peu gai, enfantin, il mâche l'ananas, il broie sa douce élasticité fibreuse, quand est-ce que j'en ai mangé pour la dernière fois ? J'ai aimé l'ananas, c'était comme du bois sans défense, écorcé ; il mâche. Le jeune goût jaune de bois tendre *remonte* doucement du fond de sa gorge, il *veut dire* quelque chose, qu'est-ce qu'il veut dire, ce sirop de soleil ? J'ai aimé l'ananas, oh ! il y a longtemps, c'était du temps que j'aimais le ski, les montagnes, la boxe, les petits yachts à voile, les femmes. Fragile. Qu'est-ce qui est fragile ? Nous sommes tous fragiles. Le goût, sur la langue, tourne, tourbillon solaire, un goût ancien, oublié, je m'étais oublié. »

Truffes

L'ananas n'a pas seulement la nostalgie au fond des yeux, il a aussi le naturel céleste. On raconte que dans l'archipel Gilbert, en Micronésie, les filles qui désiraient rester vierges se frottaient le corps avec de la pulpe d'ananas. Cette vertu n'a pas, semble-t-il, été suffisamment ébruitée. Quel plus mauvais mariage, en tout cas, que cette salade de truffes aux ananas qu'offre Françoise à M. de Norpois, dans *A l'ombre des jeunes filles en fleurs*, après un si somptueux bœuf mode en gelée ! Car enfin, qu'y a-t-il de plus disparate, contre nature ou provocant que ce mélange, qu'on qualifierait volontiers d'*oxymoron* culinaire ? Ou de mariage de la carpe et du lapin ? Françoise propose tout bonnement de penser l'impensable, d'imaginer en tout cas quelque chose de fort désagréable : un court-circuit du goût, où l'on voit l'ananas endormir les passions au moment même où la truffe s'efforce de les ranimer. Certes, il existe des précédents. Platine de Crémone, au XVe siècle, faisait de la roquette, si contraire à la chasteté, le correctif de la réfrigérante laitue, mais enfin, il s'agissait de feuilles. Qu'ont de commun, je vous le demande, ce fruit de terre et ce fruit d'air, ce jaune et ce noir, ce tropical et ce tempéré, ce ruisselant et ce résistant ? Rien. Cette initiative fut du reste un désastre. Après avoir exercé un moment sur ce mets imprévisible la pénétration de son regard d'observateur, M. de Norpois le mangea en s'entourant de discrétion diplomatique et ne nous livra pas sa pensée

L'ananas ou moi

Que ce soit à cause de sa peau d'écailles, de ses origines préhistoriques, de ses piquants ou de son insondable virginité, l'ananas effraie. En fait, il effraie surtout à cause de sa voracité. Ce n'est pas pour rien qu'on surnomma *Face d'ananas* le général Noriega, dictateur de l'État de Panama jusqu'en janvier 1989, qui ne se distingue pas, au demeurant, des autres Faces d'ananas qui pillèrent et ensanglantèrent l'Amérique latine depuis deux siècles. Cette voracité, l'ananas la doit surtout à la broméline. La broméline est un enzyme dont la propriété est de digérer mille fois son poids de protéines. C'est dire si l'on est parfaitement convaincu que l'ananas fait maigrir. L'ennui, c'est que la broméline ne se trouve pas dans la pulpe, mais principalement dans la queue. Pourtant, régulièrement, on nous dit que la broméline attaque. Qu'elle dévore la graisse. Qu'elle engloutit le surplus. Bref, la broméline, c'est comme le démon de Socrate. Et je comprends parfaitement Bernard Frank qui s'inquiète d'un pareil appétit, d'une telle gloutonnerie, et qui se dit : *ce sera l'ananas ou moi.*

« N'y a-t-il pas, écrit-il, des ananas aux goûts canailles qui se délectent de nos bas morceaux, de nos tripes, de nos boyaux les plus intimes ? On prétend que si l'on met une pièce de monnaie dans une bouteille de Coca-Cola, vingt-quatre heures plus tard, il n'en reste plus rien. Désormais, je vais me méfier de l'ananas. On prend innocemment à dîner une côte de porc et des choux de Bruxelles et, pour faire passer le tout, une dizaine de tranches d'ananas frais. Le lendemain, quand votre femme de chambre vient gaiement ouvrir vos volets et rideaux, vous apporter votre thé, vos œufs brouillés, votre jus de pamplemousse, elle pousse un cri strident, un cri de bête qui fait sursauter l'imperturbable maître d'hôtel qui en a pourtant vu d'autres, et accourir la grosse cuisinière rougeaude : "Monsieur ! Vous avez vu dans quel état est Monsieur ?" Un squelette, voilà ce qu'est devenu Monsieur ! »

Je ne saurais donc trop vous mettre en garde. L'ananas, c'est bien, mais sur l'ananas. Pas ailleurs. Car l'ananas peut toujours se venger d'une indélicatesse, d'une petite réflexion sur sa virginité ou des choses de ce genre. Et la vengeance de l'ananas est amère, aussi amère que son suc peut être doux : vous croyiez le manger, et c'est lui qui vous mange.

L'**artichaut**,
le cul dans le foin

L'artichaut est une création récente. Son nom français date de 1538 : emprunté au lombard articcioco, *qui lui-même viendrait de l'espagnol* alcarchofa, *tiré de l'arabe* al-kharshôf. *L'artichaut est donc d'origine arabe, comme l'aubergine, l'épinard, le coton, l'algèbre et le matelas. Ni les Grecs, ni les Romains ne connaissaient l'artichaut. C'est un certain Philippe Strozzi qui aurait introduit à Florence, en 1466, quelques pieds venant de Naples. Les Valois le lancèrent, un peu plus tard, à Paris, avec beaucoup de grâce. Ronsard le classe parmi les « herbes friandes » et Catherine de Médicis se gave à tout propos de petits violets de Sicile. On en fit même une confiserie, comme le raconte Olivier de Serres, qui dans son domaine du Lauragais confit au sucre à peu près tout : les noix tendres, les amandes, les oranges, les petits melons, les troncs de laitues (diaphane confiture appelée* bouche d'ange*) et donc les artichauts. Mais, précise-t-il, « il convient de les prendre jeunes et tendres, pour être capables de si gentille confiture : belle sur plusieurs autres, et de plaisante représentation, quand faite au sec, il semble voir l'artichaut sortir fraîchement du jardin, avec ses ailerons pointus et entiers et sa naïve couleur verte ».*

Museau de chat

D'une manière générale, on pose ce gros bourgeon tout rond sur le rivage d'une vinaigrette où, feuille après feuille, on le baigne dans l'impatiente et irrésistible envie d'en mordre le cul. « J'aime prendre en main un artichaut encore bien chaud, dit Bernard Loiseau, détacher une à une ses feuilles soyeuses, les tremper dans une vinaigrette moutardée et les serrer entre mes dents pour extraire la pulpe savoureuse et si délicate. » Car l'artichaut est un des légumes qui fait le plus de mystères sur son intimité. Il faut la lui ravir entre les dents, la lui arracher doucement, la lui sucer. On ne sait pas très bien pourquoi il met tant d'obstacles à se laisser faire, pourquoi il se dérobe à ce point. Serait-il farouche ? Veut-il se persuader que plus on le désire, moins on aura la tentation de l'oublier ? Bref, si vous ne voulez pas en passer par là, grillez-le. Comme des morilles. C'est ce qu'en Provence, on appelle le faire « à la barigoule ». On coupe simplement la queue et le bout des artichauts nouveaux, de ceux qu'on appelle gentiment des *museaux de chats*, et hop, on rissole ! Ne vous étonnez pas que dans certains pays du Sud, on le vende avec dix ou vingt centimètres de queue, c'est que là-bas on en consomme non seulement le cul, mais la moelle, ce qui est une façon de l'aimer entièrement. Et si, décidément, vous vous refusez à l'artichaut, vous pouvez toujours le clouer sur la porte : s'il s'ouvre, c'est signe de beau temps. Sinon, c'est la pluie. Ce qu'on fait dans le Midi, mais naturellement ça ne dure que le temps d'un orage.

Griffes

A première vue, l'artichaut peut paraître proche cousin du cactus. Il n'en est rien. Mais c'est vrai qu'avec son air hérissé, sa tête épineuse de petite brute immobile et butée, il a quelque chose d'*horrescens*, auraient dit les Romains. Cette allure de Barbare hirsute peut faire peur. Du reste, on appelait aussi artichaut, note Littré, une pièce de serrurerie hérissée de pointes et de crocs, dont on garnissait les clôtures. Et on l'imagine très bien, comme Pablo Neruda, « là-bas dans le jardin, habillé en guerrier, bruni comme une grenade, fier », avec son cœur tendre, dont il a construit un petit dôme. Un petit dôme d'écailles. Mais des écailles en fer de lance. Des écailles discrètement armées de griffes, et soudées au cul de l'artichaut de toutes leurs forces convulsives. Des écailles qui feraient plutôt

penser à un bataillon, un bataillon sacré, un bataillon invincible (comme à Thèbes).
L'artichaut n'a pourtant rien d'un belliqueux. Ni d'un boutefeu. Il y a, dans ces rondeurs, ces involucres, ces échafaudages successifs, un agencement rigoureux. Ce que Bachelard appelle, à propos de l'escargot, une forteresse. Dans sa *Poétique de l'espace*, il rappelle que Bernard Palissy, devant « les horribles dangers de la guerre », songeant à faire le plan d'une « ville de forteresse », s'en allait « par les bois, montagnes et vallées pour voir s'il trouvait quelque industrieux animal qui eût fait quelques maisons industrieuses ». Finalement, il médita sur « une jeune limace qui bâtissait sa maison et sa forteresse de sa propre salive ». Et cette rêverie de la construction par le dedans l'occupa plusieurs mois. Il eût tout aussi bien pu prendre modèle sur l'artichaut. D'autres que lui ont admiré la subtile perfection de cet enchevêtrement de bractées, agencé de toute évidence pour exalter la félicité du genre humain. Comme si, entre le chaos et l'homme, s'interposait la sérénité de l'artichaut, le tranquille empilement de ses feuilles, l'idéale organisation d'un capitule où chacune des fleurs tend vers l'ambition commune de devenir bonne à manger, une géométrie finalement assez semblable à l'arrangement des tuiles romaines ou aux plans des cités utopiques. Rappelez-vous les tableaux de Chirico. Ces visions suspendues de places italiennes, invariablement vides, ces lignes froides et sévères, cette atmosphère de dépaysement et de désert, et là, précisément, dans un tableau de 1914, qui montre une fois de plus la ville assoupie, la suspension du temps, peut-être la mélancolie, deux artichauts. Deux artichauts qui font face à la barbarie des canons, deux artichauts imposants et bonasses. Titre du tableau : *La Conquête du philosophe*.

Fleur bleue

Artichaut, en 1690, s'écrivait avec un *d* (comme chaud). C'est une « plante, dit Furetière, qui a des feuilles piquantes comme un chardon, qui forment une espèce de pomme dont le cul est bon à manger ». A condition, bien sûr, d'en ôter le foin, qu'on appelait aussi coton ou barbe. Mais enfin, Furetière parle du *cul* de l'artichaut. Pas du *fond*. Comment en est-on passé de ce glorieux apanage au triste sort d'un fond de jupe ou d'un fond de casserole ? C'est très simple : tout vient de Carême ! On le surnomma le Lamartine des fourneaux, on eût mieux fait de parler du Vaugelas de la cocotte. Car ce garçon fut sans doute un grand cuisinier, mais il se piqua de rectifier et de moraliser la langue. Comme il l'explique dans *Le Maître d'hôtel français* (1822). Donc, à bas les termes barbares utilisés encore au XVIIIe siècle, comme la semelle de faisan à la Conti, la culotte de bœuf, le veau roulé en crotte d'âne, les pets-de-nonne glacés, le potage à la jambe de bois et les culs d'artichauts ! Car on trouvait vulgaire le cul d'artichaut. Le goût bourgeois le trouvait vulgaire. Et pourtant, c'est bien de ce cul inviolé que naît une des plus belles fleurs du monde, une fleur de paradis, une fleur ronde, d'un bleu idéal, inouï, comme jamais on n'en voit, car jamais on ne trouve ces fleurs à vendre. C'est la fleur du cul de l'artichaut. Une « fleur douce comme un velours », dit Marie Rouanet. Une fleur qui devient même une sorte d'immortelle, qui pousse des bractées d'un blanc d'écaille, où se conservent encore certaines nuances affaiblies de bleu. Ce qui n'empêche pas, bien sûr, de préférer à l'apparition de cette fleur virginale le plaisir exquis de fouiller dans le linge de l'artichaut, au milieu des emballages à rubans, des tulles et des bouillons, de plonger dans cet océan de dentelles pour découvrir enfin, tout au fond, au terme d'innombrables enceintes satinées, au bout de tunnels blousants, de ribambelles de passements, cet îlot de peau nue, ce miracle qu'est le cul de l'artichaut, que vous mordillerez gentiment, pourvu qu'il soit tout frais, légèrement tiède (quoique certains le préfèrent presque brûlant), encore mollet (« mollet à peine », disait Francis Amunategui), mais ferme encore, plein de résistante jeunesse, en un mot *fondant*.

Grue

Même si l'artichaut désigna aussi l'arrière-train des oies grasses de Strasbourg ou de Toulouse, un arrière-train qui traînait presque par terre, on ne confondra pas pour autant le cul et le cœur. Le cœur est formé par les feuilles tendres de petits

artichauts nouveaux dont on a coupé le haut. J'ajouterai même qu'en l'occurrence, le cul vaut beaucoup mieux que le cœur. Comme on dit : « Cœur d'artichaut, une feuille pour tout le monde. » Ce qui était assez dans le tempérament du baron de Charlus (comme on peut voir dans *Sodome et Gomorrhe*). « Vous ne savez rien, dit-il à Jupien après leur petite sauterie héroïque dans la boutique, et en s'attardant encore sur le pas de la porte, vous ne savez rien sur le marchand de marrons du coin, pas à gauche, c'est une horreur, mais du côté pair, un grand gaillard tout noir ? Et le pharmacien d'en face, il a un cycliste très gentil qui porte ses médicaments. » Ces questions, pour le moins indélicates, froissèrent sans doute Jupien, car il se redressa avec le dépit d'une grande coquette trahie : « Je vois bien que vous avez un cœur d'artichaut. » Charlus s'était trahi : ce n'était qu'une petite sauteuse, une girouette, une grue. Sa réputation était fichue.
Celle de l'artichaut aussi. Au XVIIe siècle déjà, celles qui osaient en croquer passaient pour dévergondées. « Si quelqu'une de nous, lit-on dans *Le Roman bourgeois* de Furetière (1666), eût mangé des asperges et des artichauts, on l'aurait montrée du doigt : mais aujourd'hui, les jeunes filles sont plus effrontées que des pages de cour. » Effeuiller l'artichaut, c'était donc à peu près comme montrer ses cuisses. Tout simplement parce qu'on lui attribuait des vertus réchauffantes, spécialement chez les personnes du sexe. Comme, du reste, la truffe et le fenouil. « Artichauts ! Artichauts ! C'est pour monsieur et pour madame, Pour réchauffer le corps et l'âme et pour avoir le cul chaud ! » criaient sans vergogne les regrattiers et autres marchands des quatre-saisons dans les rues de Paris. Bref, l'artichaut passait pour un légume olé olé. « Les avaleurs d'artichauts ne parlent que d'assauts », dit Courval-Sonnet (1627), et Bauderon (en 1672) ajoute que leurs tiges confites au sucre étaient propres à « émouvoir aux jeux des dames les plus couards et maléficiés ». L'artichaut réussissait même parfois à *dénouer l'aiguillette* des maris désemparés.

Béatilles

La société de la Renaissance n'était pas moins frémissante, violente et chaude. En ce siècle débridé et ferrailleur, on aimait aussi jeune qu'on mourait tôt, mais, en matière de sexe, c'étaient les femmes qui menaient le bal. L'initiative leur revenait le plus souvent et, durant les torrides mois d'été, plutôt que de rechercher les nourritures rafraîchissantes, ces Vénus grasses préféraient, dit Brantôme, les bons mangers substantiels : asperges, artichauts, truffes, morilles et *viandes* nouvelles que leurs cuisiniers savaient parfaitement accommoder « à la friandise et lubricité ». On apprêtait crêtes et couillons de coqs, à la condition que ce soient de jolis et petits coqs, comme il y en a l'été, car les petits sont « chauds, ardents et plus gaillards que les autres », pour confectionner de délicieux petits pâtés. Ces *menusailles*, on les nommait encore *béatilles*, peut-être parce qu'elles étaient destinées à combler les dames galantes de leurs bienfaits, comme un bonheur du ciel. Ce dont se doutait probablement Catherine de Médicis qui, nous dit Pierre de l'Estoile, dans son *Journal*, lors du mariage du marquis de Noménie avec la demoiselle de Martigues, en juin 1575, mangea tant de ces culs d'artichauts et menusailles qu'« elle cuyda [pensa] crever et fut malade au double de son desvoiement ». L'affaire occasionna quelques épigrammes fort lestes, où l'on disait en peu de mots que l'étrangère avait châtré tous les coqs du royaume. C'était assez méchant pour Henri III, que l'on traita dès lors de *roi des chapons*. Mais après tout, sa mère reçut aussi le nom de *grosse et grande couleuvrine*. Brantôme, qui la détestait, en donne même la raison : « C'est par ce, Madame, qu'elle a le calibre plus grand et gros que les autres. » Quelle époque !

Paradis d'asperges

L'asperge a ceci de curieux qu'elle fait penser à tout sauf à une asperge. Grande tige trop tôt montée en graine ou flandrin aux airs godiches. Bout de bois flotté qu'aurait vomi un océan visiblement barbouillé. Membre viril plus ou moins renflé, de bonne allure et d'heureuse disposition. Preuve tangible de l'immortalité de l'âme. Que sais-je encore ? Mieux vaut prendre, en fait, l'asperge pour ce qu'elle est : une fille attachante, j'en conviens, mais qui a un peu trop tendance à se monter le bobéchon.

L'asperge se fait en plusieurs coloris. Grosse verte de Lauris, dans le Vaucluse, fondante de la tête au pied ; violette de Provence, délicieuse et fruitée ; asperge rose et fine du Pays de Loire ; belle grosse blanche d'Alsace ou d'Argenteuil ; ou même asperge sauvage, tordue et aigrelette, qu'on appelle en Provence la balayette *: toutes sont bonnes, évidemment, et pourtant, remarquait James de Coquet, nulle part ailleurs que dans l'asperge ne sévit pareil ostracisme. « Les partisans des blanches méprisent les vertes à l'égal d'une nourriture pour les lapins. Les adorateurs des vertes, dont je suis, prétendent que les blanches, si onctueuses, leur donnent l'impression de mordre dans du savon, en quoi ils ont tort. Dans le Midi et en Italie, l'asperge a choisi d'être violette, ce qui met tout le monde d'accord. » Il n'en démord pas moins : pour lui, une verte vaut trois blanches, cette blanche-là fût-elle du Gard, à la pointe turgescente et délicatement rosée. C'est ainsi : chacun vit sur une idée de l'asperge et en reste là. Mais soyons juste :*

la longueur maximale des asperges vertes est de 27 centimètres contre 22 pour les blanches ou les violettes. Certains y voient un avantage.

Barbarisme

Inutile de tergiverser : l'asperge est un monstre. « L'asperge à tête de serpent, de vipère », dont parle Jules Renard dans son *Journal* (1898), fait aussitôt penser à la zoologie fantastique de Borgès, et je la verrais parfaitement tenir compagnie à l'amphisbène, à l'hippogriffe, au béhémoth, aux animaux sphériques, au cerf céleste, au lièvre lunaire, au singe de l'encre ou même à l'antilope à six pattes. L'asperge est de cette trempe-là. Sa racine, disait Furetière, est « spongieuse, chevelue et blafarde comme celle du myrte sauvage ». Voilà qui est étrange : une tête de vipère, des écailles triangulaires et des griffes souterraines : est-ce encore un légume ou un barbarisme végétal, peut-être même une bête endormie ? Pline et Dioscoride croyaient qu'elle naissait d'un semis de cornes de bélier pulvérisées. Olivier de Serres, lui, parle simplement de « la naturelle amitié de cette plante avec les cornes de la moutonnaille, pour s'accroître gaiement près d'elles ». Pourquoi ? Parce que les asperges sont de terribles mangeuses d'azote, et donc aiment par-dessus tout le fumier des moutons, les déchets organiques à décomposition lente, les chiffons de laine, les cuirs ou cornes torréfiés.
Ce n'est pas tout. On n'épluche pas l'asperge. Épluche-t-on les monstres ? Non, on la *plume*. Comme l'oie ou la poule. Chez Proust, c'est même une pauvre créature maladive qui s'en charge. Swann parle de « la pauvre charité de Giotto ». Son air était douloureux, comme si elle ressentait tous les malheurs de la terre. On peut la comprendre. Car c'est une opération assez effrayante. On part du dessous de la tête et on laisse courir le couteau jusqu'au bout, que l'on sectionne d'un coup. Ce que Marie Rouanet appelle « tailler l'asperge comme un crayon ». Et même, quand elle a durci et séché, « écorcer l'asperge ». Pourquoi un sacrifice aussi cruel ? Pourquoi ne pas plutôt la laisser en terre, on se demande ? Car savez-vous ce qu'il adviendrait alors de l'asperge ? Des sortes d'organes spéciaux que les botanistes appellent des *cladodes*. Alors que la

pomme de terre pourrit et que le petit pois éclate, l'asperge « s'élève en manière d'arbrisseau » (Lémery, 1705). Eh oui, note joliment Courtine, qui en fit la *Célébration*, mais n'est pas sensible apparemment à ce prodige d'un légume-bête qui devient légume-branche : « Le printemps s'épanouit en arbre d'asperge. »

Craquant

Carême, au XIXe siècle, avait comme on sait le goût de l'architecture pâtissière et du gothique historié. C'est ainsi qu'il fabriquait des minarets avec des champignons de Paris, des chrysanthèmes avec des oignons, des frisettes avec des carottes et des rayons de soleil avec des tranches de céleri. Quant à l'asperge, il la dressait en buisson ou en pyramide, mais réservait le bastion à l'anguille. Aujourd'hui, on la mange nettement moins architecturée, mais toujours à la française, c'est-à-dire ferme sous la dent. « En France », observait récemment Jacques Puisais, fondateur de l'Institut français du goût, « on est plus croquant et moins gluant, mais on reste très sucré. » Naturellement, on ne sucre pas l'asperge, mais depuis qu'il existe des livres de cuisine et des recettes d'asperges dedans, c'est ainsi : « Tirez-les le moins cuites que vous pourrez, c'est le meilleur » (*Le Cuisinier français*, 1651), ou encore L.S.R., dans *L'Art de bien traiter* (1674) : « Souvenez-vous qu'il faut que l'asperge croque sous la dent, et qu'elle ait tout son vert, à moins de quoi ce n'est que filasse. » Voilà bien la chose à éviter : se retrouver devant une asperge molle, effondrée et capitularde comme un salsifis, une asperge « qui se plie quand on la porte à la bouche et qui oblige à des mouvements peu gracieux ». Bref, dit Courtine, toujours guilleret devant l'asperge, il la faut « craquante en son corselet, la pointe seule attendrie, attendrissante, comme un bouquet de printemps ». Non pas morbide, mais rigide. Obéissant ainsi au précepte d'Auguste, qui a son tombeau à Rome, juste en face du restaurant Alfredo : *Velocius quam asparagi coquantur* (En moins de temps qu'il n'en faut pour faire cuire les asperges).

Avec les doigts

Comme on sait, les asperges se mangent avec les doigts chez les Verdurin, ostensiblement du bout de la fourchette et à l'aide d'un couteau chez les Guermantes. Eh bien, les Guermantes ont tort. Grimod de la Reynière est formel : « C'est un fort beau plat d'entremets, et l'un des faisceaux les plus agréables à rompre. On les sert avec la main, et ce serait un manque de savoir vivre que d'y employer la cuiller. » Courtine, lui aussi, revendique avec force le droit de manger son asperge à la main. Ne la traitons pas, dit-il, comme la carotte ou l'andouillette. Osons manger les asperges avec nos doigts, « mais reconnaissants, caressants, frémissants ! Nos doigts respectueux, ambassadeurs de cette parcelle divine qu'est notre âme. Nos doigts courtisans ». Et si l'asperge veut être ainsi courtisée, c'est qu'elle est fort méritante. Pline note que, bouillie dans le vinaigre, elle fait merveille contre l'éléphantiasis, et qu'une personne enduite d'asperge pilée dans l'huile n'est jamais piquée par les abeilles. On la recommande encore pour protéger la muqueuse gastrique et intestinale, au cas où vous auriez accidentellement avalé des clous ou des morceaux de verre. Selon Lémery, l'asperge, en latin *asparagus*, viendrait de *aspergere*, parce qu'elle est propre à arroser. C'est une étymologie fantaisiste, mais troublante. Car l'asperge amollit bel et bien le ventre et fait uriner « avec une odeur de violette ». Proust, qui était assez tourmenté par l'asperge (alors que le petit pois le laissait froid), observe que toute la nuit qui suivait un dîner où il en avait mangé, « elles jouaient, dans leurs farces poétiques et grossières comme une féerie de Shakespeare, à changer mon pot de chambre en un vase de parfum ». Du reste, Mme de Rambouillet, que les poudrés de l'époque surnommaient Arthénice, se plaignit un jour à son jardinier (raconte Tallemant des Réaux) de ce que cela faisait si fort sentir l'urine. Lequel assura à la marquise qu'il connaissait un bon moyen de chasser cette odeur *sui generis*.

— Hé quoi ?

— C'est qu'il faut monter dans votre grenier, et pisser par votre fenêtre. Je meurs si vous en sentez rien.

Fourchette

Pline l'appelait « prodige du ventre ». Il est vrai que les asperges étaient alors si développées qu'à Ravenne, on en vendait trois à la livre. Juvénal préférait les asperges de montagne cueillies par la fermière, qu'il accompagnait d'un chevreau bien gras le plus tendre du troupeau, venant des pâturages de Tibur, et des gros œufs encore tout chauds du foin fripé où ils étaient déposés. Juvénal fut notre grand poète de l'asperge. Mais celui à qui l'on doit en France son rayonnement, c'est bien Henri III. Car au Moyen Age, on n'aimait pas du tout ça (sinon, bien entendu, dans les cloîtres). L'asperge fit donc un triomphe à la Renaissance, et le roi en régalait ses mignons, les Quelus, Gramont, d'O, Saint-Luc, tous ces garçons brillants devenus si vite la personnification du scandale. Les ultra-catholiques, comme les protestants, d'Aubigné en tête, s'indignaient. On en voulait surtout, en fait, à ce roi sodomite, donc ennemi de Dieu : « Les culs plus que les cons sont maintenant ouverts », écrivait même Ronsard (visiblement déçu d'avoir été évincé de la société). L'asperge n'était donc qu'un prétexte à leur fureur. D'autant qu'à l'époque, elle était plutôt fluette, verte et souvent amère. Mais ce qui motivait aussi leur colère, c'était la fourchette.

Encore rare à l'époque, et nécessitée par ces fraises énormes qui emprisonnaient leur cou, des fraises empesées à la farine de riz, si bien qu'à voir la tête de tous ces jeunes gens (dit Pierre de l'Estoile), « il semblait que ce fût le chef de saint Jean dans un plat ». Donc, on usait de la fourchette, rapportée de Venise par Henri III, une fourchette à deux dents pointues, que l'on aiguisait encore au point de se blesser à la langue ou aux lèvres. Mais on en riait, comme du reste. « On apporta quelques artichauts, asperges, pois et fèves écossées », dit Arthus Thomas, sieur d'Embry, dans son *Isle des hermaphrodites nouvellement découverte* (1605), « et lors ce fut un plaisir de les voir manger ceci avec leurs fourchettes : car ceux qui n'étaient pas du tout si adroits que les autres en laissaient bien autant tomber dans le plat, sur leurs assiettes et par le chemin qu'ils en mettaient en leurs bouches. » En dehors d'Henri III, on admet (comme Alexandre Dumas) que les chats et les chiens aiment beaucoup l'asperge. Pas seulement les chats et les chiens, du reste. Les lapins aussi. Jules Renard note qu'en 1909, quelques mois avant la mort de sa mère, « belle vieille encore, figure de sorcière aux traits nets, ou de vieille femme de roulotte, avec ses cheveux blancs ondulés », mais qui n'avait manifestement plus toute sa tête, elle donnait aux lapins les asperges qu'on lui offrait. Est-ce pouı autant ce qui peut nous rapprocher du lapin ? Alphonse Toussenel, auteur en 1847 de *L'Esprit des bêtes*, ne le pense pas. « Jamais, remarque-t-il, un homme de goût et d'odorat subtil n'a été et ne sera en relations sympathiques avec une bête passionnée pour l'asperge. Je m'étais demandé bien souvent la raison de mes faibles attractions pour la race féline avant que l'asperge m'eût tout dit. » Voilà donc un point d'éclairci.

Zulma

« Ne faites pas aller et venir une asperge dans votre bouche en regardant languissamment le jeune homme que vous voulez séduire », recommande opportunément Pierre Louÿs, dans son *Manuel de civilité pour les petites filles* (paru dans les années 30). Car l'asperge, Courtine en parle assez peu, passe pour *exciter luxure.* Paracelse, dans son *Traité des signatures* (1575), la recommandait déjà, en fonction de son heureuse conformité, pour affermir les virils appétits. Ce qui était loin de faire l'unanimité, puisque Dioscoride avait accusé sa racine de rendre stériles les hommes comme les femmes. Un certain marquis, qui n'était pas « très délicat dans ses goûts », raconte la Pompadour à sa belle-sœur, Mme de Baschi, avait aussi une curieuse façon de la manger. « Il aurait, hier, passé la soirée avec une comédienne, et, sur la fin du souper, étant tous les deux pleins de charmes, le marquis n'a trouvé rien de mieux que de faire déshabiller sa Vénus, et, ayant préparé une sauce pour asperges, l'aurait placée dans un endroit que je ne puis nommer, et là se serait mis à manger des asperges trempées dans cet endroit. Il y a trouvé du plaisir. Qu'en dites-vous ? Je vous attends pour votre réponse. Je ne puis m'empêcher de rire de cet original plaisir. »

Plus récemment, Manuel Vasquez Montalban, dans ses *Recettes immorales,* parle avec beaucoup d'assurance d'un pénis dur et agressif à propos de la carotte, et d'un pénis chétif et problématique pour l'asperge. Ce qui ne se vérifie pas toujours. Dans l'argot des souteneurs, au siècle dernier, *aller aux épinards* se disait du maquereau qui relève les compteurs, et *aller aux asperges,* de la travailleuse en attente du pénis chétif et problématique. Comme le note Auguste Le Breton, « Zulma la Blonde n'avait pas le temps de rêvasser. Fallait qu'elle aille aux asperges pour son homme qu'avait de gros besoins ». Une précision pourtant, d'ordre technique, relevée par le lexicographe Pierre Guiraud : on appelle *épi de maïs* la façon de sucer sur toute la longueur du pénis, alors que l'*asperge* n'est qu'une façon de sucer le gland. Ce que font certaines avec beaucoup d'entrain et de dextérité, jusqu'à dit-on *savourer l'asperge.* Bref, « avec son asperge », poursuit Auguste Le Breton, « Firmin le Rapide n'était pas à la veille de manquer de gonzesse ».

Paradis

Dans *Biffures* (1948), Michel Leiris parle de l'époque où, enfant, les mots lui semblaient calqués sur la physionomie même des choses (comme le pensait Cratyle, disciple d'Héraclite). C'est ainsi que pour lui, le mot paradis devait sa saveur d'asperge « au paradis terrestre, sorte de potager sentant bon le terreau, et à la forme extérieure des asperges, tuyaux d'orgue rassemblés en bottes ou cierges crêtés d'une flamme mauve, qui font penser à des anges enveloppés du fourreau blanc d'une longue robe hiératique et portant aux épaules un plumage d'arc-en-ciel, aux tons rompus et mélangés ». C'est une perspective inattendue de l'asperge, qui n'a pas toujours, il faut bien le dire, donné l'occasion de pensées si élevées. Car on la vit surtout comme une bonne fille, « qui ne se met d'autre sujet en ses pensées qu'à songer à rire, à passer son temps à folastrer et si enjouée qu'elle n'a pas le temps de penser à autre chose qu'à ses petits ébattements » (comme dit Brantôme). C'était une asperge assez libre, tout heureuse de pousser, de se faire voir, de jouer les ingénues, c'était l'asperge de Manet.

Manet en avait fait une botte, qu'on lui paya deux cents francs plus cher que le prix convenu. Il en peignit donc une autre, une seule, qu'il envoya, pour faire bon poids. On ne sait pas ce qu'en pense Philippe Sollers, mais les statuts de la très secrète Société du Cœur Absolu, qu'il fonda à Venise le 18 octobre 1984, à dix-huit heures, par très beau temps, stipulent en préambule qu'il faut avoir quelque chose d'intéressant à dire sur cette *Asperge* de Manet. Parce que c'est une société qui pratique le don gratuit ? Mais pourquoi *une* asperge ? Pourquoi pas plutôt un paradis d'asperges ? Un plant, comme le dit Proust, dans *Jean Santeuil*, de « dix mille délicieuses asperges, dressant en liberté sur leur corps bleuâtre et rosé leur tête verte et bouclée, enracinée dans la terre qui salissait de son limon leur tronc rose, comme si elles ne seraient pas, peut-être le soir même, servies dans son assiette, à jamais déracinées, chaudes, molles et pourtant encore telles qu'il les avait vues (ou plutôt, il les avait vues, vivantes, telles qu'elles lui avaient été servies) hautes et minces, quelques-unes plus grosses, dures et roses, puis une molle tête verte bouclée ». Oui, pourquoi pas un champ de dix mille asperges en liberté, délicieuses créatures à la chair comestible et aux couleurs enjouées, qui s'offriraient par les deux bouts, dans un délicieux imbroglio sexuel, et seraient capables de réjouir en effet un Cœur Absolu ?

A la Fontenelle

Signalons une autre curiosité : l'asperge de longue vie. L'élixir de l'immortel printemps. Ce fut l'asperge de Fontenelle. Lequel vécut centenaire, à trente-deux jours près (1657-1757). A quoi dut-il cet avantage ? On le savait friand de fraises et d'asperges, à moins qu'il n'ait su tout bonnement modérer ses impatiences (comme le dit François Bott) et décidé de ne point se dépêcher de mourir. Avec ses *Entretiens sur la pluralité des mondes*, il nous légua un apprêt d'asperges, dit « à la Fontenelle », servies avec du beurre fondu et un œuf à la coque, dans lesquels on les trempe successivement. La mort inexcusable, il est vrai, d'un abbé n'y serait pas pour rien. Il s'agirait, à ce qu'on croit, de l'abbé Terrasson (mort en 1750), à moins qu'il ne s'agisse de l'abbé Du Bos (mort en 1742), car Voisenon ne mourra qu'en 1775. Fontenelle s'entourait d'abbés. Donc, ils se disaient amis et l'histoire veut qu'un jour ils dînent en tête à tête. Fontenelle avait prévu des asperges naturellement. moitié au beurre, moitié à la vinaigrette (pour son hôte). Or voilà que l'abbé tomba soudain foudroyé par l'apoplexie. C'était un fâcheux contretemps, et même la preuve d'une certaine désinvolture. La domesticité était en profond émoi et le cadavre fort encombrant. Mais Fontenelle, le créateur des idées fines, s'en tira très bien. « Toutes au beurre, Thérèse ! Toutes au beurre ! » s'écria-t-il en haut de l'escalier. Après quoi, on débarrassa l'abbé et Fontenelle se mit à table de fort bon appétit, prouvant ainsi par l'exemple que l'apoplexie était bonne à quelque chose.

Déchet

L'écrivain italien Achille Campanile s'est interrogé récemment (1978) sur les rapports compliqués entre l'asperge et l'immortalité de l'âme : preuve qu'après tout, avec l'asperge, on peut passer plus facilement qu'on ne croit de Fontenelle à Bossuet. Campanile conclut pourtant que, sous quelque angle que ce soit, il n'y a absolument aucun rapport, sauf peut-être du point de vue du *déchet.* Car en général, l'asperge ne se mange pas entièrement, en tout cas pas jusqu'à la racine. C'est un peu la même chose pour l'âme. « Si l'âme n'est pas immortelle, observe Campanile, il ne restera rien de nous ; en revanche, si elle est immortelle, c'est la meilleure partie de nous qui reste. De même reste-t-il beaucoup des asperges, malheureusement, mais ce n'est pas la partie la meilleure ni la plus noble. Tant s'en faut, car c'est le pire qui subsiste : la queue. » Ce qui n'advient pas, ajoute-t-il, dans le cas d'autres légumes, comme les épinards. Mais qui n'est pas non plus l'apanage des asperges, puisque les artichauts se trouvent dans la même situation quant au pourcentage de déchets. Bref, comme on ne saurait raisonnablement assimiler la queue de l'asperge et l'immortalité de l'âme, il vaut mieux oublier la question. Une question que rend du reste extrêmement pénible l'absence de résultats satisfaisants.

L'aubergine
et l'imam évanoui

L'aubergine n'a pas toujours servi à désigner la robe d'évêque, la préposée de police aux jambes arquées devenue depuis jolie pervenche ou la trogne violacée des pochards de la station Porte des Lilas. *Non, l'aubergine a connu une destinée digne de certaines vamps de l'écran ou des espionnes d'avant-guerre. Elle voyagea énormément du temps des conquêtes arabes, fréquenta à cette occasion beaucoup de souverains et d'imams (c'est même, je crois, la seule à avoir connu autant d'imams dans sa vie, au point de leur avoir consacré une recette à chacun), mais ce fut surtout une aventurière, grande experte en science de l'amour, assez habile à tromper le monde, au point qu'on pouvait parfois s'interroger : sa peau presque noire exaltait tant ses formes et ses dimensions phénoménales qu'on en venait à douter de sa nature, et même de ses usages. Enfin, on ne douta pas toujours. Et certains se prirent à aimer furieusement ce légume long, quasi de la grosseur du concombre, couvert d'une écorce fort lisse et à la chair pleine de suc, spongieuse et blanchâtre, avec une infinité de petits grains, comme ceux du poivre de Guinée.*

Incendie

L'aubergine est originaire de l'Inde. On lui connaît tout un tas de noms sanscrits et bengalis, comme *Bong, Bartakou, Mahoti* ou *Hingoli,* qui lui servaient déjà à détourner l'attention. Mais son vrai nom, enfin le plus attesté, c'était *Vartta.*

Certains parlent aussi de *Vaerttakou, Varttaka, Bunguna,* et en hindoustani *Bungan.* On ne saurait donc douter de son origine, à défaut de son identité. Et puis elle suivit les caravanes de la soie et des épices. On la retrouva longtemps après en Perse, on parlait d'elle comme de la *Bâtingân,* puis les Arabes en firent *Al-bâdingân,* ils l'emmenèrent en Afrique, en Espagne, et au XIIIe siècle les Catalans la nommèrent *Albergínia.* Enfin, ce fut l'Italie et les jardins de Provence. Donc, une chose est sûre : la belle ignora les Grecs et les Romains, pourtant si friands des danseuses de Cadix. Mais une fois arrivée en Europe, l'aubergine épouvanta tout le monde. « Son seul nom, dit Fuchs, en 1543, doit effrayer ceux qui ont le souci de leur santé. » Daléchamps, vers 1586-1587, reconnaît pourtant que si l'aubergine est de dure digestion, elle n'a jamais rendu personne enragé. Mais le mal court. Et l'aubergine est un fruit de la rumeur. John Gerard, botaniste anglais, prétend à la même époque que ces *pommes folles (mad apples,* disait-on outre-Manche) engendrent le péril mélancolique. Et aujourd'hui encore, en Turquie, du côté de Bursa, on parle des *fous d'aubergines.* Car apparemment, l'aubergine est d'abord une maladie. Un dérangement de l'esprit. Pire encore, on la dénonça comme l'une des causes principales des incendies d'été qui ravagèrent Istanbul au cours des siècles. Le vent du sud qui souffle de la mer, le *patlican metlemi,* le vent d'aubergines, souffle sur les brasiers où grillent les aubergines et la moindre étincelle suffit à embraser les maisons de bois. Entre 1591 et 1923, on dénombra environ cinq cents grands incendies à Istanbul : l'aubergine grillée n'y était certainement pas pour grand-chose, mais c'est elle qu'on accusa. Pyromanie contre mélancolie : on ne perdait guère que la nuance de la folie.

Oignon

Et pourtant, l'aubergine reste le légume vedette d'Istanbul. Comme s'il y avait en elle je ne sais quelle force obscure, quelle fascination funèbre. On relève là-bas plus de trente façons traditionnelles de la préparer : confitures d'aubergines (surtout confectionnées avec des fruits de printemps), salades d'aubergines au yaourt, aubergines farcies à l'huile d'olive, kebab ou encore moussaka d'aubergines (mélange d'aubergines et de viande de mouton hachée), aubergines *karniyarik*, dites au ventre fendu (accompagnées de riz pilaf), riche purée d'aubergines destinée à accompagner le *tas kebab* et joliment appelée « le souverain l'apprécie », et bien sûr, le *patlican*, aubergine farcie à la viande ou au riz, frite à la poêle ou cuite à l'huile d'olive, et connue sous le nom d'aubergine de *l'imam bayildi*, c'est-à-dire de l'iman évanoui. Pourquoi cet imam s'est-il évanoui devant l'aubergine ? Évanoui de plaisir ? A moins que, trop avare, il n'ait perdu connaissance en apprenant la quantité d'huile d'olive utilisée pour la cuisiner. C'est donc le fruit (ou le légume) de la Turquie, mais fatalement aussi de la Grèce (l'Empire ottoman ayant dominé le pays pendant quatre siècles, jusqu'en 1830) et plus généralement de toute la Méditerranée. En Sicile, on appelle les aubergines des *quaglie*, c'est-à-dire des cailles. Parce qu'on les coupe toujours de telle façon que leur long corps noir forme comme deux ailes. D'ailleurs, l'oignon et l'aubergine sont comme frère du jour et sœur de la nuit : autant l'oignon est transparent, humide et odorant, autant l'aubergine est sombre, sèche et inodore. Si bien que la culture insulaire s'est développée tout entière entre le violet sombre et la lumière nacrée.

Vit d'âne

Si l'aubergine est si conforme à l'esprit méditerranéen, elle le doit sans doute à ses formes opulentes et luxurieuses, qui font songer aux femmes aux fesses saillantes, à la vulve épaisse et aux longs cheveux noirs. Mais pas seulement. Car c'est un mélange de hardiesse et d'effronterie : peau luisante, d'un violet sombre, taille impressionnante (jusqu'à 30 centimètres de long), allure de massue dans le modèle le plus courant, chair ferme et compacte, l'aubergine est une révélation. Une sorte de mystère de l'incarnation. Quelque chose en tout cas de divin. « C'est un légume à caresser du regard et du bout des doigts », dit Roger Vergé. Aux succulents et superbes phénomènes, Joël Robuchon préfère pourtant la pointure garçonnet, « les petites fermes, délicatement joufflues, à la chair plus douce, avec moins de graines ». C'est comme on voudra. On retiendra d'ailleurs qu'en Languedoc, en Gascogne ou en Provence on l'appelle depuis toujours le *vit de l'âne (bitt d'azou, vié d'azé).* Suppléerait-elle parfois aux défaillances de l'homme ? En tout cas, Marie Rouanet, dans sa *Cuisine amoureuse courtoise et occitane,* s'enthousiasme pour ce « long fruit démesuré ». « La manière, dit-elle, dont l'aubergine satinée et gonflée, pend entre ses feuilles, sa couleur violette, la font ressembler au sexe déployé d'un âne entier. » Mais, ajoute-t-elle, la ressemblance s'arrête là. Pourtant, quelques lignes plus loin, elle croit utile de préciser qu'on peut peler ou non l'aubergine : « Le cuir de l'aubergine garde sa belle couleur, le conserver est un ornement. Mais il faut la savonner. Ce nettoyage est considérablement érotique. »

Vents

L'aubergine, en général, plaît aux femmes. En Corée, elles l'appellent « objet gracieux animé de grands mouvements ». Car elles lui supposent une âme. Mais c'est une âme, il faut le savoir, qui occasionne des vents. Et que les vents de l'aubergine, disait Catherine Sforza (1463-1509) dans ses *Expérimentations,* feraient faire voile à une caraque génoise. Bref, comme les fèves au profil de testicules, les aubergines sont d'excellents fortifiants au service de l'amour. Car, selon Matthiole (1572), si elles sont ainsi considérées comme très aptes à rendre « plus vigoureux en paillardise », c'est qu'elles « engendrent force ventosités et font dure digestion ». Les vents ont toujours été bons pour l'amour, donc l'aubergine aussi. Daléchamps confirme, à la même époque, que « d'aucuns en mangent pour se rendre plus vaillants avec les femmes ». Cela dit, on s'est toujours montré fort circonspect vis-à-vis de l'aubergine et de ses folles entreprises. « Elle excite des vents », dira Geoffroy, en 1750, « des indigestions et des fièvres : ainsi il vaut mieux se priver d'un plaisir qu'on paye bien chèrement, lorsqu'il est capable d'intéresser la santé. » Il fallut attendre le Directoire pour voir la folie dans la rue. Avec l'ail et la tomate, ce fut un triomphe. Et on alla s'encanailler au Palais-Royal, chez les Trois Frères Provençaux, manger des aubergines grillées accompagnées de côtelettes de chèvre.

Karagheuz

On voit souvent dans l'aubergine un fruit mâle : tout dépend, en réalité, de sa taille. Prenez *L'Intérieur aux aubergines* de Matisse (1911). Trois aubergines sur un foulard rouge, mais trois aubergines aux dimensions de grains de café, de fèves noires, de noyaux de dattes. Trois aubergines qui ont des allures de vulves sèches, chétives, rabougries et pour tout dire à l'abandon. « Rêver à trois aubergines », dit-on au Japon, est un signe de bonheur. C'est possible, mais pas à trois aubergines *comme ça.* Trois aubergines à fente rose et à queue verte. L'aubergine dans un miroir provoque parfois des vertiges. En tout cas, ce n'est manifestement pas celle que préférait Colette (ni le photographe Robert Mapplethorpe, qui en fit une surprenante figure, en 1985), puisqu'elle dit se régaler, à la Treille Muscate, de doux oignons blancs sucrés et d'aubergines *karagheuziennes.* Et ce Karagheuz, dans le théâtre d'ombres de Constantinople, était un polichinelle truculent, dont le « pénis ressemblait à une poutre » (Flaubert) et dont le nom signifie *Yeux noirs,* c'est-à-dire le Malin, le Rusé. Tous les voyageurs du siècle dernier en ont parlé. Nerval reste assez discret sur la question, dans son *Voyage en Orient* (1851). Au chapitre des *Nuits de Ramazan,* il évoque vaguement cette figure obscène, singulièrement bâtie, trop bien bâtie du reste : « Il se dessinait admirablement avec son œil noir, ses sourcils nettement tracés et les avantages les plus saillants de sa désinvolture. » Mais apparemment, il ne vit qu'une version officielle de ce Karagheuz qu'il rapproche du Polichinelle des Osques.

Théophile Gautier, lui, se fit conduire dans le quartier de Top'Hané, où dans l'arrière-cour d'un café se donnaient des représentations de Karagheuz non censurées, avec toute la liberté bouffonne et lubrique qui lui convient. Ce qu'il raconte dans *Constantinople* (1853) : « La cour était remplie de monde. Les enfants, et surtout les petites filles de huit à neuf ans, abondaient. Il y en avait de délicieuses qui rappelaient, dans leur sexe encore indécis, ces jolies têtes de la sortie des écoles de Decamps, si gracieusement bizarres et si fantasquement charmantes. De leurs beaux yeux étonnés et ravis, épanouis comme des fleurs noires, elles regardaient Karagheuz se livrant à des saturnales d'impuretés et souillant tout de ses monstrueux caprices. » Voilà donc l'aubergine impudente, cynique et joyeusement féroce, reprenant vie dans le regard de ces petits anges naïvement corrompus, qui riaient aux éclats. On ne saurait pousser plus loin, conclut Gautier, l'extravagance ithyphallique et le dévergondage d'imagination obscène de Karagheuz. C'est dire si, parfois, l'aubergine est fière de ses exploits.

Férocité de
l'avocat

*Est-il besoin de dire que les premiers découvreurs de l'Amérique furent assez désappointés devant ce que les Aztèques appelaient l'*arbre aux testicules ? *Pouvait-on croire pareille merveille ? Voir des testicules pousser sur les arbres, à un rythme somme toute régulier et dans un état que l'on pouvait juger fort satisfaisant, et même assez conséquent ! Les Aztèques, qui connaissaient la vie, en firent macérer la chair avec d'autres herbes et racines pour confectionner un élixir de longue vie et, naturellement, considéraient le testicule frais comme un remontant de premier ordre.*

Beurre

Ce fruit, repéré en Colombie, au début du XVIe siècle, par Fernandez de Oviedo, c'était l'avocat. Il poussait à l'état sauvage dans les forêts, au bord des fleuves et sur le littoral de la mer, depuis le Mexique et les Antilles jusqu'à la région des Amazones. Son nom d'*auacatl* lui venait d'une langue indienne de la culture aztèque, le *nahuatl.* Il avait la forme d'une belle poire, verdâtre ou violacée, avec en son milieu un noyau de la grosseur d'une noix ou d'un œuf de pigeon. Mais ce qui surprit surtout, ce fut sa chair. « Crème parfumée et poison le plus subtil », dira plus tard Eugène Sue. Une chair dans laquelle s'enfonce le doigt et qui noircit à l'air. Un gras, un moelleux, un suave ! On n'avait jamais vu ça nulle part, sinon précisément dans le beurre. L'avocat était donc un fruit qui fabriquait du beurre. Mais un beurre végétal. Un beurre vert. Un beurre de la forêt. Quant au goût, on n'aurait pas su très bien le définir. Il ressemblait un peu à la langueur de la pulpe : il en avait la délicatesse crémeuse, l'abandon parfumé, il évoquait tour à tour la pêche ou la poire du Bon Chrétien, l'artichaut ou la noisette, ou même pour le père Labat (1694), la *tourte de moelle de bœuf*. Certains en parlèrent comme d'un caviar de fruits. C'est dire si l'on était perplexe.

Alligator

Les Anglais, on ne sait trop pourquoi, en firent la *poire-alligator*. C'est d'autant plus curieux pour le fruit d'un arbre de la famille des lauriers. Qu'y a-t-il de commun entre l'avocat et l'alligator, dont l'espèce la plus connue est celle du Mississipi, dont on mange la chair en steaks frits (au goût de veau et de limande), dont la tête se transforme parfois en lampe de chevet, les pieds en cendrier ou en serre-livres, l'urine en parfum, les testicules et le pénis en médicaments chinois et le cuir en ce qu'on voudra ? On ne sait pas pourquoi les Anglais ont eu cette idée. Ce saurien analogue au caïman évoque-t-il l'avocat par sa peau, sa couleur, son museau ? En fait, il rappellerait plutôt le péché originel. Car avec ses yeux plus lumineux la nuit que ceux d'un chat, cette odeur écœurante, cette façon qu'il a de produire des bulles qui crèvent à la surface comme du chewing-gum, ces sifflements, ces rugissements rauques pendant l'amour, ces claquements terribles de la mâchoire et ce corps couvert de grandes écailles cornées, ces mâchoires plantées de dents coniques qui écrasent et déchirent à peu près tout (on a retrouvé dans son ventre des loutres, des rats, des hérons, des canards, des canettes de bière, des enjoliveurs de voiture, un sabot de fer, un chat et un sac en plastique), on ne voit décidément pas ce que l'*Alligator mississipiensis* peut avoir de commun avec la tourte de moelle de bœuf. Sinon peut-être, en effet, la façon très spéciale que ces sauriens ont de faire l'amour : ils *se pressent*, ils s'écrasent, comme si l'alligator qui appuie voulait sentir la force de celui qui est en dessous, lequel peut sentir à son tour toute la force avec laquelle on appuie dessus. On ne voit d'ailleurs pas ce qu'ils pourraient faire de plus. C'est une sorte de résistance immobile et lourde, ce qui ne les empêche pas de faire des bulles et de se les envoyer, ou même de tousser doucement. Bref, on peut imaginer que l'avocat suscite aussi de semblables caresses sur la tête, mais il n'y a eu jusqu'ici que les Anglais pour le croire.

Morue

Les missionnaires espagnols, compte tenu de l'exceptionnelle richesse de sa texture épaisse et moelleuse, avaient frappé l'avocat des mêmes règles d'abstinence que la viande. Donc, que ceux qui vous disent aujourd'hui que sa fermeté molle épouse parfaitement la bouche, que c'est un fruit onctueux avec la salive et que rien ne saurait l'accompagner, sinon peut-être, juste après, un rosbif très saignant, passé à la broche, sur des sarments de vigne, et rapidement brûlé à l'absinthe (compter un litre d'absinthe pour cinq livres de viande), que ceux-là donc sachent qu'ils commettent un double péché contre Dieu. La recette la plus commune de l'avocat, celle qui pourrait donner une idée en effet de son ambiguïté animale, c'est le *féroce* martiniquais, une salade de morue salée crue et déchiquetée, accompagnée de farine de manioc, de jus de citron vert et de piment. C'est impitoyable. Ce féroce-là a tout du tigre et de l'hyène. Mais, comme disait Balzac dans *Pierrette*, « ni les tigres, ni les vipères, ni les diplomates, ni les gens de justice, ni les bourreaux, ni les rois, ne peuvent, dans leurs plus grandes atrocités, approcher des cruautés douces, des douceurs empoisonnées, des mépris sauvages des demoiselles entre elles, quand les unes se croient supérieures aux autres en naissance, en fortune, en grâce, et qu'il s'agit de mariage, de préséance, enfin des mille rivalités de femme ». Résumons : l'avocat serait moins une poire-testicule ou une poire-alligator qu'une griffe de jeune fille. Ce qui est bien la pire des choses qu'on puisse en effet voir sortir d'un arbre.

B

Bananes
flambées

La banane s'est exposée récemment un peu partout sur les murs de France, avec son code secret, ses formes vigoureuses et son profil avantageux. Un profil qui en disait long. On aurait tout aussi bien pu songer à un cor de chasse ou une corne de vache, mais non, c'était elle, en pleine forme apparemment.

J'ai eu, je l'avoue, la tentation, un moment, de croire à l'arc-boutant de la belle braguette de Gargantua, dont Rabelais nous a suffisamment vanté les mérites, au point dit-il que « vous l'eussiez comparée à une belle corne d'abondance, telle que vous voyez dans les antiquailles, toujours galante, succulente, resudante, toujours verdoyante, toujours fleurissante, toujours fructifiante, pleine d'humeurs, pleine de fleurs, pleine de fruits, pleine de toutes délices », mais non, c'était bien la banane. Une banane jaune. Ni une fausse gloire, ni une image de synthèse, ni un appareil au service de votre visage. Une banane peut-être légèrement retouchée, comme on le fait systématiquement en Suisse, qui est sans doute le seul pays au monde où les bananes n'ont jamais *de taches sur la peau. Légèrement ombrées aux extrémités, comme un fard à paupières, mais uniformément jaunes et d'une inconcevable fadeur : une monstruosité absolue, qu'on appelle là-bas l'*offre-fraîcheur. *Mais, en réalité, cette banane-là cherchait moins à nous rappeler sa teneur en vitamines et minéraux, ou la douceur de sa chair attendrie, qui tourne si vite en confit, que sa cambrure fanfaronne, sa peau délicieusement hâlée, son* self-control *à toute épreuve, bref la* *vitalité époustouflante, la jeunesse un peu crâne de ce fruit tropical de la famille des musacées.*

Crucifix

Il y a au moins un point commun entre le mystère de la Vierge et la parthénocarpie de la banane : c'est la manifestation du Saint-Esprit. Car le bananier a ceci de singulier que ce n'est pas un arbre, mais une herbe. La plus grande herbe du monde. Et que sa fleur ne donne pas naissance, elle se transforme : pas d'organes sexuels, pas de fécondation. La fleur est stérile. Et le bananier en meurt. Bouddha qui avait réponse à tout fit ainsi du bananier le symbole de la vanité des choses : on le voit, sur les images, méditant cette pensée au pied d'un bananier. Mais s'il ne produit qu'un seul régime dans sa vie, c'est un régime immense, fait de dizaines de mains et de centaines de bananes. Si bien que souvent, on nous montre les *bananeros* nageant dans des océans de bananes. Paraît-il même qu'à l'aube des temps, le bananier ne produisait ni fleurs ni bananes : il se contentait de mourir. Et personne ne peut dire quand, ni comment, ni pourquoi, dans l'archipel indien, le miracle s'est produit. On parle là-bas de fruit originel. Les premiers botanistes de la Renaissance lui donnèrent le nom de *Musa Paradisiaca*, imitant ainsi les Arabes qui l'appelaient *Mouz* ou *Mauwz*, au XIIIe siècle. Le père Labat, dominicain envoyé en mission aux Antilles, au début du XVIIIe siècle, s'empressa donc d'en faire un fruit chrétien. Ce serait même, à l'en croire, le fruit défendu du paradis. La preuve en est, dit-il, qu'il porte dans sa chair l'esquisse d'un crucifix mal formé, rappelant « le mystère de la réparation du péché par la Croix ».

Fièvre jaune

Le nom de la banane vient du portugais *banana*, lequel est tiré probablement d'un mot bantou de Guinée. D'Afrique occidentale, les Portugais ont apporté le fruit au Brésil, et de là il s'est répandu en Amérique centrale et aux Caraïbes, puis en Europe. Mais comme la banane mûrit vite au-dessus de douze degrés et gèle en dessous, il fallut attendre les cargos bana-

niers, aux cales spécialement aménagées, pour que Le Havre ou Marseille en reçoivent des chargements réguliers, dans les années 20. Avec l'ananas, la noix de coco et le pamplemousse, la banane est donc le grand fruit de la Belle Époque. Ce qu'on appela « les Tropiques chez soi ». Dans le catalogue d'Hédiard, en 1889, on se demandait encore anxieusement comment l'éplucher. Hédiard aimablement fournit la réponse : « Ce fruit est délicieux à manger comme dessert, il a un goût savoureux de fraise et de pêche », et pour le déguster, « on enlève la peau avec les doigts et on mord à même. »
On resta pourtant extrêmement circonspect devant ces pulpes aussi jaunes que la fièvre des pays chauds. Les produits de chez Hédiard, disait-on, sont bons pour les indigènes. Mais grâce à l'Exposition universelle de 1889, et aux fameux cargos, la banane créole, fruit « sans queue ni tête », devint très vite une familiarité. Et puis, à partir de 1914, chaud ou froid, en petit déjeuner ou en entremets, Banania répandit l'image du tirailleur sénégalais, souriant comme un bébé et fort comme un baobab, la gamelle coincée dans la culotte du zouave, avalant hilare et à grandes louchées ce mélange de sucre, de cacao et de farine de banane : c'était l'époque *y'a bon*, celle de la chéchia rouge à pompon bleu, du fameux rire Banania (dont Senghor voulait déchirer toutes les affiches, mais *rire comme une banane* se dit aujourd'hui sans aucune arrière-pensée, ni même une lecture préalable d'*Hosties noires*), l'époque des peaux cacao et du rhum Negrita.

Hanches

Joséphine Baker, en Vénus chocolat, fit un triomphe à Paris, en 1925, dans la *Revue nègre*, puis aux Folies-Bergère en 26-27. Sydney Bechet soufflait dans sa clarinette et Joséphine pressait des cubes de glace sur sa poitrine pour raffermir ses seins. Vêtue à la sauvage, la poitrine en cavale et les hanches pleines de plumes, les yeux comme des billes de loto, elle devint en une nuit la femme la plus célèbre du monde. Ses admirateurs se noircissaient le visage au brou de noix et se plaquaient les cheveux à la brillantine Bakerfix. Mais son coup de maître, ce fut, aux Folies, d'enfiler sur ses hanches qu'elle avait étroites

douze bananes recourbées *king size*, de celles que les Antillais appellent *Oh ! là ! là ! maman*, et de chanter ce refrain stupide de Ray Ventura, en remuant sa fruiterie : « Moi, j'aime les bananes parc' qu'y a pas d'os dedans », avant de terminer son numéro par un bond prodigieux, un bond de singe dans un bananier. Après la Beauharnais, la banane s'imposa alors définitivement comme le fruit des Joséphine. En 1931, R. de Noter publia, dans *La Bonne Cuisine aux colonies*, sa célèbre recette des *Bananes Cochon*, et ce fut la consécration : « Ces fruits, dit-il, sont énormes, parfois 0,50 mètre à 0,60 mètre, et ne se mangent qu'en guise de pain. Les femmes noires les prennent vertes, les pilent au mortier et, après un certain malaxage, en font un pain succulent d'un blanc de neige. »
Cet été-là, la biguine, la banane et le cocktail furent à la mode, particulièrement à l'Exposition coloniale de Vincennes, où l'on prétendait qu'un petit verre de Negrita facilitait l'hybridation des races et l'entente cordiale. Ce qui n'empêcha pas Jules Renard de détester la banane. « Goûté une banane pour la première fois de ma vie », écrit-il en 1897. « Je ne recommencerai pas, jusqu'au purgatoire. » Colette, elle, s'en gavait, mais c'était pour oublier Willy, un « fameux juponnier ». Elle se calfeutra dans sa chambre, perdit l'appétit et tomba malade. Elle absorbait n'importe quoi, des sucreries comme des noisettes. C'est sa période la plus affreuse. « L'abondance de bananes », dit-elle dans *Claudine à Paris* (1901), « contribue d'ailleurs à me rendre la vie supportable. En les achetant mûres et en les laissant pourrir un petit peu, les bananes, c'est le bon Dieu en culotte de velours Liberty ! » Mais, ajoute-t-elle, « Fanchette trouve que ça sent mauvais ».

Rumeur

Restent évidemment les taches. Ce tigré, ce pourri, ce boueux, cette analité de la banane, que gomment les Suisses avec tant d'acharnement. C'est sa nature, sa peau d'animal, peut-être la trace de quelque chose de diabolique. Car le tacheté, c'est un semis irrégulier, un motif difforme, un désordre. Au Moyen Age, déjà, on s'en méfiait. Les taches introduisaient la confusion. Sur le corps des hommes ou des animaux, elles indiquaient la pilosité, l'impureté ou la maladie. Ce qui était tacheté désignait souvent le pustuleux, le scrofuleux, le bubonesque. C'était une lèpre que le semis de taches. On dira que la banane ne donne pas la lèpre, qu'elle n'est pas comparable aux excréments du chien ni aux bubons du chancre mou, qu'elle n'a rien non plus du velu animal. Certes, mais elle est très proche du serpent. Serpent et banane sont même associés étroitement dans la spirale de la rumeur. Qu'est-ce que la rumeur de la banane ? C'est très simple : comme il y a des mygales lâchées dans les yuccas, on apprend périodiquement que des serpents se dissimulent dans les régimes de bananes. Et qui pourrait s'en apercevoir ? Personne. C'est ce que Jean-Noël Kapferer appelle la *vipère-marché*. Un petit enfant farfouillant dans les régimes d'un hypermarché se fait piquer par un serpent minute et meurt quelques instants plus tard. Comme dans toutes les rumeurs de ce genre, explique-t-il, on trouve l'objet piquant, la victime et l'agresseur étranger (en l'occurrence un fruit exotique) : agression sexuelle qui trouve là sa forme la plus aboutie, la mort. Mais enfin, on remarquera que si la rumeur rapporte que certains serpents s'infiltreraient jusque dans le vagin ou l'anus, on n'a jamais fait état de cas similaires pour la banane. Du moins, dans les hypermarchés.

Split

Dans *Les Mille et Une Nuits*, on apprend que la banane réjouissait en Orient le cœur des veuves, par un usage subsidiaire et tenu secret : « Bananes aux formes hardies, chair beurrée comme une pâtisserie, / Bananes à peau lisse et douce, qui dilatez les yeux des jeunes filles, / Bananes ! Quand vous coulez dans nos gosiers, vous ne heurtez point nos organes ravis de vous sentir ! / Que vous pendiez, lourdes comme des lingots d'or, sur la tige poreuse de votre mère, / Ou que vous mûrissiez lentement à nos plafonds, ô fioles pleines d'odeur, / Vous savez toujours plaire à nos sens ! / Et vous seules, entre tous les fruits, êtes douées d'un cœur compatissant, ô consolatrices des veuves et des divorcées ! » Mais c'est surtout en cuisine que la banane fit valoir tous ses talents. Aux Antilles, on en fit le *migan* : bananes écrasées en purée avec un *lélé* (c'est-à-dire un pilon), puis assaisonnées d'oignons, de fines herbes et de piment. Le migan accompagne très bien un ragoût de porc, mais il s'agit de *bananes plantains,* plus grosses, plus longues et à la chair un peu rosée.

« Tous les pénis ne sont pas enviables », note avec beaucoup d'à-propos Manuel Vasquez Montalban, en présentant ses deux « recettes immorales » de *bananes rôties au rhum* et de *bananes flambées.* Et il ajoute cette phrase obscure, mais néanmoins nécessaire : « La banane rôtie au rhum démythifie, ludifie et lubrifie toute phallologie négative. » Certes. On observera pourtant que dans la langue verte, où l'usage de la banane est relativement récent (et sans doute dérivé du *slang,* un argot anglais), on parle aussi bien d'*avoir la banane* (qui est un état glorieux du fruit) que de *se faire bananer* (qui en est, si l'on veut, l'autre versant). *Eplucher la banane* n'est apparemment pas attesté. Au Caire, les vendeurs ambulants disent que la banane est « pareille aux doigts d'une dame ». Et en Centrafrique, on en précise la destination : « Va m'acheter, dit-on, de la banane douce et du zognon. » Reste la plus célèbre, sans doute, de toutes les recettes de la banane : le *split.* Et le split de la banane, c'est bien entendu sa *fente.*

Fourrez donc la banane de trois boules de glace à la vanille, nappées de sauce chocolat et décorées de crème fouettée, ou, plus surprenant, selon la formule du futuriste Piccinelli, cuisinier de Santopalato, farcissez-la de viande de poulet hachée, mettez à la poêle avec du beurre et faites cuire en ajoutant peu à peu du jus de viande, et servez avec des légumes. Notez pourtant que la fente de la banane est longitudinale, et ne saurait donc être confondue avec la fente de la *bite,* qui est disposée différemment. Comme le remarque Alain Rey, dans son *Dictionnaire historique de la langue française* (1992), la bite vient en effet d'un vieux verbe *abiter,* signifiant s'approcher, toucher à, après croisement avec *habiter,* qui voulait dire en particulier avoir un commerce charnel avec quelqu'un. Mais le verbe *abiter,* dérivé lui-même de *biter,* se rattacherait à une racine indo-européenne, désignant la fente, la fissure. D'où l'expression : *avoir les yeux en trous de bite,* c'est-à-dire petits, à peine fendus. Cette fente de la bite ne permet pas, toutefois, de préparations culinaires spécifiques.

Naturellement, on peut également profiter du caractère curviligne et onctueux de la banane, qui est à peu près le seul fruit dans la nature à pouvoir se manger par les deux bouts (et les deux bouches), pour l'avaler à la va-vite et sans autre cérémonie. Cette impatience compréhensible ne doit pourtant pas vous faire oublier d'ôter les filaments dentelés que la peau a masqués dans la chair et qui lui donnent cette allure négligée, scandaleuse et presque en charpie d'une robe de soie déchirée au cours d'un viol.

Bette et betterave
font assaut de réputation

Bien qu'il n'y ait apparemment pas plus de rapport entre les côtes de la bette et la racine de la betterave qu'entre le lévrier arabe et le braque allemand à poil rêche, elles ont pourtant une origine commune : la beta maritima. *Et si elles sont nées toutes les deux d'une lettre grecque, bêta, c'est que les Romains considéraient que rien ne pouvait mieux représenter le dessin de sa tige inclinée et chargée de graines. C'est le seul exemple, je crois, d'une plante née de l'alphabet. Cette bêta, à racine maigre, qui poussait spontanément dans les terrains sablonneux, surtout au bord de la mer, aux îles Canaries et dans toute la région méditerranéenne, jusqu'à la mer Caspienne, la Perse et Babylone, a donc fourni deux variétés cultivées, deux sœurs ennemies, entre lesquelles comme disent les Anglais « il n'y a pas d'amour perdu » : la bette (ou poirée à cardes) et la betterave. L'une a la feuille généreuse et la racine pudique, l'autre le feuillage moins arrogant, mais la racine puissamment renflée et charnue. L'une s'est montée et aplatie, l'autre s'est enterrée et épaissie. L'une est devenue blanche et fade, l'autre sanguine et sucrée. Laquelle préférer, de la grande plate ou de la grosse rustaude ? C'est évidemment impossible à dire, pour des choses aussi intimes.*

Blette

Ce qui rebuta de prime abord les Romains, dans la bette, tant ils étaient habitués à une cuisine épicée, c'est bien sa totale insignifiance et sa résistante fadeur. Martial la jugeait affligeante, à moins qu'on ne l'eût généreusement assaisonnée de vin ou de poivre. Mais elle avait aussi des propriétés rafraîchissantes, et Cicéron raconte qu'il éprouva une violente colique, suivie de dix jours d'orages intestinaux, après un ragoût de bettes et de mauve. « La diarrhée », explique l'auteur des *Philippiques* contre Antoine, « m'a pris si bien que je commence aujourd'hui seulement à en espérer la fin. Ainsi, moi à qui il en coûte si peu de m'abstenir d'huîtres et de murènes, me voilà sottement pincé par des bettes et de la mauve. » Le vieux Pline ne dira pas autre chose : « La bette paraît inerte, sans saveur ou même sans âcreté aucune. Aussi, dans Ménandre, les femmes donnent-elles ce nom injurieux à leur mari. » Par un fâcheux concours de circonstances (une pure et simple homonymie), il s'est trouvé que la bette fut également appelée la *blette* (depuis le XIVe siècle), sans avoir pourtant de rapport avec la blessure ou la blettissure. Mais elle en subit le contrecoup et ne fut pas seulement jugée insipide, mais flasque et donc terriblement décevante.

Il fallait impérativement la relever de moutarde piquante ou encore (dit Apicius) de poireau, coriandre, cumin, raisin sec et *garum* (condiment proche du nuoc-mâm). Tout plutôt que cette mollesse décourageante, cette diarrhée mortelle. Quand on la cuisinait à l'eau salée, on remarquait aussi qu'elle prenait cette pâleur caractéristique, cette peau de blanchisseuse, cette lividité qu'on observe quand la vie s'est retirée. La bette avait tout de l'inconsistance du vide, comme si son absence de goût en devenait une provocation, comme si c'était là une façon qu'avait l'inexistence de séduire la sensibilité. On peut comprendre qu'il y ait quelque chose d'atroce en effet à planter le couteau dans une telle vacuité charnue. Donc, la bette repoussait les Romains. Dans une société qui s'acharnait contre la mollesse sous toutes ses formes, parce que c'était une preuve d'anticivisme (le citoyen-soldat romain devait être dur), la bette paraissait en somme une insupportable manifestation du vice.

Couvent

Comme le poireau, la bette fit les beaux jours de toutes les *porées* du Moyen Age. En 1780, dans *L'École du jardin potager*, de Combles en fournit une recette plus élaborée, qu'il ne goûte pourtant que du bout des lèvres : « On l'apprête, dit-il, au jus ou au beurre : elle plaît particulièrement à beaucoup de gens avec le fromage de gruyère ou de parme râpé dessus ; beaucoup d'autres ne l'aiment d'aucune façon ; il est vrai qu'elle est un peu fade et même dans quelques terrains elle ne sent que la terre. » Une telle anémie devait, un jour ou l'autre, la conduire à l'évanouissement : *tomber dans les blettes* (en patois des Amognes, dans le Morvan), c'est tomber dans les pommes. Comme on voit, la bette blafarde fait tout, dans son semblant de vie, pour évacuer le sang, le dissimuler ou le perdre. Au point que sa saveur pourtant très délicate, légèrement acidulée, finit par devenir comme de la terre. C'est sans doute pourquoi la bette fut longtemps dédaignée des gourmets, et comme elle paraissait avoir macéré dans un couvent, sa chair en devint fatalement ennuyeuse.

Caillot

Ce qui n'est assurément pas le cas de la betterave. Où tout le sang perdu de la bette paraît s'être violemment aggloméré (un sang végétal assurément, ce qui à tout prendre vaut mieux que le sang humain, car « le sang humain constipe », disait Alexandre Vialatte). La tomate aussi, c'est du sang, mais l'une a l'aspect dru et sombre du sang coagulé, l'autre a le sang vivant et fluide de la plaie. La betterave se situe résolument du côté de l'obésité et de l'animalité, alors que la tomate, qui est le suc des écoulements intimes, c'est le sang qui fait peur, le sang vicié. Autant l'une est épaisse et lourde comme de la gomme ou de la mélasse, autant l'autre est mystérieuse, douloureuse et maudite. Que la betterave soit du sang ne fait, du reste, aucun doute pour Olivier de Serres (1600) : « C'est une espèce de pastenade, dit-il, qui nous est venue d'Italie il n'y a pas longtemps, racine fort rouge, assez grosse et rangée parmi les viandes délicates, dont le jus qu'elle rend en cuisant, semblable à un sirop de sucre, est très beau à voir par sa vermeille couleur. » Et Alexandre Dumas ajoute (en 1873) : « Sa racine est couleur de sang au-dehors et au-dedans, les feuilles surtout les pétioles sont d'un rouge foncé. » Bref, la betterave devint pour tout le monde, et aujourd'hui encore en Suisse, la *racine rouge*, par opposition à la carotte, qui était la racine jaune, et au panais, la racine blanche. La racine du sang, du vin, de la ruralité et de la bestialité. Tout le contraire, en effet, de cette nonne phtisique de bette à cardes.

La racine de la betterave peut être longue, presque cylindrique, de la grosseur du bras, quelquefois fourchue dans sa partie enterrée, ou alors en forme de poire, ou même plate, comme la rouge de Bassano, mais toujours conséquente. C'est pourquoi on avait coutume en Grèce, autrefois, d'en crier le nom pour désigner celui qui avait un membre viril volumineux, alors que le nom de grain d'orge, de bourgeon ou même de lézard signalait à tous le sexe à peine développé. Serrée et compacte, la chair de la betterave a en général une douceur fruitée et s'accompagne volontiers d'une salade de mâche, sur laquelle elle se détache, dit Jules Renard (dans *Ragotte)*, comme de « longues oreilles douces ». En tout cas, d'après Joseph du Chesne (1606), ce sont des salades très agréables, et surtout « bonnes à purifier le sang et à exciter l'appétit ». La betterave a donc ceci de précieux qu'elle se transforme en sang neuf et rend les urines rouges. Elle opère en somme une transmutation générale de votre organisme.

L'homme-betterave

(ou la femme-betterave) se distingue d'abord par son nez. Un nez très rouge et bourgeonné, dit Littré. Et Le Roux précise, dans son *Dictionnaire comique* (1718) : un gros nez couperosé, boutonné, vermeil et enluminé. Sorte de paf éclaté qui montre à l'évidence, ajoute Maynard, qu'« il est destiné à mourir dans une cave ». La physionomie de l'homme-betterave ne se limite pas à son nez aviné : elle enfle jusqu'aux mollets, parfois tout à fait semblables à des *pétrâtes* (comme on appelait les betteraves en Wallonie prussienne), aux doigts rougis par les engelures, aux joues écarlates qui peuvent laisser croire à des joues de campagnarde crottée (c'est même une injure, encore aujourd'hui, de parler à Moscou du teint de betterave de certaines jeunes filles), et même au corps entier, si bien qu'on appelait *betterave* tout simplement le cul-terreux (signale Aristide Bruant, en 1901). D'ailleurs, si on a la trogne si violacée, c'est bien d'avoir en général, comme dans les romans de René Fallet, éclusé trop de paires de betteraves en compagnie. La betterave vous transforme donc *in extenso* en quartier de sang.

Contre-sucre

« Leur unique raison d'être », disait miss Toklas, si critique aussi vis-à-vis du salsifis, « est la jolie couleur qu'elles ajoutent à des plats ternes. » C'est peu, évidemment, mais Fourier observait déjà, dans la notice 14 du chapitre 55 de son *Nouveau Monde industriel et sociétaire*, que la betterave a fait cadeau au Monde mercantile d'un *faux sucre* qui fait couler et gâter les confitures au bout de six mois. Fade, sans mordant et qui, à double dose, sucre moins que celui de canne : pour lui, en définitive, la betterave ne serait qu'une caricature de bette, un semblant de sang, une eau rougie. On observera, du reste, qu'on l'utilise pour à peu près tout, comme si au fond elle ne donnait de goût à rien. Car la betterave est d'une plasticité étonnante. En Russie, on en fit le *bortsch*, une soupe qui eut une grande diffusion en France, à l'arrivée des Russes blancs, dans les années 20. En Norvège, on la servit avec le hareng. En Alsace, avec le cervelas. Pline indique qu'à Rome elle redonnait du tonus aux vins fatigués. Et en Finlande, note Mircea Eliade, les femmes apportaient autrefois les semences aux champs dans leur chemise menstruelle, la chaussure d'une prostituée ou le bas d'un bâtard. C'est dans cet esprit qu'on jugeait que les betteraves ensemencées par une femme étaient douces, celles qui étaient ensemencées par un homme amères. Car elles l'ensemençaient visiblement de leur sang. Mais de leur sang séché. Ce qui tendrait à prouver que la betterave n'est pas de l'eau rougie, comme le croyait imprudemment Fourier, mais un caillot noirci.

C

La mauvaise
carotte

Dans une petite brochure intitulée La Carotte, dix façons de la préparer *(publiée en 1985, au Couteau dans la plaie), des esprits facétieux se sont inquiétés : d'où vient que la carotte, disent-ils, est perpétuellement associée à la tristesse et aux privations ? Quelle malédiction s'acharne sur la famille des ombellifèracées ? D'où est née cette légende de la mauvaise carotte ? Serait-ce parce que Gilles de Rais en usa et abusa pour attirer d'innocents enfants et les faire rôtir tout vifs ? Parce que Grimod de la Reynière, dans ses* Écrits gastronomiques, *la décrit comme une « déplaisante radicule » ? Ou bien a-t-on encore en mémoire la désolante expression de Céline : « Gustave et sa face de carotte mal dégrossie » ? Toutes ces preuves accablantes me paraissent parfaitement apocryphes, mais il y a du soupçon dans l'air.*

Croquante et juteuse quand elle est crue, tendre et sucrée quand elle est cuite, la carotte est pourtant flatteuse. Au Caire, les marchands dans la rue l'appellent « urne de miel ». Et comme disait ma grand-mère, « ça donne de jolis yeux aux filles et des idées aux garçons ». C'est vrai, elle est plutôt avenante, elle donne bon teint et jolie cuisse, certains même précisent : « l'épiderme de la nymphe en butte aux poursuites des faunes, ægypans *et autres capripèdes », ce qui n'est jamais pour déplaire. On la recommande particulièrement, accompagnée ou non de bœuf au jus, à tous les affaiblis, les amoindris et les rachitiques. Et on la prescrivait, pendant la dernière guerre, aux pilotes alliés, car elle est censée aussi améliorer la vision de nuit, comme la myrtille. Au zoo du Bronx, à New York, on a observé aussi que la carotte faisait rosir le flamant. Car le flamant a une fâcheuse tendance à déteindre dans les zoos. Et la carotte lui redonne sa nuance, un peu queue-de-vache, moins rose buvard. Il faut pourtant éviter l'excès des crudités : le lapin blanc, qui ne mange que des fanes de carottes, a les yeux roses et la moustache en éventail.*

Au four

Seulement voilà. Il faut bien se rappeler un sens courant de *carotte,* au siècle dernier : filouterie, petite escroquerie sans envergure, oh ! rien de flamboyant, plutôt un genre d'expédient à la petite semaine, bien que Balzac, dans *La Cousine Bette,* ait parlé de « la manière dont les femmes pieuses s'y prennent pour vous tirer une carotte de deux cent mille francs », ce qui réhabiliterait presque cette piteuse racine, malgré ses carambouilles. Quant à *vivre de carottes,* depuis la fin du XVIIe siècle, c'est vivre mal, au jour le jour, chichement : tout le contraire de *vivre de figues,* qui ferait goûter aux délices de Capoue. Et quand tout est perdu, qu'il n'y a plus rien à espérer, c'est que *les carottes sont cuites.* Curieuse expression, qui a donné lieu à des chocs d'épithètes entre lexicographes. Voici comment Jacques Cellard résume la chose : pour lui, quand elles sont cuites, on ne peut plus tirer de carottes, soutirer de petites sommes d'argent, fût-ce en abusant de la confiance ou de la bonté. C'est une hypothèse que réfute pourtant Walther von Wartburg, dans son *Dictionnaire étymologique.* Selon lui, il faut partir d'une expression régionale (de 1878), *il a ses carottes cuites,* signifiant : il est perdu, mourant. Expression qu'on peut rapprocher d'une autre, plus ancienne, citée par Furetière (1690) : « On dit proverbialement d'un homme constipé qui a de la peine à vider son ventre qu'*il chie des carottes.* Il y a un proverbe pareil en italien. » Seulement, note Cellard, cette dernière expression suppose des carottes crues, petites et dures, alors que l'expression de von Wartburg fait plutôt penser à une diarrhée mortelle. D'autres, enfin, ont poussé l'audace jusqu'à penser que les carottes cuites ne manifestaient plus aucune vigueur virile, et qu'elles étaient aussi molles qu'un pénis qui sort du four. Pourquoi pas ? Encore que je n'aie encore jamais considéré *de visu* un pénis tout juste sorti du four. On en est là. Mais avouez que ce genre de discussions n'est pas fait pour remonter le moral de la carotte. Là-dessus, en décembre 1988, un jeune garçon, qui rêvait de vivre au bord de l'étang de Pouldigou, commune de Plouhinec (Finistère), a confondu la racine de la carotte sauvage avec celle de la ciguë vireuse, dite encore ciguë des marais. Il en est mort en moins d'une heure, dans des convulsions douloureuses. Il s'est soudain tenu la poitrine en faisant un gros hoquet, puis il est tombé par terre. Dans la région, la ciguë a toujours intoxiqué les vaches qui se laissent prendre à son agréable odeur de cerfeuil. Bref, le garçon trop amoureux des herbes sauvages n'a laissé qu'un cochon d'Inde prénommé Henriette. Était-ce pourtant la faute de la carotte ? On a fait le même procès au panais, raconte Alexandre Dumas. J. Ray, un botaniste anglais, croyait que manger des panais trop vieux provoquait des accès de délire et de folie. C'est tout simplement qu'on n'avait pas observé la feuille du panais, une feuille légèrement velue et large, lobée ou incisée, et qu'on a confondu sa racine avec celle de la jusquiame ou de la ciguë, voilà tout.

Rousse

Quelle différence entre la carotte et le panais, racine qui était encore très courante, en France, vers 1850, et qui a pratiquement disparu depuis le début du siècle ? Ce sont des ombellifères, bien sûr, mais l'une est une *Carota*, l'autre une *Pastinaca :* on est très chatouilleux sur ce point chez les deux cousines. Mais on les appela longtemps, l'une et l'autre, des *pastenades*. Pourtant, elles n'avaient pas le même feuillage, et surtout la carotte autrefois était jaune ou pourpre, et le panais, racine peut-être un peu plus charnue et dont le nom venait de ce qu'il avait la forme d'une petite houe *(pastinum)*, invariablement blanc. Aujourd'hui, le panais n'est plus guère cultivé qu'en Europe du Nord et au Canada, mais il est toujours le bienvenu, dit-on, dans le pot-au-feu et les gratins. En tout cas, une chose est sûre, jusqu'à la Renaissance la carotte était affreusement coriace et les recettes de l'époque recomman-

daient de lui « lever le bois », c'est-à-dire le cœur. Sélectionnée dans la région nantaise et en Hollande, elle ne s'est vraiment répandue qu'au XVIIIe siècle, et ce fut une surprise : une magnifique fusée d'orange, un épanouissement d'orange. Bref, on oublia vite la petite racine malingre et ligneuse, si âcre au goût, pour cette variété tendre, charnue et sucrée. Hélas, ce qui fit son succès contribua aussi à sa perte. Car elle avait la couleur du feu et des traîtres.
« Les hommes roux et les femmes barbues », dit un proverbe espagnol, « on les salue de loin avec trois pierres à la main. » Et la carotte était rousse. Comme Judas, naturellement, et Néron, et Quasimodo, et Riquet à la Houppe, et tous les félons et gauchers. C'est dire si le roux est mauvais. Poil de Carotte ne rachète personne. Avec sa tête simiesque et son cœur sec, sa tignasse rousse et sa peau tachée, il grimace toujours, comme une blême petite bête mauvaise en cage. Il a aussi le nez creusé en taupinière et il est cruel avec les animaux. En particulier avec un chat qu'il écrabouille à coups de carabine dans la cage aux lapins. Bref, il est comme les autres, « méchant comme un âne rouge ». La carotte n'en sort pas grandie, forcément. D'autant qu'on sait bien que manger des carottes crues donne des poux et manger trop de carottes rend les fesses dures.

Vichy

Quand on parle cuisine, à propos de la carotte, ce n'est guère mieux. Bien sûr, c'est un légume facile, sans chichis, mais prenez par exemple le potage Crécy, où les carottes sont taillées en brunoise, c'est-à-dire littéralement taillées en pièces, sans doute pour rappeler la défaite cuisante des armées de Philippe de Valois par l'Anglais Edouard III, en 1346. On en fit un potage et c'est la carotte qui trinqua. Pareil pour les carottes Vichy. Qu'avait-on besoin d'associer la *Daucus Carota* aux crimes de Vichy, à la France de Vichy, au régime de Vichy ? Francis Amunategui a raison de s'indigner : « Cette délicieuse station thermale des bords de l'Allier dote ainsi la France de temps en temps de quelques inventions dont on se passerait bien. » Seule la Vichyssoise, « la reine des soupes froides », si rafraîchissante, pourrait lui valoir quelque mérite mais, fait remarquer Manuel Vasquez Montalban, s'il y a dans la Vichyssoise une ambiguïté fondamentale, un piquant sexuel, il ne lui vient malheureusement pas de la carotte, mais du sel de céleri, et du céleri lui-même, « pénis végétal au cœur d'une intime blancheur recouvert de langues protectrices ».

La vase

Un conte d'Hoffmann, intitulé *Fiancée de roi* (1819-1821), raconte la triste aventure de M. Dapsul von Zabelthau et de sa fille, demoiselle Anna, à l'arrivée des hommes-racines, venus séduire et tromper les humains. Sortes de gnomes et d'esprits invisibles, ils ont pris l'apparence des plus beaux légumes du monde pour surprendre la pauvre Anna et l'entraîner dans l'univers souterrain des larves et des laideurs. Daucus Carota Ier, roi des légumes, dont tous les autres n'étaient que les vassaux, n'avait pourtant rien de l'Apollon du Belvédère, ni même du Gladiateur mourant. « Non seulement, il mesurait à peine trois pieds de haut, mais le tiers de ce petit corps consistait en une tête manifestement trop grosse que ne déparaient point d'ailleurs un nez busqué d'une honnête longueur et deux gros yeux ronds et saillants. » Mais demoiselle Anna, qui était folle des légumes, ne le trouva plus aussi laid qu'auparavant, quand il lui assura que tous les légumes du monde entier seraient désormais soumis à sa domination, si elle consentait à l'épouser. Son père hélas devait lui apprendre que, loin d'être un gnome riche, distingué et d'une haute culture, ce Daucus Carota Ier, affreux petit être jaune, était bien le pire des gnomes, dont la seule intention était d'entraîner la malheureuse Anna dans son sinistre et démoniaque royaume.

Et ce royaume affreux, c'était une mare profonde qui semblait remplie d'une vase incolore et répugnante. « Dans cette vase se mouvait tout un peuple immonde, sorti des entrailles de la terre. D'énormes vers de terre mêlaient lentement leurs anneaux, cependant que des espèces de scarabées, étirant leurs courtes pattes, rampaient péniblement. Ils portaient sur le dos de gros bulbes, mais ils avaient des visages humains qui grimaçaicnt et louchaient en se regardant de leurs yeux jaunes et vitreux ; ils essayaient d'attraper mutuellement leurs longs nez recourbés avec les petites griffes qui avaient poussé tout près de leurs oreilles, espérant ainsi s'entraîner dans la vase. Il y avait aussi de longues limaces qui mêlaient leur nudité avec une répugnante mollesse et perçaient la boue de leurs longues cornes. » Demoiselle Anna, dont la tête commençait déjà à devenir énorme et la peau aussi jaune que du safran, s'en tira *in extremis,* mais la carotte ne s'en remit jamais. Et si, en dépit de Bugs Bunny, il y a un légume que détestent aujourd'hui encore les enfants, avec l'épinard, c'est bien la carotte.

Farfa

Quand le Nouveau Roman s'en mêla, on craignit le pire. Et le pire arriva. La carotte était forcément râpée entre la belle-mère et son gendre, dans *Le Planétarium* de Nathalie Sarraute (1959). Il faut dire qu'avec le quartier de tomate, la carotte râpée fut le légume fétiche d'une époque de la narration sous vide, asthmatique et avaricieuse. Mais qu'avaient fait de mieux les futuristes italiens, dans les années 30 ? Ils l'avaient ridiculisée. Carotte + Pantalons = Professeur. Ce n'est pas un rébus, c'est une recette de Farfa, champion national de poésie : « Une carotte crue en pied, la pointe en bas, à laquelle on accrochera par des cure-dents deux aubergines bouillies en guise de pantalons violets à l'état de marche. Laisser à la carotte son feuillage vert sur la tête, représentant l'espoir de la retraite. Mandibuler le tout sans plus de cérémonie. » Et quand Nabokov, dans *Lolita,* parle de l'infatigable Charlie, c'est pour voir en lui « un garçon bougon, taciturne et grossier, aussi dépourvu de sex-appeal qu'une carotte fraîchement déterrée ».

Singes

Eh bien, justement, parlons-en du sexe de la carotte ! Quelle histoire ! Jamais de la vie une carotte n'a désigné un membre mâle tant soit peu glorieux ou conquérant ! C'est une vue de l'esprit ! Car on n'a jamais évoqué que la *petite carotte,* un point c'est tout. Rappelez-vous la chanson : « En r'venant de la Saint-Martin, / Rencontré trois petits lapins, / Un qui pue, un qui pète, / Un qui joue de la clarinette, / J'en mets un dans mon mouchoir, / Il me dit qu'il fait trop noir, / J'en mets un dans mon chapeau, / Il me dit qu'il fait trop chaud, / J'en mets un dans ma culotte, / Il me mange ma petite carotte » (mais, dans la version suisse, la chanson perd sa culotte, et donc aussi sa carotte). Voici encore ce que notait Jules Renard, qui se rendait souvent au Jardin d'Acclimatation pour préparer ses *Histoires naturelles :* « Des jeunes filles font effort pour ne regarder, des singes, que leurs grimaces, mais il faut bien voir le derrière rouge et la petite carotte. Il y en a un qui soupèse délicatement celle de son frère. On ne dit rien, on se rattrape en disant : "Oh ! le sale !" quand il cherche les poux de l'autre et les lui mange avec une touffe de poils. » Dans son *Manuel de civilité pour les petites filles,* Pierre Louÿs ne dit pas autre chose : « Devoirs envers Dieu : remerciez-le d'avoir créé les carottes pour les petites filles, les bananes pour les jouvencelles, les aubergines pour les jeunes mères et les betteraves pour les dames mûres. » Alors que le panais se gonfle d'importance, surtout chez Céline, qui en fait un usage immodéré, que fait la carotte ? La carotte ne fait rien. Elle se réfugie dans les *paillardes* des potards et des carabins. Elle fait dans la chanson d'internat.

Vents

On croyait, en Grèce comme à Rome, note Pline, que la carotte était un aphrodisiaque, qu'elle favorisait les conceptions, encore que l'espèce sauvage fût la plus efficace, surtout quand elle vient en terrain pierreux. On disait la même chose du panais, et Platearius (au XIIIe siècle) prescrit, « pour faire gésir une femme », un électuaire qui associe le panais au gingembre, au poivre, à la muscade et au galanga. Bref l'un et l'autre sont des racines qui « émeuvent luxure et sont également venteuses ». C'est peut-être pourquoi Tibère faisait venir tout spécialement ses panais de Gelduba, en Germanie, où le froid était censé accroître leur teneur en sucre. Platine de Crémone confirme que la carotte « donne puissance d'habiter avec une femme » parce qu'elle est « caléfactive, ventosive et humectative ». Mais il ajoute, sans doute pour plus de sûreté, une recette merveilleuse, consistant à oindre le membre viril d'un mélange de cervelle de grue et de graisse d'oie (ou de lion). Ce qui n'empêcha pas, au demeurant, de voir la carotte dans les repas de carême, où sa teinte rutilante, dit-on, donnait aux yeux l'illusion de la chair proscrite en temps de pénitence.

Mirebalais

Ce n'est qu'au XVIIIe siècle, donc, que la carotte devint plus jolie, plus fine, plus élégante, plus savoureuse. Digne enfin de figurer dans les « petits soupers » de Philippe, duc d'Orléans. Car la carotte eut enfin raison des médisances. Son triomphe, il est vrai, ne dura guère que le temps d'une Régence (1715-1723). Ah, ces petits soupers. Ils étaient toujours en compagnie fort étrange, écrit Saint-Simon : « Ses maîtresses, quelquefois une fille de l'Opéra, souvent Mme la Duchesse du Berry, et une douzaine d'hommes, tantôt les uns, tantôt les autres, que sans façon il ne nommait jamais que ses *roués.* On buvait, on s'échauffait, on disait des ordures à gorge déployée, et des impiétés à qui mieux mieux, et quand on avait bien fait du bruit, et qu'on était bien ivre, on s'allait coucher, et on recommençait le lendemain. » Ce pourquoi sans doute Montesquieu ajouta, dans *Les Lettres persanes* (1721) : « Les dîners sont innocents, les soupers sont presque toujours criminels. »
On y distinguait surtout, dit Brillat-Savarin, « des piqués d'une finesse extrême, des matelotes aussi appétissantes qu'au bord de l'eau, et des dindes glorieusement truffées ». Mais le duc d'Orléans aimait aussi les soupes au fromage, les filets de lapereaux à la Berry, les sauces au vin de champagne et les carottes glacées. Il ajoutait parfois des essences d'ail, de champignon ou de violette, car il était aussi alchimiste, c'est-à-dire « teinturier de la lune ». Saint-Simon, à vrai dire, ne s'attarde guère sur les crimes de ces petits soupers, mais Philippe Erlanger sut imaginer le pire. « Un convive attendri veut étreindre sa maîtresse, trouve la place prise et, sans protester, s'adresse ailleurs. Nul ne sait plus à qui appartiennent ces gorges, ces bouches où glissent d'anonymes caresses. Souvent, les bougies brusquement éteintes laissent l'obscurité servir le hasard. Les mirebalais se détachent de la muraille, dépouillent leur livrée

et enseignent aux belles curieuses ce que vaut l'ardeur d'un plébéien. » On comprend, dans ces conditions, que les emplois de laquais (comme ceux de soldat) exigeaient à l'époque des jeunes gens de grande taille et de belle tournure. « Il est constant qu'il y a parmi eux des chefs-d'œuvre de la nature », précise Viollet de Vagnon, laquais lui-même. La carotte ne fit donc peut-être pas tout dans ces soupers galants, organisés par celui que Louis XIV appelait un « fanfaron du vice ». Mais elle devint la folie d'un temps où, ne fût-ce qu'une nuit, on se croyait philosophe. Ce qui, dans une vie vouée à la malchance, fut pour la carotte un saisissant raccourci du bonheur.

Épicurisme du céleri

On appelait autrefois l'ache sauvage persil d'âne, ache des marais *ou encore* ache des émorroïdes *(vers 1520). Originaire du littoral méditerranéen, cet* apium *des Latins, cette herbe au miel, à l'odeur du reste assez désagréable, mais dont les fleurs verdâtres semblaient irrésistiblement attirer les abeilles, pousse dans les marécages côtiers : c'est une herbe humide. Son nom de* seleris, *emprunté au lombard, n'est mentionné qu'en 1651, mais dès la Renaissance on avait cultivé l'ache sauvage et créé deux variétés de céleri : une variété à côte pleine et une variété à racine bulbeuse (qui ne sera d'un usage courant, en France, qu'au milieu du siècle dernier).*

Donc, le céleri-branche, au goût puissant, au gros pétiole charnu, croquant et juteux, que Bernard Loiseau nomme un « légume viril », et le céleri-rave, racine en forme de grosse pomme, bien formée et lourde, à la chair blanche et croquante, un peu âpre mais délicieusement parfumée et poivrée, qu'avec toujours autant d'enthousiasme il appelle la « truffe des légumes », et qui ne se conçoit pas sans sa rémoulade. Qu'est-ce que la rémoulade ? C'est une sauce piquante, une émulsion d'huile avec de la moutarde, de l'ail, des cornichons, des câpres et des fines herbes hachées, finie éventuellement avec un peu d'essence d'anchois. D'origine méridionale, cette rémoulade, en réalité, est une remoulée, une meulée vigoureusement écrasée à la meule, mais plus souvent, on le comprend, dans un mortier. Bref, c'est une sauce aux herbes pilées, pilonnées, broyées par des mouvements soutenus et répétés.

Et comme elle accompagne aujourd'hui presque exclusivement le céleri, observe Jacques Cellard, elle n'apparaît plus que comme un simple état du légume : c'est donc bien lui qui est rémoulade ou rémoulu.

Femme amère

Le céleri, qui paraît si viril à Bernard Loiseau, cacherait ainsi une nature profondément féminine. Mais de quelle féminité s'agit-il au juste ? « Selon Chrysippe, note le vieux Pline, l'ache femelle a des feuilles plus frisées et dures, une tige épaisse, une saveur âcre et brûlante. » Et Calvy de la Fontaine, poète obscur du XVIe siècle, ajoute en 1556 : « Ne tendez point à leurs fallaces [des prostituées], car leurs lèvres sont comme miel distillé, mais la fin en est amère comme ache. » Donc, cette ache, quand elle est femme, serait plutôt *femme amère.* Il y a pourtant un céleri tout aussi femme, mais épais, crémeux et sucré, c'est le ratafia de céleri : du céleri que l'on fait infuser dans l'esprit-de-vin pendant un mois, et qu'on soumet ensuite à une lente distillation. Cette crème de céleri, aujourd'hui aussi oubliée que peut l'être la fenouillette, faisait le délice de Huysmans : « C'était », dit-il dans *Là-bas* (1891), « une liqueur épaisse, sucrée autant que l'anisette, mais encore plus féminine et plus douce : seulement, quand on avait avalé cet inerte sirop, dans les lointains des papilles, un léger fumet de céleri passait. » Résumons : dans le céleri, comme dans la femme, il y a deux natures : la sauvage, l'amère, la brûlante, c'est la prostituée, et puis la domestique, la douceâtre, presque la nauséeuse, c'est la conjugale. Mais toutes deux, évidemment, sont propres à la rémoulade.

Amour vache

En tout cas, reconnaît Grimod de la Reynière, dans ses *Écrits gastronomiques,* « on ne peut se dissimuler que le céleri ne soit une plante aromatique, stomachique, apéritive, échauffante et par conséquent assez puissamment aphrodisiaque ». Aphrodisiaque pour les hommes, naturellement. C'est dire assez, ajoute Grimod, que ce n'est point la salade des célibataires. Et Brillat-Savarin en tombe d'accord : comme les viandes noires, le lièvre, les asperges, la truffe ou la vanille, le céleri réveille les songes. Ce que Fourier, perdu dans la classification de ses raves, navets et carottes, complète en disant que le céleri, dans son acerbe saveur, « dépeint les amours champêtres, les tendres paysans et paysannes se courtisant à grands coups de poing ». S'il y a une virilité du céleri, c'est bien celle-là : il favorise l'*amour vache.* Il déride les plus timorés, il rend même singulièrement euphorique. Pierre de Crescens, au XIIIe siècle, nous apprend ainsi que « l'ache sauvage est appelée *ache de ris* pour ce qu'elle purge les humeurs mélencolieuses dont est engendrée tristesse ». Cette gaieté s'accompagne même d'une vitalité prolongée, puisque dans cette île étrange dont parle Apollinaire, dans *Onirocritique,* cette île où l'on cueille des fruits semblables à des femmes, « des vieillards mangeaient l'ache et immortels ne souffraient pas plus que des morts ». Bref, c'est ce que Curnonsky appelait un légume « riant et aimable ».

Hécate

Certes, on disait l'ache dédiée à Pluton, dieu des Enfers, elle passait même pour être l'attribut d'Hécate, divinité lunaire et infernale, qui présidait à la magie et aux enchantements, tourmentait le sommeil des hommes, dont les cheveux se garnissaient de serpents et qui était toujours accompagnée d'une horde de chiens. Mais les papyrus magiques grecs enseignent aussi que l'on invoquait Hécate dans les charmes d'amour, en gravant son nom au stylet de bronze sur un tesson ou une tablette de plomb, ce qui dit-on avait l'efficacité d'un feu « brûlant et consumant » la femme aimée, jusqu'à lui ôter le sommeil à tout jamais. Mais enfin, l'ache figurait aussi comme enseigne de certains bordels romains. En France, on ne s'y trompa pas. Le céleri poussait bel et bien à la « contagion du petit bassin ». Particulièrement en Franche-Comté. Mis à part une expression comme *vieux pied de céleri,* toujours désobligeante, on créa là-bas des proverbes qui font honneur à ses vertus : « Le céleri rend sa force au vieux mari », « Si l'homme savait l'effet du céleri, il en planterait dans son couti [courtil] », ou encore : « Si la femme savait ce que le céleri vaut à l'homme, elle en irait chercher jusqu'à Rome. » Depuis, la Franche-Comté est devenue la patrie du céleri.

Horace

Les Grecs et les Romains en couronnaient leurs morts, ils en déposaient sur les tombes, mais ils s'en couronnaient aussi eux-mêmes, comme de myrte ou de lierre, pour s'exciter à jouir de la vie, et accessoirement se dégriser, car l'ache était censée atténuer les vapeurs de l'ivresse. Ils recouraient parfois à la violette ou à la rose, qui selon Plutarque avaient la propriété d'adoucir les migraines. Ou encore au safran, à l'aristoloche, au narcisse, qui avaient d'agréables propriétés narcotiques. Mais l'ache avait un pouvoir plus revigorant. « Remplissons les coupes de ce vin de Massique », écrivait Horace dans ses *Odes*, « un vin qui fait oublier les maux, tirons les parfums de ces vastes conques et qu'on se hâte de nous faire des couronnes d'ache et de myrte. » Car l'ache résume assez bien le programme philosophique, si programme il y a, du « petit homme rond » : un épicurisme aimable.
On connaît surtout Horace pour son goût de la vie retirée et de la paix des champs (dans son domaine de la Sabine) et sa rusticité raffinée : s'il détestait l'ail, ce qui était sa seule faiblesse, il voulait un chou qui ait poussé en pleine campagne, dans des terres sèches, parce qu'il est plus savoureux ; une poule, mais pour qu'elle ne soit pas trop coriace, il exigeait qu'elle fût plongée vivante dans un falerne trempé d'eau ; des mûres noires, mais qui devaient être cueillies sur l'arbre avant que le soleil soit trop chaud ; des palourdes de Lucrin, des oursins de Misène ou des pétoncles largement ouverts de Tarente. Horace aimait aussi, bien sûr, les fêtes somptueuses de Mécène, il fréquentait tout un bataillon de courtisanes, des Lydie, des Chloris, des Cynara ou des Leuconoé (ainsi que des garçons, comme il se doit), il n'était pas non plus le dernier à se retrouver dans des banquets entre amis, où l'on buvait du vin de Massique ou de Sorrente, car le vin seul, disait-il, dissipe les soucis rongeurs. Décidément, ce « petit homme adorable », au dire d'Auguste, réellement petit, avec de l'embonpoint,

chauve, irascible comme une sensitive et au fond assez mélancolique, ne prenait de la vie que la pointe du plaisir.

Abîmes

Que vient faire l'ache dans cette histoire ? C'est tout simplement la juste mesure entre deux abîmes. Tempérant l'effroi de la mort comme la frénésie du vin, c'était plus qu'une consolation, presque l'amorce d'un mensonge. Car pour Horace le vin est un remède autant qu'un poison, une drogue par laquelle les hommes découvrent l'extase ou s'enfoncent dans la bestialité. On ne saurait tout à fait s'en passer, puisqu'il efface l'amertume des soucis, qu'il console d'ignorer les fins dernières. Mais l'ivrognerie déchaîne aussi les passions et distingue trop peu souvent entre innocence et faute. Certes, il est doux de déraisonner, mais la déraison n'est pas toujours enviable. Donc, si le vin est un trompe-la-mort, s'il permet d'en écarter le secret frémissement, l'ache à son tour est un trompe-l'ivresse, un gage de béatitude face à la frénésie ou à l'égarement. Le vin et l'ache ne s'annulent pas : ils composent un étrange cocktail de plaisirs en cascade, de plaisirs différés, au bord de la souffrance comme de la sérénité. « Pendant que nous parlons a fui le temps jaloux : cueille le jour sans te fier le moins du monde au lendemain. » Mais enfin, avec un vin de Falerne grand cru, un lesbos ou même un vieux cécube (dans les grandes occasions), les instants volés à la mort ont plus de volupté. Car l'inquiétude hante même les cœurs les plus légers.

Le cri de la cerise

On a longtemps prétendu que la cerise était une conquête du général Lucullus à Cérasonte, ancienne ville du Pont-Euxin, sur les bords de la mer Noire. Il l'aurait rapportée à Rome, après sa campagne contre Mithridate, en 64 av. J.-C. C'eût été, bien sûr, tout à la gloire du célèbre gourmet, mais on connaissait la cerise bien avant Lucullus. On rappelle même que Diphilos de Siphnos, célèbre hygiéniste grec qui vivait sous le roi Lysimaque, en faisait déjà mention deux siècles auparavant. Certains en conclurent imprudemment que le nom grec de la cerise, kerasion, *ne venait donc pas de Cérasonte, mais de la corne* (keras), *tout simplement parce que la cerise sauvage avait alors à peu près la consistance de la corne, en tout cas que sa chair était si mince qu'on devait se casser les dents sur le noyau. C'est joli, mais c'est faux. Comme beaucoup de noms de fruits & légumes, celui de la cerise a une origine orientale, tirée d'une langue d'Asie Mineure, mais inconnue. De Candolle, en 1883, dans son* Origine des plantes cultivées, *rappelle qu'il existait en fait deux sortes de cerisiers : le* cerisier sauvage, *encore appelé cerisier des oiseaux (à l'origine de nos bigarreautiers et merisiers), et puis le* cerisier commun, *d'où proviennent entre autres les cerisiers de Montmorency et les griottiers. Alors, quelle cerise rapporta Lucullus ? Une petite griotte surette ou un gros bigarreau à cœur plein et à saveur douce ?*

De sa double généalogie, elle tira en tout cas une nature flamboyante, mais indéniablement équivoque. La douce, c'est le bigarreau marbré rouge et blanc, à chair ferme, qu'on appelle encore cœur ou cœur-de-pigeon. C'est aussi la guigne, petite cerise à longue queue, à chair molle et sucrée : ce sont des guignes que la Sarriette (dans Le Ventre de Paris*) se pend par gaminerie aux oreilles, « des guignes noires qui sautaient sur ses joues, quand elle se penchait, toute sonore de rires ». La guigne, dit Pierre Guiraud, est ainsi appelée parce qu'elle est couleur de vin, que son jus tache comme le vin, que c'est un fruit fardé. Dans les fruits plus acides, ou amorelles, on trouve les petites anglaises, ou cerises de Montmorency (elles faisaient, dit-on, les délices de Louis XV, qui pour mieux les savourer allait les manger sur l'arbre même), et les griottes, aussi piquantes et aigriottes que leur nom, dont Jules Renard se barbouillait la figure quand il était petit et qui font aussi les meilleures confitures.*

Queue

« Court vêtue, haut pendue, rouge robotte [blouse] et queue au cul, c'est la cerise », disait-on autrefois dans la Meurthe. Aujourd'hui, la grande question qui agite la cerise, ce n'est pas tant son nom que sa queue. Une question qui paraît du reste spécifique à la cerise, car tout le monde sait que c'est à la queue qu'on reconnaît sa fraîcheur. Elle doit être bien droite, note le très attentif Jean-Pierre Coffe, solidement attachée au fruit, avoir conservé pourtant toute sa souplesse et rester verte. Plus de queue ? Le corps du délit disparaît. Peut-on manger des cerises sans queue, c'est-à-dire ramassées avec des machines secoueuses, comme les olives ? Eh bien, il semble, après sondage, que le peuple français s'en fiche éperdument. Qu'il y en aurait soixante-cinq pour cent à ne pas voir la différence, que vingt-cinq pour cent même les préféreraient coupées et que dix pour cent d'irréductibles tiennent à ce petit appendice caudal. Un appendice, il est vrai, qu'on peut conserver dans une boîte fermée, pour en faire des tisanes qui font pisser clair comme une truite.
Mais la cerise fait autant pisser que sa queue, remarquait déjà Pline : « Si on mange le matin des cerises humides de rosée avec leurs noyaux », dit-il (au livre 23 de son *Histoire naturelle* en 37 volumes), « le ventre est tellement soulagé que les pieds sont délivrés de la goutte. » Il existe, du reste, une petite cerise de

Lozère appelée la pisseuse : c'est un fruit tout petit, à la chair rouge sombre, au goût tendre et juteux et qui n'a pas de vers. Et si vous ne voulez pas faire de tisane avec la queue de la cerise, une amusette assez répandue consiste à guillotiner les mouches à l'aide de deux ou quatre queues nouées par le bout et formant lacet. Les mouches ne réchappent pas, en général, à ce garrot de queues. Enfin, la queue de cerise permit longtemps, en Suisse du moins (dans la région de Fribourg), de prouver l'existence de Dieu : le système astucieux qui consiste en effet à réunir les cerises en bouquets par leurs queues laissa carrément pantois les Romands, qui dit-on laissent faire désormais, avec un certain fatalisme, « Celui qui a mis la queue aux cerises ».

Clafoutis

La cerise est un fruit de bouche, dont on peut confectionner aussi un aimable *riquiqui.* Ce riquiqui, dont parle Curnonsky, était naguère un ratafia de cerises, de raisin noir de Sauvignon ou de tout autre fruit. « Les filles l'aiment bien, dit-il, parce que le riquiqui les fait rire. Les garçons l'aiment bien parce qu'il fait rire les filles. » La cerise permet également de préparer le *clafoutis,* entremets originaire du Limousin et du Berry, préparé avec des cerises noires disposées dans un plat à four beurré, sur lesquelles on verse une pâte à crêpes assez épaisse : il se sert tiède et poudré de sucre (en principe, on ne dénoyaute pas les cerises, car les noyaux en cuisant ajoutent leur arôme à la pâte). Mais voilà bien la malignité des Limousins et des Berrichons, car ce nom de clafoutis vient d'un croisement de *foutre* (ficher, mettre) et d'un vieux verbe, *claufir* (fixer avec un clou) : bref, le clafoutis, contrairement à sa préparation, donne parfaitement l'illusion qu'on l'a foutu ou clouté de cerises, mais ce n'est bien sûr qu'une illusion.

On a parfois rapproché la rougeur de la cerise de certains attributs féminins. Une bouche rouge, menue et charnue, comme celle de Mme de Nemours, par exemple, qui avait un long nez recourbé sur des lèvres vermeilles, et dont M. de Vendôme (d'après Chamfort) disait : « Elle a l'air d'un perroquet qui mange une cerise. » Ou encore une bouche ronde, ramassée comme une moue, et même dépitée : « *She pouts her lips like sher-*

ries », notait Henry Mayhew en 1853. Ou même un peu de guingois, « comme une cerise pendue à l'oreille », dit Jules Renard. Mais une autre région de la féminité enflamme surtout l'esprit, c'est le tétin. « Petite boule d'ivoire / Au milieu de qui est assise / Une Fraise ou une Cerise », écrit Rémy Belleau dans son *Blason du sein*, en 1536. Pourtant, Brantôme fait observer que chez certaines grandes dames de sa connaissance, « le bout de leur tétin ressemble à une vraie guigne pourrie ». On n'en tirera donc pas de conclusions trop hâtives. On reste un peu perplexe, en revanche, sur cet idiotisme québecois qui veut qu'on perde sa virginité avec sa cerise : « Faites-moi perdre ma cerise ! » s'écriait ainsi je ne sais plus quelle effrénée des bords du Saint-Laurent.

Sainte Cerise

La cerise, en effet, a la figure d'une petite boule de sang. Déjà dans la peinture italienne médiévale, elle était assimilée au sang du Christ et figurait le plus souvent entre les mains de Jésus enfant, comme une prémonition de sa Passion. Rappelez-vous encore le petit garçon de *La Steppe*, de Tchekhov. Il part loin de chez lui, au lycée, pour la première fois. La voiture, une détestable voiture où il tressaute comme une bouilloire sur un réchaud, longe la prison, puis les forges sombres, noires de fumée, puis le cimetière avec ses croix et ses stèles blanches cachées dans la verdure des cerisiers et qui ressemblent de loin à des taches blanches. Et « Iegor se souvint que lorsque les cerisiers étaient en fleur, ces taches se fondaient avec le blanc des pétales en une mer de blancheur et qu'au moment où les cerises mûrissaient, les stèles et les croix blanches étaient semées de points rouges comme du sang ». On considéra même la cerise comme le « sang du pendu » (dans le Doubs), et on en fit une chanson célèbre sur les barricades, en 1871, pour dire que les cerises d'amour « aux robes pareilles tombent sous la feuille en gouttes de sang ». Pourquoi ? De quel sang la cerise fut-elle un jour victime ? Faut-il consulter le martyrologe officiel de l'Église ? Y aurait-il une sainte Cerise dont les tortures affreuses puissent justifier un tel sacrifice ?
On s'est posé la question, à propos d'un enfant qu'on voulait

baptiser Cerise, il y a une dizaine d'années. Ce que refusèrent les tribunaux, bien que le prénom figurât sur l'éphémère calendrier républicain de 1794 et qu'on trouvât même une Cerise, sœur de la courtisane Baccarat, dans *Rocambole*, de Ponson du Terrail (1859). Mais le calendrier républicain de Fabre d'Églantine était abrogé depuis longtemps, il ne faisait donc pas de doute qu'un nom commun n'était pas un nom propre et qu'une demoiselle Cerise n'était pas une chose envisageable. On s'adressa à l'Église, qui fournit un saint Cerase, évêque de Grenoble, une sainte Cercyre, vierge et martyre à Corfou, deux saints Charise, mais pas de sainte Cerise. Le tribunal en conclut que, si quelques noms de fleurs étaient devenus des prénoms humains, ce privilège n'avait pas été étendu à toute la botanique. Que la cerise était une expression argotique qui signifiait la malchance ou la guigne, et que ce prénom choisi dans le verger républicain serait de nature « à humilier l'adolescente, à irriter la jeune femme, à consterner la bisaïeule », bref à lui gâcher la vie, et qu'en conséquence il valait mieux y renoncer. Mais enfin, depuis le 8 janvier 1993, date à laquelle le code civil pose le principe de la liberté de choix des prénoms par les parents, il semble désormais loisible de gâcher sa vie sans trop de contrariétés administratives.

A l'eau-de-vie

Les fruits, expliquait Bernardin de Saint-Pierre, sont en harmonie avec nos humeurs. C'est ainsi que « les fruits rouges et rafraîchissants, comme les fraises et les cerises, paraissent au commencement de l'été, saison où notre sang, dont ils portent la couleur, entre en effervescence ». Le roman d'amour de la cerise sera donc un roman d'été, d'effusion tendre, d'exaltation des sens et d'humeur sanguine. Tout commence avec le baiser. Dans une scène célèbre des *Confessions*, à Thônes (au sud d'Annecy), en compagnie de deux jeunes filles de sa connaissance, Mlle de Graffenried et surtout Mlle Galley (« très mignonne et très formée »), Rousseau ramasse des cerises après le déjeuner. On joue, on s'amuse à s'entrefaire des niches, ce qui rend le jeune Jean-Jacques assez hardi. « Je montai sur l'arbre, et je leur en jetais des bouquets dont elles me rendaient les noyaux à travers les branches. Une fois, Mlle Galley, avançant son tablier et reculant la tête, se présentait si bien, et je visai si juste, que je lui fis tomber un bouquet dans le sein ; et de rire. Je me disais en moi-même : Que mes lèvres ne sont-elles des cerises ! comme je les leur jetterais ainsi de bon cœur. » La journée se passa dans la plus grande liberté, et ajoute Rousseau, « ma modestie, d'autres diront ma sottise, fut telle que la plus grande privauté qui m'échappa fut de baiser une seule fois la main de Mlle Galley ». Et quelques lignes plus loin : « J'ai peut-être eu plus de plaisir dans mes amours, en finissant par cette main baisée, que vous n'en aurez jamais dans les vôtres, en commençant tout au moins par là. » Donc l'épisode tourne court. La cerise ne mène pas loin.

Et puis voilà qu'en mélangeant à la cerise de l'eau-de-vie, la gaminerie tourna à la catastrophe. C'est l'épisode de Lyon, une trentaine de pages plus loin. Rousseau est là, sur une place, tout seul. C'est la nuit, il fait chaud, passe un abbé. Qui l'invite, le ramène chez lui, lui offre deux cerises à l'eau-de-vie et le met dans son lit. Alors là, le pauvre Rousseau croit qu'il va lui falloir danser le branle du loup : il en frémit d'avance. Il réussit pourtant à calmer les ardeurs ecclésiastiques, à rester chastement dans son lit jusqu'au matin, mais son opinion est faite : Lyon est bien la ville de l'Europe où règne la plus affreuse corruption. Manifestement, Rousseau n'était pas de ceux qui trouvent à la cerise à l'eau-de-vie, comme Bel-Ami et Mme de Marelle, dans les caboulots populaires, « la joie d'une jouissance scélérate et défendue », et je ne sais quel plaisir âcre que vous donne la sensation de la faute commise, à chaque cerise avalée. Rousseau, il est vrai, n'avait pas besoin de cerises à l'eau-de-vie pour éprouver une telle sensation.

Sueur

Quand Hugo va cueillir les bigarreaux avec Juliette Drouet, en 1853, à Triel, dans la région de Versailles (comme il le raconte dans *Les Contemplations*), il n'a apparemment aucun remords de ce genre. Il a cinquante et un ans, elle en a quarante-sept, leur liaison date de vingt ans, et la cerise lui donne la témérité de la jeunesse. D'ailleurs, on est encore leste à cet âge, « elle montait dans l'arbre et courbait une branche, / Les feuilles frissonnaient au vent ; sa gorge blanche, / O Virgile, ondoyait dans l'ombre et le soleil ». « Je montais derrière elle, elle montrait sa jambe / Et disait : Taisez-vous. / Penchée, elle m'offrait la cerise à sa bouche ; / Et ma bouche riait, et venait s'y poser, / Et laissait la cerise et prenait le baiser. » Si la pirouette peut sembler hardie, c'est qu'entre vieux amants on connaît la chanson. Mais la première fois ? Eh bien, il arrive qu'on veuille attraper un baiser dans je ne sais quel mouvement confus de fébrilité inquiète, et c'est la déconfiture. « Nous luttions, arcboutés », écrit Proust, au moment de la lutte avec Gilberte, dans le jardin des Champs-Élysées, derrière le massif de lauriers. « Je tâchais de l'attirer, elle résistait ; ses pommettes enflammées par l'effort étaient rouges et rondes comme des cerises ; elle riait comme si je l'eusse chatouillée ; je la tenais serrée entre mes jambes comme un arbuste après lequel j'aurais voulu grimper ; et, au milieu de la gymnastique que je faisais, sans qu'en fût à peine augmenté l'essoufflement que me donnaient l'exercice musculaire et l'ardeur du jeu, je répandis, comme quelques gouttes de sueur arrachées par l'effort, mon plaisir auquel je ne pus pas même m'attarder le temps d'en connaître le goût. » Voilà bien l'affaire : brusquement, on ne sait trop pourquoi ni comment, tout se gâche, le sang afflue sur les joues et on répand quelques « gouttes de sueur » imprévues (au demeurant, la seule scène d'éjaculation visible sur les deux mille cinq cents pages d'*A la recherche du temps perdu*). Proust en conclut un peu vite que l'amour est une gymnastique inutile, une tromperie réciproque et que l'homme ne possède aucun organe pour le baiser.

Merle

On en serait resté sur ce triste constat, si Colette ne nous avait appris qu'avec le merle, la cerise poussait enfin son cri. C'est du moins sa mère, Sido, qui nous l'explique, littéralement en extase devant cet oiseau qui pille, contre toute règle jardinière, mais avec quelle violence sexuelle, les cerises de son verger :
« Chut !... Regarde...

Un merle noir, oxydé de vert et de violet, piquait les cerises, buvait le jus, déchiquetait la chair rosée...
— Qu'il est beau !..., chuchotait ma mère. Et tu vois comme il se sert de sa patte ? Et tu vois les mouvements de sa tête et cette arrogance ? Et ce tour de bec pour vider le noyau ? Et remarque bien qu'il n'attrape que les plus mûres. »
Et « dans ses yeux », écrit Colette *(Sido)* , « passa une sorte de frénésie riante, un universel mépris, un dédain dansant qui me foulait avec tout le reste, allégrement. Maintenant que je la connais mieux, j'interprète les éclairs de son visage. Il me semble qu'un besoin d'échapper à tout et à tous, un bond vers le haut, vers une loi écrite par elle seule, pour elle seule, les allumait... »

Cerises glacées

Cette syncope de la jouissance, c'est donc à la cerise qu'on la doit parfois. Et au merle aussi. Mais il n'y avait aucune rêverie quelconque, ni même aucune syncope envisageable chez Andy Warhol. Ce garçon à la peau albinos, parcheminée, reptilienne et presque bleue, raconte dans *Ma philosophie de A à B* qu'il aimait les cerises. Grosses, fermes, d'un rouge profond et glacées. De grands bols de cerises flottant dans l'eau glacée. « Mais le plus dur, explique-t-il, quand on a forcé sur les cerises, c'est que tous les noyaux sont là pour dire combien on en a mangé. Ni plus ni moins. Exactement. C'est pourquoi les fruits à noyau unique m'angoissent. Et c'est pourquoi j'aime toujours mieux manger des raisins secs. » Il ne fallait donc pas s'attendre chez lui au cri de la cerise. Le sexe, chez Warhol, était aussi glacé que l'eau des cerises. Encore paraît-il difficile de parler de sexe. « Andy était plutôt comme une goutte de mercure sur laquelle tout se reflète et que rien ne pénètre. C'est l'être le plus seul que j'aie jamais vu de ma vie », disait de lui Truman Capote, avec qui il vécut dix ans.
Ah, un détail encore :
Le jus de la cerise peut remplacer le sang de souris, mais pas celui de la huppe.

Le champignon
et l'ombilic du rêve

Il y a d'abord, dit Alexandre Vialatte, cette histoire invraisemblable des champignons du détroit de Behring. « On a pu lire dans toute la presse l'aventure de ces malheureux qui avaient été surpris par des brouillards opaques, alors, disent les journaux, qu'ils cueillaient en kayak des champignons dans le détroit de Behring. Le champignon du détroit de Behring est une espèce extrêmement rare. Des voyageurs m'assurent que le détroit de Behring roule une eau noire semée de banquises, plus fertile en naufrages illustres qu'en morilles ou en mousserons. Mais peut-être "cueillir les champignons dans le détroit de Behring" est-il quelque proverbe russe intraduisible en français. La chose n'en est à première vue que plus inquiétante. Je n'aimerais pas qu'on m'envoie cueillir au clair de lune des champignons dans le détroit de Behring. »
Et Vialatte ajoute cette maxime, toujours de saison : « La nature est une vache qui broute. »
Voilà l'état des choses : le champignon commence toujours par une énigme. Il naît d'un doute, s'entretient d'illusions et finit parfois en traître. C'est une drôle de vie, il faut le reconnaître.

Origines

Un certain Nugues écrivait, en 1907, une lettre à *L'Intermédiaire des chercheurs et curieux*, lettre dans laquelle il faisait savoir au monde que des « recherches expérimentales » lui avaient permis de découvrir le Protéisme ou Unité du Champignon. « Cette découverte, insistait-il, donne la *vraie* solution du problème des Origines, prouve l'existence de Dieu, procure à l'homme un pouvoir nouveau presque incroyable. » L'ennui, c'est qu'on n'en saura rien, car *L'Intermédiaire des chercheurs et curieux* ne poussa pas davantage sa curiosité dans ce domaine. Remarquez, les Fribourgeois ont dit la même chose à propos des queues de cerises, ce qui ne prouve rien. Fasciné par le vide et ami des champignons, André Dhôtel a d'ailleurs fortement ébranlé cette théorie du Champignon originel, en soutenant que les champignons n'existaient pas, puisqu'ils ne répondaient jamais aux critères que les livres leur prêtent, et qu'on pouvait même parler de champignons fantômes échappant à toute espèce de classement : « La féerie, dit-il, naît à force de précisions. » Du reste, on doit bien admettre que la Bible ne signale nulle part l'existence des champignons. C'est un signe.

Pores

Ce qui est certain, en revanche, c'est que les champignons posent, on ne peut plus clairement, le problème du mal. Ce qu'avait déjà constaté saint François de Sales, en 1609, dans son *Introduction à la vie dévote.* « Les champignons, selon Pline, étant spongieux et poreux comme ils sont, attirent aisément toute l'infection qui est autour ; si que étant près des serpents, ils en reçoivent le venin : les bals, les danses et telles assemblées ténébreuses attirent ordinairement les vices et les péchés qui règnent en un lieu, les querelles, les envies, les moqueries, les folles amours. Et comme ces exercices ouvrent les pores du corps de ceux qui les font, aussi ouvrent-ils les pores du cœur. Au moyen de quoi, si quelque serpent sur cela vient souffler aux oreilles quelque parole lascive, quelque muguetterie, quelque cajolerie, ou que quelque basilic vienne jeter des regards impudiques, des œillades d'amour, les cœurs sont fort aisés à se laisser saisir et empoisonner. » Voilà qui est dit : le champignon est une diablerie et cette diablerie a un pouvoir de corruption. Ce dont, apparemment, ne se doutait pas le moins du monde Maurice Genevoix, en cueillant délicatement le lactaire poivré, la russule violette au cuir lisse, l'hydne écailleux ou la minuscule corolle du marasme : « Il faut les toucher de la main », écrit-il dans *Forêt voisine*, « pour sentir leur élasticité vivante et la douceur de leur chair nue, les meurtrir pour respirer leur arôme puissant et fin, où le sous-bois tout entier est enclos. Immobiles, presque minéraux, ils évasent leur conque veinée comme un beau marbre ; et la rosée des matins d'automne demeure jusqu'à la nuit, en une seule goutte énorme et ronde, au plus creux de leur cœur glacé. »

Maïté

Cela dit, il suffit, comme le rappelle Manuel Vasquez Montalban, dans ses *Recettes immorales*, que Maïté cueille lesdites « conques veinées » pour en confectionner son pâté chaud, et on comprend mieux leur nature pécheresse. « Tout simplement parce que la cueillette des champignons est une des activités qui, historiquement, ont le plus mis à découvert l'arc ogival des jarrets et les blanches flambées des cuisses, mordues de mauve par le porte-jarretelles, tandis que la chair encercle la culotte de toutes parts, sauf en un endroit appelé *isthme.* » Prétendre que les champignons sont cryptogames et ont de ce fait une vie sexuelle extrêmement réduite ne change rien. Comme le notait déjà James de Coquet, peu suspect de complaisance en la matière, chez Madame Adeline qui tenait autrefois à Marseille, dans le quartier du Panier, une maison réputée, la clientèle s'enflammait volontiers devant le cinéma cochon, et le grand succès du bobinard s'intitulait alors *La Cueillette des champignons.* Un certain Alexandre Pothey, cité par Alfred Delvau, dans son *Dictionnaire érotique* (1864), a d'ailleurs laissé à ce sujet un petit couplet sans équivoque : « Si son champignon Ressemble à son piton, / Quel champignon, / Gnon, gnon, / Qu'il a, Gandon, / Don, don ! »

Bouddha

Même les tribus d'Afrique ne furent pas épargnées par cette contagion vicieuse, puisqu'en Nouvelle-Guinée, dit André Dhôtel (dans sa *Rhétorique fabuleuse)* , on consomme un peu au

petit bonheur des champignons nommés *nonda* qui rendent les hommes furieux, mais les femmes heureuses et même innocentes. « Les femmes mariées ont le droit de danser, après quoi elles flirtent outrageusement avec les hommes du clan de leur mari. Soumises à un régime de fidélité sévère, elles peuvent alors en toute candeur se détendre un peu, sans que personne proteste, puisqu'elles sont sous l'empire du champignon. » Il est reconnu que ce champignon n'inspire pas tout le monde, mais qui empêche après tout les femmes de paraître inspirées ? Bref, si les champignons font parfois douter de la bienveillance d'autrui, faut-il pour autant les accuser, comme saint François de Sales, de vice par principe ?
John Cage, qui aimait le hasard, le silence, Erik Satie, les champignons sauvages et les vipères cuivrées, est beaucoup plus nuancé sur la question. Il fit même un jour une réponse écrite à une dame de Philadelphie qui s'interrogeait sérieusement sur l'interprétation à donner à la mort de Bouddha suite à un plat de champignons : « C'est pendant l'automne, période de destruction, que les champignons poussent avec le plus de vigueur, et la fonction de nombre d'entre eux est de provoquer la désintégration définitive des choses qui pourrissent. J'ai lu quelque part que le monde serait une impassible montagne de vieux déchets si nous n'avions pas les champignons pour nous en débarrasser. J'ai donc écrit à la dame de Philadelphie : “Le rôle des champignons est de débarrasser le monde des vieux déchets. Le Bouddha est mort de mort naturelle.” » Ce qui, à défaut de résoudre le problème des Origines, éclaire d'un jour nouveau celui des fins dernières : nous sommes tous destinés à crever du champignon.

Ronds de sorcières

Certains chassent les champignons comme la caille ou la truite : en Ardèche, on appelle même la coulemelle (la lépiote), à cause de son fumet, la *bécasse des champignons*. H.D. Thoreau, le Robinson du Massachusetts, voyait dans les champignons qui poussaient près des marais comme des guirlandes suspendues aux sapins noirs, des papillons, des coquillages, des bigorneaux végétaux. Pourquoi pas ? La nature du champignon, comme son apparition, a toujours paru un peu fantastique. On le disait né de la foudre ou de la bave des serpents, on s'étonnait de cette attaque improviste, on observait qu'il poussait en général auprès des crapauds, et que le lendemain on le trouvait pourri sur place. « Est-ce le bruit, disait-on en 1845, est-ce l'électricité, est-ce un refroidissement subit de l'atmosphère, sont-ce les éclairs qui produisent ce fâcheux effet ? » Les champignons sont en effet *res nullius*, choses de personne et de nulle part. Sans racines, sans fleurs, sans feuilles, sans fruits visibles, capricieux et multiformes, ils apparaissent comme des créatures incongrues. C'est une sorte de « mystère infranchissable », note le mycologue Georges Becker. Une existence sans preuves. Et la mycologie elle-même, qui ajoute encore à ce désordre, une science subtile de l'égarement.

Les alchimistes du Moyen Age cherchèrent, dans cette vie regénérée par le pourrissement, le secret de la création, d'autres voyaient des cercles inviolables dans les ronds de sorcières, dits encore ronds des fées, zones brûlées, stériles, que laissent dans les prés certains champignons comme les mousserons ou les psalliotes. « Vous, peuples de poupées, qui au clair de la lune, baguez la prairie d'anneaux amers, où la brebis refuse de brouter », disait Prospéro dans *La Tempête*. Le champignon entretint longtemps ces mystères par la suspicion ou la crainte et Sénèque s'en méfiait comme de « mortelles délices ». Regarder un champignon paraissait même interdit : « Bolet vu, disait-on, ne pousse plus. » Et c'est vrai que parfois, de petits champignons tout en boule, tout fermés, ne croissent plus, alors que des blancs des prés s'épanouissent en trois jours. On ne sait pas pourquoi. Peut-être que certains champignons se flétrissent en effet au simple regard, comme si on avait effarouché leur pudeur ou qu'on eût dérobé leur âme.

Retraite sentimentale

Certains champignons font peur, à cause de leur nom. La strophaire vert-de-gris et l'hypholome pleureur, qui sont pourtant, dit André Dhôtel, « toute pureté ». La trompette-de-la-mort, bien sûr, qu'on appelle encore craterelle, à la couleur sépia, un peu funèbre, dont le cornet putrescent, quoique comestible, annonce la proximité d'une charogne, et pourtant, ajoute Fernand Lequenne, « quelle surprise que cette trompette, à la vague saveur de truffe, sur un lit de laitues » ! Ou encore l'oreille-de-Judas, déchiquetée, violacée et gélatineuse, qu'on cueille dans les basses futaies ou au pied des sureaux, et qui entre dans la confection du potage chinois. Ou la lépiote déguenillée, délicieuse sautée à cru. Ce sont des noms à coucher dehors, mais dans le champignon, il ne faut jamais se fier à rien. Il y en a même qui ressemblent à ce qu'ils sont. La chanterelle, par exemple, belle comme un iris, charnue et parfumée. On l'appelle encore girolle ou oreille-de-lièvre. C'est une fleur de la terre. Un parfum d'abricot ou de mirabelle. « Le contact frais et doux de sa chair, dit Georges Becker, est un délice pour les doigts qui la cueillent. » Il n'y a guère que la limace qui fasse la fine bouche devant la chanterelle, et qui la mange quand elle n'a absolument rien d'autre. Et le mousseron du Jura ! Colette le croquait cru aux Monts-Boucons. Avec les cerises noires cuites sous l'arbre, les noisettes et les *cornuelles*, châtaignes d'eau piquantes et chatouillantes, qui avaient, dit-elle, la consistance de la bougie et le goût des petites tanches.

Ces petits mousserons, « enveloppés dans de la mousse » (d'où leur nom), n'avaient évidemment rien à voir avec les champignons de couche que détestait Colette, « créatures insipides, nées de l'ombre et couvées par l'humidité ». Non, le mousseron, c'est le champignon de la vie sauvage et des sous-bois. Celui de la *Retraite sentimentale* et des blessures du cœur. Si Colette se réfugie aux Monts-Boucons, c'est qu'elle a rompu avec Willy. « Ce n'est pas du chagrin que j'endure, dit-elle, c'est une espèce de *manque*, d'amputation, un malaise physique si peu définissable que je le confonds avec la faim, la soif, la migraine et la fatigue. » Colette ne se console pas avec le mousseron couleur de cuir. Elle se précipite sur sa résistante crudité, elle le mord comme une affamée. « Assise sur un tapis feutré d'aiguilles de sapin, j'épile soigneusement un mousseron tout frais, englué d'une chevelure d'herbe fine. Il est moite et froid, emperlé et tendre comme un nez d'agneau et si tentant qu'au lieu de le déposer dans le panier je le croque cru ; délicieux, il sent la truffe de terre. »

Le cul de la poêle

On sait que l'un des régals de Louis XIII était les ragoûts de champignons. Le 12 septembre 1642, il était en train de préparer une omelette de mousserons quand on vint lui annoncer la condamnation et l'exécution de Cinq-Mars, coupable de haute trahison. Rien de ses amours passées ne ressembla à la subite inclination de Louis pour ce muguet de dix-huit ans. C'était un engouement, une infatuation, une folie. Effiat de Cinq-Mars, alias M. le Grand, favori du roi et son grand écuyer, mourut sur l'échafaud à vingt-deux ans, sacrifié à la raison d'État comme à la vindicte hargneuse de Richelieu. Caprices, impertinences, bravades, ce jouvenceau ingouvernable fit les délices et les tourments de Louis. On raconte qu'alors que le roi était malade en Roussillon, il avait eu ce mot atroce : « Il traîne ! » Louis XIII en resta, dit-on, foudroyé. Mais on n'en sut guère davantage, car à la mort de Cinq-Mars, le roi brûla toute sa correspondance. Bref, devant son omelette aux mousserons qui commençait à prendre tournure, le roi fit assez succinctement l'oraison funèbre de son amant : « Cinq-Mars, dit-il, avait l'âme aussi noire que le cul de cette poêle. » Puis il servit.

Le cèpe, qui vient d'un mot gascon qui veut dire tronc, n'a rien à voir avec des passions si tourmentées. On ramasse le bolet, dit-on, mais on savoure le cèpe (en fait, le cèpe est une variété de bolet comestible). On le savoure même à grosses bouchées charnues, car le cèpe n'a pas l'élégance de la lépiote ou de l'amanite des Césars. C'est plutôt le rugbyman des champignons : trapu, rustaud, massif, sanguin, sûr de lui, on l'appelle *Gros-pied*, ou même *Grosse-queue*, dans la région de Bordeaux. Vers 1760, on lui donnait le nom de *Polonais*, parce que sa vogue commença en Lorraine, à la cour du roi Stanislas. Les Anglais, qui ont toujours eu horreur des champignons sauvages, le surnommaient *toadstool*, c'est-à-dire tabouret des crapauds. Martial en parle, à Rome, comme le champignon du cochon *(suillus fungus)* et les Chinois, comme le « champignon foie de bœuf délicieux ». Kenneth White, qui vécut quelque temps en Ardèche, raconte dans ses *Lettres de Gourgounel* avoir un jour ramassé un « champignon planétaire », un cèpe gigantesque de plus de 35 centimètres de circonférence et 25 de haut, dont le pied était d'encre rouge, de vinaigre et de sang, le dessous du chapeau de l'orange le plus sombre, et le dessus jaune et vert pâle, strié de rouge, si bien qu'il crut, devant cette lune de chair, avoir affaire à de la cervelle ou du foie animal. Bref, il y a dans le cèpe, à l'esthétique lourde, vigoureuse et pleine, au pied obèse et à la chair généreuse, quelque chose qui l'apparente assez à de la viande de boucherie.

Le clathre

« Sur son pied renflé, écrit Pierre Gascar dans *Le Règne végétal*, repose un épais chapeau brun, souvent un peu mamelonné, qui peut avoir la largeur d'une assiette. Ferme quand on vient de le cueillir, le cèpe s'attendrit en se mortifiant, comme la chair des animaux, avec laquelle il rivalise de substantialité. Jeté sur un étal, il ferait entendre le même claquement dense qu'un bifteck. » Alexandre Dumas, qui aimait tant les truffes, détestait le cèpe. « Les bœufs, les cerfs et les porcs, dit-il, en mangent avec avidité, et il est très recherché comme aliment et comme assaisonnement dans le midi de la France, mais on n'en fait pas usage à Paris » (c'était en 1873). Il ajoute que les cèpes de Bordeaux ressemblent à des éponges, une fois passés à l'huile. C'est une vision pessimiste du cèpe. Et Bernard Loiseau, dont le cèpe est le champignon préféré, parce que c'est toute son enfance en Auvergne, a soin de rappeler certaines de ses beautés, en particulier celle de son pied bien renflé, couleur chamois, qui porte un splendide réseau de veines blanchâtres. Mais est-ce sa lourdeur, la couleur brun-roux qui évoque les labours, les châtaignes et les glands, la robustesse d'un champignon si peu élevé au-dessus du sol, toujours est-il que le cèpe rustique passe aussi pour terriblement moral.

Pierre Gascar a raconté comment il avait eu à souffrir de la morale de fonte du cèpe périgourdin. Pourquoi s'est-il senti toujours différent ? Tout simplement parce qu'il ne tombait jamais sur le gros bolet ventru, mais sur je ne sais quel champignon empoisonné. Face à l'impérialisme du bolet, emblème du sol et du sang, le jeune Gascar reconnaissait, pour son malheur, une inclination naturelle pour des champignons qui étaient tout à l'opposé du cèpe, des champignons prodiges, étranges et vénéneux, comme la cortinaire violette, la fausse oronge ou encore le clathre. Et le clathre, sans doute « le plus beau de tous les champignons », présente sur une sorte de calice blanc, une boule rouge ou orangée complètement évidée et ajourée, à la façon des boules d'ivoire que sculptent les Chinois, et qui protège cette fragile architecture d'un liquide visqueux où viennent s'engluer les insectes attirés par son odeur nauséabonde. Car la beauté du clathre se défend avec les armes de la répulsion. « Je n'étais pas, dit Gascar, porté vers le poison, mais il venait naturellement entre mes mains. » On vit là l'indice d'une singularité étrangère, d'influences obscures et néfastes et, bien sûr, de son *sang mêlé*. Ce n'est du reste pas pour rien si le cèpe connut la gloire auprès de la bourgeoisie de la fin du siècle dernier, entre 1880 et 1914, avec l'oie et le cochon.

Morille libertine

Jusqu'au XVIIe siècle, la morille fut la favorite des menus royaux et seigneuriaux. Cela suffit à faire un destin. Ménage faisait venir son nom du latin *morum*, parce qu'elle ressemble, disait-il, à une mûre. Elle ressemble assez à une énorme mûre, en effet, mais on l'appelle ainsi parce que c'est la Maure, la Noire. « Champignon, dit Littré, vanté autrefois comme aphrodisiaque et percé de petits trous », la morille parut bizarre à tout le monde, tant elle faisait penser à une éponge. Discrète, noiraude et chiffonnée, elle n'est pas feuilletée comme les autres champignons, mais trouée. Criblée comme les rayons d'une ruche. Son chapeau globuleux, creusé de profondes alvéoles, est toujours rempli de terre, de sable ou d'insectes, ce qui impose un profond lavage préalable. Mais la morille, qu'il ne faut pas confondre avec le *phallus impudicus*, dit encore morille puante, œuf du diable ou jesson de serpent, est un champignon délicat, qu'on voit surgir en une nuit et qui se flétrit au bout de quelques heures. Emile Jacquetant, mycologue suisse,

consacra trente ans de sa vie à dresser un panorama des 150 variétés de morilles, car il y en a de toutes les couleurs, des noires, des grises, des blondes, des pourpres et même des vertes. Comme l'indique André Dhôtel, « ces champignons s'ingénient à ne pas ressembler à eux-mêmes, en se vouant à des attitudes grimacières. Une façon de s'enfler, de se dégonfler, de se tordre, de pâlir ou de forcer sur une couleur. Comme si nous nous présentions à la frontière avec un air ahuri, rien que pour plonger les douaniers dans un doute interminable ». Et s'il y a une chose dont peut avoir horreur un citoyen suisse, c'est bien de mettre dans l'embarras les gardiens de ses frontières.
La morille inspira toujours l'amitié. Chez les Mérinas, peuple qui habite l'Emyrne, au centre de Madagascar, on disait même, à en croire Jean Paulhan, qu'elle avait « le goût de l'amitié » : « Notre amitié d'abord était douce comme les morilles, et elle est devenue amère comme le laiteron qu'on a peine à manger. » Mais l'amitié peut parfois être poussée plus loin. On estimait ainsi que la morille conduisait à une voluptueuse béatitude, et dans *Le Libertin de qualité* de Mirabeau, où l'on se fait servir des menus tout en champignons, on peut ainsi s'élancer de la table directement au lit. Casanova vieillissant en consommait à chaque repas, étuvées au beurre et au jus de citron, pour ranimer une vigueur déclinante. Bref, si la morille n'avait rien qui puisse blesser la modestie, on ne répondait pas des idées qu'elle pouvait faire naître. « Toute pudeur s'envolait, le temps pressait, nous ne le fîmes pas attendre : le nuage se forme, le ciel s'obscurcit, le tonnerre gronde, il tombe et tout est consommé », écrit Godard d'Aucour, dans *Thémidore* (1745). Eh bien, la morille met à peu près la même précipitation et la même grâce à exister que le libertin à aimer. C'est dire si ses effets qu'on disait fulgurants pouvaient plaire à des cœurs aussi faibles. Ce fut donc le champion d'un temps où l'inconstance tenait lieu de morale, et la volupté de philosophie.

Le Divin Claude

Mais le plus céleste, quoique rarissime, de tous les champignons, c'est bien l'*oronge*, dite encore amanite impériale ou

amanite des Césars (son nom lui vient du rouergat *ourounjo*, en raison de sa couleur d'un bel orange de potiron). Néron la qualifiait de « ragoût des dieux ». Expression particulièrement cynique dans sa bouche, vu que l'empereur Claude avait été empoisonné par un plat de champignons, et Néron, d'après Suétone, complice de l'assassinat. Bref, on ne sait pas très bien s'il faut y voir un ragoût dont les vertus foudroyantes vous expédient plus sûrement parmi les dieux (une consécration que Claude dut d'ailleurs à Néron, après sa mort) ou être un dieu immortel pour en manger impunément. En tout cas, c'était un champignon divin mais terrible. Car il existe trois amanites, rappelle Georges Becker, dans *La Vie privée des champignons*. L'oronge vineuse, tendre et pleine de saveur, l'oronge tue-mouches, qui provoque un délire effrayant, et la phalloïde traîtresse, qui fait mourir l'imprudent ou l'innocent dans d'horribles souffrances.
La succulente, tendue et fraîche comme une joue, présente un chapeau rouge ponceau, avec un reflet orangé qui lui donne une douceur presque lumineuse. Délicieuse, même crue, avec un filet d'huile d'olive, un peu de sel et de poivre. L'amanite tue-mouches, ou ciguë à verrues, à la pourpre plus écarlate, hérissée d'écailles blanches, présente à peu près les mêmes effets que les redoutables jusquiame et belladone : hallucinations, hurlements et vertiges. Certains chamans de Sibérie en usent comme d'un stupéfiant, au cours d'orgies magiques. Enfin celle qui tue, la phalloïde, d'un vert jaunâtre caractéristique, vergeté de fines fibrilles noires, sortant d'une volve épaisse et blanche (Becker dit que c'est le diable qui sort d'un œuf). Tels sont les trois états de l'amanite. Alors, de quoi au juste mourut le Divin Claude ? Selon Henri Romagnesi, simplement d'un jus de coloquinte empoisonné, nappant son plat d'oronges. C'est presque dommage. Car mourir de l'orange, couleur des réprouvés, lui aurait assez bien convenu. Suétone le décrit comme un cruel, un idiot et un goinfre. Et Sénèque, qui rédigea après sa mort son *Apocoloquintose*, ou *Métamorphose en citrouille du Divin Claude*, l'imagine aux Enfers qui joue éternellement aux dés avec un cornet percé.

Vertiges

On a toujours envisagé le champignon de deux points de vue fort éloignés : soit qu'on exalte le champignon *en l'air,* le champignon dressé, épanoui et glorieux, le prodige du champignon, son exclamation, soit qu'au contraire on chasse le champignon *en terre,* qu'on cherche en lui l'enfoui, le secret, le petit champignon perdu ou rêvé. Il est troublant, en tout cas, de voir un homme mûr comme le professeur Lindenbrock faire découvrir à son neveu Axel, dix-neuf ans, « qu'il adore », les secrets des entrailles de la terre, pour aboutir à une fabuleuse forêt de champignons géants, comme on peut voir dans le *Voyage au centre de la Terre.* Marc Soriano remarque que dans tous les romans de Jules Verne, les femmes, de maniement délicat ou d'accès dangereux, n'ont d'autre mérite que de permettre aux hommes de partir en voyage (entre eux) et de créer cette atmosphère de passion et de solidarité viriles, qui est apparemment leur seule raison d'être. Parmi eux, beaucoup de beaux gaillards, d'une force peu commune, bien découplés, aux épaules athlétiques et aux étreintes vigoureuses, mais aussi de ces jeunes garçons à l'esprit ingénieux, à l'imagination volcanique et aux yeux humides, prêts à tous les apprentissages comme à tous les frémissements affectifs, destinés à leur faire découvrir le monde autant que leur virilité (Jules Verne fut surtout lu par des garçons). C'est donc dans cet esprit qu'il faut comprendre l'invincible attraction qu'exercent, dans toute son œuvre, les pics et les montagnes en tout genre, arbres aux fûts pleins de sève qui se dressent en pleine lumière comme les baobabs, bombax, euphorbes et sycomores de *Cinq Semaines en ballon,* ou encore les extumescences de glace ou de roche, tous ces pitons et orgues de basalte du *Voyage au centre de la Terre,* qui constituent un répertoire très complet de la verge en érection.

Donc, pour en revenir à nos champignons géants, enfouis dans les abîmes du globe et les gouffres de l'inconscient, et qui donneront lieu à une magnifique illustration de Hetzel, la surprise du jeune Axel fit bientôt place à de l'admiration. « Je savais que le *lycoperdon giganteum* atteint, suivant Bulliard, huit à neuf pieds de circonférence, mais il s'agissait ici de champignons blancs, hauts de trente à quarante pieds, avec une calotte d'un diamètre égal. Ils étaient là par milliers. La lumière ne parvenait pas à percer leur épais ombrage, et une obscurité complète régnait sous ces dômes juxtaposés comme les toits ronds d'une cité africaine. » Expédition unique en son genre, qui lui permit de découvrir ainsi « par milliers » des champignons éblouissants, et qui devait le jeter dans je ne sais quelles rêveries nouvelles, quelle jeunesse inconnue des sens, et nul doute qu'à sa suite, des générations de jeunes lecteurs en firent un profit ému.

Bébé

On sait qu'en dehors des divinités de pierre ou de terre cuite, Freud prenait beaucoup de plaisir aux baies sauvages (framboises, myrtilles, mûres et fraises des bois) et aux champignons qu'il allait « chasser », souvent avec ses enfants, à la fin de l'été. « Notre attaque sur les champignons n'était jamais menée au hasard, dira Martin, le fils aîné. Père partait toujours en reconnaissance. » C'était un champignon vénéneux, rouge avec des taches blanches (amanite tue-mouches ?) qui signalait en particulier le plus convoité d'entre eux, le *Steinpilz*, le champignon de pierre, un bolet. « Quand il avait trouvé un bon endroit, père y conduisait sa petite troupe, chaque jeune soldat prenant position à intervalle, puis avançant en tirailleurs, comme une section d'infanterie attaquant à travers bois. Nous faisions semblant de chasser un gibier aussi léger qu'insaisissable. Il y avait aussi un concours pour désigner le meilleur chasseur, père gagnait à chaque fois. » Freud se précipitait alors sur le spécimen entrevu, qu'il recouvrait de son chapeau tyrolien, puis lançait un signal de victoire avec un sifflet d'argent qu'il sortait de la poche de son gilet. Et devant ses enfants complices, il levait le couvre-chef, exhibant ainsi la tendre chair brune, qu'il appelait parfois *bébé*, tout en ignorant délibérément les *vieux messieurs*, car ces trop gros champignons, « mûrs et flasques », avaient perdu toute fermeté et leur saveur n'avait plus aucune délicatesse.

Mais le plus curieux, c'est encore ce qu'il écrivait à son tendre ami Fliess : « Je connais à Aussee », dit-il le 12 juin 1897, « une admirable forêt pleine de fougères et de champignons où il faudra que tu m'inities au mystère du monde des animaux inférieurs et des enfants. Je vais demeurer bouche bée devant ce que tu auras à me dire. » C'est curieux, parce que Freud a somme toute quarante et un ans et six enfants. Mais sur ce qui l'attache si puissamment à Fliess, avec qui il dialogue depuis de nombreuses années par lettres interposées, Freud fait trois ans après cette confidence : « Rien ne peut pour moi remplacer les contacts avec un ami, c'est un besoin qui répond à quelque chose en moi, peut-être à quelque chose de *féminin.* » Alors ? Cette chasse aux champignons comme aux statuettes fait-elle de Freud, comme le note Lydia Flem *(Freud et ses patients),* un « Don Giovanni désincarné » ou même « une femme enceinte et une nourrice » ? Ce qui enchantait Freud, et le jetait tout à la fois dans le désarroi, n'était peut-être après tout que la *saveur du doute.* Né de l'ombre et de l'humide, on sait que c'est une chose soudaine, imprévisible et rare qu'un champignon, et que sa découverte ou sa révélation provoque toujours un battement de cœur. L'exhiber à tous, comme il le faisait, pouvait être une façon de l'exhiber à soi, dans une sorte d'aveu obscur, de provocation naïve, d'équivoque toujours renouvelée, mais apparemment jamais levée. Car Freud resta fidèle à ses idoles muettes. Il tira pourtant de sa passion mycophile sa métaphore de l'*ombilic du rêve,* le point, dit-il, où il se rattache à l'Inconnu.

La **châtaigne** molle

Contrairement à ce que pouvait dire Flaubert, dans son Dictionnaire des idées reçues, *la châtaigne n'est pas la femelle du marron. C'est simplement la plus anciennement connue en France. Mais, je ne sais pourquoi, périodiquement dans les journaux on revient sur cette affaire : pourquoi appelle-t-on la châtaigne « marron », et pas « châtaigne », le marron ? Ou pour varier les sujets : pourquoi fait-on toujours rôtir le marron et bouillir la châtaigne ? Ou même : pourquoi tout ce qui est savoureux (dinde aux marrons, marrons glacés) revient de droit au marron, alors qu'on doit se bourrer de purée de châtaignes ? Encore que, ces derniers temps, la châtaigne ait tendance à reprendre du poil de la bête : elle se rebiffe, on la comprend. Bref, pourquoi toujours cet insolent défi du marron ?*

Crottin d'âne

La chose n'est pourtant pas si compliquée. Pour peu qu'on élimine d'emblée un témoin gênant, quoique utile en cas de bagarres à la récréation : le marron d'Inde. Ce témoin est gênant parce qu'il est tardif. Originaire des Balkans, le marronnier d'Inde (l'*Aesculus hippocastanum*) ne fut importé en Europe qu'au XVIIe siècle. En 1615, précise Littré, qui ajoute qu'il ressemble comme deux gouttes d'eau au marron comestible, mais qu'il n'est pas comestible du tout, qu'il est même très amer. On se contente alors de s'extasier devant, comme à

Rueil, au domaine de Richelieu. Bref, le marron d'Inde, qu'on appelle aussi châtaigne de cheval, n'a rien à voir avec la châtaigne appelée marron. Car le marron, le bon gros marron de Privas que nous aimons, est une variété de châtaigne : ils sont tous les deux issus du même arbre, le *Castanea sativa*, de la famille des fagacées, originaire du Caucase et implanté en Gaule depuis la nuit des temps. Mais apparemment, en Gaule, on ne connaissait que la petite châtaigne, car le gros marron, lui, est venu de Lombardie, où sa culture est attestée depuis le XIVe siècle. Son nom est tiré de l'italien *marrone*, lequel ne serait pas sans rapport avec la pierre ou le rocher.
On croyait, à la Renaissance, que les châtaignes étaient sauvages et les marrons cultivés, ou encore que les marrons étaient les mâles, « lesquels en toutes choses, dit froidement Mizauld, sont toujours mieux nourris que les femelles », ou que les marrons pouvaient « servir pour desserts aux riches », alors que les petites châtaignes des bois ne servaient qu'à soûler les pauvres quand ils avaient faim. En réalité, le nom de marron s'applique à toute châtaigne suffisamment grosse pour n'avoir qu'une seule graine dans sa bogue, alors que dans les châtaignes elles sont toujours deux ou trois, parfois même cinq, à se tasser comme des malheureuses. Si bien que le marron est plutôt rond, à coque épaisse, et la châtaigne, plutôt longue et aplatie. Dès le Moyen Age, l'un des cris de Paris, sur les marchés, était : « Châtaignes de Lombardie ! » On ajoutait que ces « châtaignes à rôtir, qui croissent en bois, près des montagnes, font la personne engressir ». Ces marrons furent ensuite cultivés dans le Dauphiné et le Lyonnais, concurrençant superbement les petites maigriotes qu'on récoltait dans le Limousin, le Périgord ou les Cévennes. La Bruyère-Champier, en 1560, crut bon de dire qu'en langue romane le marron désignait le crottin de cheval ou d'âne. Ce qui, bien entendu, n'est pas une étymologie, mais une image. Une image assez désagréable, au demeurant, pour le marron.

Gland

Et la châtaigne ? Son nom est originaire d'Asie Mineure, c'est à peu près tout ce qu'on peut en dire. Xénophon, le disciple de Socrate, en parle sous le nom de *noix bouillies* du pays des Mossynèques : elles rendaient d'après lui les enfants grassouillets et leur chair extrêmement blanche, ce qui est toujours agréable chez des enfants, mais comme ces Mossynèques étaient des Barbares qui habitaient des maisons de bois, dans les régions du Pont et de la Scythie, la châtaigne en garda je ne sais quoi d'hirsute et de mal léché. Plutôt que noix, on préférait d'ailleurs l'appeler *gland*. Gland de Zeus ou gland de Sardes, et même, chez un agronome andalou du XIIIe siècle, Ibn al Awam, gland royal. Ce qui n'avait rien à voir, évidemment, avec le Cône érectile du dieu Baal, mais qui montrait simplement à quel point on l'appréciait. Et si une variété de marron d'Ardèche s'appelle (aujourd'hui encore) la *Bouche rouge*, on n'y verra aucune relation quelconque de contiguïté. Galien, qui accuse à peu près tous les fruits de fournir de mauvais sucs, fait pourtant une exception pour la châtaigne, dont « le suc n'a rien de nocif ». Mais, allez savoir pourquoi, le vieux Pline s'est montré particulièrement grincheux à son égard : « Leur enveloppe armée d'épines, écrit-il, leur fait un rempart dont les glands n'ont que l'ébauche, et l'on s'étonne du peu de valeur de ces fruits que la nature a mis tant de soins à dérober aux regards. » Pourquoi une telle réprobation ? Serait-ce parce que la châtaigne molle, dans l'Antiquité, était réservée aux femmes ? En tout cas, Virgile, dans ses *Bucoliques*, en fit un portrait extrêmement flatteur. Virgile aimait beaucoup la châtaigne molle, accompagnée de fruits mûrs et de fromage frais, et de quelques bergers agréables perdus dans la douceur un peu triste de ce paysage de Lombardie, près de Mantoue, où il était né. En ajoutant des ramiers roucouleurs, une tourterelle frémissant dans les airs, en haut de l'orme, des saules et des chèvres broutant le cytise en fleur, il pouvait aimablement faire dire à son pâtre Corydon qui se consumait en vain : « O cruel Alexis, tu veux donc que je meure ? » Comme on voit, la rusticité ainsi entendue peut avoir du bon, et la châtaigne n'être pas si rébarbative qu'il y paraît. Du reste, ajoutait Mistral, dans *Les Iles d'or*, « manger des châtaignes sur la montagne vaut mieux que l'amour sans la liberté ».

Poux

« Ce hérisson des fruits », note Jules Renard, dans son *Journal* (1901). Il est un fait que ce fruit tout en bogue peut paraître agaçant, un peu comme ces filles qui ne sont savoureuses qu'une fois cuites. Hérissée de piquants, plutôt hargneuse au premier abord, il paraît presque fatal que la châtaigne ait été amenée à désigner le coup de poing et le gnon (la *castagne* étant la version occitane de la bagarre). Giono, dans *Triomphe de la vie*, parle même d'une « faim en bogue de châtaigne : piquante et de feu ». La châtaigne n'est donc pas un fruit facile. La déshabiller tient même de l'exploit. *Ce n'est pas pour éplucher des châtaignes*, dit-on en Béarn, où l'on ne s'y résout jamais de gaieté de cœur. Épluchons donc. Épluchons même trois fois. La bogue épineuse d'abord, son côté oursin, comme disait Bernardin de Saint-Pierre (« Les oursins, hérissés comme des châtaignes »). Puis l'écorce couleur cuir, qui lui donne cet air de gros œil ahuri, qu'on aurait énucléé tout cru, et qu'il importe absolument d'ôter, à moins d'avoir l'estomac d'un vautour. Enfin le tan, qui est sa seconde peau, son petit linge si vous préférez, qui adhère à l'amande (et non à l'écorce) et qui est extrêmement désagréable au palais, parce qu'il est coriace, duveteux et amer.

Certains ont voulu manger la châtaigne crue. C'est une erreur. Philotime le déconseillait déjà au XIIIe siècle. Mais apparemment ça n'a pas suffi, car on condamna cette détestable habitude jusqu'au XVIIIe siècle. Pourquoi ? Mais parce qu'elle se digère difficilement et cause beaucoup de vents. En Cévennes, on dit que cela favorise le développement des poux : tout est une question de point de vue. Furetière, lui, reste neutre : « La crudité du melon, de la châtaigne et des coings est plus dangereuse que celle des autres fruits », se borne-t-il à observer. En fait, c'est plus la crudité qu'il jugeait dangereuse que la châtaigne. On ajoutait qu'il fallait toujours les choisir bien mûres, mais pas trop, car la châtaigne est un fruit qui *s'échauffe* facilement. Comprenez par là qu'il est périssable, et qu'il peut laisser se développer à l'intérieur des larves d'insectes, ou même faire apparaître des maladies, comme la pourriture noire ou la pourriture brune. C'est donc un fruit délicat, et pas du tout le fruit barbare des hordes chevelues.

Couvée

En général, on préféra la châtaigne rôtie ou bouillie. On considérait la première plus légère et plus tendre, la seconde plus nourrissante. Premier geste pour rôtir : il faut *entailler*. Tout simplement, disait Panurge, « pour les engarder de péter, comme cette nouvelle mariée bien entamée par le bas ». Car il faut toujours se souvenir que la châtaigne pète et fait péter, c'est dans sa nature. Donc, entailler, mais sans entamer la chair. Simplement fendre la peau de cuir avec un couteau, afin (disait Mizauld, dans *Le Jardin médicinal*, 1578) que par l'ouverture « le vent que le feu agite et émeut puisse sortir, autrement elles feront un bruit comme un tonnerre qui ne sera pas sans faire peur et mettre en danger ceux qui seront présents ». Une châtaigne mal fendue pètera à la chaleur ou cuira mal. La fente peut se faire dans tous les sens : l'essentiel est qu'elle permette, après cuisson, de mettre à nu la châtaigne chaude et dorée, *d'un simple frottement du doigt*.

Platine de Crémone prétendait que les châtaignes qui cuisent « sur la flamme, dans une poêle percée, ne sont point de si parfaite suavité, bonté et nourrissement que celles que l'on cuit sous les cendres ou charbons ». On préféra pourtant utiliser à cet effet divers ustensiles, dont les plus connus sont précisément la *poêle percée* à longue queue (le plus embarrassé, disait-on, était bien celui qui tenait la queue, parce qu'il fallait tout le temps secouer les marrons), la *grelotte*, qui désignait dans la Creuse le petit pot en terre percé et surtout le *diable* charentais, pot en terre sans trous, muni d'un couvercle, ainsi nommé à cause des monstrueuses canonnades qui s'en suivaient. Mais après ce rôtissage, il convient de faire *couver* la châtaigne : sous une vieille couverture, on les frottait les unes contre les autres, puis on les laissait achever leur cuisson, se chauffer entre elles et se mettre toutes à la même température. Toute cette cuisine de la châtaigne est donc très maternelle. Dans cette euphorie de la couvade, la châtaigne apparaissait un peu comme un œuf d'arbre, épais, moelleux et blanc, propre à fournir au corps une chair amplement savoureuse.

Tétée

La châtaigne bouillie nous fait régresser davantage encore, puisqu'elle se tète. Ce n'est plus du charbon que l'on a entre les doigts, c'est déjà presque du lait. En fait, il y a deux façons de les préparer. On peut, comme autrefois dans le Limousin, les éplucher d'abord, puis les plonger, couvertes de leur tan duveteux, dans l'eau frémissante. Quand elles commençaient à bouillir, on introduisait alors le *déboiradour*: manié avec délicatesse, l'instrument, qui ressemble un peu à des baguettes japonaises ou à une grande paire de ciseaux, provoque le décollement de la petite peau par simple friction. On finissait la cuisson à l'étouffée et, pour nuancer le goût de la châtaigne, on avait soin d'ajouter au fond de la marmite des petites poires, des betteraves et des feuilles de chou. La seconde solution, c'était de les faire bouillir sans les écorcer. Il suffisait alors de les ouvrir d'un coup de dent, d'en aspirer la pulpe onctueuse et c'était la rencontre inattendue de l'écorce salée et de la chair sucrée qu'on suçait, si bien qu'on les appela *tettos* en Cévennes et *téterelles* en Vivarais. Devenant ainsi non plus œufs chauds mais, comme dit Francis Ponge à propos de la figue sèche, bourses molles, gros tétins ou pauvres couilles, qui se flétrissent au fur et à mesure qu'ils se donnent, jusqu'à prendre une forme un peu lâchée et tombante, comme une outre dégonflée. On comprend sans difficulté que téter la châtaigne, la pénétrer, la mordre, la sucer et l'avaler soient des gestes passionnels susceptibles de procurer une grande volupté de bouche, et donc d'assurer à ce fruit des Gaules une certaine pérennité.

Teint jaune

Si la châtaigne farcit amoureusement la dinde, elle favorise aussi l'obésité. Surtout sous la forme succulente du *marron glacé*, friandise confite au sucre, dont la création remonte au siècle de Louis XIV, et qui suppose un fruit bien bombé, moelleux et sans rides trop profondes, ou encore du *nègre blanc*, douceur qui régale, mais engrosse tout autant, en raison de son onctueuse coulée de crème de marrons vanillée, auréolée de crème fraîche. Du reste, comme on peut voir d'après l'état physique catastrophique des populations du Limousin ou du Cantal, les gens qui vivent essentiellement de châtaignes ont le corps lourd, le sang épais, ils perdent une grande partie de leur vivacité, ils sont lents et comme endormis, ils se baissent difficilement et sont surtout paresseux. Ainsi en jugeait-on au siècle dernier. On prétendait même, à la fin du XVIIIe siècle, que la châtaigne provoquait irrémédiablement le teint jaune, ce qu'apparemment on a réfuté depuis. En tout cas, d'après le Dr Roques, en 1837, les dames de Genève aiment particulièrement cet aliment qui entretient leur fraîcheur et leur embonpoint. « Elles déjeunent avec du café à la crème et des œufs frais, elles dînent convenablement, et quelques heures après, elles goûtent avec du café au lait dans lequel elles mêlent des marrons bouillis, épluchés et réduits en pâte. On voit qu'elles peuvent attendre patiemment l'heure de la crème. » Jamais on n'aura mieux décrit la Suisse.

Mais il n'y a pas que les dames de Genève qui raffolent de la châtaigne, le cochon aussi. La châtaigne qui, avec le chou, accompagne si agréablement le marcassin, le sanglier ou la viande de cochon, est une nourriture dont il fait ses délices au préalable. La châtaigne a beaucoup d'affinités avec le cochon. « Les châtaignes sont fort venteuses, les écoliers sont friands de châtaignes bouillies, on engraisse les pourceaux de châtaignes en Limousin », notait Antoine Furetière, qui avait parfois des raccourcis fulgurants. Eugène Rolland, dans sa *Flore populaire*, rappelle aussi qu'on nommait autrefois la châtaigne *chapon de Limousin* ou *truffe à cochon*. Et depuis toujours, on destinait au cochon les châtaignes trop petites, les rebuts, les verreuses, les débris ou l'eau de cuisson. On a même prétendu que si le châtaignier ne s'est jamais développé en pays musulman, c'est précisément parce que le cochon y est prohibé. Au demeurant, la châtaigne nourrit aussi l'écureuil, le mulot et le sanglier.

Trombeta

Comme le remarquait déjà un Génois de la fin du XIIIe siècle, il est indéniable que la châtaigne, fût-elle accompagnée de vin âpre *(brusco)* ou de piquette *(vineta)*, contribue à *sonar spesso la trombeta.* J'ai déjà évoqué ce terrible fléau de la châtaigne : la flatulence. Mais il n'est pas toujours aussi terrible qu'on croit. C'est ainsi qu'un amusement consistait, autrefois, à prendre des fleurs de châtaignes et à les sécher au four, « tant qu'on puisse les réduire en poudre, et d'icelles mettrez dans le potage ou autre liqueur de qui vous voudrez avoir le plaisir de faire péter ». Ce qui est toujours drôle, en effet. « Fraîchement cuites, ajoute Mizauld, et un peu saupoudrées de poivre, elle réveillent l'appétit d'habiter avec les femmes » (ou avec qui vous voudrez). C'est pourquoi on retrouve souvent la châtaigne dans les charmes d'attachement : on peut ainsi glisser des castagnes séchées dans le linge de corps d'un homme, râper des châtaignes et mettre la pulpe dans ses poches, ou mieux sous sa doublure, laver ses mouchoirs dans l'eau de cuisson des châtaignes, cacher des bogues sous le lit, fourrer des feuilles de l'arbre dans le matelas, en bourrer les oreillers, car rien n'est jamais de trop pour retenir un homme, et la châtaigne le comprend.

Est-ce la physionomie du marron sombre à la pulpe si blanche, sa rondeur de rognon luisant, dans son capitonnage immaculé de panne rosée, toujours est-il que, dans l'argot des petites dames, au siècle dernier, on désignait aimablement les testicules sous le terme de *marrons* (pas de châtaignes). *Faire péter la châtaigne,* en revanche, signifiait « métamorphoser une fille en femme ». Quant à *rôti comme un marron,* c'est différent : c'est un peu comme l'expression italienne *farsi prendere in castagna,* se faire prendre en châtaigne, autrement dit se faire prendre sur le fait. L'idée dominante, expliquent certains linguistes, est celle de la cuisson : on est cuit, grillé, fichu, roulé, enfin ce que vous voudrez qui signifie qu'on l'a dans le baba, ou, comme disait Céline, « dans le dos jusqu'au cœur ». S'il est vrai que *bille à châtaignes* a toujours désigné quelqu'un de grotesque, et *marron sculpté,* une tête d'imbécile, il ne faut pas en conclure pour autant que ces fruits, toujours catalogués dans le ridicule ou le méprisable, n'aient jamais fait rêver les amants.

Marie de Bourgueil

Je ne parle pas de Jules Renard, bien sûr, toujours hargneux, qui parlait des « lèvres sèches du marron grillé » (1904), mais par exemple des poètes de la Renaissance qui virent dans la châtaigne une nuance délicate du cheveu, et de l'œil aussi, qui va avec en général. Car c'est une époque où l'on disputa beaucoup de la précellence des brunes ou des blondes chez les jeunes filles. Marot et Belleau, mais aussi Ronsard, en tenaient pour les chevelures châtaigne. « Vénus, disait Belleau, était nommée châtaignière à cause de son teint et de ses cheveux de la même couleur. » Et Marie de Bourgueil, « fleur angevine de quinze ans », avait aussi les cheveux (dit Ronsard) « entre bruns et chatains, frisés de mille nœuds gentiment tortillés tout autour de l'oreille ». L'ennui, c'est qu'on serait bien en peine de définir cette couleur châtaigne. Pour Furetière, c'est un poil qui est entre le blond et le noir. Et George Sand, dans *Histoire de ma vie*, hésite beaucoup entre filasse et châtain clair, blond cendré et noir doux. La châtaigne se situerait donc dans l'entre-deux du cheveu. Mais n'allez surtout pas parler de marron, car cette couleur, qui apparut au XVIIIe siècle, est une catastrophe. Encore aujourd'hui, le marron est avec l'orange une des couleurs les plus rejetées. On évite même son nom. On parle d'acajou, de chocolat, d'auburn, de mordoré ou de caramel, mais surtout pas de marron. Car ce brun chaud et humide a inévitablement quelque chose d'excrémentiel.

Breloques

Gide, qui avait la châtaigne pudique, parce qu'il était protestant, parle distraitement de la couleur des feuilles mortes. Dans *Les Nourritures terrestres*, il s'occupe à la faire éclater près du feu, c'est tout ce qu'il en dit, mais Gide n'a jamais été très explicite, dans ses œuvres publiées sous le bandeau NRF, sur ses amours nord-africaines. Pablo Neruda, toujours frénétique des mamelons, rotondités et autres intumescences féminines, voit la châtaigne sauter à terre, « brunie et prête, durcie et douce, comme un petit sein des îles d'Amérique » *(Odes élémentaires).* Quant à Cocteau, dans son *Livre blanc,* publié en 1928, sans nom d'auteur, il raconte qu'un matin d'août, tout jeune encore, il rôdait dans le parc du château de son père, avec une carabine chargée d'amorces, et qu'il jouait au chasseur, dissimulé derrière une haie, guettant le passage d'un animal, quand au lieu d'animal il vit surgir un jeune garçon de ferme, qui conduisait à la baignade un cheval de labour. « Il chevauchait tout nu et faisait s'ébrouer le cheval à quelques mètres de moi. Le hâle sur sa figure, son cou, ses bras, ses pieds, contrastant avec la peau blanche, me rappelaient les marrons d'Inde qui jaillissaient de leurs cosses, mais ces taches sombres n'étaient pas seules. Une autre attirait mes regards, au milieu de laquelle une énigme se détachait dans ses moindres détails. » Cette énigme fut apparemment la plus forte. Ses oreilles bourdonnèrent. Sa figure s'empourpra. La force abandonna ses jambes. Le cœur lui battit comme un cœur d'assassin. Et il tourna de l'œil.

Les caquets du chou

« Comme c'est beau, un chou ! » s'extasiait Jules Renard, dans son Journal *(1903). C'est même toute une architecture, c'est construit comme une cathédrale : avec sa pomme, ou encore sa tête ; à l'intérieur de sa tête, son cœur comestible ; et à l'intérieur du cœur, l'œil du chou (en termes de jardinage, on appelle d'ailleurs* chou borgne *celui qui est privé de bourgeon terminal, ce qui l'empêche de pousser) ; quant au trognon du chou, c'est son trou, et comme on sait, ce qui ne vaut pas un trou de chou (dit Littré) ne vaut pas grand-chose. Un proverbe auvergnat dit même que* le chou a le goût du trou.

Cloque

Comme la femme, le chou date de la plus haute Antiquité. Connu depuis plus de 4 000 ans, où il poussait à l'état sauvage sur les rochers et les falaises des côtes atlantiques et méditerranéennes, sur le littoral de la Manche et de la mer du Nord, le chou maritime est l'ancetre de tous les choux. On en compte aujourd'hui 400 variétés, mais le gros chou pommé à feuilles lisses, dit *chou cabus*, est certainement le roi des choux. Apparu en France au XIIIe siècle, le chou cabus vaut surtout par sa grosse tête renflée et la couleur indéfinissable de ses feuilles. Qu'il soit Pain-de-sucre ou Cœur-de-bœuf, de printemps ou d'été, plat de Paris ou gros de Saint-Denis, ses feuilles présentent toujours cette nuance variable de vert, de gris et de bleu qu'on appelle le *glauque*. Une nuance claire et brillante, que les Grecs utilisaient souvent pour parler de l'olive, de l'aigue-marine, de l'eau de mer, de la lune ou encore des yeux de certains hommes, et que, d'après Lucien, ils n'aimaient pas du tout. Si le chou cabus exalte sa grosse pomme, le chou de Milan, lui, offre son agréable rosette. Il n'est apparu en Europe qu'au XVIIe siècle, et son goût passe d'ailleurs pour moins musqué que le chou cabus, mais ce qui caractérise surtout le chou de Milan, c'est la *cloque*. Certains ont la feuille finement cloquée, d'autres ont la cloque saillante et grossière. Le chou à grosses côtes frangé, tel que l'ont décrit Vilmorin & Andrieux (1883), a même le limbe des feuilles frisé, crépu, ondulé, ce qui lui a valu le nom de chou *fraise-de-veau*. Bref, si le chou de Milan a le goût plus doux, il a aussi le relief beaucoup plus accidenté.

On peut certes se contenter d'un chou cru arrosé de vinaigre miellé, comme Caton le Censeur, ou préférer, sur la recommandation d'Horace, l'accompagner d'un pied de cochon fumé. Mais le chou est toujours plus estimé quand il a subi un coup de gelée. « Choux gelés, les bons choux gelés ! Ils sont plus tendres que rosée ! » criaient déjà les marchands aux paniers qui sillonnaient les rues de Paris, au Moyen Age. Au demeurant, ajoute le proverbe, la gelée n'est bonne que pour les choux. Grimod de la Reynière le tient pour un légume trop injustement dédaigné par l'orgueil : « Nous avons vu », dit-il dans ses *Écrits gastronomiques*, « qu'une culotte de bœuf, et même une perdrix dans sa maturité, tiennent à l'honneur d'être flanquées d'une épaisse muraille de choux. » Et la Palatine ne cessa de répéter, dans ses lettres à la Raugrave Louise, qu'elle préférait des choux rouges et une choucroute, un bon *Birambrot* ou une soupe à la bière plutôt que le thé qui a un goût de foin et de paille pourrie, ou encore le café, à l'odeur de suie et de lupin, ou même d'haleine corrompue, qui lui rappelait celle du défunt archevêque de Paris.

Choupe

Le chou farci est un de ces plats que Joël Robuchon qualifie de canailles et rustiques, mais on le connaît surtout pour ses digestions laborieuses, qui ne conviennent qu'aux natures les plus coriaces. On ne saurait donc s'arrêter à cette recette « artiste » et désinvolte du *chou à la confiture*, proposée en 1928 par le couturier Poiret : « Prenez une petite feuille de chou bien blanche et bien frisée. Étalez-y de bonnes confitures de groseilles. Mangez. » En fait, le plat au chou qui fume dans toutes les mémoires paysannes, ce n'est pas le chou à la confiture. C'est bien, comme disait Queneau, la « choupe aux choux ». Une soupe dont la vapeur forte emplit la salle à manger du presbytère de l'abbé Mouret (et de toute l'œuvre de Zola, du reste) et qui, à en croire Joseph Delteil, possède la réputation d'un mets cérébral, favorable à l'élaboration de la pensée : « Elle convient aux rachitiques, aux filles-mères et aux lapins » *(Les Cinq Sens).* Et pour laquelle il exigeait une marmite de fonte (au fond de laquelle, si on a l'estomac délicat, on mettra un tesson d'assiette, ça enlève le goût fort), un assaisonnement au saïd, panne de porc roulée et fumée aux poutres, et un chou frisé, passé aux gelées d'hiver. « Le reste, aux vaches ! » Quant à la soupe aux choux de René Fallet, dont il donne la recette dans le roman du même nom, paru en 1980, elle se fait avec une variété de printemps, le « Bacalan hâtif » (probablement le Bataclan), et s'accompagne de quelques tranches de pain et de « grillons » (c'est-à-dire de lardons). La soupe aux choux, dit-il, ça parfume jusqu'au trognon, ça tient au corps et ça vous fait même comme des gentillesses dans la tête. « Tu veux que je t'y dise : ça rend meilleur. » L'extraterrestre à qui l'on tenait ce discours, surnommé La Denrée, considéra la chose avec stupeur et s'en alla aussitôt aviser ses compatriotes de l'astéroïde d'Oxo. Un peu, dit Fallet, comme s'il avait découvert l'Amérique. « Et c'est peut-être mieux que l'Amérique, un petit coup de bonheur... »

Neige

Comme le remarque un judicieux personnage de Mark Twain, M. Tête de Prudhomme, un chou-fleur n'est pas autre chose qu'un chou qui a été au collège. Sa monstruosité ne traduit qu'un excès d'érudition. Cette « boule de neige », ainsi qu'on l'appelle au Sénégal, où la neige n'est pas autrement connue que par le chou-fleur, est l'aboutissement glorieux d'une hypertrophie, autrement dit d'une monstruosité. Ce chou à la grosse pomme ferme, terriblement serrée et d'un blanc superbe offre l'aspect d'un énorme corymbe moutonneux de fleurs avortées. Probablement originaire de Syrie, ce que laisse supposer son nom de *chou syrien* sous lequel on le connaissait en Espagne (au début du XIIe siècle), il fut introduit en France par les Génois, vers le milieu du XVIe siècle. Cette magnificence de jatte crémeuse, cette fermeté drue, cette ampleur dodue des êtres bien venus firent beaucoup pour le succès du *chou fleuri*, comme on disait à l'époque, car on avait l'impression inédite de manger un bouquet. Mais il fallut attendre La Quintinie, premier jardinier de Louis XIV, pour que le bouquet parût dans son plus bel état. On le cuisait alors dans un consommé aromatisé de noix muscade et on le servait au beurre frais.

Malgré ses allures candides et la docilité avec laquelle il se réduisait en bouillie, certains esprits chagrins jugèrent pourtant que ce n'était qu'une piètre chose, qui s'entêtait à stabuler dans l'estomac, engendrait des fermentations et empestait des journées entières de ses relents équivoques. Le chou-fleur resta stoïque. Même quand il se vit contraint de désigner des oreilles mal formées, soit qu'elles apparaissent dentelées et presque mangées, soit qu'elles aient en quelque sorte germé, jusqu'à se boursoufler. On parla aussi d'un baiser singulier, dit *baiser du chou-fleur*. On colle sa bouche sur la peau nue du ventre ou des bras, et on souffle très fort en faisant vibrer ses lèvres, ce qui produit inévitablement un bruit de pétarade qui fait rire. En réalité, le plus bel hymne d'amour au chou-fleur, c'est à Fourier qu'on le doit. Lequel avait bien raison de dire qu'on ne savait rien des merveilles de l'analogie universelle, qu'on ne savait même pas quelles passions, quels caractères décrivent les orangers, les marronniers ou les tilleuls, et qui eut la bonté de nous en traduire quelques aspects.

Caquets

C'est ainsi que, pour lui, le chou-fleur est l'hiéroglyphe de l'amour libre, qui dans sa jeunesse est un océan de fleurs.

« C'est », écrit-il dans *Le Nouveau Monde industriel et sociétaire*, « l'amour sans obstacle ni mystère, les ébats de la jeunesse libre qui voltige de plaisir en plaisir. Aussi le chou-fleur est-il un océan de fleurs, image des charmes du bel âge. Sa feuille n'est ni azurée, ni bouillonnée, parce que la jeunesse libre, formant des orgies, est peu amoureuse, n'a pas besoin de recourir aux astuces, comme la jeunesse entravée dont le chou est symbolique. » Car le chou, à l'inverse du chou-fleur, est le légume des mystères, des intrigues et des ruses. « Ses feuilles, bouillonnées et ondoyantes, figurent les efforts astucieux d'amants obligés de cacher leurs liens. Elles sont plutôt bleues que vertes, parce que l'azur est la couleur de l'amour. L'azur domine dans la feuille de l'œillet qui peint la jeune fille fatiguée par réplétion d'amour, privation d'amant. » Mais, ajoute Fourier, les amours étant une source intarissable de caquets, il faut par analogie que le chou soit une source de bruyants zéphirs, échos des vilains caquets d'amour. Le pet serait donc, pour Fourier, ni plus ni moins que le caquet du chou.

Si Balzac recommandait de mouiller le chou-fleur avec du jus, parce que c'est plus onctueux, la Du Barry, favorite de Louis XV, ne fit rien de la sorte. Elle laissa simplement son nom à de nombreux apprêts à base de chou-fleur, entre autres une garniture pour pièces de boucherie, composée de petites boules de chou-fleur, façonnées à la serviette, nappées de sauce Mornay, poudrées de fromage râpé et finalement glacées sous le gril. Si on la lui dédia, c'est naturellement que cette garniture ravissait le roi, au moins autant que sa favorite. Laquelle, dit-on, se plaisait encore à savourer les œufs de vanneau (volatile à sang chaud, promesse d'infatigable luxure, puisque selon Aristote « il copule en une heure quatre-vingt-trois fois »), se parfumer à l'ambre, prendre chaque jour des bains d'eau glacée coupés d'amants de passage et exhiber des déshabillés aussi célèbres que la rondeur de ses seins, bref le roi en était toqué. Ce fut, du reste, sa dernière toquade. Il eut le mauvais goût de mourir, en 1774, de la petite vérole et cette diablesse aux yeux bleus, mais un peu faubourg, que l'on croyait invincible, connut un bannissement aussi fulgurant que l'avait été sa prodigieuse ascension. Ce fut un rude coup pour le chou-fleur, qui ne retrouva jamais pareille faveur, mais conserva pourtant un peu de l'humeur étourdie, légère et sans façons de cette grande courtisane, à l'épaule ronde et poudrée, si propice aux enlèvements consentants et aux étreintes fatales.

Bêtise

Le chou est un bec bien effilé. Cancans, sornettes et âneries, c'est tout lui. En pays flamand, *avoir une langue grande comme une feuille de chou*, c'était avoir un grand caquet, et *conter des choux*, ou des *choux de singes*, dire des sottises. En Allemagne, on disait qu'on *faisait des choux*, quand on racontait des choses incompréhensibles ou insignifiantes, on inventa même le verbe *chouer*, pour désigner ce genre de potins qui font bâiller. Donc, le chou s'exprime beaucoup, mais c'est à peu près tout. Car il a la tête venteuse. « Comment ! Est-il fol comme un chou à pommes ? » disait déjà Rabelais *(Pantagruel)*. La chose était même si connue qu'en Espagne on le traitait carrément d'idiot ou d'étourdi, en Angleterre, le *cabbage-head*, c'était le bredin du village, et en Italie, la *testa di cavolo*, la grosse tête ronde abrutie, comme pouvait être la courge en latin. Le chou n'est donc pas une flèche, il a même plutôt l'esprit aux talons. Alors, pourquoi toutes ces calomnies ? A vrai dire, c'était le lot d'à peu près tous les légumes, dans l'argot des Halles. Et de pas mal de fruits aussi, d'ailleurs.

« Pourquoi bête comme chou ? » demandait Cottard au marquis de Cambremer, dans *Sodome et Gomorrhe*. « Croyez-vous que les choux soient plus bêtes qu'autre chose ? » Certes, mais quand on a dans son existence des antécédents comme la *tête de chou*, il paraît difficile de pouvoir s'enorgueillir un jour. En fait, si les choux sont bêtes, c'est surtout qu'on les utilisa indifféremment pour la tête comme pour le cul. Et bien qu'on ait vu apparaître récemment de timides *en avoir dans le chou* ou *avoir du chou* (« Tu sais, poupée, si t'as du chou, tu rouleras en américaine ! »), *entrer* (ou *rentrer) dans le chou* de son voisin, c'est bien lui rentrer dedans. Dans quoi ? Eh bien, ostensiblement dans la tête, sournoisement dans le cul. Et *faire* ou *marcher chou pour chou*, c'est, comme dit Auguste Le Breton, être « prêt à fourrer n'importe quoi ou à se faire tringler par n'importe qui. Du propre... Chou pour chou, quoi ! ». Les imprimeurs, qui ne sont pas connus spécialement pour leurs « relations homosexuelles réciproques », utilisent la même expression pour un remplacement de texte « signe pour signe ». Et selon Esnault, on agissait déjà *chou pour chou* au XVe siècle, c'est dire si le cul du chou fait partie du patrimoine.

Ventre

Quant au *bout de chou*, à la *chouquette*, au *petit chou*, au *pauvre chou* et au *chouchou*, on est navré de le reconnaître, mais il ne s'agit pas du chou. Selon Guiraud, un chou, ou un chouchou, serait un enfant essuyé : le mot viendrait de *chouer*, forme ancienne de choyer. Un sens que l'on retrouverait dans le mot *chouette*, où l'idée de bonté et de beauté correspondrait à un finissage et à un polissage. En tout cas, pour Marie Rouanet, le chou n'est ni tête ni cul. L'idée populaire que les garçons naissent dans les choux vient tout simplement de la physionomie de ces crucifères : ce sont des ventres. « Regardez », dit-elle dans sa *Cuisine amoureuse courtoise et occitane*, « la boule compacte de la pomme, les feuilles serrées et tendues. Regardez une photo d'accouchement au moment où la tête apparaît à peine et pèse de tout son poids sur le périnée. Vous serez frappé de la ressemblance. » Guillevic, dans *Terraqué*, parle en effet de choux sur la colline « plus ventrus que tous les ventres » (le poème qui contient ce vers s'intitule du reste *Naissance)* et Colette, dans *La Maison de Claudine*, y voit une ressemblance impromptue avec la chenille : « dodue, grosse comme un pouce, longue de plus d'un décimètre, elle gonflait ses bourrelets d'un vert de chou, cloutés de turquoises saillantes et poilues ». Les Goncourt, qui ne s'embarrassaient pas de sentiments avec les femmes (c'est presque un euphémisme), iront jusqu'à dire : « Nous sommes tellement jumeaux, en tout cas par tous les bouts, que nous avons jusqu'aux mêmes envies de femmes grosses : il nous est venu ce soir l'idée de pisser sur un certain chou du jardin. » Cette idée de ventre-chou est d'autant plus curieuse que, selon Dodonée (1557), la fleur du chou mise dans un pessaire et, après la conception de la femme, introduite dans le vagin gâte le sperme et produit l'avortement. Hippocrate disait même que la tige du chou mangée crue expulsait le fœtus. Bref, Marie Rouanet, manifestement, n'a vu dans le chou que le beau rôle.

Oreiller

Zola en fit autant. *Le Ventre de Paris,* son roman des Halles, paru en 1873, est un hymne au chou, à l'idéal du chou et à cet « oreiller de feuilles de choux » qu'est une mère (en l'occurrence, madame François). Nommé Inspecteur de la Marée, aux Halles de Baltard, Florent, à cause de ses bizarreries, fut vite en butte à la ligue féroce et acharnée des femmes du carreau, dont les ventres et les gorges, dit Zola, sautaient d'une joie géante, quand il se laissait prendre à quelque piège. « Les faces rouges le dévisageaient. Dans les inflexions canailles des voix, dans les bouches hautes, les cous gonflés, les dandinements des cuisses, les abandons des mains, il devinait à son adresse tout un flot d'ordures. » Florent, qui n'avait pour lui que la sécheresse de ses os et de ses épaules pointues, vit là un épisode supplémentaire de l'éternelle bataille des Gras et des Maigres. Cette vision terrible de la femme, qui n'est que ventre, gorge et mâchoires, n'est pourtant pas la seule. Il existe bien, pour lui, une sorte de femme idéale, mais elle est morte, avec son chapeau rose et deux balles au côté droit. Morte sur les barricades de la Commune. Ce n'est pas très enthousiasmant. Reste alors la mère adoptive, la mère feuille-de-chou : madame François (qui porte curieusement le prénom du père de Zola). Quand il arrive à Paris, il tombe sur elle, au pont de Neuilly : « Il s'assit contre un tas de choux, à côté de la marchandise de madame François. » Quand il va chez elle à Nanterre, avec Lantier, manger une omelette au lard, c'est dans le potager qu'il se sent heureux de la paix et de la propreté de la terre. « Madame François lui faisait l'effet d'une plante saine et robuste, grandie ainsi que les légumes dans le terreau du potager. » Et après son arrestation, quand on le renvoie au bagne, à l'île du Diable, le clair soleil attendrissait encore le velours gros vert des montagnes de choux. Le chou est donc une joie pure. Et n'a rien à voir avec ces femmes, comme Lisa, dont la gorge a de ces rondeurs muettes qui la font ressembler à un ventre. Ces femmes qui ont le ventre de la haine dévorante.

Prière

Chez les Grecs, aux fêtes des Thargélies, on adressait une prière au chou à sept feuilles et on lui offrait en hommage un petit gâteau moulé. Les Ioniens juraient aussi par le chou, mais cela ne leur paraissait pas autrement extraordinaire, puisque Zénon de Citium faisait déjà des serments sur les câpres. Tout cela prouve, si nécessaire, qu'il y a une tradition de la prière au chou. Et même une théologie du chou, sur laquelle les opinions restent contradictoires. Juan Sanchez Cotán (1561-1627), avant d'entrer comme frère chartreux au couvent El Paular de Ségovie, fut l'un des premiers grands peintres espagnols de natures mortes, bien avant Vélasquez et Zurbarán. Son *Chou et Melon* (vers 1602) est si sévère, dans la simple conjugaison du jaune et du vert, qu'il en paraît presque sanctifié. Ce n'est plus un chou, c'est une extase de chou. Une sorte de glose divinisée. Un cantique spirituel qui parlerait de noces obscures et du haut état de la perfection qu'est l'union avec le chou de Dieu. Une illumination absolue. Une transfiguration d'autant plus inattendue que jamais le chou n'avait connu quelque chose de ce genre ni été traité de la sorte. Bref, comme disait Malraux à propos de Cotán, c'est « d'un irréel presque parfait ».

L'âme du chou

Cyrano de Bergerac n'avait évidemment rien d'un mystique, puisque c'était un libertin. Un de ces « esprits forts » de l'époque Louis XIII, fameux pour ses duels sur le Pont-Neuf et son commerce des filles de la rue du Val-d'Amour. Personnage flamboyant, qui avait l'ironie, la liberté blasphématoire, l'audace fanfaronne de tous ces gens qui bafouaient allégrement les choses saintes, affichaient un matérialisme agressif, publiaient des poésies à scandale et « se vautraient dans l'orgie ». On aurait pu croire qu'il mourrait d'un coup d'épée, mais pas du tout, une poutre lui tomba sur la tête. Deux ans après, paraissait *L'Autre Monde, ou les États et Empires de la Lune* (1657). C'était une raillerie féroce et amusée du Dieu chrétien, qui joue avec l'humanité « à cligne-musette et à coucou-le-voilà », de l'immortalité de l'âme, du péché originel, des anges et de bien d'autres choses encore. Dans un passage justement célèbre, Cyrano pose la question cruciale de la souffrance du chou. Ne pas oser couper un chou de peur de le blesser, cela peut sembler tout à fait ridicule, mais pas aux habitants de la Lune. « De dire que Dieu a plus aimé l'homme que le chou, disent-ils, c'est que nous nous chatouillons pour nous faire rire : étant incapable de passion, il ne saurait ni haïr ni aimer personne, et s'il était susceptible d'amour il aurait plutôt des tendresses pour ce chou que vous tenez, qui ne saurait l'offenser, que pour cet homme dont il a déjà devant les yeux les injures qu'il lui doit faire et qui voudrait le détruire s'il le pouvait. » Dieu est plus près du chou que nous, il vaut donc mieux réfléchir à deux fois avant d'anéantir froidement l'âme du chou.

Don José

Qu'on ne croie pas, d'ailleurs, aux élucubrations ou aux fantaisies d'un esprit paradoxal et iconoclaste. Car le chou souffre bel et bien. Don José Carmen, paysan du nord-est mexicain en est intimement persuadé. Il a trouvé une solution originale pour résoudre le problème de la faim : en parlant à ses choux, il obtient des variétés de 45 kilos, des choux monstrueux, mais qui avaient manifestement besoin d'amour. Car don José se courbe sur ses jeunes choux et touche du bout des doigts les premières grandes feuilles qui commencent à se détacher, il revient plusieurs fois par jour pour les écouter et quelquefois c'est le soir qu'elles ont soif : « Je ne sais pas comment, dit-il, mais elles arrivent à me le transmettre. Je ressens très fort qu'elles ont soif. » Des ingénieurs agronomes sont venus considérer les faits, ils ont analysé la terre volcanique qu'ils estimaient à l'origine de ces résultats : ils n'ont rien trouvé. C'est tout simplement que don José avait appris à connaître le moment exact où son chou avait soif et à l'aider quand il avait le moral à zéro. Il a commencé ses recherches en 1969, ses

premières cultures miraculeuses datent de 1973. Ce n'est pas de trop pour bien connaître le chou. Et pour ceux qui douteraient encore, je signalerai qu'en 1983, on assista aux États-Unis à une ruée sans précédent, de parents comme d'enfants, sur de singulières poupées, dites *Cabbage Patch* (Carré de choux). Elles avaient surtout ceci de singulier que leur fabrication était électroniquement programmée. Elles avaient donc toutes le privilège d'être uniques (car on jouait sur la couleur de la peau, celle des yeux, la forme et la couleur des cheveux, les fossettes, la grosseur des joues et le sexe) et surtout elles étaient délivrées avec un bulletin de naissance spécifiant le nom, la date et le lieu de naissance, ainsi qu'un certificat d'adoption. Mais on ne trouvait qu'un garçon pour deux filles et un Noir pour trois Blancs. Les collectionneurs s'arrachaient donc ces raretés. Comme quoi, si le chou souffre, on souffre aussi manifestement du chou.
Un proverbe utile, pour conclure :

« En juin, juillet et août,
Ni femmes, ni choux. »

Le citron
des vanités

Le citron est un ak.
Un ak *n'est pas un monstre, une greffe contre nature de loup et de vipère, une guêpe particulièrement meurtrière ou une variété de bouquetin du Tibet. C'est tout simplement une racine indo-européenne. Et les racines ne mentent jamais. Bref, un* ak, *comme l'oseille, la griotte ou l'agrume est un acerbe, un aigre, un piquant. Ce qu'est précisément le citron. Le kumquat, la bigarade, le pamplemousse, le cédrat ou la bergamote aussi. C'est une famille prolifique, royale et d'essence divine, comme les dynasties égyptiennes, ce qui a sans doute permis toutes sortes de mariages aussi consanguins qu'incestueux et parfaitement réussis, ainsi qu'il convient dans ces milieux. La seule différence entre les tranches d'agrumes et les dynasties égyptiennes, c'est que les premières sont des poils devenus pulpeux. Pas les secondes.*

Acide

Le citron est un fruit jaune. Et le jaune, depuis au moins le XIIe siècle, et surtout à la fin du Moyen Age, est la couleur des traîtres et de l'infamie. Tout simplement parce qu'on a vu l'irruption massive et soudaine de l'or : le Moyen Age finissant fut même une civilisation de l'or et de l'azur, à l'image des armoiries du roi de France. L'or, c'est le jaune parfait, matière et lumière. Tous les autres jaunes ne sont que des contrefaçons. Des mauvais jaunes. Que ce soit le jaune orangé, le jaune feu, autrement dit le *roux*, comme la chevelure de Judas, ou son contraire, le jaune qui tend à devenir vert, le jaune acide, le *jaune citron*. Ce jaune-vert était même pire que tout : c'était la couleur de la bile, celle du soufre et de la folie. C'est pourquoi, dans le folklore religieux catalan, on dit que le citron est né du diable : « Dès que Notre-Seigneur eut créé l'orange, le diable fit le citron. Mais il ne réussit pas à le faire aussi rond et aussi parfait que l'orange, et de ses mains sortit un fruit difforme avec, sur le dessus, un téton que, malgré tous ses efforts, il ne parvint pas à arrondir et à faire rentrer dans le corps du citron. Celui-ci est âpre et amer, en bonne œuvre du diable qu'il est. » Ce qui donne à cet « acide congelé qui coule des hémisphères d'une étoile », comme le dit Neruda, un certain charme canaille. Neruda aimait beaucoup le citron, comme il aimait tout ce qui était vaguement rond. « Quand ta main, écrit-il dans ses *Odes élémentaires*, empoigne l'hémisphère du citron coupé, sur ton assiette, c'est un univers d'or que tu as renversé, une coupe jaune de miracles, l'un des tétins odorants de la poitrine de la terre, le rayon de la lumière fait fruit, le minuscule feu d'une planète. » Le diable eut bien raison de créer le citron.

Suce-le

Francis Amunategui est aussi de cet avis. « A côté de l'orange », dit-il dans *Le Plaisir des mets* (1964), belle sans doute, mais avec un rien de vulgarité, attirante danseuse d'un faubourg de Séville, le citron fait penser à un prince du Nord, inaccessible, hautain, somptueux et muet. Là, les castagnettes obsédantes, ici la harpe virginale. » Je ne suis pas sûr que le citron soit aussi virginal qu'il le prétend, mais il est différent, assurément, et même étrangement attiré par la mort. Originaire des contreforts du Cachemire, il ne pénétra en Chine par la province de Kouang-tong (Canton) que vers 1900 avant notre ère. On lui donna à cette occasion le nom de *limung*. Puis il gagna la Mésopotamie et la Médie, et si Cyrus le Grand battit Astyage, roi des Mèdes, pour annexer son empire à la Perse, il ne fait aucun doute que ce fut aussi pour rafler ses citrons, à la saveur si rafraîchissante, qu'on appelait alors *pommes médiques* ou *assy-*

riennes, et qu'on adoucissait avec du miel. Il ne semble pas que les Grecs l'aient cultivé et il ne fit son apparition dans les jardins romains qu'au IVᵉ siècle après J.-C., grâce à Palladius. Mais on le connaissait et Virgile en parle déjà, dans les *Géorgiques*, pour son pouvoir de préserver des enchantements. « Il existe, dit-il, en Médie une pomme acide à la persistante saveur, un fruit merveilleux, d'un secours sans rival, quand de cruelles marâtres ont empoisonné un breuvage, mêlant ensemble les herbes et les paroles mortelles : *suce-le, tu seras guéri.* »

Eponge

Le citron protégeait donc de tous les maléfices, en particulier des piqûres d'aspic, de l'humeur mélancolique et des mauvaises mères. Seulement voilà, une question tourmenta la société : le citron gâtait-il le sperme ? Amatus Lusitanus, en 1620, le croyait et recommandait pour cette raison d'en user avec prudence, car il rendait les hommes inaptes à procréer. On sait bien que le citron gâte le lait en le faisant cailler : à Haïti, on dit même *être comme lait et citron* de personnes ou de partis dont l'inimitié est irrémédiable. Mais le sperme ? Casanova, véritable athlète du sexe, qui considérait que la continence rend malade et qui paya ses exploits de onze attaques de vérole, avait l'habitude d'utiliser, outre une « gaine protectrice », un diaphragme contraceptif fait d'une moitié de citron : l'acide citrique agissant comme spermicide. Ce qui, après tout, valait bien l'éponge imbibée dans de l'eau et « mélangée de quelques gouttes d'eau-de-vie », dont parle Mirabeau dans *Le Libertin de qualité* : « On l'introduit exactement à l'entrée de la matrice, afin de la boucher, et quand bien même les esprits subtils de la semence passeraient par les pores de l'éponge, la liqueur étrangère qui s'y trouve, mêlée avec eux, en détruit la puissance et la nature. » Mais le citron avait aussi pour avantage de simuler la virginité, en tout cas un vagin très serré (ce qui flatte toujours le pénis, qui s'engage ainsi dans un détroit plus résistant) : les ablutions à l'eau citronnée provoquant une contraction des parois vaginales, ce qu'au siècle dernier, on appelait un *pucelage au citron.* D'ailleurs, depuis toujours, en Orient on conseille aux femmes de rétrécir leur « mère originelle » avec de l'alun, car on considère que seul un vagin étroit est un grand bonheur pour les hommes. Mais naturellement, si on veut *rempuceler* une jeune fille, il convient de reconstituer l'hymen fracturé, par la suture chirurgicale des bourrelets restants. Cette façon de coudre ou d'ourler l'hymen est même une obsession de certaines femmes musulmanes de notre temps.

Lèvres

Le citron, qu'on recommande pour lotionner les peaux grasses, conserver les mains douces, supprimer les ongles cassants, garder ses dents blanches et, accessoirement, attaché en rondelle au cul de l'artichaut cuit à l'eau, pour l'empêcher de noircir, permettait aussi d'autres artifices féminins : il servait au grand siècle à communiquer au teint une merveilleuse pâleur, et si on le suçait à même, à faire affluer le sang sur la bouche. C'est ainsi que souvent, on voyait une jeune fille tenant à la main un citron doux dans lequel elle mordait de temps à autre pour garder ses lèvres vermeilles. Mais peut-être certaines d'entre elles abusèrent-elles du citron, ou firent-elles monter trop de sang sur leurs lèvres. En tout cas, une fille Barbier, dit Tallemant des Réaux, dans ses *Historiettes*, « qui pensait également que pour être belle, il fallait être pâle, mangea tant de citrons qu'elle en mourut ». On peut rappeler aussi la rumeur qui courut à la mort de Gabrielle d'Estrées, la « tant décriée bagasse », suite au citron qu'elle aurait sucé, alors qu'elle était enceinte, en soupant chez Zamet. Le lendemain, elle éprouva les douleurs de l'enfantement et fut saisie de convulsions terribles. Finalement, on arracha à la malheureuse un enfant « à pièces et à lopins » et l'éclampsie fit sur elle son œuvre épouvantable. Ce n'est donc peut-être pas sans raison qu'on vit dans le citron autant une « essence de benjoin » (comme le disent les marchands du Caire) qu'une « épluchure méprisable » (Queneau, dans *Le Chiendent*).

Ci & Cu

On sait que, depuis au moins un siècle, les gens ont pris la détestable habitude de *se lécher le citron*, et même de *se le presser*, de *se le creuser* et de *se le casser.* Car le citron s'inscrit dans une série de mots comme citrouille, cigare ou ciboulot, qui ont tous en commun de commencer par *ci* et de désigner la tête ou le crâne. La seule curiosité du lot, c'est ciboulot, qui vient de ciboule, plante comme on sait voisine de l'oignon, et dont on utilise comme condiment les feuilles finement hachées. Or, on s'attendrait que le ciboulot désigne plutôt le postérieur, comme les autres noms de légumes de la même espèce, l'échalote ou l'oignon. Le tragique du ciboulot, c'est donc d'avoir une existence écartelée entre le citron et l'oignon, le *ci* et le *cu.* Ce qui n'est certainement pas facile à vivre. Aucune ambiguïté en revanche pour le citron. Le citron n'est pas un cul, c'est un crâne humain. Comme le confirme Jehan Rictus (dans *Le Cœur populaire*) : « Sautez, dansez, nos p'tit's cervelles, / Giclez, jutez, nos p'tits citrons. »

Je l'aurais volontiers rangé, aux côtés de la génisse, de la violette, de la pierre ponce et du sable, sous le signe du Scorpion, quoique Max Jacob, dans son *Miroir d'astrologie,* me donne tort, puisqu'il associe le citron au signe mystique des Poissons. Mais cela n'empêche rien, bien entendu. Maimonide explique ainsi l'interdiction pour les juifs d'utiliser les citrons des arbres greffés par le souci d'éviter les pratiques orgastiques qui accompagnent nécessairement, chez les peuples voisins, les greffes, fantastiques et contre nature, entre diverses espèces végétales. Si on greffait, par exemple, une branche de citronnier sur un laurier ou un olivier, on arrivait à produire des citrons très petits comme des olives. Mais la greffe ne pouvait réussir que si elle était effectuée rituellement à une certaine conjonction de la lune et du soleil. La branche à greffer devait alors se trouver dans la main d'une très belle jeune fille, tandis qu'un homme devait avoir avec elle des rapports sexuels *contre nature,* et c'est pendant le coït que la jeune fille greffait la branche contre l'arbre. Comme s'il y avait là une sorte de transition magique entre les deux coïts. Nul doute que certains en profitèrent.

Jusqu'au sang

La beauté de Joseph, comme on sait, était unique. Elle venait de ce que Dieu, après avoir créé l'univers, avait fait dix parts égales de beauté et en avait donné neuf à Joseph. La Bible raconte ainsi qu'un jour des femmes de la haute société égyptienne se réunirent dans la maison de Putiphar. On leur offrit des citrons, que les femmes pelèrent avec des couteaux. Soudain entra Joseph, et toutes les femmes présentes, émues et éblouies de tant de splendeurs accumulées, se coupèrent la main jusqu'au sang. Ce qu'il faut envisager comme un hommage. Mais naturellement, ce n'est pas toujours le cas. Dans un récit de Paul Bowles et Mohamed Mrabet, intitulé *Le Citron* (1985), le fruit dissimule une lame de rasoir, qu'Abdeslam dirige contre la joue de Bechir. Tout simplement parce que Bechir a embrassé Abdeslam sur la bouche devant ses amis et qu'à présent tous croient qu'il est sa femme. « Abdeslam abaissa vers la joue de Bechir le citron qui ouvrit sa chair, de l'oreille à la bouche, en deux longues estafilades. Et Bechir, plus ramassé encore sur lui-même à présent, avait pris son visage dans les mains. Abdeslam lui envoya de toutes ses forces un coup de pied dans les reins. Il se tordit et tomba comme une masse. » Il ne fallut pas longtemps pour qu'on oublie le nom d'Abdeslam et qu'on l'appelle le Citron.

Kuchiuk

On raconte que les veuves qui s'immolaient, en Inde, sur les bûchers du Gange, pour montrer qu'elles étaient inconsolables, tenaient des citrons dans leurs mains. Le citron ne privait donc pas de la mort, il semblait la rendre plus suave. C'est pourquoi, peut-être, on retrouve invariablement une rondelle de citron dans les *Vanités*, comme dans cette *Nature morte avec coupe Nautilus* de William Kalf, en 1660. Ces natures mortes qui présentaient, surtout dans la peinture du XVIIe siècle, les emblèmes frivoles de la mort disaient qu'il n'est jamais vain de peindre la vanité des choses, fût-ce dans la spirale d'une coquille d'escargot, les mots d'un livre écorné, les épluchures du citron ou le bleu d'un ciel orageux. Qu'il y avait même peut-être un attrait singulier à songer ainsi à la mort devant ces détails de la beauté sensible. Ce que prouverait, à sa façon, Flaubert, quand il raconte, dans ses *Lettres d'Égypte* à Louise Colet, ses nuits avec Kuchiuk et Saphia Zougairah : « Je m'amusais, dit-il, à tuer sur les murs les punaises qui marchaient et ça faisait sur ce mur blanchi de longues arabesques rouge-noir. » Louise Colet en fut effarée. Flaubert dégradait tout. Aussi ajouta-t-il, dans la lettre suivante : « Cela me rappelle Jaffa, où, en entrant, je humais à la fois l'odeur des citronniers et celle des cadavres : le cimetière défoncé laissait voir les squelettes à demi pourris, tandis que les arbustes verts balançaient au-dessus de nos têtes leurs fruits dorés. Ne sens-tu pas comme cette poésie est complète, et que c'est la grande synthèse ? »

Mais Louise Colet ne sentait rien de ce genre.

Elle trouvait surtout le citron de Flaubert beaucoup trop sarcastique.

Cœur de citrouille

Pour désigner les courges autant que les ventouses qu'on faisait avec, les Romains utilisaient le mot Cucurbita, *c'est-à-dire les Recourbées. Car les courges ne s'enfoncent pas dans le sol, pas plus qu'elles ne se dressent au-dessus : elles rampent. Voluptueusement. Originaires du continent américain, où l'on trouve trace de courges au Pérou 1200 ans avant notre ère, les* Cucurbita *n'ont mené depuis lors qu'une existence de larves ravies. Comme si elles n'avaient jamais eu d'autre destin que de s'enfler démesurément, se prélasser de tous leurs membres et courir la prétentaine. Mais les Romains, qui n'étaient pas excessivement sentimentaux, peu sensibles apparemment à des charmes si développés, préféraient les déguster avec du miel, ce qui tempérait leurs ragoûts incendiaires et leurs sauces véhémentes.*

Le sexe atomique

Le domaine de Balandran, près de Nîmes, est une arche de Noé végétale qui présente des créatures inédites, des espèces mutantes, qu'on serait bien en peine de rattacher à quoi que ce soit de connu : arbres à tomates de deux mètres de haut, raisins translucides comme le cristal, courges *butternut* aux formes de poire, concombres porte-cornes, maïs bleu, aubergines coquille d'œuf ou bettes à cardes rouges, c'est moins semble-t-il de l'agriculture que de la chirurgie plastique. Rien de tel, évidemment, dans le potager des courges, qui propose des

variétés toutes rampantes certes, mais dont les reliefs impressionnants n'en sont pas moins très attractifs. L'indécence ainsi envisagée est parfois l'aveu d'une grande vertu. Parmi les plus volumineuses de ces créatures, citons la citrouille romaine, qui est hélas un fruit très déprimé, ou la mammouth, qui a quelque chose d'apoplectique, tant il y a chez elle de colère et de vigueur, au point qu'elle se fendille comme une terre assoiffée.
Les giraumons, dits encore citrouilles iroquoises, sont en forme de turban ou de coiffe turque : c'est assez dépaysant de voir ainsi une calotte hémisphérique sur un fruit plat. La courge de Naples, au goût musqué, ressemblerait davantage à une boîte à violon, et la courge du Canada, à une grosse figue vert foncé, au cou tordu. Quant au pâtisson, dont le nom provençal désigne le pâté, son écorce très lisse prend toutes les couleurs du champignon, du jaune beurre à l'orange mûre, du faiblement marbré au blanc crémeux. C'est un fruit extrêmement déprimé, qui est un peu comme le poulpe, mais au lieu d'avoir un pourtour arrondi, il présente cinq ou six excroissances de chair, des dents obtuses ou des tentacules divergents, bref c'est une espèce étrange de fruit-animal, une variété primitive sans doute, à la chair ferme, peu sucrée et farineuse. Le pâtisson, comme la citrouille, appartient à la série des *Cucurbita Pepo* (alors que le potiron est une *Cucurbita Maxima)*, et Tertullien remarquait déjà fort justement que certains hommes avaient un Pepo à la place du cœur : ce qui est bien la pire des choses, en effet.

Gratin

Naturellement, il y a aussi la petite courge. Que ce soit le courgeron, en usage en Suisse depuis le siècle dernier (les courgerons de Genève sont réputés) ou encore la courgette, encore plus récente, puisqu'elle s'est longtemps cantonnée dans la cuisine méditerranéenne, et n'a franchi la Loire que dans les années 30. Originaire du Mexique, la courgette est une variété de courge de forme allongée, à peau brillante, qui se consomme jeune. Si l'on n'aime pas saisir le fruit jeune, on ne mange pas de courgettes. Enfin, sa taille idéale varie quand même de 15 à 25 centimètres. Sa chair est ferme, mais pleine d'eau. Certains la jugent molle, insipide et dénuée de caractère. La courgette, c'est vrai, est un fruit hésitant, délicat, qui ne sait pas très bien s'il tient réellement à grandir comme toutes les autres *Cucurbita*, ou à s'ouvrir en deux et à laisser prélever sa chair avec une petite cuiller, pour enrichir une merveilleuse farce à base de riz, de chair de mouton, d'oignon, de fenouil et d'ail. Car la courgette, qu'elle soit Grisette de Provence ou Reine des Noires, appartient au fond à la brigade des lorettes de la Belle Époque. « Cette faune m'ensorcelle », écrit Patrick Grainville. « J'entends des rires, des jacasseries de perruches et de mésanges, volière en joie, biches trottinant. Ces petites lingères, filles d'usine, Mélusine frileuses et fleurettes, déroulent des guirlandes de pétulantes souris, des escouades en liesse. » Rien de moins mélancolique donc que la courgette.

Mais c'est une coureuse. Enfin, pas toujours : certaines variétés, comme la courge blanche de Virginie, sont plus sages. Trop jeune encore, la courgette est insouciante ou trop rêveuse, ne sachant pas, attendant, promettant, espérant. Espérant quoi ? Peut-être tout bonnement un gratin. Car le gratin, dit-on, trouve dans la courgette son accomplissement. Or, qu'est-ce qu'un gratin, sinon ce qui est gratté ? C'est-à-dire ce qui reste pris au fond du plat, un peu brûlé, un peu durci, qu'il faut racler pour parvenir à le détacher. Et puis, vers 1830, le gratin a surnagé, il a désigné la croûte dorée sortie du four, la *gratinée*, comme on dit de la soupe à l'oignon, ou encore la *croûte au fromage* (en Suisse). Mais avant de se laisser gratiner, puis d'être servie sous les micocouliers, la courgette à la chair tendre et moelleuse s'interroge : est-il temps déjà ? Elle est là comme un beurre, comme un satin, merveilleuse indécise, prête à tout, à toutes les façons, à la créole, à la grecque, à l'indienne, glacée ou brûlante, et même en ratatouille. Mais, bien sûr, la courgette n'hésite jamais très longtemps. Elle donne d'elle le meilleur, jusqu'à sa fleur, grande et d'un beau jaune lumineux, qui se porte sur les salades ou au revers de la boutonnière. Prenez garde toutefois, la courgette est parfois munie de tout petits poils légèrement piquants, qui peuvent surprendre même les plus avertis.

Croupe

Quelle est la différence entre le potiron et la citrouille ? Le premier est une *Maxima*, la seconde un *Pepo*, comme on a vu. Mais encore ? Eh bien, la citrouille est tout juste bonne à donner aux bêtes. Bien qu'en fait, aujourd'hui, on prenne souvent l'une pour l'autre, et que le nom de citrouille serve parfois en cuisine (et pas seulement dans les *Contes de ma mère l'Oye*) à désigner le potiron. Pourquoi cette confusion ? Mais parce que la citrouille a je ne sais quoi de merveilleux que n'a pas du tout le potiron. La citrouille nous enchante. Et pourtant, le potiron est plus imposant, puisqu'il fournit les plus gros fruits de la création (certains peuvent atteindre le quintal), et surtout sa chair est beaucoup plus sucrée et délicate, mais peut-être est-ce son nom qui rebute. Tantôt on le considère comme une création vulgaire tirée d'un des noms du crapaud (le *poteron,* ou *potron,* comme on dit dans le Berry), tantôt on n'y voit rien d'autre qu'un *poistron,* c'est-à-dire un postérieur, et pour parler franchement un gros cul, tantôt enfin on en fait un pot enflé et rond, agrémenté d'un suffixe analogique à celui de laideron. Vous comprendrez que la citrouille n'a pas de mal à paraître jolie. Car elle est comme le citron, elle est jaune, lumineuse, solaire. C'est une croupe solaire. Furetière a beau dire qu'on « appelle figurément une femme dont la taille est grosse et mal faite, une grosse citrouille », que les femmes-citrouilles sont « épaisses, grossières et ridicules », c'est un fruit qui est l'emblème de la prospérité, parce qu'il est rempli d'innombrables pépins, présages d'une vaste descendance : ce qu'on aime précisément dans la citrouille, c'est son tour de reins. Alors que le potiron rond paraît injustement stérile.

Tétons liquides

En fait de rondeurs, il n'y a guère que Zola pour avoir considéré, dans *La Faute de l'abbé Mouret,* que les citrouilles étaient « pareilles à des lunes tombées ». Fort heureusement, Flaubert y vit l'apothéose du sein. Certains sondages donnent du sein

une vision morose. Ils disent, par exemple, que les Françaises seraient soixante-neuf pour cent à préférer les seins en pommes et vingt-sept pour cent en poires. Une infime minorité d'entre elles semblerait choisir plutôt les seins en obus. Mais tout cela ne donne pas beaucoup de vie ni d'envergure au sein. Car il y a un sein fruitier autrement plus affable, expansif, appétissant, caméléon et coloré que la triste sphère ou la pauvre gourde. Il y a des seins inconnus. Des seins inédits. Comme le sein-cantaloup, le sein-ananas ou le sein-citrouille précisément. Donc, Flaubert qui ne dédaignait pas « se débarbouiller à son heure avec un peu de fange », comme dit Jules Renard, dans l'*Écornifleur*, écrit d'Égypte à son ami Louis Bouilhet, en 1850, une première lettre : « J'ai pris, le lendemain de mon arrivée, un bain de mer dans la mer Rouge. Ça a été un des plaisirs les plus voluptueux de ma vie, je me suis roulé dans les flots comme sur mille tétons liquides qui m'auraient parcouru tout le corps. »
Ce n'était qu'une étape dans cette illumination du sein. Car Flaubert avoue, quelques mois plus tard (le 10 février 1851, à Patras), avoir découvert, parmi les morceaux de sculpture que l'on a trouvés dans l'Acropole, un petit bas-relief représentant une femme qui rattache sa chaussure et un tronçon de torse : « Il ne reste plus que les deux seins depuis la naissance du cou jusqu'au-dessus du nombril. L'un des seins est voilé, l'autre découvert. Quels tétons ! nom de Dieu ! quel téton ! » S'ensuit un morceau d'anthologie sur les « espèces de tétons différents », où l'on peut voir que Flaubert aime surtout le téton quand il peut le tâter comme un maquignon. En fait, Flaubert a le sein cochon. Mais, après tout, comme le dit sournoisement Edmond de Goncourt, peut-être Flaubert est-il un *faux cochon*, se disant cochon et affectant de l'être, pour être à la hauteur des cochons vrais et sincères que sont ses amis Tourgueniev, Daudet ou Goncourt lui-même. Bref, parmi tous ces tétons (je résume), il y a celui qui est créé pour les conducteurs de diligence, le gros et franc téton rond que l'on retire de dedans un tricot gris, où il se tient là bien chaudement gaillard et dur. Il y a le téton du boulevard, lassé, mollasse et tiède, ballottant dans la crinoline, téton que l'on montre aux bougies, qui

apparaît entre le noir du satin, sur lequel on frotte sa pine, et qui disparaît bientôt.
Il y a des deux tiers de téton vus à la clarté des lustres, au bord des loges de théâtres, tétons blancs et dont l'arc semble démesuré comme le désir qu'ils vous envoient. Ils sentent bon ceux-là, ils chauffent la joue et font battre le cœur. Sur la splendeur de leur peau reluit l'orgueil, ils sont riches et semblent vous dire avec dédain : « Branle-toi, pauvre bougre, branle-toi, branle-toi. » Il y a encore le téton mamelle, pointu, orgiaque, canaille, fait comme une gourde de jardinier à mettre des graines, mince de base, allongé, gros du bout. C'est celui de la femme qu'on baise en levrette, toute nue, devant une vieille psyché en acajou plaqué. Il y a le téton desséché de la négresse qui pend comme un sac. Il est sec comme le désert et vide comme lui. Il y a le téton de la jeune fille qui arrive de son pays, ni pomme, ni poire, mais gentil, convenable, fait pour inspirer des désirs et comme un téton doit être. Il y a enfin le téton citrouille, le téton formidable salopier, qui donne envie de chier dessus. C'est celui que désire l'homme, lorsqu'il dit à la maquerelle : « Donnez-moi une femme qui a de gros tétons. » C'est celui-là (conclut Flaubert) « qui plaît à un cochon comme moi, et j'ose dire, comme nous ».
On est loin, comme on voit, des *lunes tombées* de Zola.

Cucu

« Ne plante pas de citrouille dans le jardin du chauve », dit un proverbe turc (enfin, un proverbe d'Alexandre Vialatte). Car c'est au moins un des mérites de la cucurbitacée : quand elle ne rend pas cochon, elle fait rigoler. « C'est une cucurbitacée / Qu'a des côtes / Qu'a des côtes / C'est une cucurbitacée / Qu'a des côtes / Sur les côtés », chantait déjà Dranem, comique troupier des Années Folles, auteur mémorable de la *Marche des Andouilles*, de *Ah ! les p'tits pois*, de *Pétronille, tu sens la menthe* ou du *Trou d'mon quai.* Mais qu'est-ce qui fait ainsi rigoler dans les cucurbitacées ? Eh bien, c'est tout simplement le *cucu.* On ne sait pas exactement ce que c'est que ce *cucu,* mais les Précieuses s'en alarmaient déjà sous Louis XIII. Car elles songeaient très sérieusement à supprimer les syllabes déshonnêtes de la langue. Curé n'est pas gracieux, concombre est malsonnant, heureusement cucurbitacée n'est pas d'un usage courant. Bref, remarque Denis Slakta, un petit entraînement suffirait à rendre présentables les vocables les plus repoussants : *malade des testi, M. le ré mange un bre.* Dieu merci, mange reste intact. On pourrait, au demeurant, étendre cette mesure à tous les mots commençant par *c*, car le *c*, disait Michel Leiris, a la concavité des cavernes, des conques ou des coquilles d'œuf prêtes à être brisées. Ce qui peut déplaire aussi. Resterait alors le cas particulier des *cucurlionites*, dont parle Alexandre Vialatte (dans son *Almanach des quatre saisons).* Car aucun dictionnaire n'atteste l'existence des cucurlionites. Rien à voir avec les cucurbites, ni du reste avec les cuculionidés, famille d'insectes coléoptères vulgairement appelés charançons. Alors ? Si l'on a bien compris, les cucurlionites seraient le *boudiné.* Ce qu'Andréa de Nerciat, au XVIIIe siècle, appelait les « rondeurs et potelures ». En tout cas, selon Vialatte, il faut les détruire sauvagement. Alors que la graisse, dit-il, fournit chez la femme la douceur des raccords et cette « morbidesse » du modelé qui séduit tant chez les madones de Raphaël, rien n'est plus pernicieux pour sa beauté que les ravages de ces cucurlionites qui privent les produit farineux de leurs effets les plus calligènes. Bref, la femme-cucurlionite, qui est le contraire de la femme-salière, ne fait pas rigoler du tout. Elle fait peur. Car autant l'une a trop de trous, autant l'autre a trop de bosses. Il faut donc se méfier du *cucu,* surtout quand il s'épanouit en architectures aussi biscornues que certaines cucurbites.

Ninon

Comment le comte de Sévigné dégringola-t-il lamentablement dans le cœur de Ninon de Lenclos, courtisane célèbre pour avoir réussi, en l'espace simplement de vingt ans, à remplir son carnet de bal des noms de 4 959 hommes, dont 439 étaient des ecclésiastiques ? On ne sait pas trop. « Parlons un peu de votre frère », écrit la marquise de Sévigné à sa fille, le 15 mars 1671, « il a eu son congé de Ninon. Elle s'est lassée d'aimer sans être aimée. Elle a redemandé ses lettres, on les lui a rendues. J'ai été fort aise de cette séparation. » Et un peu plus loin : « Ninon disait l'autre jour à mon fils qu'il était une vraie citrouille fricassée dans la neige. Vous voyez ce que c'est que de voir bonne compagnie ; on apprend mille gentillesses. » Selon Ninon, Charles de Sévigné manquerait donc de tempérament. Ce qu'au demeurant sa mère n'est pas loin de croire elle-même. « Charles, dit-elle le 22 avril, est d'une faiblesse à faire mal au cœur ; il est tout ce qui plaît aux autres. Ninon l'a quitté. Il était malheureux quand elle l'aimait, il est au désespoir de n'en être plus aimé, et d'autant plus qu'elle n'en parle pas avec beaucoup d'estime : "C'est une âme de bouillie, dit-elle, c'est un cœur de papier mouillé, un cœur de citrouille fricassé dans de la neige." M. de la Rochefoucauld approuva ce que je lui dis l'autre jour, que mon fils n'était point fou par la tête ; c'est par le cœur. Ses sentiments sont tout vrais, sont tout faux, sont tout froids, sont tout brûlants, sont tout fripons, sont tout sincères ; enfin son cœur est fou. » Bref, Charles a beau montrer beaucoup d'esprit, il a manifestement deux traits caractéristiques de la citrouille : il est froid (la semence de citrouille est une des quatre semences froides majeures) et il est venteux.

Olisbos

« Ce n'est point un mets à dédaigner », disait des courges le *Grand Dictionnaire des sciences naturelles,* au XVIIIe siècle, « même pour ceux qui cherchent plus à satisfaire la sensualité que le besoin. » Sensuelles, ces cucurbitacées ? De qui se moque-t-on ? Car leurs principes sont bien plutôt de réprimer les ardeurs de la chair que de les encourager. Mis à part chez les canards, évidemment, que ces graines parviennent à enivrer. En fait de libertinage, la courge n'a jamais servi que de subterfuge, d'accessoire ou d'instrument à la volonté défaillante : ce qu'on appelait chez les Grecs l'*olisbos,* le pénis artificiel. Usage fort peu gratifiant, on en conviendra, qu'on trouve pourtant mentionné dans le *Kâma sûtra,* où il est dit, fort justement, que si l'on est incapable de satisfaire une femme passionnée, il faut utiliser des techniques. Selon les Bâbhravya, les olisbos faits d'étain ou de plomb sont doux lors de la pénétration, ils font l'effet d'un sperme frais et ont une rugosité agréable. Toutefois, selon Vâtsyâyana, ceux en bois sont les plus recherchés. En l'absence de telles armes, on peut toujours utiliser une courge creuse, ou un bambou humidifié avec de l'huile ou un onguent, ou encore un bâton de bois de citronnier poli. Certains font même un chapelet de petites boules de bois, de la taille d'un fruit d'Amalaka, pour en entourer la verge et pratiquer le coït. Mais évidemment l'homme n'éprouve aucune sensation dans ces façons de faire, qui sont réservées aux impuissants et aux eunuques.

Vanité

N'aurait-on donc rien à attendre d'elle ? La courge serait-elle définitivement vouée aux femmes « sexuellement agressives », aux cœurs mous et aux canards ? Eh bien, pas du tout. Car on en fit un éloge inattendu et inespéré, au XVIe siècle, dans un grand poème macaronique de l'Italien Folengo, qui ne compte pas moins de vingt-cinq livres et quinze mille vers, et s'intitule le *Baldus.* Flanqué de divers compagnons comme le géant Fracasse, le farceur Cingar et le bouffon Boccalo, Baldus, descendant de Renaud de Montauban, petit-fils de Charlemagne, est une sorte de chevalier errant, qui court terres et mers, affronte monstres et merveilles, pour finalement descendre aux Enfers et aboutir dans une citrouille. Sur quoi, du reste, l'histoire s'interrompt. Aux Enfers, tout ce joli monde rencontre un drôle de zozo, « fol tout à fait, car il chevauchait une longue canne, comme font tous les enfants », qui saute, qui agite ses clochettes, qui commence à danser et qui s'appelle Merlin Cocaie. Et c'est ce Merlin Cocaie qui emmène la troupe dans l'univers de l'incongru, de l'innocence et de la divagation, autrement dit dans une citrouille. Autrefois, dit Folengo, la citrouille était mangeable, elle aurait même pu « fournir d'une bonne repue à tout le monde », mais à présent elle est creuse, légère et pleine de vide. Merlin Cocaie y pénètre donc, et eux derrière lui, absorbés à jamais dans le vide suprême du légume, se confondant avec ce qu'ils ont toujours aimé : la mangeaille, et toujours été : vains et futiles comme des créatures de fantaisie. C'est une leçon pour la citrouille.

Celle de la folie douce et de l'absolue frivolité des hommes. Dans un de ses plus beaux *Essais* (III, 9), Montaigne s'est souvenu de la chose, plaidant la cause de la vanité, revendiquant la plénitude du vide et se donnant pour maître le vent, « plus sage que nous, qui ne va nulle part, mais qui s'aime à bruire et à s'agiter ».

Voilà donc la courge gagnée par l'esprit d'enfance et le divertissement. Et qui nous dit que tout est vain, hors le plaisir que nous y prenons. Cela méritait bien un petit détour.

Peau d'ange du

coing

« Le coing, à lui seul, a concentré tous les goûts qu'aiment les hommes », lit-on dans Les Mille et Une Nuits. *« Il rappelle, subtil parfum, le vin et puis aussi un peu le musc, sa couleur est sable mélangé d'or, disque de lune dans son entier. »*
Voilà le coing.
Ce n'est pas qu'il soit beau, mais il est imposant. Ce qui, dans la vie, est toujours un atout. Originaire des bois du nord de la Perse, près de la mer Caspienne, de la région du sud du Caucase et de l'Anatolie, le coing était connu des Grecs sous le nom de pomme de Cydon, *ville de Crète qui fournissait, dit-on, la meilleure variété. Une variété en tout cas aussi acerbe et acide, à l'état frais, que celle que nous connaissons aujourd'hui. Virgile parle de fruits brillants et argentés, comme le flot ou la gelée ou encore le loup au poil cendré. Mais s'il était brillant, il était aussi difforme et plein de poils follets : car telle est la particularité du coing, il est barbu, enfin, barbu n'est pas tout à fait le terme exact, il serait plutôt duveteux, et à l'automne, quand il apparaît ainsi tout pelucheux, on sait que c'est bientôt le moment de le cueillir, que le fruit est lourd, odorant et d'un étrange jaune soufré.*

Basilic

Car le coing est jaune. Mais pas jaune comme l'ambre, plutôt comme une maladie de foie ou le teint de Mme Grandet, anciennement Mlle La Bartellière, fille d'un riche marchand de planches et de vingt ans la cadette du père Grandet, surnommé Vieux Chien. Femme sèche et maigre, dit Balzac, jaune comme un coing, « elle avait de gros os, un gros nez, un gros front, de gros yeux et offrait, au premier aspect, une vague ressemblance avec ces fruits cotonneux qui n'ont plus ni saveur ni suc ». En quoi elle s'opposait résolument à Grandet qui, lui, évoquait plutôt le basilic : « Homme de cinq pieds, trapu, carré, ayant des mollets de douze pouces de circonférence, des rotules noueuses et de larges épaules ; son visage était rond, tanné, marqué de petite vérole ; son menton était droit, ses lèvres n'offraient aucune sinuosité, et ses dents étaient blanches, ses yeux avaient l'expression calme et dévoratrice que le peuple accorde au basilic. » Lequel basilic désignait aussi bien le coup du roi (au jeu de dés), la reine des herbes et le serpent. Le coing, naturellement, ne bénéficiait pas d'une telle parenté. D'ailleurs, si le basilic a une odeur envoûtante d'anis, le coing, lui, comme dit Furetière, « jette une odeur très forte quand il est enfermé ». C'est embêtant.

Cotignac

Résumons : le coing est un gros fruit cotonneux et pierreux, qui a un peu la figure d'une poire et qui se montre si âpre et coriace qu'il demande impérativement la cuisson, et la cuisson au sucre. Columelle, agronome originaire de Cadix, donnait déjà une recette de *pommes miel*, c'est-à-dire de coings confits dans du miel, dont on attribuait gentiment la préparation aux nymphes qui l'auraient utilisée pour calmer les cris de Zeus enfant. Mais on pouvait aussi, comme Trimalcion, ancien affranchi dont les agapes frisaient toujours le ridicule, le servir lardé de clous de girofle pour lui donner l'aspect du hérisson. On en fit, bien entendu, des confitures et un *cotignac*, dont raffolait Louis XIV. Le plus célèbre, à l'époque, était celui d'Orléans. On le recommandait en particulier pour remédier à la faiblesse du ventricule et contre la gonorrhée des femmes. Cette pâte de coing, dont la tradition est aussi très ancienne en Espagne (c'est le *dulce de membrillo*), canalise donc tous les flux, serre le ventre sans le lâcher, si bien qu'elle a fini par apparaître comme une excellente nourriture de carême. Ce qui était d'autant plus curieux que le coing lui-même passait pour un fruit rabouin : comme l'orange, disait-on, s'oppose au citron (acide), le chou à la bette (insipide), le poivron au piment rouge (qui emporte la bouche), le coing s'oppose ainsi à la prune, du moins quand on le mange cru, car il devient doux et comestible une fois cuit, ce qui veut dire que le diable fait tout ce qu'il doit faire, manifestement, à la chaleur du feu infernal, si bien que beaucoup de ses œuvres sont bonnes quand elles sont chaudes, mais froides, elles restent désagréables et âpres. Bref, le cotignac était une cuisson satanique.

Rhubarbe

Cette propriété astringente du coing, qu'on retrouve dans son nom provençal de *coudon* (*avoir le coudon*, en Provence, c'était avoir le coing, autrement dit la gorge serrée), est déjà signalée par Rabelais, au *Tiers Livre*, quand Panurge interrompt le long et savant discours de maître Rondibilis, pour qui « coqüage est naturellement des apennages du mariage ». Qu'on ne croie pas pour autant qu'entre le coing et le cocu, il y ait le moindre rapport, sinon qu'ils sont jaunes tous les deux. Donc, pour calmer la logorrhée de Rondibilis, Panurge ne voit pas d'autre remède qu'un « pasté de coins », qui dit-il ferme proprement l'orifice du ventricule, à cause de quelque stypticité joyeuse qui est en eux, et aide à la concoction première. Mais peut-être ladite stypticité était-elle un peu trop violente, car Panurge fit suivre opportunément la pâte de coing d'un trait d'hypocras blanc. En tout cas, le coing calme tout, et pas seulement les discours : Dioscoride le recommande contre la dysenterie, les vomissements, les chutes du rectum, les fissures de l'anus et les pertes blanches. Sainte Hildegarde, qui a toujours la cervelle bien assise, dit que bouilli ou rôti c'est un fruit fort utile dans tous les cas où il y a lieu d'exercer sur les muqueuses une action à la fois émolliente et astringente, action que l'on peut comparer à celle d'une combinaison de gélatine et d'acide tannique : c'est donc un remède doux qui convient particulièrement pour réprimer les paniques et les flux de l'intestin. En quoi il s'oppose parfaitement à la rhubarbe : autant le coing entasse et resserre, autant la rhubarbe lâche et délivre. Comme on voit, le coing n'a pas inventé le mouvement.

Coton

C'est sans doute pour toutes ces qualités de fruit serré, parcimonieux et dru que les Grecs en firent le fruit idéal du couple. Donner un coing était alors un gage d'amour et Solon, au dire de Plutarque, le faisait même figurer dans la cérémonie du mariage, assurance de félicités multiples, mais nécessairement conjugales. Était-ce pour autant un fruit ennuyeux ? Loin de là. Car le coing évoquait certaines régions intimes du corps, particulièrement chérissables, si bien que certains tombaient amoureux de son coton, ce qui à Fribourg lui valut ce joli nom de *poire à velours*. Et le coton du corps, c'est par exemple la nappe soyeuse des joues, comme celle de Dindyme, dont Martial est manifestement éperdu : « Si légers, fluets, les poils follets de tes joues, / Qu'un rien les emporte, une haleine, une brise, / Pareils au doux coton qui orne, ô friandise, / Les coings à peine mûrs dont les fillettes jouent, / Avant de les manger, à bien lisser l'écorce. / Chaque fois que j'embrasse avec un peu de force / Ta fraîche bouche qui me donne la fièvre, / Je deviens tout barbu du duvet de tes lèvres. »

Mais le coton, c'est aussi, bien entendu, le repli duveté du jeune garçon, le nid angélique des poils pubiens, au seuil de ce que Michel Tournier appelle la « catastrophe pubertaire ». Aristophane en parle dans *Les Nuées*, faisant dire au Raisonnement Juste, qui regrettait l'éducation d'autrefois : « Aucun garçon alors ne se frottait d'huile au-dessous du nombril, de sorte que sur ses parties, la rosée et le duvet fleurissaient comme sur les coings, aucun non plus n'amollissait une voix efféminée, pour approcher son amant, en se prostituant lui-même par les yeux. » Le coton du coing, pour Aristophane, est donc plus qu'une garniture, c'est un rempart moral. C'est quelque chose d'extrêmement délicat et fugitif, c'est un point d'équilibre et d'épanouissement insurpassable, qui selon Michel Tournier *(Le Roi des aulnes)* ne se rencontre que chez le garçon de douze ans. Pour lui, le garçon de douze ans est le chef-d'œuvre de la création. « Il est heureux, sûr de lui, confiant dans l'univers qui l'entoure et qui lui paraît parfaitement ordonné. Et puis, c'est la catastrophe. Toutes les hideurs de la virilité — cette crasse velue, cette teinte cadavérique des chairs adultes, ces joues râpeuses, ce sexe d'âne démesuré, informe et puant — fondent ensemble sur le petit prince jeté à bas de son trône. Le voilà devenu un chien maigre, voûté et boutonneux, l'œil fuyant, buvant avec avidité les ordures du cinéma et du music-hall, bref un adolescent. » Inutile de dire qu'alors, le coton du coing se transforme aussitôt en moustaches de Sarrasin.

Pourrissement

A Rome, les courtisanes, qui n'avaient pas droit à la teinture brune (réservée aux matrones), se décoloraient avec de la lie de vinaigre ou du jus de coing mélangé à du jus de troène. Alexandre Dumas note que le coing servit longtemps à fabriquer la *bandoline* grâce à laquelle les coiffeurs pouvaient lisser les cheveux en bandeaux, et Colette elle-même, qui dans sa ligne de produits de beauté (qu'elle inaugura en 1932, rue de Miromesnil, à Paris) utilisait toutes sortes de *Cerises volées*, *Rouges furieux* et quelques *Hop-là !*, imagina sous le nom de *Peau d'Ange* une eau de coing aux propriétés adoucissantes et resserrantes, qui en faisait une lotion propre à raffermir la peau et les pores dilatés. Le coing est donc aussi un rempart contre l'avachissement des femmes. Mais fatalement, en dépit de si puissants principes, il finit lui-même un jour par se relâcher. On ne s'en était pas alarmé outre mesure, avant le beau film, quoiqu'un peu styptique lui aussi, de Victor Erice, *El sol del membrillo* (Le Soleil du coing), présenté à Cannes, en 1992. Après *L'Esprit de la ruche*, ce cinéaste courageux présente donc une méditation utile sur la dégénérescence des rosacées. Sujet : le 29 septembre 1990, Antonio Lopez entreprend de peindre le cognassier qu'il a autrefois planté dans son jardin de Madrid. Ou plutôt de peindre quelques événements majeurs dans la vie d'un cognassier, en pleine saison de l'arbre, entre octobre et janvier. Les fruits sont comme des globes de soleil acide, des tétons bousculés et difformes, des monstres inquiétants. Le 3 décembre, un premier coing est tombé. Et c'est la décadence sublime du coing, que Victor

Erice filme de nuit, avec une caméra automatique, enregistrant la vie dans son pourrissement progressif. Au printemps, il y aura encore à terre des amas moussus et bruns de vieux coings et, sur l'arbre, de nouveaux bourgeons déjà vigoureux et parfaitement indifférents. C'est tout, mais ce n'est pas inutile effectivement, car si Antonio Lopez n'a pas fini son tableau, si quelque chose dans la chair lunaire du coing l'a rebuté, et finalement découragé, la voisine, qui n'en perd pas une, fera de ces coings un bon cotignac. Bref, quand on voit le coing encore pendu à des arbres sans feuilles, en plein hiver, on ne peut pas ne pas en déduire que ce fruit de la petite économie, de l'épargne des sentiments, de la chair hivernale et resserrée ne se rend jamais, dans toute sa bonté, qu'en chair à confitures, dans les rissoles de janvier.
Comme un confit de vieille fille.

Ineffable
cresson

On trouve dans le cresson des variétés d'eau, aux rameaux tendres et juteux, aux petites feuilles fines, à la couleur vert sombre, aux lobes arrondis et au goût légèrement moutardé (c'est le cresson de fontaine ou de ruisseau) et puis des variétés de terre : le cresson alénois, c'est-à-dire d'Orléans, qu'on appelle encore la passerage *et qui est probablement originaire de Perse (son goût âcre et piquant l'a surtout fait rechercher comme condiment), le cresson des jardins, ou cresson des vignes, aux feuilles très luisantes, disposées en rosettes et à la saveur relevée, enfin le cresson des prés, qui en est l'espèce sauvage. Alexandre Dumas en tient résolument pour le cresson d'eau. Parce qu'il est le meilleur et très dépuratif, et qu'il est toujours amusant de voir les enfants comme les vieilles filles faire pousser ce joli gramen sur du coton mouillé. Mais les uns comme les autres sont des* Nez-tordus *: comprenez par là qu'on ne peut pas en manger sans invariablement faire la moue.*

Le cresson, dont le mot vient du francique kresso, *c'est-à-dire le Rampeur, le Grimpeur, pousse en France depuis les temps les plus reculés. Il remonte à l'époque de l'ours, du sanglier et de la châtaigne. « Cresson de fontaine, santé du corps, voilà le cresson ! » criait-on sur les marchés au Moyen Age. On faisait alors la soupe au cresson et aussi le lait de cresson, provenant de vaches spécialement alimentées au cresson, et destiné aux nourrissons. A part ça, on n'en mangeait pas du tout. Et puis, il se refit une jeunesse au* XIXe *siècle. Grâce aux cresson-*

nières artificielles, dont on avait importé l'idée d'Erfurt, capitale de haute Thuringe, en Allemagne. Il faut reconnaître que le XIXe *siècle sent le cresson. Et pas seulement le cresson, il sent la mâche, le pissenlit, il sent l'épinard, la tétragone, l'endive, le haricot vert à gousse, bref il sent l'herbe. L'herbe et la truffe. En tout cas, c'est un siècle terre à terre. Le cresson croît formidablement dès le premier Empire, d'abord dans la vallée de la Nonnette, entre Senlis et Chantilly, puis dans toute la région parisienne et en Normandie. Napoléon III fit des cures de jus de cresson. Le fameux café Riche, à l'angle de la rue Le Peletier, l'une des tables les plus chères de Paris, célèbre pour sa sole aux crevettes, ses dîners à la bougie et son linge royal, inscrivit à son menu une purée de cresson rafraîchissante. Enfin se dit Alphonse Allais, en 1904, pourquoi ne pas créer* le cresson pour tous ?

Prurit

Car en somme, écrit-il dans *Le Sourire*, qu'a-t-on fait jusqu'ici pour le peuple ? Qu'a-t-on fait pour dimuner l'âcreté du sang populaire quand reviennent les bourgeons ? A cette question, il faut bien répondre : rien. Et que devrait-on faire pour lui : tout. Or, il suffirait d'une botte par jour de cette verdure pour lui régénérer ses globules sanguins. Quel bienfait public réalisé ! Réduction des frais de police, justice, hospitalisation, plus d'impôts nouveaux, etc. Nos braves gardiens de la paix pourraient même être chargés de la cueillette et de la distribution dans les quartiers indigents. Ce qui obligerait simplement à appeler le sabre guerrier qui bat à leur côté sous le nom de coupe-chou : un *tranche-cresson*. Le pire étant bien sûr, conclut Allais, qu'Anatole France le déclare laïque et obligatoire.
Le cresson n'a donc pas pour unique perspective de faire froncer le museau, il donne aussi de l'esprit. Furetière le notait déjà : outre que le cresson est bon sous le chapon, on le conseille à ceux qui ont la cervelle endormie. « Jamais je n'eusse découvert en toute justesse le secret des célestes réalités », fait dire Aristophane à Socrate, dans *Les Nuées* (avec une ironie cruelle), « si je n'avais mis mon intellect en suspension, et amalgamé la subtilité de ma méditation à l'air qui lui est consubstantiel. Si j'étais resté au sol pour scruter d'en bas les choses d'en haut, jamais je n'eusse rien découvert. Eh non !

Car la terre draîne irrésistiblement à elle la sève de la méditation. C'est tout juste ce qui se passe pour le cresson. » Ce qui monte au nez dans le cresson, c'est donc une certaine alacrité qui facilite beaucoup l'exercice de la médisance. C'est pourquoi on raffola du cresson qui vous donnait de la repartie, sans avoir nécessairement de l'idée.
Mais une question agita longtemps les esprits, c'est de savoir si cette crucifère, à la saveur si piquante et aux feuilles légèrement sinuées, facilitait d'autres démangeaisons moins avouables. Certes, on n'en attendait pas un résultat aussi stupéfiant que celui des pastilles de l'abbé Beccarrelli. Cet abbé, dont parle Huysmans, dans *Là-bas,* abusait des deux sexes, comme tous les prêtres de son gabarit, tout en disant la messe sans s'être confessé de ses luxures. Peu à peu, il versa même dans les offices à rebours, distribuant aux assistants des pastilles aphrodisiaques qui présentaient cette particularité qu'après les avoir avalées, les hommes se croyaient changés en femmes et les femmes en hommes. On n'a jamais observé de choses de ce genre avec le cresson, mais enfin on voulait obtenir une réponse. Or la réponse n'est pas là. On ne sait toujours pas si le cresson permet plus facilement de « fringuer sur les lauriers », comme disait Mlle Sevin, la folle de la reine de Navarre. Ce qu'on sait simplement, c'est qu'il est bon pour « un peu vos cœurs écailler », c'est-à-dire pour les égayer, et non pas pour les réduire en miettes. Et Curnonsky, qui proscrit si vigoureusement la laitue préalablement à l'amour, recommande en revanche toute la gamme des scaroles, cornettes, chicorées et surtout, dit-il, *l'ineffable cresson.*

Cernes

Mais on est loin d'être d'accord à ce sujet. Dioscoride et Pline concèdent que le cresson chasse les vers, mais Pline ajoute qu'il chasse aussi l'amour. Platine de Crémone pensait à peu près la même chose, et signalait l'avantage qu'il y a pour les gens d'armes à manger du cresson, « parce qu'ils doivent être chastes en ne faisant déshonneur ni violence aux femmes ». Au siècle dernier, changement de ton : on le trouve trop échauffant, si bien, disait-on, que « le visage de ceux qui en mangent devient rouge jusqu'à devenir pourpre ». Ce qui n'empêche toutefois pas Balzac de trouver les Anglaises « toujours froides comme du cresson ». A vrai dire, on ne sait pas par quel bout le prendre. D'autant que Robert Villon, dans sa *Cuisine amoureuse et magique*, le recommande, à la vinaigrette ou à la croque au sel, *après* la nuit d'amour : « Il élimine alors, selon lui, les cernes bleuâtres, grâce à sa teneur en fer qui favorise la fixation de l'oxygène dans le sang, éliminant l'oxyde de carbone. » Ce qui résume en effet assez bien le désastre d'une nuit d'amour. Le cresson ravigoterait donc les membres flapis, ce qui est bien aimable à lui.

Varech

Qu'on le plante, qu'on le cueille, qu'on l'arrose ou même qu'on le broute, le cresson désigne en tout cas, dans les romans galants comme dans la langue des voyous, au siècle dernier, l'herbe intime des femmes. Ce qu'Alfred Delvau, en 1864, dans son *Dictionnaire érotique*, nomme tour à tout le buisson, le cresson, le fourré, la forêt humide, le gazon, l'herbier, le pré, la touffe, le verger et bien d'autres choses encore. Certains contes érotiques coréens parlent de forêt sombre, de champs de réglisse et de puits aux eaux chaudes. Pourquoi pas ? Reste que ce « tertre écartelé [qui] dure en toute saison, mignonnement touffu d'un verdoyant gazon » (René Bretonnayau, 1583), a toujours forcé le regard masculin à s'attarder quelque peu, au point que le chanoine Béroalde de Verville, chanoine de Saint-Gratien-de-Tours et auteur d'un très leste *Moyen de parvenir* (1610), observant une servante qui se chauffait sans vergogne « le petit crot à faire bon bon », écrit qu'elle « faisait si beau jeu qu'on l'eût vue jusqu'à l'herbier ». Comme ce sont malheureusement des épisodes assez rares, certains tentent de deviner la nature de cette herbe mollette, sa touffeur ou son friselis, à l'épaisseur et à la couleur des sourcils, se perdant ainsi en multiples considérations horticoles : chicorée sauvage améliorée ? vertueuse laitue pommée ? romaine impudique ? batavia de pierre bénite ? frisée crépue à la langue ? mâche modeste ou cresson parcouru de tritons, tremblant au profond d'une fontaine ? Car la poésie libertine de la touffe est volontiers potagère. On ne sait pas pourquoi, du reste, on vit surtout du vert dans ce coussin pileux, cette houppe dorée que constitue l'entrecuisse féminin. On songea même, dans des cas extrêmes sans doute, au lichen, au varech et à la broussaille.

Pour en revenir au cresson, on le *plantait* déjà du temps de Marot, un peu comme on planta par la suite sa première môme chez Auguste Le Breton : « Tu ne vis oncq mieux planter le cresson / Pour le plaisir d'une jeune fillette. » Cela somme toute avait d'assez allure, mais il n'est pas bon pour une femme d'en laisser deviner davantage ou de favoriser un pareil espoir en faisant état publiquement de cet aspect hirsute et dépenaillé de sa personne, comme le remarque fort justement La Gaillardine, dans *L'Assemblée des femmes* d'Aristophane (décidément très cresson) : « Ah là là ! dit-elle, ça ferait du joli pour le moins, s'il y en avait une qui attendait que tout soit bondé pour enjamber les bancs, en se troussant un peu trop haut, et faire voir ainsi son ratapoil ! »

Sur ce chapitre du savoir-vivre du cresson, disons simplement qu'il est plus convenable en effet d'en décorer le gigot.

Le crosne
et le style nouille

On s'est mis soudain, vers 1900, à décorer de liserons, d'iris ou de guirlandes de nouilles mille objets d'art, comme les entrées de métro et même les manches de brosses à miettes. On aimait à l'époque voir l'iris encadré de nouilles et la nouille encadrée d'iris. On appelait ça le modern style. *Si bien que le crosne, qui était apparu à la fin du siècle, subit le même engouement que tous ces cordons tordus en hélices, ces arabesques rococo, ces fluidités d'un nouveau genre et qu'on jugea que même la nature nous voulait du bien.*

Ver

Dans *Gigi*, Colette a dit de ce légume indûment japonais, puisqu'il est mandchou et connu là-bas depuis la dynastie des Yuan (fin XIIIe-XIVe siècle) sous le nom de *kan-lu*, tout ce qu'il fallait en dire apparemment : « Je ne mange pas de crosnes, parce qu'ils ont une vague figure de ver de hanneton » (enfin, c'est Sido, la mère de Colette, qui l'affirme). Comme ils ont par ailleurs un goût légèrement sucré, voisin du salsifis et de l'artichaut, qu'une fois nettoyés et blanchis on les frit, étuvés au beurre ou apprêtés comme les topinambours, on ne voit pas très bien à quoi peut servir en effet un légume qui ressemble confusément à tous les autres. Sa physionomie si déroutante l'a du reste fait comparer tour à tour à des « anneaux de jade liés ensemble et cependant mobiles » (selon les poètes chinois), à une queue de scorpion, à une pathétique anacoluthe, à une variété de ressort à boudin, à une vrille destinée à couper du bois, aux nouilles italiennes appelées *torti* (les tordues), au côlon spiral de l'intestin, à un fragment cassé de ces chapelets qu'on appelle en Grèce des *kompboloï,* à un cordon ombilical oublié sur la table de la cuisine ou même à un sexe de femme au léger goût de noisette. En fait, ce qui vient à l'esprit quand on voit pour la première fois ce rhizome étranglé, ce n'est pas un sexe de femme ou une crevette de terre (comme on l'appelle parfois), c'est bien la structure en anneaux du serpent.

« Ne pourrait-on considérer les serpents », disait Bachelard, dans *La Terre et les rêveries de la volonté,* « comme des productions maladives et comme les vers intestinaux de la terre ? » Pour les serpents, je ne sais pas, mais le crosne a tout effectivement du feston, de la liane et de l'intestin végétal. D'ailleurs, plus que du serpent, il s'agirait d'une ébauche de serpent, c'est-à-dire d'un ver. Mais au moins les vers de terre, disait le *Grand Albert,* « s'ils sont broyés et appliqués promptement sur des nerfs coupés les rejoignent en peu de temps. Cuits avec de la graisse d'oie, ils apaisent les maux d'oreilles et bouillis dans de l'huile, les douleurs de dents. Enfin, si on les boit avec de l'eau mêlée avec du miel, ils guérissent en peu de temps la jaunisse ». Ce que n'a jamais fait de sa vie le crosne du Japon. J'ajouterai, pour être complet, que chez les Betsiléo de Madagascar, on attend toujours la manifestation du ver avant d'inhumer le cadavre, car on considère que c'est le corps tout entier qui se fait serpent après la mort : ce premier ver, qui est un peu le pénis du mort, est alors déposé dans un vase et inhumé avec le cadavre. On dit qu'il se transforme en lézard, qui incarne l'esprit du défunt. Mais jamais le crosne ne s'est transformé en lézard. Le crosne se transforme en crosne. C'est ce qu'il a de plus décourageant.

Gros sel

Introduit en Europe dans les années 1880 par deux agronomes français, Pailleux et Bois, le crosne est un légume d'hiver qui ne craint pas le gel et qu'on cultive surtout dans la région lyonnaise (vers Saint-Étienne). Pendant la guerre, on en garda paraît-il les semences dans un monastère, ce qui est bien le comble du vice. On dit cette chair annelée très tendre, mais assez peu consistante. C'est un aliment de la pénurie. Comme le note Simone de Beauvoir, dans les *Mémoires d'une jeune fille rangée*, au cours d'un épisode qui se situe à la fin de la guerre de 14 : « Ma mère confectionnait des omelettes sans œufs et des entremets à la margarine, où la saccharine remplaçait le sucre ; elle nous servait de la viande frigorifiée, des biftecks de cheval et de tristes légumes : crosnes, topinambours, bettes, artichauts de Jérusalem. » Mais enfin, comme on assiste aujourd'hui au retour inattendu de ces légumes de crise, Alain Senderens propose ses fruits de mer aux crosnes, comme il propose ses endives à la moutarde ou ses gambas au lait de coco. Bref, le crosne redevient esthétique, ce qu'on n'aurait jamais osé espérer. Il restera donc à jamais une de ces tiges qui se tordent à l'infini, comme si elles se refusaient à toute inflorescence : le crosne en effet n'a jamais fleuri, et c'est bien le pire. Je crois que Dali a parfaitement résumé la situation du légume-nouille, quand il déclarait à propos du style Guimard : « Cette ornementation n'est rien d'autre que l'anamorphose cylindrique des symétries héréditaires. » On devrait s'en souvenir.

Un petit conseil néanmoins pour les incrédules : les crosnes sont moins difficiles à éplucher qu'il n'y paraît, il suffit de les frotter au gros sel, ce qui s'appelle *sasser le crosne.* Point n'est besoin pourtant (comme le suggère l'étymologie dudit sassement) d'utiliser un tamis de soie de porc, de crin de cheval ou de soie de bombyx : un simple torchon suffit.

Les frères
Cucumis

Les deux frères Cucumis, autant l'aîné (le Concombre) que le cadet (le Cornichon) ont toujours été très froids dans la vie. Même entre eux. C'est dans leur nature. Ils font partie avec le melon, la citrouille et la courge, des quatre semences froides majeures. C'est dire si, pour se lier tant soit peu avec un Cucumis, il faut de la bonne volonté. Curnonsky apparemment y renonça : il n'a pas un mot pour eux dans La Table et l'Amour. *Je ne vois guère qu'Alexandre Dumas, que rien pourtant ne prédisposait à l'attachement d'un Cucumis, pour dire qu'il raffolait des concombres à la poulette, des concombres fricassés ou même d'une simple salade de concombres, avec sel, poivre, vinaigre et oignons hachés. « Laissez-les confire deux ou trois heures, précisait-il, et servez avec le bœuf après avoir supprimé une partie de leur assaisonnement ». C'est long, bien sûr, mais les Cucumis ont, semble-t-il, très peur de se livrer. Peut-être ont-ils tout bêtement peur de l'amour. Ils savent qu'autrefois, comme le note Collin de Plancy, dans son* Dictionnaire infernal *(1818), il y avait en Italie des sorcières qui, d'un seul regard, mangeaient le cœur des hommes et le dedans des concombres. Ils soupçonnent même que ces temps ne sont pas tout à fait révolus. On les comprend.*

Le rêve absolu

Commençons par le concombre. Deux variétés : le lisse et le rugueux. Le long à peau douce et le courbe et côtelé à peau granuleuse. Beaucoup de fermeté, certes, mais entre l'Admirable, le Généreux et le Vert à forcer merveilleux, on note incontestablement une légère tendance à l'infatuation, et surtout à s'éterniser dans l'estomac. Vilmorin & Andrieux, en 1883, dressent une liste fort complète et assez impressionnante de toutes ses variétés, où les étrangères font d'ailleurs bonne figure. Si le concombre grec se révèle un peu décevant, avec son fût cylindrique de 25 à 30 centimètres, quelquefois aminci au voisinage du pédoncule (les Grecs sont pourtant les plus gros mangeurs de concombres du monde, avec 10 kilos par an et par personne), le concombre long de Turquie fait honneur à son pays, avec un fruit légèrement recourbé, pouvant atteindre jusqu'à 40 centimètres de long et dont les fines craquelures de la peau forment une sorte de broderie blanche. Mais le summum, le fin du fin, le rêve absolu du concombre, c'est l'Anglais. Sa longueur peut atteindre de 40 à 60 centimètres, selon les circonstances : sa surface est tout à fait lisse et pour ainsi dire vernissée, la chair blanche, ferme et très pleine, il arrive même assez fréquemment que le bout en soit aminci et se recourbe en col de cygne. On l'appelle le *Rollisson's Telegraph cucumber*, et vraiment c'est un prodige. Mais enfin, ne chipotons pas. Le Blanc long parisien est très bien aussi : c'est un fruit lisse, régulièrement cylindrique et qui peut atteindre ses 50 centimètres, ce n'est pas rien. Le Très gros de Bonneuil, lui, pêcherait peut-être par l'embonpoint : très volumineux, il pèse parfois jusqu'à 2 kilos, ce qui est beaucoup pour un Cucumis. D'abord vert pâle, il blanchit ensuite peu à peu en grossissant. Je signale encore le Très long géant, dont le fût dépasse ordinairement 40 centimètres : assez mamelonné, peu épineux, il est généralement droit et bien fait. C'est une belle variété pour les amateurs.

Spintries

Le *Dictionnaire gastronomique* rappelle qu'on fait dégorger le concombre comme le chou, en le saupoudrant de sel, pour l'obliger à vomir son eau de végétation et permettre une digestion plus facile. George Sand raconte, à ce propos, dans *Histoire de ma vie* (III, 3), un épisode assez douloureux pour le concombre, dans la façon barbare qu'avait son frère de le faire dégorger comme un cochon. « Un jour, écrit-elle, que nous avions vu tuer un cochon gras dans la basse-cour, Hippolyte s'imagina de traiter comme tels les concombres du jardin. Il leur introduisait une petite brochette de bois dans l'extrémité qui, selon lui, représentait le cou de l'animal ; puis, pressant du pied ces malheureux légumes, il en faisait sortir tout le jus. Ce jeu nous plut tellement que, passant d'un concombre à un autre, choisissant d'abord *les plus gras*, et finissant par les moins rebondis, nous dévastâmes lentement une couche, objet des sollicitudes du jardinier. Je laisse à penser quelle fut sa douleur quand il vit cette scène de carnage. Hippolyte, au milieu des cadavres, ressemblait à Ajax immolant dans son délire les troupeaux de l'armée des Grecs. »

A Rome, l'empereur Auguste avait dit-on coutume de sucer le concombre pour se désaltérer et Tibère, qui avait tous les vices, s'en faisait servir tous les jours et ne se déplaçait jamais sans une provision. Ses jardiniers le cultivaient dans des caisses montées sur roues, ses *concombrières*, afin de pouvoir facilement les transporter des caves au soleil et, selon la nécessité du temps, les garantir du froid en les plaçant sous les châssis de pierre spéculaire. Mis à part ce goût prononcé pour le concombre, Tibère avait d'autres passions, en particulier à la fin de sa vie, sur son rocher de Capri. Suétone, avec beaucoup de réticence, mais néanmoins tous les détails, raconte ainsi qu'il entraînait dans la grotte bleue des troupes de jeunes filles et d'adolescents choisis de toutes parts, ainsi que des experts en monstrueux accouplements, pour participer à ce qu'il nommait des *spintries*, où les partenaires s'enchevêtraient les uns dans les autres, par groupes de trois, à la manière des anneaux d'un bracelet ou des fibres circulaires du sphincter, et stimulaient par ce spectacle sa convoitise déficiente. Il nageait également, comme un vieux requin, parmi un essaim de petits garçons nus, déjà passablement vigoureux, mais à peine sortis de l'enfance, qu'il appelait ses *petits poissons* : il les habituait à nager entre ses cuisses et à s'ébattre autour de lui, à le lécher et à le mordre. On dit même, poursuit Suétone, imperturbable, qu'en guise de sein il donnait à téter ses parties naturelles.

Perles

Le concombre servait à Néfertiti, et aux dames égyptiennes de son temps, de lait à démaquiller, pour hydrater leur peau trop longtemps exposée aux vents du désert. Plus récemment, on en fit une pommade avec des melons, du verjus, des pommes de reinette, du lait de vache et de la graisse de porc, ce qui était presque un menu. Devenu simple mélange d'axonge, de stéarine et d'hydrolat de concombre, c'est un des cosmétiques dont le Dr Leclerc, en 1927, recommandait l'usage aux femmes soucieuses d'entretenir la souplesse de leur épiderme, aux fantassins qui ont les pieds emmaillotés de chaussettes russes et aux coquettes qui jouent de l'éventail pour mieux faire ressortir la blancheur de leurs mains. Dans *Les Mille et Une Nuits,* le concombre eut une curieuse façon de finir son existence : accompagné d'une farce de perles, destinée à confondre un sultan trop crédule. « Quelle nouveauté ! s'écria le sultan. A quel dessein une farce de perles ? Les perles ne se mangent pas ! » A quoi l'oiseau qui parle répondit : « Sire, Votre Majesté peut-elle être dans un étonnement plus grand d'une farce de perles qu'elle voit de ses yeux, elle qui a cru si facilement que la sultane son épouse était accouchée d'un chien, d'un chat ou d'un morceau de bois ? » L'aveuglement des sultans orientaux ne saurait donc résister longtemps à la force de persuasion du concombre farci.

Petite corne

De l'avis général, le cornichon n'est pas un prix de beauté. On le cueille quand il n'a pas encore atteint son plein développement et qu'il a tout au plus la grosseur d'un doigt, après quoi on le confit dans le vinaigre. Petit concombre vert restera donc toujours petit et toujours vert. Aux variétés molles, tristes et ennuyeuses, on préférera le petit croquant, ferme et piquant, à l'allure follette et au vert intense, mais on ne sera pas surpris de voir sa surface couverte d'épines, qui ressemblent à de petits poils courts et raides. Ils s'accompagnent même parfois de leur petite fleur jaune dorée toute fripée. Bref, ces petits cornichons, que Rabelais appelait des « harnais de gueule », ont surtout pour eux d'être vigoureux et rustiques, et de facilement sucer le vinaigre, ce qui n'est déjà pas si mal. On l'a nommé cornichon, selon Furetière, d'après la petite corne des vaches, mais il ajoute que ce n'en est pas pour autant un concombre avorté et racorni. La Quintinie le juge néanmoins « mal bâti dans sa figure » et Savary (1762) précise qu'on l'appelait ainsi parce qu'on choisit d'ordinaire ceux qui sont crochus. A la même époque, on dit même *ridé comme un cornichon.* Avorton mal venu, rachitisme stupide, face crevassée, ces portraits peu flatteurs devaient fatalement conduire au pire. Jules Renard en parle comme d'un « petit cochon vert à qui il suffit pour saloir un bocal » (1901) et devant Philippe, son jardinier à Chaumot, en 1908, il a ce mot agacé : « Vous ne soignez que vos cornichons ! C'est bon, un cornichon, mais on en a vite assez ! »

Bécasserie

Le concombre partagea cette réputation déplorable. Femmes blanches, pâles, étiolées, qu'on appelait à Fez, au début du siècle, des *concombres,* parce qu'elles avaient perdu leur teint. Crâne cylindrique, ajoutait Claudel, pareil à un énorme cornichon décoloré. On ne les a jamais ménagés. Comme la courge, ce qu'on retient finalement d'un Cucumis, c'est surtout la bécasserie. « L'autre guignol », écrit Céline, dans *Mort à crédit,* « le beau concombre, le sacré bourrique ! » Et Marcel Aymé, dans *Travelingue* : « Tous les regards s'étaient tournés vers lui et le public se mit à rire gaiement, du reste sans hostilité. On le trouvait simplement cornichon, cucul la praline, ratapoil et rantanplan. » Bref, chez les Cucumis, on finit dans la panade. L'aîné est un sacré bourrique, le puîné, un parfait corniaud. Le génie génétique de la famille paraît sérieusement endommagé. Il y a même une foutue cornichonne dans un coin (« Quelle cornichonne ! » disait parfois Madame Claude d'une de ses filles), qui se demande bien ce qu'elle est venue faire là. C'est d'autant plus paradoxal qu'on crut longtemps le concombre capable de marques d'intelligence, et même d'une certaine sensibilité. Palladius affirme que, dès que le tonnerre gronde, le concombre se retourne comme frappé de terreur et qu'il manifeste une telle aversion pour l'huile qu'à son contact il s'incurve comme un hameçon, alors qu'il a pour l'humidité une affection évidente. Il suffit, dit-on, de poser près de lui un vase rempli d'eau, à une distance de cinq ou six doigts, pour constater le lendemain qu'il s'est allongé d'autant : le procédé n'est pas seulement instructif, il permet d'obtenir des fruits démesurément longs.

Pinceau

Comme la corne, le bicorne, le tricorne, le cornet, la cornette, le cornard, le biscornu, l'écornifleur, la licorne, la corniche ou le bigorneau, le cornichon est un *ker.* Racine indo-européenne qui désigne les objets durs et protubérants. Ce qui devait le prédestiner très vite (comme la corniche) aux emplois érotiques, qui pourtant le répugnaient si fort. On pourrait d'ailleurs s'étonner que ce fût lui qui devînt pénis, et pas son frère, pourtant si avantagé. Mais on doit à la vérité de dire qu'il figura plus volontiers le pénis enfant, ou disons la taille enfant du pénis, et donc parfois aussi le clitoris. En tout cas, jamais le fruit du cornichon n'a évoqué les jeunes bois des cervidés, comme le croient certains, et s'il évoque quelque chose des cervidés, ce n'est certainement pas ça. Qu'est-ce qu'un pénis enfant ? Eh bien, c'est ce que les Romains appelaient un *penicillus,* c'est-à-dire un petit pinceau. Quelque chose de doux, soyeux, agréable même, mais enfin radicalement petit, de la taille du colibri. Straton de Sardes, au IIe siècle après J.-C., qui ne s'intéressait pas spécialement au clitoris, puisqu'on le connaît surtout pour un recueil d'épigrammes garçonnières, paraissait davantage turlupiné par les poils qui venaient défigurer, selon lui, le joli braquet du garçon, vers ses dix-huit ans. Passé la grâce de l'adolescence, le fruit est trop mûr, pareil à ces figues qu'on n'a pas pu ramasser à temps dans les ravins rocheux, et qui attendent d'être mangées par les vautours ou les corbeaux. « Pareil encore, dit Straton, au concombre : le concombre en primeur apparu au jardin a du prix, on le donne aux cochons quand il est mûr. » Aux cochons ? On ne saurait être plus explicite ou plus perfide, car le cochon, chez les Grecs *(khoiros)* ou les Romains *(porcus),* c'était aussi le sexe des femmes. Aristophane, qui ne s'embarrassait pas de délicatesse, fait même dire au Mégarien, dans *Les Acharniens* : « Ah ! c'est qu'elles sont belles, ces petites truies ! Soupèse-moi ça, veux-tu ? Comme elle est grasse et en beauté ! »

Vierge

Mais enfin, depuis l'Ancien Testament, le concombre est aussi, en raison de ses formes flatteuses, un des emblèmes de la luxure. Pas chez les Anglais, naturellement, qui devant la substance froide de sa chair évitèrent sa consommation pendant des siècles par peur de la mort. Dans un texte d'Isaïe, on lit ceci (I ; 8) : « Et la fille de Sion est restée comme une cabane dans une vigne, comme une hutte dans un champ de concombres, comme une ville épargnée. » L'allusion à la Vierge serait, paraît-il, évidente : entourée par le péché, préservée par la faute. Et la faute, c'est bien entendu le concombre. Dans la peinture italienne du Moyen Age, en particulier chez Carlo Crivelli, le concombre est toujours là, dans des motifs de guirlandes ou en guise d'ornement au trône de la Vierge. Placé parfois à côté de la pomme de la tentation, ou même flanqué de deux belles pêches, comme dans le *Triptyque* de Camerino ou la *Vierge à l'Enfant* de Crivelli (XVe siècle). Mais naturellement ce qui peut paraître enchanteur dans une physionomie peut se révéler à l'usage fort décevant : on n'avait peut-être pas grand mal, après tout, à être Vierge devant un concombre. Ce que pensaient aussi les Grecs, qui lui attribuaient une puissance érotique à peu près égale à zéro. On en conclut donc, à l'époque, que c'était un aliment indispensable aux tisseuses de toile, femmes d'un tempérament qu'Aristote qualifiait d'excessif. Et si un enfant de lait, note Mizauld (1578), a la fièvre, « il faut coucher tout au long de lui un concombre de longueur pareille à lui, de manière qu'il s'endorme auprès, incontinent, il sera guéri, car la chaleur de la fièvre passera dans le concombre ».

Spermaceti

Comme la laitue, le concombre passait aussi pour aider les femmes à devenir fécondes. C'est ainsi qu'on fabriquait autrefois une pommade, dite crème de cachalot, faite de chair de concombre mélangée à du spermaceti (lequel est encore appelé blanc de baleine, ou ambre blanc, et n'est jamais qu'une sorte de *sperme de cerveau* du cachalot) : les femmes qui ne parvenaient pas à concevoir s'en enduisaient le ventre, les reins et les cuisses. Mais cet enfantement était-il dû au concombre ou au spermaceti ? On se rappelle sans doute ce passage de *Moby Dick* (dans le chapitre intitulé « L'étreinte de la main »), où Melville décrit le malaxage du spermaceti : « Notre rôle était d'écraser des grumeaux à la main pour les faire devenir liquides. Un doux et onctueux travail. Rien d'étonnant à ce que le spermaceti ait été autrefois un cosmétique si en faveur, lui si doux, si clair, si délicieusement mou. » Un tel contact amena ainsi ses doigts à devenir souples comme des anguilles, il les sentit, pour ainsi dire, commencer à serpenter et à onduler. « Je trempais les mains parmi ces masses molles qui étaient coagulées depuis une heure. Elles s'écrasaient sous mes doigts et toute leur opulence éclatait lentement dans mes mains, comme le jus de raisins trop mûrs. Je reniflais cet arôme sans souillure, il était tout à fait comme l'odeur des violettes de printemps. A ce moment, je l'affirme, je vivais comme dans un pré embaumé... »

Comme le spermaceti possède la rare vertu de tempérer l'ardeur de la colère, il a donc celle aussi de provoquer les rapprochements les plus imprévus : « Toute la matinée se passa à étreindre le spermaceti, tant qu'à la fin je m'y fondis moi-même. J'étreignis jusqu'à ce qu'une étrange folie s'emparât de moi. Je me surpris, serrant sans le vouloir les mains de mes compagnons, les prenant pour les doux grumeaux. Cette occupation fit naître un sentiment si fort, si affectueusement amical, si aimant, que finalement, sans discontinuer, je pressais leurs mains, les regardant dans les yeux avec tendresse comme pour dire : “O bien-aimés semblables, serrons-nous les mains à la ronde, fondons-nous universellement les uns dans les autres jusqu'à devenir un spermaceti, un lait de beauté.” » On comprend que le concombre, si peu expansif, ait été séduit par ce bonheur communicatif du spermaceti. Mais enfin, c'est exceptionnel. Le concombre ne favorisant pas les ardeurs de la chair, il fallait bien lui trouver d'autres usages. Ce qu'on fit, sans trop de difficultés. Au Moyen-Orient, les femmes taillaient dans du bois de figuier des pénis artificiels, qu'elles graissaient avec une pommade de pulpe de concombre et de purée de dattes : il est peu probable que cette technique rituelle ait uniquement été destinée à favoriser la conception. Et Crébillon fils jubila de mettre en scène des princes impuissants, la nuit de leurs noces, qui retrouvaient une vigueur inespérée grâce à la fée Concombre, laquelle exigeait seulement pour toute rétribution d'être honorée au moins treize fois.

Une, en tout cas, qui se fichait éperdument de la chasteté comme de la fécondité du concombre, c'est bien cette pauvre fille dont Boris Vian fit une chanson, qu'il intitula la *Marche du concombre.* Car le concombre est peut-être froid, mais il est dur. « Donc, dit la gamine, j'avais ach'té un beau concombre, / Ben gros, ben long, ben vert, / Et je revenais sans encombre / Du marché de Nevers. » Mais elle transpire, elle s'arrête pour casser la croûte au pied d'un peuplier, et voilà qu'en déballant ses p'tites affaires, elle tombe sur un concombre, qu'elle s'apprête incontinent à éventrer. Le concombre éclate en sanglots, crie pitié, faut pas tuer son prochain. Elle, en écoutant causer c'concombre, se dit qu'i valait mieux l'noyer. Bref, « comm'y avait pas d'eau sur la route, / J'ai rel'vé mon jupon, / Et j'me l'ai fourré dans les soutes, / Crénom, c'que c'était bon ».

Ceci, pour conclure (du poète polonais Galczynski) :

> « Si le concombre ne chante pas,
> Et ce en aucune saison,
> Il faut croire que, par la volonté du ciel,
> Probablement, il ne le peut pas. »

D

La **datte** serait-elle impure ?

« Il y a cent vingt millions d'années, souvenez-vous, c'était le bon temps du crétacé. Une petite feuille verte et pointue sortait de l'obscurité de l'humus terrestre pour tâter l'air de la planète. C'était le premier palmier.
« Il ignorait encore son nom. »
Ainsi débute une très sérieuse et récente histoire des palmiers. Car il y a, semble-t-il, beaucoup plus de gens qu'on ne croit à s'intéresser au palmier. Si bien qu'on a créé un club de doux palmistriges *(ce sont les vampires du palmier), dont l'intérêt s'est porté tour à tour sur le palmier des serres anglaises, le palmier dans les îles Mascareignes, le palmier d'Allah, le palmier des bords de l'Euphrate, le bilan des connaissances du palmier dans la première moitié du XVII*[e] *siècle, le palmier dans l'agriculture nabatéenne et d'autres sujets extrêmement instructifs, mais qui laissent un peu trop systématiquement de côté, je dois dire, la question de la datte.*

Doigt

On sait à peu près tout de ce phénix qui mène une aventure solitaire, qui inspire l'aile de l'oiseau, qui est un grand émotif, qui médite dans le calme des grandes chaleurs, qui digère la lumière et bat la mesure d'un temps immensément lent, qui commence à danser quand le vent se lève et qui s'envole alors comme un derviche tourneur, qui n'en revient pas épuisé ou déchiré, comme on pourrait croire, mais ragaillardi et presque embelli, bref on sait tout sur ce palmier qu'on croit tendre parce qu'on en mange le chou (du moins, dans sa variété antillaise, appelée *chou ti-coco* ou *chou glouglou)*, mais qui est en réalité un coriace, on sait tout mais on attend encore le grand roman de la datte, même si Curnonsky publia naguère un délicieux petit ouvrage *(Une grande datte dans ma vie*, 1952), pour raconter ses voyages dans les oasis de l'Atlas saharien. Car enfin, notait déjà Olivier de Serres, dans son *Théâtre d'agriculture* (1600), « le palmier produit aussi l'exquise prune datte qu'on nous envoie de la Barbarie ». En fait de Barbarie, le palmier-dattier pousse depuis les temps préhistoriques dans les déserts arides qui vont de l'Euphrate au sud de l'Atlas et aux Canaries. La datte, en tout cas, est le premier fruit exotique dont l'Europe eut connaissance et on l'appela datte tout simplement parce que Aristote croyait que c'étaient des doigts *(daktulos)*. Ce qui nous a valu, par voie de conséquence, cette savoureuse expression pataouète *faire une datte à son voisin*, autrement dit lui faire un attouchement obscène (c'est-à-dire un doigt dans l'anus), lequel, selon les situations, nous dit-on, « prend la valeur d'un geste de mépris insultant ou de chahut amical ».

Lotos

Quand Ulysse, au livre IX de l'*Odyssée*, fit escale, entre le pays des Kikones et celui des Yeux Ronds (c'est-à-dire des Cyclopes), chez les Lotophages ou Mangeurs de Lotos, il ignorait tout de cette nourriture de base des indigènes de la côte africaine. De savantes communications ont permis d'établir que ce pays se situait en fin de compte dans le sud tunisien, qu'il pouvait même être question de Djerba la Douce, mais on disputa longtemps pour savoir si ces *lotos*, ces fruits de miel, étaient ceux du micocoulier ou du jujubier-lotier, avant de s'accorder sur ceux du palmier-dattier. Bref, le lotos resta longtemps un mirage de fruit, et même un paradis, puisque quiconque en avait goûté ne voulait plus ni revenir ni donner de ses nouvelles. Au point que les compagnons d'Ulysse eux-mêmes s'obstinaient à rester là, parmi les Lotophages, et qu'il dut les ramener de force, en pleurs, jusqu'aux vaisseaux. Aujourd'hui encore, en Egypte, les crieurs de dattes assurent que rien, ni la figue ni le raisin, ne peut se comparer à elle, qu'elle est unique et que sa chair est bénie comme celle du mouton. « Les meilleures d'après Furetière, sont les dattes royales. » Qu'est-ce donc que ces dattes royales ? Eh bien, à l'époque de Pline, c'étaient les plus célèbres parce qu'elles étaient réservées aux rois de Perse, qu'elles venaient de Babylone et uniquement du jardin de Bagoas. C'est là le nom, ajoute Pline, que les Perses donnèrent aux eunuques, car il y en eut qui régnèrent chez eux. En réalité, ce sont les Latins qui ont fait de Bagoas le synonyme d'eunuque, et il n'y eut jamais aucun roi de Babylone du nom de Bagoas. Reste que ces dattes, blanches ou noires, de l'espèce dite royale, l'emportaient en effet par la taille et la qualité, au point de passer pour les *chapons* des dattes : délicieusement comblées de chair, onctueuses et charnues, on pouvait croire sans difficulté qu'on leur avait coupé les attributs. La comparaison s'arrête là, bien entendu. Aujourd'hui, on distingue plus simplement la datte molle, la *Deglet-nour,* le doigt de lumière, qui est une datte muscade en provenance d'Algérie, fruit de miel et d'ambre, et qui est la chair de Dieu, et puis la datte sèche, vulgairement appelée *crotte de chameau,* dont le noyau lui sert, au besoin, d'herbe à brouter. Mais à les voir uniformément vernies et amoureusement serrées l'une contre l'autre dans leur boîte en carton, on a autant de mal à les imaginer vivantes, au milieu des bourricots et des chameaux qui baraquent, des eucalyptus, des mimosas et des ksouriens qui grimpent sur l'arbre quasiment nus, et qu'on appelle là-bas des grappilleurs, qu'à se représenter une sardine nageant dans la mer avec une tête.

Nombril

A l'instar de la cacahuète, la datte fut très mal lotie à sa naissance, dans la langue française. C'est bien simple, elle se décline sur le mode du *rien* ou du *jamais.* Courteline relève qu'« Eponine n'en fout pas une datte, qu'elle est sale comme un peigne et qu'elle cuisine comme un cochon ». Et pourquoi dit-il ça, sinon, comme le notait naguère Maurice Rat (1957), « à cause de la paresse des indigènes, lorsque mollement ils font la récolte des dattes » ? D'ailleurs, la font-ils ? La datte, c'est comme la châtaigne, ça tombe tout seul. En voyant disparaître le patron, Croquignol, Ribouldingue et Filochard eurent la même idée et, en un clin d'œil, ils se mirent à entasser sur la trappe qu'ils avaient refermée tout le matériel qui se trouvait dans la boutique : « Il a beau être costaud, s'il la soulève à présent, je lui paierai des dattes », dit Filochard. C'est assez dire qu'il n'en verra jamais la couleur. Tout ça n'est pas gentil pour la datte. C'est vrai que les Romains ne les mangeaient jamais que sèches, et que les vendeurs ambulants proposaient ces petites choses dans des papillotes en papier doré, au cours des représentations théâtrales, mais enfin, quand Cléopâtre convia Antoine pour un premier festin, dans la baie de Tarse, à bord d'un grand navire à rames d'argent, elle sut lui offrir, avec de légères pâtes feuilletées recouvertes de crèmes parfumées, du lait de chamelle fermenté et des paniers de figues, d'exquises dattes en sirop façonnées en forme de nombril. Et si au Sahara, raconte Jean Dubuffet *(Prospectus et tous écrits suivants)*, les Arabes, quand ils ont quelque chose à mastiquer ou un trou à boucher, se servent d'une pâte qu'ils font en pétrissant de la datte avec de la crotte de chèvre et un peu de sable, ce n'est pas là sa destination naturelle, et on se rappellera que même les futuristes italiens, en particulier Sirocofran, préparaient leurs *dattes au clair de lune* en incorporant aux fruits dénoyautés, puis écrasés, de la ricotta romaine, de façon à obtenir une pâte bien homogène, à servir glacée.

Noyau

En fait, la datte est une innocente fourrée de malice. Ce n'est pas pour rien si elle naît dans ces oasis algériennes, qui cachent dans leurs jardins (notait Gide, à Biskra) « des rires et des pleurs inconnus ». Que cache donc la datte ? Sinon des évocations troublantes et légèrement érotiques de la féminité. Car, à part les grappilleurs, rien apparemment n'est mâle dans la datte. Et Curnonsky a beau parler longuement de ces « beaux fruits mûrs, pendeloques d'ambre clair, bijoux barbares pour peuplades africaines, translucides, sucrés et moelleux », jamais la datte ne signifia quoi que ce soit qu'on pût comparer aux attributs de la virilité. Déjà dans le Cantique des Cantiques, le palmier-dattier se garnissait de grappes de seins.

« Ta taille ressemble au palmier, dit le fiancé de la Sulamite. Et tes seins à des grappes ! Je me dis : je monterai sur le palmier. J'en saisirai les régimes ! » C'est joli, mais ce serait somme toute assez peu. C'est un fruit, précise Bernardin de Saint-Pierre, qui est de la forme de la bouche. Sans doute, mais la figue aussi. Pourtant, regardez bien son noyau : a-t-il la forme de la bouche ? Le vieux Pline, qui avait l'œil, note que c'est un noyau *fusiforme* et pas du tout arrondi comme celui de l'olive. Et surtout que c'est un noyau *fendu* sur le dos par une cicatrice ourlée et qui porte généralement sur le ventre un ombilic, par où s'échappera la jeune racine. Bref, le noyau de la datte figure assez bien le vestibule de la vulve. Du reste, ajoute Pline, les dattes fraîches enivrent, mais sèches elles causent sans doute moins de maux de tête mais ne sont pas aussi bonnes qu'on le croit pour l'estomac.

Harem

On ne sait pas très bien si, à l'origine du monde, le palmier est né de la terre que Dieu aurait roulée entre ses doigts pour en élaborer la tige, ou des rognures d'ongles et de l'excédent de la volumineuse chevelure d'Adam. Les deux théories se valent, certains ajoutent même qu'Iblis, le démon, voyant ce spectacle, en aurait pleuré de jalousie. Ses larmes auraient ainsi fait pousser ces longues épines dont les palmes sont depuis lors hérissées : leur piqûre est, dit-on, aussi dangereuse que celles des flèches empoisonnées, parce qu'elles contiennent le venin du serpent. En tout cas, le palmier-dattier est bel et bien l'arbre sexuel des Arabes, qui usent des noyaux, de la farine, de la liqueur ou de l'huile de datte dans de nombreux charmes de séduction amoureuse ou de puissance génésique. Cette sexualité, connue depuis Babylone, est d'ailleurs si étrange et si fougueuse qu'on attribuait au dattier une nature intermédiaire de plante animale. Voici par exemple ce que raconte Pline de la parade d'amour dans le harem des dattiers femelles. « On affirme, dit-il, que dans une forêt naturelle, les palmiers femelles privés de mâles n'engendrent pas spontanément, que les dattiers femelles entourant à plusieurs un arbre mâle, elles s'inclinent vers lui pour le caresser de leur couronne de feuillage, tandis que lui dresse et hérisse ses feuilles, et de son souffle, de sa seule vue et aussi de sa poussière, les féconde toutes. Mais si on le coupe, les dattiers femelles, réduits au veuvage, redeviennent stériles. »

Bref, le palmier serait un arbre particulièrement sujet aux passions d'amour, comme le confirme Gaudenzio Merula, en 1559 : « Par amour, dit-il, il se fait langoureux et si on ne le secourt pas, il se dessèche. Jamais il ne manque de prouver son affection si ce n'est quand on lui promet l'union tant désirée avec la plante aimée. On voit ses frondaisons se flétrir, il ne donne plus de fruits et se montre presque négligé et dolent. Les agriculteurs avisés s'aperçoivent alors aisément que le palmier est amoureux, mais ils ne savent pas quelle est l'élue de son cœur. C'est pourquoi ils vont d'une plante à l'autre, ils l'enlacent et l'embrassent, puis revenant au palmier amoureux, ils le touchent et l'étreignent, et découvrent ainsi facilement à qui est dédié son amour, car l'arbre, à ces caresses, commence à se réjouir et à redresser ses feuilles. Il faudra donc que le paysan aille vers la plante aimée, l'enlace et l'embrasse, puis s'en revienne vers l'amant, tel un messager porteur de baisers. Il conviendra aussi qu'il cueille quelques rameaux fleuris de l'aimée et les suspende aux branches de l'amant. De cette façon, s'apaise la force d'aimer, et elle, devenue belle, produit des fruits d'une douceur exquise. » Il existerait même, dit Heine, dans *Intermezzo,* un sapin perdu de solitude dans les plaines arides du Nord, qui rêve d'un palmier, là-bas, dans l'Orient lointain, qui se désole solitaire et taciturne sur la pente d'un rocher brûlant, ouvert de toutes ses palmes, attentif à toutes les brises, comme une sirène des sables.

En tout cas, le message de la datte est assez clair : si le palmier femelle paraît dolent, misérable et triste, il ne fera jamais de fruits, ou alors des fruits de misère. Un fruit charnu, suave et plein ne vient jamais d'une tristesse inassouvie, mais d'un sexe comblé. Ce qui est tout le bonheur en effet de la *datte fourrée,* doublement engrossée, et donc doublement ravie, puisque, nous dit Apicius, on la bourre de noix, d'amandes de pin ou de poivre en poudre, on sale à l'extérieur, on frit dans du miel cuit et on sert.

E

Le coucou est dans l'épinard

L'Antiquité n'a jamais connu l'épinard.

On n'a peut-être jamais évalué exactement la portée de ce phénomène sur les mentalités. Car l'épinard n'a rien à voir avec l'équilibre grec, il est oriental. Et gardera toujours avec lui une part d'irrationnel. Originaire d'une vaste région allant du Caucase jusqu'en Afghanistan, en passant par le Turkestan et l'Iran, l'épinard pénétra en Europe par la conquête arabe. Sa culture, note de Candolle, remonterait à l'ancien empire des Mèdes et des Perses, et curieusement, elle ne s'est répandue ni à l'est ni à l'ouest avant l'apparition de l'Islam. Seuls les agriculteurs nabatéens de Syrie l'auraient connu au Ve *siècle de notre ère. C'est donc des Persans que les Arabes auraient reçu la plante et son nom* aspanah. *On sait par Ibn Haddjâdj, auteur d'un traité sur l'épinard, qu'au XIe siècle on le cultivait à Séville, sous le nom d'*isbinâh, *qu'il était aussi très apprécié dans la médecine arabe, en particulier dans les cas apparemment fréquents de cuisson de la luette. On ne prend jamais suffisamment garde à la question de la cuisson de la luette. Cet appendice charnu, qui pend au milieu du gosier, et qui joue un rôle précieux dans la déglutition, est pourtant une belle petite grappe qui ne cuit pas sans danger pour l'entourage, en tout cas l'épinard y veille avec scrupule.*

Vieilles feuilles

Aldebrandin de Sienne fit une première mention des *espinaces* dans son *Régime du corps,* en 1256. Cultivé à cette époque en

Italie et dans le sud de la France, l'épinard se mit dès les XIVe et XVe siècles à supplanter dans les potagers tout ce qui se faisait jusque-là dans le même genre : l'arroche des jardins, le chénopode blanc, le bon-henri, la grande consoude, l'égopode à feuille en pied de chèvre, la queue de renard dite encore amarante à queue, et même l'ortie. On ne sait pas très bien pourquoi l'épinard finit par éliminer toutes les vieilles feuilles qui avaient si bien rempli leur office. Fièvre de la nouveauté ? Physionomie avenante d'une feuille qui, à l'état sauvage, est assez étroite, en forme de hallebarde, mais qui cultivée se fait plus ample, aux contours volontiers arrondis, plus ou moins cloquée suivant l'état, mais toujours d'un vert franc, même après cuisson ? Olivier de Serres, en tout cas, la fit prospérer à la Renaissance, ce qui donna des variétés d'une prodigieuse vitalité qu'on appela Monstrueux de Viroflay (ou Oreille d'éléphant), Triomphe amélioré, Merveille de Versailles, enfin des noms qui évoquaient une légitime fierté. Cet épinard vigoureux et rustique fit honneur au jardin français. Lequel n'est jamais, finalement, que du surgeon de métèque.

L'épinard pressé

L'épinard se réduit beaucoup à la cuisson, mais la chair de sa feuille est épaisse et les cloques sont aussi l'indice d'un afflux exubérant de sève. Et puis il a un beau vert sombre, qui s'harmonise parfaitement (comme l'oseille) avec l'œuf mollet : les « œufs mollets crevés sur des épinards au sucre » étaient, du reste, un des délices de Huysmans. Bref, on était content de l'épinard, parce qu'il profitait. Et si les croisés, à leur retour, vantèrent ses vertus émollientes, on continua de le manger surtout parce qu'il était bon. Au XVIe siècle, il y avait donc belle lurette que l'épinard avait conquis une « autorité de bouche », comme dit La Bruyère-Champier. Des fillettes montées sur des ânes criaient son nom dans les rues, et les fruitiers les vendaient même tout préparés, cuits dans l'eau, finement hachés sous forme de boules qu'on avait fait largement dégorger en les pressant dans les mains ou à l'aide d'un bâton. Car l'épinard veut être pressé. Joël Robuchon le rappelle avec insistance : « Équeutez-les avec soin en tirant la queue à rebours sous chaque feuille. Lavez-les à grandes eaux sans les laisser séjourner. Égouttez-les, pressez-les par petites poignées entre les mains de façon à extraire toute l'eau. On ne presse jamais assez l'épinard. » Cette cuisine du *patinage*, comme on disait au siècle dernier pour parler des « caresses indiscrètes », est évidemment d'un grand attrait.

Fumier

Sir Joseph Banks, naturaliste anglais qui accompagnait Cook dans son premier voyage autour du monde (1768-1771), vint alors à découvrir quelque chose qui n'était pas l'épinard, mais qui lui ressemblait furieusement : la *tétragone étoilée* ou *cornue*. C'était en 1770, à Queen Charlotte Sound, en Nouvelle-Zélande. Pourquoi tétragone ? Parce que c'était la feuille aux quatre coins, qui se différenciait ainsi de l'épinard, plus en rondeurs, en volutes, en ellipses, en quoi l'épinard formerait un peu le féminin du couple, s'ils en formaient un, car ils n'appartiennent pas à la même espèce. Certains, curieusement, ont voulu voir dans la tétragone une feuille aux quatre *genoux*. Mais personne n'a encore vu les genoux de la tétragone, d'ailleurs un peu trop nombreux pour ne pas susciter l'effroi, à moins de goûts particuliers pour le tératologique. Et puis, faire bouillir les genoux de la tétragone n'est pas une activité dont puisse s'enorgueillir la cuisinière. On s'en tiendra donc à la tétragone aux quatre coins ou aux quatre angles, qui devint pour tout le monde l'épinard d'été, ou épinard de Nouvelle-Zélande. Le hic, c'est qu'elle demande beaucoup d'engrais. Ce qui surprit Alice Toklas, l'amie de miss Stein, quand elles s'installèrent à Bilignin, dans le haut Bugey, en 1929. L'engrais le plus approprié, précisèrent les voisines, c'est *la crème de la crème*. Ce qui signifiait : le fumier de cochon. Mais alors, quels épinards ! Cuits tels quels, avec juste une pincée de sel et de noix muscade ou encore de gingembre moulu, ou les deux, pour donner la saveur nécessaire. On ne connaît pas les réactions de miss Stein, mais apparemment miss Stein se fichait un peu de ces choses-là.

Jeudi Vert

Un proverbe du temps de Ronsard assurait que « par l'épinard et le poireau, on obtient le lis de la peau ». C'est semble-t-il un usage qui a disparu. Quant à Pierre de Crescens, il signalait (au XIIIe siècle) que les *épinoches*, comme on disait alors, « sont semées à profit en septembre et octobre pour carêmes ensuyvants, elles tiennent le ventre moite et valent à la douleur de la gueule qui vient du sang et de la cole rouge [la bile] ». On observera d'abord que les épinards de l'époque étaient du genre féminin et considérés comme des « balais de l'estomac » : cette liaison des femmes, en particulier des mères, et de la digestion de l'épinard est une idée à retenir. A quoi il faut ajouter qu'on mangeait déjà les épinards en temps de carême : le Jeudi Vert, c'est-à-dire le jeudi saint, était consacré au lavement des pieds et à la consommation de l'épinard. C'était donc une nourriture du jeûne et de la privation, fussent-ils cuits, comme le proposent les Jésuites dans leur *Dictionnaire de Trévoux* (1752), dans leur propre jus et apprêtés au beurre, à la crème, au jus de viande ou en tourte. Les sœurs de Saint-Vincent-de-Paul faisaient même boire à leurs malades du vin additionné de jus d'épinard. Si bien que sa réputation gastronomique put légitimement en souffrir et que l'épinard fut parfois abusivement considéré comme une triste médication, voire tout simplement une punition.

Fricandeaux

C'est dans ce climat que surgit, au XIXe siècle, une véritable empoignade, qui traversa le siècle et donna lieu aux plus belles louchées d'invectives qu'on ait connues depuis longtemps. Certes, en 1884, lors de la révision de la Constitution, sénateurs et députés se traitèrent aimablement de salopiauds, canailles, fripouilles, pieds plats ramassis de drôles, tas de mufles, punaises ministérielles, asticots et crétins. Eh bien, ce fut pire encore pour l'épinard. On était Épinard ou Anti-épinard jusqu'au sang. Les vacheries se multiplièrent, les passions s'envenimèrent. Et le 1er avril 1896, sous la signature d'un de ses collaborateurs les plus féconds, *Le Petit Journal* devait finalement consacrer un long article à la gloire de l'épinard, vainqueur de la chlorose, maladie communément appelée « anémie essentielle des jeunes filles ». Tout avait commencé par une querelle gastronomique. Brillat-Savarin, que Baudelaire n'aimait pas, qu'il traitait même de « grosse brioche », Brillat-Savarin donc s'exprima en 1825 sur l'épinard, en disant que c'était « un mets digne de la table des rois », pourvu qu'il fût préparé à la graisse de caille. Il répondait ainsi à Grimod de la Reynière qui, dans son *Almanach gourmand* de 1804, avait prétendu que l'épinard n'était jamais qu'une « cire vierge, susceptible de recevoir toutes les impressions ». Ce qui était un coup bas. Mais enfin, concédait Grimod, « entre les mains d'un homme habile, il peut acquérir une grande valeur. Tel plat d'épinards a fait, à lui seul, la réputation d'un cuisinier ». Ajoutant qu'après l'oseille, c'est le matelas le plus ordinaire des fricandeaux, et c'est toujours celui des langues à l'écarlate et des tranches de bœuf fumé de Hambourg. Sur ce, on apprit que Louis XVIII, qu'on caricaturait dans sa difformité ventrue attablé devant une montagne de volailles, en mangeait au sucre. Et quand son médecin le lui interdisait (parce qu'il souffrait de la goutte), tout hors de lui, les yeux hagards, il s'écriait : « Quoi ! je suis roi de France, et je ne pourrais pas manger des épinards ! » Bref, l'affaire prenait des dimensions considérables.

Parquet

On en était là quand la littérature s'en mêla. Stendhal, à qui on ne demandait rien, fit savoir qu'avec les *Mémoires* de Saint-Simon en sept volumes, la seule passion durable qu'il eût connue, et qui fût aussi forte à cinquante-trois qu'à treize ans, c'étaient les épinards. « Un trait grenoblois ! » ironisa-t-on. Mais Maupassant, qui n'aimait pas non plus la tour Eiffel, déclara qu'il détestait cordialement les épinards. François, son valet de chambre, raconta qu'en l'engageant, Maupassant en avait fait une condition première : « Et surtout, pas d'épinards ! » Il lui en prépara néanmoins (par bravade ou par vengeance ?) et l'auteur de *Bel-Ami* se régala. Il demanda ce que c'était. « Ce sont, dit François, des épinards d'une variété particulière, ils viennent de Tétragonie. » Était-ce une insolence ?

Maupassant ne pipa pas. Quant à Dumas, il dit ce qu'il avait à dire à ce sujet dans *Les Trois Mousquetaires.* On se souvient qu'Aramis, à Crèvecœur, près de Chantilly, a soudain l'intention d'entrer dans les ordres, se croyant trahi ou abandonné par Mme de Chevreuse. Il propose alors à d'Artagnan de partager son menu du vendredi : épinards et omelette. Mais retournement de situation : d'Artagnan arrive avec une lettre de Mme de Chevreuse. Bazin, qui entrait alors avec ses épinards et son omelette, en fut saisi : « Fuis, malheureux ! s'écria Aramis en lui jetant sa calotte au visage ; retourne d'où tu viens, remporte ces horribles légumes et cet affreux entremets ! demande un lièvre piqué, un chapon gras, un gigot à l'ail et quatre bouteilles de vieux bourgogne. » Ce qu'entendant, Bazin laissa mélancoliquement glisser l'omelette dans les épinards, et les épinards sur le parquet. L'épisode fit grand bruit dans la société.

Bouse

Flaubert prit le relais et ridiculisa astucieusement l'épinard à travers le Prudhomme du *Dictionnaire des idées reçues.* « Je ne les aime pas, j'en suis bien aise, car si je les aimais, j'en mangerais et je ne puis les souffrir. » Ce qui est digne d'Alphonse Allais. Il faut dire qu'Henri Monnier, l'auteur des *Mémoires de Joseph Prudhomme,* publiait partout que l'épinard était un légume stupide et dangereux, aussi fade qu'encombrant. Certains ajoutaient qu'il suffirait d'en absorber une cuillerée pour être aussitôt pris d'un violent pyrosis, de météorisme et de palpitations. On trouva même un mari dont l'antipathie pour l'épinard paraissait irréversible, mais qui n'avait pu décider sa femme à le proscrire de ses menus, si bien qu'il lui déclara un jour, assez crûment, qu'il était *anaphylactisé* à l'égard de l'épinard. L'effet fut, paraît-il, instantané. C'est ainsi qu'épuisé par un siècle d'anathèmes, Aristide Bruant, dans son *Dictionnaire d'argot,* paru en 1901, fit froidement de l'épinard l'équivalent de la bouse de vache fraîche rencontrée en plein champ.

Mère

L'épinard, par ailleurs si favorable au transit intestinal, est on le sait un légume détesté des enfants. Enfin, de vingt-cinq pour cent exactement des quatre à quatorze ans, selon les dernières évaluations médiamétriques. En dépit de Popeye, de son bras tatoué, de ses biceps explosifs et de son refrain entraînant : « C'est moi Popeye le marin, et si je leur rentre dans le lard, c'est grâce aux épinards ! » En dépit même du film de Robert Altman, en 1981, où Popeye devenait enfin Popeye grâce à l'épinard, bien qu'il l'eût en horreur. Eh bien, les enfants n'aiment toujours pas l'épinard. Pas plus que l'huître, parce que ça bouge, ou la peau du lait, ou la cervelle d'agneau. Freud non plus n'aimait pas les épinards. « Dans mon enfance, écrit-il dans *Le Rêve et son interprétation*, j'avais horreur de ce légume, ce n'est que plus tard que mes goûts ont changé et que je l'ai apprécié. » On a consacré beaucoup d'articles fort sérieux à cette question des épinards de Freud. Il aimait les fraises des bois et les champignons, mais pas les épinards. Pas les épinards de sa mère, qui voulait absolument lui en faire avaler. « Estime-toi heureux d'avoir des épinards, disait ma mère qui désapprouvait ces manières, bien des enfants seraient trop contents d'être à ta place ! »

Phrase terrible, note Sarah Kofman, dans *Il n'y a que le premier pas qui coûte*, car ce que sa mère lui disait, c'est que s'il ne mangeait pas ses épinards, elle pourrait bien le remplacer par un autre, donner son amour à un autre que lui : ne te fais pas d'illusions, tu es remplaçable, tu n'es pas aimé seulement pour tes beaux yeux. Bref, cet épisode, que Freud raconte à propos d'un rêve qu'il avait fait la nuit précédente, lui montre à l'évidence que, tout enfant déjà, l'amour gratuit lui était refusé. Il ne fallait pas qu'il compte sur un amour désintéressé qui ne lui aurait rien coûté. C'est un peu comme dans les taxis : à peine s'y est-on installé qu'on a *déjà* quelque chose à payer. A peine avait-il pris place dans le monde qu'il se trouvait endetté auprès de ses parents, qui le remettaient à sa place et menaçaient même de la lui faire perdre s'il oubliait de payer ses dettes. « Ne jouirai-je jamais d'un don gratuit ? » se disait-il. Eh bien, non. On comprend dans ces conditions que les enfants n'aiment pas l'épinard, encore moins les mères qui les forcent à manger des épinards, et que tout ça leur donne des cauchemars. Comme disait une comédie de Brazier, en 1823 : « Ces gueuses d'épinards, c'est la mort au beurre ! »

Coucou

Et pourtant, il existe un usage peut-être un peu méconnu aujourd'hui de la feuille d'épinard, qu'il faut aller chercher chez Rabelais, et qui procure en effet je ne sais quelle béatitude spirituelle, même si le mot spirituel peut en l'occurrence paraître forcé, car il s'agit du *torchecul*. C'est un usage en tout cas qui peut agréablement faire oublier les récriminations des mères, tout en nettoyant utilement le fondement. Dans un chapitre fameux destiné à célébrer la merveilleuse intelligence de Gargantua, celui-ci exprime à son père Grandgousier que, par longue et curieuse expérience, il a inventé en effet le moyen de se torcher le cul « le plus seigneurial, le plus excellent et le plus expédient qui fût jamais vu ». Et c'est ainsi qu'au milieu d'un fatras de cache-oreilles, bonnets à plumes, draps, rideaux, peignoirs et carpettes, paille et foin, coq, lièvre et peau de veau, et même un oison bien duveteux qui, pourvu qu'on lui tienne la tête entre les jambes, fait que « vous ressentez au trou du cul une volupté mirifique, tant à cause de la douceur de ce duvet qu'à cause de la bonne chaleur de l'oison qui se communique facilement au boyau du cul et des autres intestins jusqu'à la région du cœur et celle du cerveau », Gargantua mentionne précisément la feuille de l'épinard. Ce qu'entendant, Grandgousier s'écrie : « O que tu as bon sens, petit garçonnet ! Ces premiers jours, je te ferai passer docteur en gaie science, par Dieu ! car tu as de raison plus que d'âge ! »

Voilà donc un bon remède au souci de l'épinard, et une bonne façon aussi d'accéder au paradis. Freud devait le mâcher et le remâcher, le déguster jusqu'au bout, dans le sentiment permanent de la faute à réparer. Gargantua, lui, n'a de dette à payer à qui que ce soit, il trouve le remède tout seul, il en impose à son père, se moque de la béatitude éternelle et se libère dans un grand rire profanateur. L'épinard est donc une feuille qui n'est pas tout à fait inutile dans l'existence. Ah, ceci encore :

> « A la mi-mars
> Le coucou est dans l'épinard. »

F

Malice de la fève

La fève, dit-on en haute Bretagne, c'est le grain du diable.
C'est donc peu dire qu'elle est malicieuse.
« Entre la première fève du Ier mai, écrivait Joseph Delteil, et la fève en robe prétexte, à ruban noir, quelle échelle de saveurs ! » Certes, mais il faut toujours avoir soin de la tâter avant, et plutôt deux fois qu'une. « Pour bien la choisir, conseille Joël Robuchon, tâtez donc les cosses pour vous assurer qu'elles sont pleines, car les fèves sont trompeuses, toujours gonflées, même vides. » Il ajoute qu'il ne faut les manger que dérobées, *c'est-à-dire entièrement nues. Seules les impubères sont laissées intactes : les fèvettes tendres, pas plus grosses que l'ongle d'un petit doigt, dont la peau n'a pas eu le temps de se faire. Pour les autres, c'est une opération délicate de dérober ou de* décalotter *la fève. Joël Robuchon ne voit pas d'autre moyen que de l'ébouillanter, puis de la plonger ensuite dans un bain d'eau glacée : la robe des fèves ne résiste pas à ce traitement de moujik.*
La fève, qu'on pourrait croire plus proche par la forme d'un petit rognon ou d'une oreille charnue, a pourtant quelque chose de féminin. Pline dit qu'elle croît et décroît au rythme de la lune, les marchands du Caire l'appellent corne de gazelle, *quand elle est drue et fraîche, et elle rappelait à Malraux les coiffures féminines qu'il avait observées sur les fresques de Persépolis. Malheureusement, la fève vieillit mal. C'est son drame. C'est même le seul féculent à devenir aussi laid. « Les haricots, note Marie Rouanet, sont coquille d'œuf, roses, blancs, avec*

un œil cerné de noir de mouette rieuse, ou piquetés comme des grives. Le pois chiche a l'air d'un joli bout de sein. Mais la fève, pauvre ! Elle est ridée, tannée, son vert est devenu marron. Elle a tout l'air de vieilles fesses. »

Moniales

La fève est un très vieux légume. Paraît-il que les anciens habitants de Suisse et d'Italie cultivaient, à l'époque du bronze, une variété de fèves à petites graines. On en a découvert dans les fouilles de la ville de Troie et, en Égypte, dans les tombes de la XIIe dynastie. Aujourd'hui encore, au Caire, le *foul md'amès* se vend à tous les coins de rue, dès le matin, et rend les Égyptiens toujours aussi gros. Car la fève fait enfler. Et pas seulement enfler. « Ceux qui mangent des fèves, dit La Bruyère-Champier, surtout lorsqu'ils n'y sont pas habitués, ont le corps distendu par les flatuosités. On les déconseille d'ailleurs à ceux qui s'adonnent à l'étude des lettres et aux enfants, car pareille nourriture entraverait inévitablement le développement de leur intelligence. »
Dioscoride la recommandait pourtant en application sur le bas-ventre, pour empêcher le poil de venir sur le pénil (encore qu'aujourd'hui, on préfère en général laisser venir), et comme on s'était aperçu assez tôt de la ressemblance de la fève avec les organes génitaux (aussi bien la vulve que les testicules), on en préconisait la farine contre les affections de ces parties, et toutes les maladies vénériennes, *coup de pied de Vénus* ou *coup de pied de cheval.* Il est même assez piquant d'observer que la fève fut considérée à la fois comme un remède et une incitation à l'amour. Car cette légumineuse, que Curnonsky jugeait capable de « donner du montant avant et d'en redonner après », était connue pour être lascive en diable. Saint Jérôme, en tout cas, interdit expressément l'usage des fèves aux moniales, parce qu'elles causent toute une série de chatouillements, de *titillations* dans les parties génitales, effets qui lui paraissent incompatibles avec la vie de couvent. Cela dit, tout le monde n'avait pas le même point de vue, car Clément d'Alexandrie les accusait d'entraîner la stérilité. Mais peut-être était-ce un habile prétexte pour interdire également d'en manger.

On a parfois prétendu que l'odeur de ses fleurs engendrait la folie. « Fèves fleuries, temps de folie », disait-on, ou encore : « Les fèves sont en vigueur, les femmes sont folles. » Comme on voit, cela visait surtout les femmes. Selon Littré, ces expressions viendraient de ce qu'on attribuait à la fève la propriété d'hébéter l'esprit. Un certain Casimir Barjavel a même déclaré, d'après un relevé qui avait été effectué à la Salpêtrière, de 1806 à 1814, que les admissions dans cet hospice d'aliénés avaient été plus nombreuses en mai, juin et août et que cette proportion décroissait de septembre à décembre, et davantage encore en février et mars. C'était sans doute vrai, mais la fève n'y était pour rien. L'explication résidait dans un contresens de traduction. Car Pline (d'où vient cette histoire) dit simplement que les maladies mentales étaient particulièrement fréquentes *à la floraison des fèves,* c'est-à-dire au printemps. Loin d'être encore une malice de la fève, la folie n'était qu'une maladie de saison.

Dames galantes

Pour parler d'une femme enceinte, on disait autrefois qu'elle avait mangé des fèves (ou de la soupe aux fèves). En tout cas, pour les dames galantes de la Renaissance. La fève qui provoque aussi l'embonpoint pouvait donc fâcheusement abuser l'entourage. Tel était le drame en effet de certains maris de l'époque, raconte Brantôme, qu'ils venaient attiser leur femme, mais « n'étant pas suffisants et capables pour amortir leur chaleur, il fallait qu'elle courût au secours auprès de son amant ; encore ne se contentant de lui bien souvent, elle se retirait seule, en son cabinet ou en son lit, et là toute seule passait sa rage, à la mode lesbienne, ou autrement par quelque autre artifice, et même, n'eût été la honte, elle s'en fût fait donner par les premiers qu'elle eût trouvés, dans une salle de bal, à l'écart, jusque sur les degrés, tant elle était tourmentée de ce mal chaud, ni plus ni moins que les juments aux confins de l'Andalousie ». Bref, ce qui empêche toute fille ou femme d'en venir là bien souvent, conclut Brantôme, c'est la crainte qu'elles ont d'enfler par le ventre, sans manger de fèves. Ce que les femmes mariées ne craignent nullement, car si elles enflent, c'est le pauvre mari qui a tout fait, et porte toute la couverture.

On usa du même régime avec les paons. C'est ainsi que Columelle, qui envisageait leur élevage dans une petite île plantée d'arbres où l'on pourrait sans inconvénient laisser libre le troupeau, demandait de prévoir toujours cinq femelles pour un mâle : s'ils en ont moins, ils sont si lubriques qu'ils ne les laisseront pas en paix former leurs œufs. Donc, pour exciter l'accouplement des paons (fin février), Columelle recommande de donner aux mâles comme aux femelles, tous les cinq jours, à jeun, environ trois décilitres par tête de fèves torréfiées à petit feu et encore tièdes. Conseils qu'on renouvela à la Renaissance, s'il advenait que le mâle et la femelle ne puissent entrer en chaleur : on les proposait alors rôties en cendre chaude. On était d'autant plus attentif aux paons, à cette époque, qu'on les mangeait, bien qu'on estimât généralement que leur chair fût mélancolique et de difficile digestion. La chair rôtie du paon avait pourtant cet avantage de se garder un mois entier, sans rien perdre de sa saveur. Et la fiente de paon était souveraine contre les affections des yeux, si du moins on pouvait en trouver, car le paon disait-on est si envieux du bien de l'homme qu'il préfère la manger lui-même de crainte qu'on ne la prenne.

Pythagore

Dans son traité *De la divination,* Cicéron observe qu'il était interdit aux pythagoriciens de manger des fèves, parce qu'elles « gonflent beaucoup et nuisent ainsi au calme dont a besoin une âme en quête de vérité ». Pour lui, si les pythagoriciens proscrivent radicalement la fève, c'est donc qu'elle paraît gonfler l'âme plus que le ventre. Mais peut-être était-ce aussi de leur part la crainte, comme le dit Rabelais dans le *Quart Livre* à propos des habitants de l'île de Ruach, de voir mourir « les hommes en pétant, les femmes en vesnant. Ainsi leur sort l'âme par le cul ». En tout cas, les pythagoriciens ne furent pas les seuls à proscrire les fèves : les prêtres égyptiens, raconte Hérodote, la tenaient en si grande horreur qu'ils en détournaient les yeux comme d'une chose immonde. Mais elle consti-

tuait pour eux un interdit majeur (avec le rouget, le mulet de mer, les œufs et les oiseaux) et fut même, dit-on, à l'origine de la mort de Pythagore.
Hermippe raconte ainsi que, pendant la guerre entre Agrigente et Syracuse, le philosophe de Crotone sortit de la ville avec ses compagnons en voulant secourir les Agrigentins. Ceux-ci mis en déroute, il fut contraint de fuir devant ses ennemis, et aurait refusé de traverser un champ de fèves, car elles étaient pour lui l'essence du divin. Pris par les Syracusains, il fut alors mis à mort. Mais peut-être est-ce là, dit Anne Cauquelin *(La Mort des philosophes)*, une belle mort à la gloire du philosophe, une « stèle empruntée », car il existe une autre version, qui pourrait bien lui avoir servi de matière première. On dit en effet que Denys l'Ancien, tyran de Syracuse, qui s'adonnait aux superstitions et à l'art divinatoire, avait entendu dire des merveilles au sujet des fèves par les pythagoriciens qui fréquentaient sa cour. Or, il n'y avait pas de fèves en Sicile. Il en fit donc chercher et la petite troupe qu'il envoya à cet effet fut surprise par l'ennemi. Seule issue : traverser un champ de fèves. Tous se laissèrent massacrer plutôt que de passer parmi ces plantes sacrées. Mais qu'avait donc de si sacré la fève pour Pythagore ? Qu'avait-elle aussi pour provoquer un tel sentiment d'horreur qu'on lui préférait la mort ?

Le pourri

Pour Marcel Détienne, la chose est simple. Seule de toutes les plantes, la fève possède une tige creuse dépourvue de nœuds, particularité qui ferait d'elle un lieu de passage idéal entre les vivants et les morts. Elle servirait en somme de point d'appui et d'échelle pour les âmes des hommes pleins de vigueur qui remontent des demeures de l'Hadès en pleine lumière. Ce serait le couloir de la métempsycose. Mais la fève appartient aussi à l'ordre du pourri, alors que les aromates relèvent du sec et du brûlé. Et les pythagoriciens s'en rendirent compte au cours d'étranges expériences. Une fève, enfermée dans une boîte ou une marmite close, fut ainsi enfoncée dans la terre ou cachée sous une couche de fumier. Au bout de quarante à quatre-vingt-dix jours, on déterra le récipient et, à la place de

la fève, on trouva une tête d'enfant déjà formée, ou un sexe féminin, ou une tête d'homme, ou encore du sang. Ce qui était propre à horrifier quiconque. Bref, la légumineuse apparaissait comme un mélange affreux de sang et de sperme, elle se situait résolument du côté de la mort et des renaissances nécessaires.
Les pythagoriciens faisaient même de la fève le premier être vivant à être né de la putréfaction originelle, avec le premier des hommes : « Lors de la confusion qui régnait au début et à l'origine de tout, quand beaucoup de choses étaient mêlées dans la terre, en germination et en putréfaction, que petit à petit se produisaient la naissance et la distinction d'animaux formés ensemble et de plantes qui germaient alors, de la même décomposition, l'homme se forma et la fève grandit. »
De cette cosmogonie fantastique, il ressort que la fève est en quelque sorte le double de l'homme, son frère jumeau. Une autre expérience des pythagoriciens révèle aussi que, si l'on exposait quelques instants à l'action du feu solaire une fève rongée ou légèrement broyée entre les dents, on la trouvait un peu plus tard exhalant l'odeur de sperme, ou même du sang humain versé au cours d'un meurtre. Manger la fève, c'était donc une façon de répandre le sang de l'homme, c'était dévorer la chair humaine, se conduire comme une bête sauvage. Ce que les pythagoriciens exprimèrent d'une formule foudroyante : « C'est crime égal de manger des fèves et la tête de ses parents. » Cela dit, des esprits plus pratiques suggérèrent que peut-être Pythagore voulait ainsi prévenir les maladies liées aux flatulences que peut provoquer un abus de fèves (et au désordre connu sous le nom de *favisme).* Ou encore, compte tenu de ses propriétés échauffantes, était-ce une façon de proscrire le sexe dans la société des pythagoriciens, à Crotone : on sait que toute précocité sexuelle y était sévèrement blâmée, et Pythagore préférait à cette fève trop chaude la laitue humide et froide, particulièrement en été, parce qu'elle permettait de triompher des tentations érotiques causées par la canicule et de neutraliser l'hypertrophie de la sexualité féminine.

La galette

On comprend, dans ces conditions, pourquoi les Romains l'ont considérée comme un légume *lugubre*, qui présente du reste des taches noires sur les ailes de sa fleur, si bien qu'on l'employait dans les offrandes aux morts et que le flamine (le prêtre de Jupiter) n'en mangeait pas. Mais enfin, ce que préfère la fève, ce n'est pas d'être enterrée dans une marmite sous une couche de fumier, pour qu'on découvre trois mois après un sexe de femme épanoui. C'est bien d'être introduite dans la galette des Rois, le jour de l'Épiphanie. Une galette feuilletée à la frangipane, de préférence, dorée à l'œuf et fourrée à la pâte d'amandes. Le roi de la fève, c'est alors celui qui trouve ce talisman dans les plis de la galette, lequel d'ailleurs fut remplacé, à la fin du siècle dernier, par un sujet de porcelaine historié : petit poupon emmailloté, bonnet phrygien, coq gaulois, dirigeable Zeppelin ou étoile de mer. C'est donc, comme au temps des Saturnales romaines, un roi de loterie, un roi pour rire, un roi qui n'en est pas un du tout, mais qui peut facilement s'en persuader. On appelle *roi de la fève*, dit Furetière (1690), « un homme qui fait le vain, et dont on ne fait pas grand état, qui n'a aucune autorité ». C'est sans doute pour s'en moquer aussi qu'on appelait de ce nom (selon Eugène Rolland) « celui qui avait attrapé une maladie infâme ». Et voyez comment la maligne s'ingénia encore à rouler son roi dans la farine. L'épisode se trouve dans un conte noir de Léon Bloy, intitulé précisément *La Fève*. Il s'agit d'un certain Tertullien, qui venait d'attraper la cinquantaine, dont le commerce des fromages en gros marchait admirablement et la considération grandissait de jour en jour, lorsqu'il eut le malheur de perdre sa femme, la délicieuse Clémentine. Ce malheur se doubla assez rapidement d'une humiliante découverte, car il acquit la certitude que la défunte l'avait trompé nuit et jour, quelque temps qu'il fît, à peu près partout. Dans son lit, dans sa cave, dans son grenier, dans sa boutique, jusque sous l'œil du gruyère et dans les effluves du roquefort et du camembert. Quelques semaines plus tard, cependant, Tertullien offrait un somptueux dîner le jour des Rois. Vingt convives mâles, triés avec soin, se pressaient autour de la table. Tout était noir, les murs, le plafond, la nappe, les candélabres et les bougies. On leva son verre « à la mémoire de notre chère morte ». Et on découpa le gâteau. On ne sut pas à qui échut la fève royale, mais le diabolique Tertullien, paraît-il, fut inquiété par la justice pour avoir inséré, dans les flancs énormes de cette galette frangipane, le *cœur* de sa femme, le petit cœur en putréfaction de la délicieuse Clémentine.

Les amours cachées de la figue

Zacutus Lusitanus, au XVIIe siècle, rapporte l'histoire d'une femme enceinte qui, pour avoir mangé trop souvent de figues, fut en proie à une fièvre violente et présenta une teinte pourpre sur tout le corps. On la saigna, on la ventousa, on lui appliqua un emplâtre « pour récréer le fœtus », rien n'y fit. Des convulsions terribles se déclarèrent, le fœtus s'agita dans tous les sens et, finalement, la maladie se termina par une éruption de papules d'où sortirent des légions de vers rouges. L'intraitable fœtus, revenu à de meilleurs sentiments, vit le jour quant à lui au bout du neuvième mois. Comme on pouvait s'y attendre, les entrailles rouges de la figue en effrayèrent plus d'un. Au point que dans le folklore religieux catalan, on dit qu'autrefois « les figues avaient une peau toute dorée et une chair blanche comme le lait, mais comme Judas se pendit à un figuier, elles prirent à l'extérieur la couleur noire du deuil et devinrent à l'intérieur rouges comme le sang ». Certains donnèrent même le nom de bourses de Judas *à ces figues rabouines qui avaient la trahison au cœur.*

Figue molle

La figue remonte à la plus haute Antiquité. Originaire de l'Asie Mineure, l'arbre fut cultivé très tôt en Perse, en Syrie, dans l'île de Poros et au nord de l'Afrique. Homère en parle, dans l'*Odyssée*, à propos du supplice de Tantale, aux Enfers, et Plutarque explique dans ses *Propos de table* que si l'un des plus doux fruits du monde naît d'un arbre si âpre et si amer, c'est que toute la douceur s'en est rendue au fruit. C'était pourtant une nourriture roborative, qui faisait partie du régime des athlètes aux Olympiades. Platon fut très friand de la figue (et des athlètes en général). On l'appela le *Philosukos*, l'amoureux de la figue, et la légende veut même qu'il en soit mort, suite à une maladie pédiculaire Zénon de Citium, l'un des fondateurs du stoïcisme, s'en nourrissait exclusivement : la figue, disait-il, diminue la sensibilité physique et laisse moins de prise aux impressions morales. Et Chrysippe, un autre stoïcien, en fit une belle mort : comme un âne mangeait ses figues, il dit à sa vieille servante : « Donne-lui aussi du vin », et il mourut en éclatant de rire. C'était donc bien le fruit de l'endurance et de la force d'âme. Ce qui contrastait singulièrement avec sa physionomie melliflue, son aspect de bourse de miel, de sucre végétal, de rondeur saignante et poisseuse.

Tant de virilisme affiché pouvait-il se combiner avec un fruit si émollient et apaisant ? Apparemment oui. Car la figue sèche cuite dans du lait calmait, disait-on, les maux de dents ou les inflammations des gencives. Les graines arrêtaient les hémorragies. Et selon Plutarque, le figuier lui-même émettait un souffle chaud âcre et pénétrant, si bien que pour attendrir la volaille, on conseillait de la suspendre à l'arbre. On rappelait qu'un taureau sauvage attaché à un figuier apaisait sa fureur. Et si l'excès de figues pouvait enfler l'estomac, provoquer des vents et faire naître des poux, certains admettaient qu'il pouvait aussi « obliger à caresser les femmes » (*Nouvelle Instruction sur les figuiers*, 1692). Les expressions populaires confirment d'ailleurs cette tendance de la figue à l'abandon : *vivre de figues*, à Rome, c'était vivre dans le luxe et la mollesse, et dans le parler pied-noir, *être figué*, c'est être avachi, amorphe, rendu comme une figue molle. Bref, la figue manifeste une sorte d'hermaphrodisme originel et vaut autant par sa robuste constitution, sa chair encourageante que son exquise douceur et sa féminité cachée. Tant de bonté l'a pourtant desservie, car dans le folklore breton, on qualifiait les figues violettes de *fiez-glaz*, c'est-à-dire de crottin de cheval.

Couille du pape

On a souvent parlé de la solitude du figuier. Placé en bordure des champs, prenant assise de la moindre pierraille, dans l'interstice ignoré du regard, abandonné à tous les chapardeurs de figues. André Suarès, dans *Les Rêves de l'ombre*, note que la peau des figuiers « sent la femme solitaire, et rend à l'ombre le musc et la vanille qu'elle a dérobés à la chaleur du jour ». C'est pourtant à ce tempérament ombrageux qu'on doit tous les réjouissants cortèges de figues-filles (et aussi de quelques garçons), depuis Pline et Columelle. Qu'en reste-t-il aujourd'hui ? La figue Mignonne, de la grosseur d'une cerise, la Grassette, la Franche-paillarde, la Gueuse, qui se déchire en mûrissant, la Sultane ou encore, en Tunisie, le Sein de la négresse. On cite parfois la Grosse joufflue, aussi noire de peau que la Vierge de Saragosse, à la chair faite de flammèches rouges : « Quand on y met la dent, observe James de Coquet, on a l'impression de mordre dans un buisson ardent. » La figue de Naples, qui se fait franchement appeler Couille du pape dans le Var, à la chair rose un peu framboise, presque transparente. Ou la fameuse Figue seconde, dont parle Colette dans *Gigi*, « qui des plus belles heures de l'été fait son miel, s'enfle de rosée nocturne, et verte ou violette pleure, par son œil, un seul pleur de gomme délicieuse, pour vous marquer l'instant de sa perfection ». Mais à quoi reconnaît-on précisément une figue mûre ? C'est simple : la peau ridée et un peu déchirée, la tête penchée, un corps tout rapetissé et voilà ! Elle paraît moelleuse sous les doigts et vient à quitter l'arbre quand on l'ébranle un peu. Telle est ce qu'on appelle en Provence la *figue écrite*. C'est-à-dire gercée par excès de maturité, parcourue de petites crevasses superficielles qui en sillonnent la joue. Et quand le bonheur est trop grand, elle éclate et ouvre sans pudeur sa chair grenue. C'est la blessure de la figue : œil de Cyclope aux paupières ourlées, aux commissures serrées, chair meurtrie et dolente, qui n'attend plus qu'une bouche en effet.

Oie gauloise

Contrairement au figuier, la figue a du goût pour la compagnie. Quand ce n'est pas la bouche d'un homme, elle se contente du gosier des bêtes. C'est le cas du *becfigue*, nom provençal d'une fauvette des jardins. Le becfigue, c'est celui qui *becque* les figues, mais aussi bien les raisins : il doit donc se déguster en automne, quand il est plein. A Rome, c'était un mets de luxe, le seul oiseau qu'on mangeait tout entier, particulièrement apprécié dit-on du général Lucullus. Il accompagna aussi les cygnes, les aigles et les paons des festins médiévaux. La figue s'alliait donc amoureusement avec ce passereau pour enfanter ce que Lawrence Durrell appelle des *oiseaux confits*. Buffon a vanté le mérite de ces « petits pelotons de graisse et d'une graisse délicate, appétissante, exquise », et Brillat-Savarin note que « parmi les petits oiseaux, le premier, par ordre d'excellence est sans contredit le becfigue. Il s'engraisse au moins autant que le rouge-gorge ou l'ortolan, et la nature lui a donné en outre une amertume légère et un parfum unique si exquis, qu'ils engagent, remplissent et béatifient toutes les puissances dégustatrices ».

Mais la figue coqueta longtemps aussi avec l'oie. Et la plus prisée, à l'époque romaine, c'était l'oie gauloise, l'oie de Picardie. C'est Apicius qui aurait imaginé de gaver les oies à la figue sèche et bien sucrée : ce qu'on appelait le *jecur ficatum*, c'était donc le foie gras d'oie, le foie de figue, qu'on trempait ensuite dans un bain de lait miellé, pour l'attendrir encore. Aujourd'hui, bien sûr, c'est au maïs qu'on gave l'oie grise ou l'oie cendrée. En tout cas, on oublia vite le *jecur* (le foie) pour ne plus garder que le *ficatum* (la graisse de figue), lequel a donné son nom au *foie* dans toutes les langues romanes. La figue a donc fini par avaler le foie : elle l'a nourri, puis digéré. C'est assez joli, mais sans doute inexact (étymologiquement parlant). Pierre Guiraud fait observer que le foie avait perdu tout lien avec la figue (ce qui est probable, car l'engraissement de l'oie avec des figues n'était qu'un usage méditerranéen), et que de ce fait il ne faudrait voir dans le foie qu'un sang figé, un sang moulé *(figitum)*. Peu importe, ce qu'on aime dans le foie gras, ce n'est pas le sang, c'est bien, selon le mot d'Archestrate, « l'âme de l'oie ». Et c'est aussi grâce à la bonté de la figue que l'oie peut se prévaloir d'avoir eu un jour une âme.

Sein flétri

La figue mérite donc à tout le moins quelques égards. On s'étonne d'autant plus que *sécher des figues*, ou même *cul de figue*, ait pu se dire à Marseille de ces filles qui se dessèchent à attendre un mari qui ne viendra plus. Car la figue sèche a toujours ravi les esthètes. Parmi lesquels Francis Ponge, qui lui a même consacré un livre entier : *Comment une figue de paroles et pourquoi* (1977). Oh ! il ne flatte pas la figue ! Il en retient surtout deux images : le *sein flétri*, le gros tétin couleur de pierre sèche, la forme lâchée, tombante (oui, comme des seins tombants), dégonflée, mais pas trop, juste assez pour qu'on y morde sans vergogne, et puis le *pauvre couillon fripé*, d'un tissu épais mais élastique, sous une poudre de lichen sucré, petite bourse molle, emplie d'une confiture épaisse dilapidant son grain, grosse perle de caoutchouc, vessie dégonflée.

On pourrait certes se demander s'il n'y a pas de sa part une étrange séduction du flétri, du ridé, de l'affaissé. Mais non. Ce qui le passionne au fond, c'est la morsure de la figue. Ce moment paradoxal où s'équilibrent la pression des dents et la résistance élastique de la chair, et quand enfin on arrive à couper ce caoutchouc, car il est assez rugueux et desséché, et qu'on parvient à la pulpe, un peu de sucre a imprégné les lèvres et la salive, et on est déjà récompensé. On l'est d'autant plus que s'offre à nous le spectacle inouï de ces pépites d'or dans les plis (ou disons les lèvres) de sa pourpre. « Les lèvres, on voit bien ce que j'évoque, je n'en dirai pas plus. » Ce que cache cette « pauvre petite gourde molle et grise », ce sont donc les plis intimes d'une femme, ses lèvres qui s'ouvrent, et qui s'ouvrent sur quoi ? Sur une église. « Le portail ouvert — vous savez ! — ce qu'on voit parfois au fond des églises, du dehors, le portail ouvert, en plein jour : cet autel scintillant ! Tel est l'intérieur de la figue (de la moindre figue). » C'est assez déconcertant en effet de dénicher ainsi une église ou une chapelle romane au fond d'une vulve mitraillée de grains d'or.

On comprend mieux, en tout cas, que cette confiture de pourpre qui craque sous la dent lui paraisse « comme une petite idole, dans notre sensibilité, d'une réussite à tous égards plus certaine ». Car, Ponge le souligne, la figue est aussi un des rares fruits dont on puisse manger tout : l'enveloppe, la pulpe et la graine. Reste pourtant dans la bouche, irréductible, ce petit rudiment ligneux, cet ombilic, ce bouton de sevrage de la queue. La bouche qui mange la figue, dit-il, ne cesse d'y mâchonner ce petit ergot rétif, qu'elle ne peut réussir à avaler et qu'elle doit bien se résoudre à quitter, après en avoir aspiré le suc. Ce qui, il faut bien en convenir, est toujours un moment douloureux dans la vie d'un homme.

Figue pâmée

Si Ponge s'enchante de ces figues sèches qu'on nous sert, depuis notre enfance, habituellement aplaties et tassées dans leur emballage comme de petites victimes, on peut avoir l'envie légitime d'une figue plus épanouie et fastueuse, d'une figue farcie à la syrienne par exemple, comme le propose Manuel Vasquez Montalban. Car la figue sèche, explique le romancier catalan, est un petit animal enclin à être farci, et les Syriens qui jouissent du palais le plus subtil de la Méditerranée orientale y ajoutent le raffinement d'une cuisson préalable dans le jus d'orange et de citron, avec un résultat d'une rare délicatesse, bref la figue sèche farcie a inévitablement un « aspect de vulve aux saveurs occultes, qui aurait au fond d'elle-même la dureté d'un désir quasiment ossifié et vertébré ». Mais, comme on sait, la figue n'est pas un fruit monothéiste ou monosexuel. Elle autorise tous les péchés comme toutes les intentions du péché. Ouvrez-la, et la voilà bientôt qui se pâme.

Qu'est-ce qu'une figue pâmée ? Eh bien, c'est une figue qui se trouve mal sous l'effet de l'émotion, qui s'abandonne à de vifs transports, qui est éperdue d'admiration. Ce qui correspond en effet, dit Alfred Delvau, à la *nature* de la femme, dans certaines circonstances. C'est le classique fruit d'amour, que les Anglais appellent *fruit basket* et qu'on jugeait au XVIIIe siècle *fruit mignon*. On la grignote dans les *Poésies érotiques* de Parny (1778) et on la mord après les fraises, chez Richepin, un siècle plus tard. Dans son *Etalage de fruits & légumes*, le Flamand Snyders (XVIIe siècle) nous présente une de ces vendeuses bien en chair et fort aimables, au milieu de ses poireaux, choux et navets, qui tient dans ses bras une corbeille de splendides figues violettes, dont elle offre un spécimen à un grand pedzouille à l'œil effaré, mais à la belle musculature, barbe en botte de foin et baluchon sur l'épaule. Et cette figue qui les réunit, enfin qui réunit leurs mains, cette figue déjà ouverte, éclatée peut-être, dont le cou est tout tordu et dont la couleur presque noire contraste violemment avec la pâleur de leur chair, cette figue donc est plus qu'une proposition, déjà un aveu, presque l'amorce d'un malentendu. Car si ce pauvre garçon regarde avec tant de stupeur ou de stupidité cette grosse figue violette, elle, en tout cas, ne regarde que lui, d'un air d'abandon qui en dit long. Mais enfin la figue est toujours un bon début de roman, et à tout prendre, il vaut mieux commencer un roman par la figue que par la queue, comme on disait assez cavalièrement au siècle dernier.

On aura donc soin de ne pas confondre *offrir la figue* et *faire la figue*, geste de défi ou de bravade, façon assez directe et ordurière de *faire la nique*, qui apparut vite pour ce qu'elle était : une forme particulière de bestialité. L'expression vient de l'italien *far la fica* et tire son origine, note Furetière, de ce que les Milanais, qui s'étaient révoltés contre Frédéric Barberousse, avaient chassé ignominieusement hors de leur ville l'impératrice sa femme, montée sur une vieille mule nommée Tacor, le derrière tourné vers la tête et le visage vers la croupière. Frédéric, les ayant subjugués, fit alors mettre une figue aux parties honteuses de Tacor et obligea tous les Milanais captifs à arracher publiquement cette figue avec les dents, et à la remettre au même lieu sans l'aide de leurs mains, sous peine d'être pendus et étranglés sur-le-champ. On les contraignit à dire aussi au bourreau qui était présent : *Ecco la fica.* « C'est donc, conclut Furetière, la plus grande injure qu'on puisse faire depuis aux Milanais que de leur faire la figue : ce qu'on fait en leur montrant le bout du pouce serré entre les deux doigts voisins. »

Berbères

La figue n'est pas toujours en état de pâmoison. Elle peut parfaitement rester fermée. Pourtant, cette jolie figue bulbeuse, replète et satinée est en général fort mal vue. Dire à quelqu'un que ses figues sont *trop hautes* (c'est-à-dire que ses prétentions sont exagérées) ou *trop molles* (quand il ne peut satisfaire à des exigences pourtant légitimes), c'est manifestement le mettre dans l'embarras. Les Berbères ont d'ailleurs le mot *tibekhisen* (figues) qui désigne aussi les testicules, mais par pudeur ils lui substituent *lekhrif*, qui veut dire l'automne. Car pour eux, manger l'automne paraît une activité aussi exaltante que mordre la figue. Ce qui devait plaire à Gide aussi. Gide avait un faible pour la figue arabe. Pas seulement arabe, du reste, puisque c'est à Florence, sur une terrasse en face de Fiesole, que Simiane (dans *Les Nourritures terrestres)* évoque le lait des figuiers élastiques et les amours cachées de la figue. « Je chante la figue, dit-elle, / Dont les belles amours sont cachées. / Sa floraison est repliée, / Chambre close où se célèbrent des noces ; / Aucun parfum ne les conte en dehors. / Comme rien ne s'en évapore, / Tout le parfum devient succulence et saveur. / Fleur sans beauté, fruit de délices ; / Fruit qui n'est que sa fleur mûrie. »

Qu'ont donc de si caché ces amours de la figue ? C'est tout simplement que le figuier ne porte pas de fleurs ou plutôt que celles-ci se développent à l'intérieur du fruit. La figue est donc un faux fruit. Les véritables fruits, ce sont précisément ses entrailles rouges, les minuscules graines qui croquent sous la dent, dont la figue n'est que la grosse enveloppe charnue. Et la fleur du figuier est si bien enfermée dans le secret de ces bourses que le pollen ne peut s'en échapper ni s'y infiltrer. Sauf dans le cas des fleurs hermaphrodites, qui ne fournissent que des fruits médiocres. Pour en obtenir de meilleurs, issus d'une fécondation croisée, la nature a créé un moucheron, dans la fleur même du figuier mâle resté sauvage et appelé *caprifiguier* (figuier au bouc). Chargé de pollen, l'insecte messager, le blastophage (apparenté aux guêpes et aux abeilles), vole jusqu'à la fleur femelle, s'introduit par l'œil minuscule de la figue et dépose son pollen sur les stigmates, à quoi se résume du reste son destin. Celui d'un minuscule pénis ailé, dont la trajectoire n'intercale qu'une parenthèse d'air et de vide dans le déroulement d'un viol.

La **fraise** de Mme Moutot

« Tout rouge en haut, tout vert en bas et plus de cent petits yeux qui vous regardent. » C'est la fraise. A en croire cette ancienne devinette de Wallonie, la fraise serait donc une sorte de monstrueuse excroissance, une boursouflure de chair, un soufflé de pulpe à vif traversé de cent petits yeux plus ou moins cuivrés. La seule chose qui rassure dans la fraise, c'est sa taille. Car c'est un fruit de main, et même un fruit du bout des doigts, somme tout assez inoffensif, une bestiole endormie, qui suppose pourtant qu'on surmonte bien des frayeurs ou des réticences avant de la porter à ses lèvres. Comme la figue, la fraise est un faux fruit, ou encore un fruit multiple de fruits, puisque sa chair rouge n'est qu'un capitule démesurément enflé, et que tous ces petits yeux jaunes, ces fragments de noisettes si aptes à se loger dans la dent creuse, ces grains qu'on appelle akènes *parce qu'ils ne s'ouvrent jamais, disposés à la surface de la chair fraisière, sont autant de fruits éparpillés. Mais il faut bien en convenir : la fraise exhibe avec une innocente impudence ses petites graines à tous les regards. Ce qui contribua beaucoup à son succès. On ne lui connaît, en réalité, que deux ennemis : la limace qui la ronge et l'orage qui la fait tourner.*

Célébrités

Contrairement à une idée reçue, la fraise n'est pas une *fragrance.* Elle n'a pas le nom du sent-bon. Peut-être au cours de l'histoire son nom a-t-il subi un rapprochement de pure forme avec le latin *fragrare* (par une sorte d'étymologie populaire), mais de toute façon, *fragrare* signifie simplement exhaler fortement une odeur, quelle que soit cette odeur, agréable ou pas. La *Fragaria vesca* de Linné serait en fait, selon Pierre Guiraud, un fruit *divisé* (de *frendere* : broyer, concasser). De là viendrait le nom de la fraise des jardins, mais aussi celui de la fraise de veau (le mésentaire), de la collerette empesée du temps des Valois et du petit outil, dit Littré, « destiné à évaser l'entrée d'un trou percé dans du métal ou dans du bois ». La fraise n'est donc pas un fruit parfumé, c'est un fruit pulvérisé. Ce qui ne nuit en rien, du reste, à sa saveur délicate.

Notre fraise, enfin la fraise que nous connaissons, est née au XVIIIe siècle, d'un croisement d'espèces américaines à gros fruits rouges et charnus, en provenance en particulier des îles Chiloé et de Virginie. On l'appela *fraise-ananas*. Avant, on ne connaissait que la fraise des bois et la fraise-câpron (dont parle Colette, dans *La Maison de Claudine*), à la saveur aigre de câpre. Depuis, naturellement, le peuple des fraises s'est considérablement accru. A part quelques célébrités locales, comme la Belle du Mont-d'Or, aux graines très saillantes et à la chair blanche, ou la Gloire du Creusot, portée par une hampe plus courte, on compte passablement de gens de la haute, des Madame de, des Czars et des Princesses royales, bref du beau linge, dont la digne représentante est certainement la Vicomtesse Héricart de Thury, une sommité dans la fraise, à la carnation robuste, rouge et juteuse, un peu acide mais bien parfumée : elle mûrit de bonne heure et fournit encore une seconde récolte à l'automne au moyen d'un traitement approprié.

On signale également quelques valets et grisettes, comme le Lucas ou la Grosse sucrée, des bourgeoises bien sûr, une Madame Meslé, très grosse, courtement oblongue, amincie et nue au collet, à la chair rose de très bonne qualité, ou encore la plantureuse Madame Moutot, presque une héroïne de Balzac ou de Zola, qui charme le regard par sa chair saumonée et ses généreux avantages (Madame Moutot a manifestement *de la gorge*, comme on disait à l'époque), des généraux de l'armée, entre autres le Général Chanzy, exceptionnellement gros et beau, au teint très foncé et même luisant, enflé d'un suc abondant et sucré. Beaucoup de docteurs, quelques gloires littéraires, comme le Souvenir de Bossuet, fruit abondant, d'un beau rouge vif en forme de cœur, et surtout, à l'initiative de l'abbé Thivolet, qui (on ose le penser) en avait averti la Congrégation pour la cause des saints, au Vatican, toute une flopée de fraises remontantes à gros fruits, comme la Saint-Joseph, la Saint-Fiacre ou la Saint-Antoine de Padoue, conique ou en crête, mais à la chair rose foncé et juteuse (un peu moins remontante pourtant que la Saint-Joseph). C'est donc une assemblée tout ce qu'il y a de plus sélect, qui fête son saint patron comme il se doit le 13 juin (juin est le grand mois de la fraise), et célèbre à Bièvres (Essonne) l'élection de sa rosière, jeune fille vertueuse, mais vieille fraise néanmoins.

Lentilles

Jacques Puisais, fondateur de l'Institut français du goût, regrettait récemment d'avoir mangé une fraise qui était *muette*. C'est inquiétant, en effet. On ne serait donc plus assuré de tomber sur des fraises qui vous parlent, qui aient des mots pour vous, à tout le moins quelque chose à vous dire, une sorte d'affection en réserve. Est-ce à dire que ces fraises muettes aient été victimes, d'une façon ou d'une autre, d'un amour contrarié ? Qu'aurions-nous fait à la fraise qui justifie une telle mélancolie ? L'aurions-nous maltraitée, ignorée ? Mais non. Je ne vois guère que de vieux auteurs comme Bartholin pour avoir cru qu'elle provoquait l'avortement, ou Riedlin, qu'elle donnait lieu à des diarrhées incoercibles et pouvait même entraîner la mort subite. Mais tout ça est oublié depuis longtemps. Du reste, au XIIIe siècle déjà, Raymond Lulle, surnommé l'Illuminé, estimait qu'un mélange de fraises, de quintessence d'or et de perles, pris en breuvage ou appliqué localement, produisait dans la lèpre des effets admirables. Et pour Mizauld, au XVIe, l'eau de son fruit, obtenue par distillation, effaçait, voire abolissait complètement les lentilles qui gâtent le visage. Et Dieu sait que cette question des lentilles tourmenta longtemps les femmes, qui imaginèrent à peu près tout ce qui peut se concevoir de plus horrible pour y remédier. Car c'étaient des émulsions diaboliques. La Renaissance recommanda même le vitriol : « Écrasez une vipère, dit une recette, dans deux pintes de lait. Ajoutez-y une once de vitriol et distillez. » On ne sait pas si l'on en réchappait, mais on pouvait toujours préférer se livrer aux animaux : « Nourrissez petits pigeons et poulets de pain blanc, amassez leur fiente et distillez avec du jus d'escargot. » Bref, la fraise parut alors presque une action de grâces.

Bains

Encore aujourd'hui, après la naissance d'un enfant, on recommande de frictionner les seins de fraises, pour que « la mamelle retrouve son allant de pucelle ». Au XVIIIe siècle, dans son *Traité de Flore*, Buchoz la prescrit pour déhâler le teint : il convient, dit-il, d'en écraser le soir quelques-unes sur le visage, en se couchant, de les laisser sécher pendant la nuit et de se laver le lendemain matin avec de l'eau de cerfeuil (ce que faisait, paraît-il, Marie-Antoinette). Mais c'est avec les Merveilleuses du Directoire que la fraise remplit son véritable office de fruit de peau. Entre autres, avec Thérésa Tallien, amie intime de Joséphine de Beauharnais (avec laquelle elle aurait monté, dit-on, quelques spectacles osés). Thérésa prenait chaque matin son bain de fraises et de framboises écrasées (à raison de 20 livres par bain), elle y restait une heure et quand sa peau était bien imprégnée de ce suc, on la lotionnait avec une éponge trempée dans du lait. Mme Hamelin, la belle mulâtresse, préférait pourtant s'étriller à la décoction de rhum, et Juliette Récamier se plonger dans un bain additionné de pâte d'amandes. Ces bains de fraises, et quelques autres excentricités, assurèrent en tout cas à Thérésa, connue pour son tempérament exigeant et des plaisirs qui devaient nécessairement la conduire jusqu'à la syncope, une renommée suffisante pour qu'on lui dédie quelques apprêts culinaires, dits *à la Chimay* (du nom de son troisième mari), comme les œufs mollets aux champignons gratinés au four, ou encore la poularde poêlée et fourrée de nouilles au beurre.

Cussy

La fraise, dit-on, rendait triste Mme du Deffand. On se demande bien pourquoi. Car en dépit des interdits successifs de Fagon, son premier médecin, Louis XIV, lui, ne s'en privait pas. Il aimait la fraise à la folie. Ce fut d'ailleurs le fruit des Bourbons. La Quintinie (qui la cultive en *pouponnières*) lui en fournissait dès le mois d'avril, elles étaient suivies en mai par les petits pois et en juin par les melons : autant dire qu'à Versailles, on ne s'embarrassait pas outre mesure de carême, et encore moins des archiatres. Louis prenait ses fraises au vin, car les fraises au sucre râpé et à la crème étaient réservées aux personnes du sexe, mais enfin il en dévorait, dit-on, à pleins vaisseaux, en cachette de Fagon, c'est-à-dire en *faisant le hibou.* Quant au marquis de Cussy, qui fut le compagnon de bombance de Grimod de la Reynière, avant de se brouiller un temps avec lui pour une certaine Augusta Ménétrier, qui leur avait tapé dans l'œil à l'un et à l'autre (et qui préféra Cussy au point de l'épouser), il donna à la fraise un de ces desserts qui restent dans l'Histoire autant que sur l'estomac : une salade de fraises, accompagnée de crème double, de champagne et de sucre, pompeusement appelée *salade à la Triple-Alliance* (en hommage au traité de 1815). Louis XVIII, qui savait Cussy fidèle serviteur de Napoléon, fut pourtant sensible au charme de ces fraises superbement enrichies, et gratifia le marquis d'une charge. Il est vrai que Cussy avait d'autres atouts dans sa manche, comme les haricots de Soissons accommodés au jus de viande, les escargots au gratin ou les cailles à l'alicante.

La double fraise

Sei Shônagon, dans ses *Notes de chevet* (XIe siècle) comprenait, parmi les choses élégantes de la vie, « un très joli bébé qui mange des fraises ». Elle ajoutait pourtant qu'une chose peu rassurante était bien de manger des fraises dans l'obscurité, tout simplement parce qu'on risque de manger en même temps la limace. C'est du reste à la bouche, gourmande, avide, que s'adressaient les vendeurs, sur les marchés du Moyen Age : « Fraise, fraise, douce fraise, criaient-ils, Approchez-vous, petite bouche, /Gardez bien qu'on ne les froisse, /Et gardez qu'on ne vous touche. » Ces petites bouches qui s'apprêtaient à devenir à leur tour de belles fraises rouges et charnues n'étaient en fait qu'un avant-goût, et sans doute aussi un signal discret, de ces tétins cachés qu'elles tentaient d'imiter effrontément. Ce que notait déjà Furetière, en 1690, dans son *Dictionnaire universel :* « La fraise est un petit fruit qui ressemble au bout des mamelles des nourrices. » Et l'*Encyclopédie* précise même ce détail utile : « à la pointe *humide* d'un sein de nourrice ».

« Au bout de chaque téton », disait déjà un certain Bonnefons, qui n'a pas autrement fait parler de lui, en 1587, « Rougit un petit bouton /Qui paraît sur la mamelle /Comme une fraise nouvelle. » Ce n'est pas impérissable, en effet, mais on voit de quoi il s'agit. En fait, il importe de bien distinguer, en la matière, les seins rebelles, fermes et agressifs, les petits fripons bien formés et boute-en-train, et puis les seins lourds et flasques, ce qu'on appela tour à tour (et avec peu d'aménité) les grands pendards, les grandes tétasses, le mou de veau, la besace, les oreilles d'épagneul et même la tripaille. On se rappelle que Marot, en 1536, avait fait un blason assez coquet du sein en étendard (« Petite boule d'ivoire, /Au milieu de qui est assise /Une Fraise, ou une Cerise, /Que nul ne voit, ne touche aussi »), mais qu'il était revenu un peu plus tard sur cet éloge flatteur, dans son *Contreblason du tétin* (« Tétin, qui n'as rien que la peau, /Tétin flat, Tétin de drapeau, /Grande tétine, longue tétasse, /Tétin, dois-je dire besace ? /Tétin au grand vilain bout noir /Comme celui d'un entonnoir »). Que la fraise passe ainsi à l'état d'entonnoir est certainement l'une des pires choses auxquelles on puisse assister dans sa vie. Encore qu'il faille distinguer fraise et fraise. Car la fraise, dit Littré, peut être aussi une « tache naturelle qui affecte la forme d'une fraise ». C'est elle qui donna son nom à la *Fragoletta,* une des comédiennes que fréquenta Casanova et qui tirait son nom d'une fraise qu'elle avait sur le sein. Mais la Fragoletta, qui avait connu le père de Casanova, avait aussi dégoûté le fils : le sein était devenu flasque, seule hélas la fraise restait vive.

Panier

Contrairement à Louis XIV, Ronsard aimait les fraises à la crème. Seulement, il en voyait partout. Les tétins de Cassandre ou de Marie devenaient aussitôt « deux monts de lait caillé bien blanchement sur un jonc nouvelet », « des flots jumeaux de lait épaissi », etc. On comprend que l'appétit ait pu le ronger. Jusqu'à la joue de la reine Margot, à l'occasion du bal donné aux Tuileries en 1573, qui lui semblait « pareille au teint d'un rougissant œillet, ou d'une fraise, alors que dans du lait dessus le haut de la crème se joue ». Car la beauté de l'époque devait être blanche et vermeille, lèvres corallines et joues incarnates, en un mot *lumineuse*. Reste que cette fringale de tétins fraisiers devait marquer toute la culture française. On offre la fraise entre deux doigts chez Fragonard, on en froisse une variété inédite chez Sade (les deux boutons du sein de Justine), on la présente même dans un panier, et dans des dimensions étourdissantes, chez Chardin : la seule composition de fraises du reste que le peintre ait réalisée et qui s'intitule *Panier de fraises des bois* (vers 1761).
Qu'on imagine une gigantesque pyramide rouge de petits fruits, contrastant fortement avec la blancheur de deux œillets posés devant, les formes sphériques de deux cerises et d'une pêche fessue, la transparence d'un verre d'eau aux trois quarts plein. Variation, dit-on, en rouge et blanc, sur le motif de la cire et de la lettre, ou de la peau et du sang. Parfait. Mais pourquoi ces deux œillets qui bordent la corbeille paraissent-ils des yeux qui la surveillent de près ? Pourquoi le verre a-t-il la rondeur d'une bouche ouverte, prête à mordre dans ce tas rouge si bien forme ? Étrange colloque, en vérité, d'objets apparemment épars. Moment suspendu, troublant et licencieux, qu'un rien pourrait entraîner dans des désordres aisément imaginables, tant cette fraise démesurée, cette fraise grossie de fraises, cette protubérance de chair irritée offre, sans vraiment la défendre, sa pleine et pourtant fragile architecture, que des bêtes peut-être attaquent déjà. Rien n'est dit, sans doute. Mais cet écart voulu, cette proximité parfaitement retenue entre les yeux, la bouche et la fraise, ce désir insurmontable et apparemment ligoté finissent par devenir doulou-

reux. Et c'est presque avec soulagement qu'on en vient à parler de la *Fraisemamelle* des futuristes italiens, plat créé dans les années 30 par Farfa, champion national de poésie. Et qui se donne avec tant de franchise qu'on peut le traiter à la bonne franquette, sans trop de ménagements. C'est donc un plat rose avec deux mamelles féminines érectiles, faites de ricotta rougie au Campari et de mamelons en fraise confite. Voilà tout. Une petite surprise pourtant : d'autres fraises fraîches, dissimulées sous la couche de ricotta, permettent encore de mordre dans une multiplication idéale de mamelles imaginaires.

Femme de chambre

La bonne Mme Moutot dût-elle rougir davantage encore de ces évocations légères, il faut bien dire que des expressions, naguère encore en usage, comme *aller aux fraises* ou *cueillir la fraise,* supposaient bien qu'on allait voir la feuille à l'envers : la fraise était un prétexte et l'amour une gourmandise. « Ah ! qu'il fait donc bon *(bis),* /Cueillir la fraise, /Au bois de Bagneux, /Quand on est deux », dit un air connu du *Bijou perdu,* opéra comique d'Adolphe Adam. C'est semble-t-il pourquoi Zola préférait les petites fraises des bois qui ont seules des parfums exquis qu'elles ont volés aux violettes. Quels bois discrets, et que d'amoureux y ont promené leurs amours ! dit-il, dans les bois de Verrières, en compagnie de Ninon. « Il y a des chemins creux, des sentiers étroits très sombres, où l'on est obligé de se serrer l'un contre l'autre. Et il y a encore des fourrés impénétrables, où l'on peut se perdre, si les baisers chantent trop haut. » On redevient enfant dans le mystère des taillis et on crie : « Oh ! des fraises ! des fraises ! » en sautant un fossé comme une chèvre échappée et en fouillant les broussailles, pour en trouver les fruits cachés.

Ce n'est pourtant pas au bois que Michelet, qui adorait son Athénaïs, cherchait à surprendre les mystères de sa physiologie, mais dans sa chambre. Car le ventre féminin exerça chez lui (comme chez Zola, du reste) une sorte de dévotion religieuse. Comme il l'explique dans *La Femme* (1859), ce qui le ravit, c'est moins ces fruits splendides que les jardiniers amènent au plus grand développement, les magnifiques *fraises-ana-*

nas (car si la saveur n'y manque pas, on ne regrette que le parfum), que les petites *fraises des bois*, notamment celles du Midi. Et cet attrait pour les fraises des bois était chez lui l'indice d'un érotisme très particulier lié au sang. Au sang et à toutes les liquidités de la femme. Michelet était un humide : il aimait les soubresauts de la mer, les larmes d'Athénaïs qui le rafraîchissaient, et le spectacle indiscret des règles de sa jeune épouse. Car il est curieux de ce sang lunaire, fluide et abondant de la femme : ce qui émeut Michelet en elle, c'est justement ce qu'elle cache, non pas la nudité, mais la fonction sanguine, qui fait la Femme rythmée comme l'Océan. Sa joie intime est d'accéder à ce secret de nature. Telle est la femme-fraise des bois, une femme qu'il s'agit de surprendre, de posséder insidieusement, d'humilier peut-être par la connaissance de ce que Michelet appelle ses *crises d'amour.* Ce qui fait de lui, en somme, tout le contraire de Zola, courant dans les bois et promenant gaillardement les mains au milieu des herbes. Préférant la femme cachée, dans le moment où elle est affaiblie et docile à l'indiscrétion du seul mari, Michelet est bien ce que Barthes appelle un *homme femme-de-chambre.*

Fraisette

Un chapitre des *Météores*, de Michel Tournier, intitulé « Les Fraises des bois », propose pourtant de cette aimable rosacée une vision radicalement contraire. Pour fuir la perfection dans l'amour dont seuls, selon Tournier, sont capables des jumeaux, des *frères-pareils*, Jean, l'un des deux frères, est tenté un moment par un amour exogamique, un amour du dehors, avec Denise Malacanthe, la cardeuse. Oubliant donc « l'enfance ovale », et ce qu'il appelle l'esclavage gémellaire, Jean se met à rêver avec une *sans-pareil* un amour qui aurait la saveur du vagabondage, de la maraude, de la flâne quêteuse, pleine de promesses vagues qui ne sont pas moins excitantes pour être moins tenues : « La volupté massive de l'étreinte gémellaire, se dit-il alors, est au plaisir acidulé de l'accouplement sans-pareil ce que ces gros fruits juteux et sucrés de serre sont aux petites baies âpres et sauvages dans la sécheresse desquelles sont présentes toute la montagne et la forêt. Il y a du

marbre et de l'éternité dans les amours ovales, quelque chose de monotone et d'immobile qui ressemble à la mort. Au lieu que les amours sans-pareil sont un premier pas dans un dédale pittoresque dont personne ne sait où il mène, ni s'il mène quelque part, mais qui a le charme de l'imprévu, la fraîcheur du printemps, la saveur musquée des fraises des bois. » La fraise des bois reste toujours aussi mystérieuse, mais ses perspectives sont désormais beaucoup plus étendues.
Le baron de Charlus est un grand cachottier, probablement parce qu'il est un grand mondain. Seul indice de ses préférences masculines, en matière amoureuse, une discrète note *rouge*, comme un voyant négligent ou savamment disposé pour alerter ceux qu'il cherche à séduire : dans une mise d'une « volontaire et artiste simplicité », note Proust, Charlus laisse en effet filer une tache rouge, qui rappelle un peu ce que disait le perfide Saint-Simon de Monsieur, frère du roi (donc Philippe d'Orléans), qu'on accusait de « mettre imperceptiblement du rouge », comme une légère et indéchiffrable provocation. Charlus fut donc tenté par le rouge. Et c'est précisément ce qui le perdit, au moment où il y songeait le moins, sous la forme inattendue d'une *fraisette*, qui est comme la fenouillette une liqueur de dames. L'épisode se passe dans *Sodome et Gomorrhe* : on sert les rafraîchissements, et Mme Verdurin invite ces messieurs à aller eux-mêmes choisir la boisson qui leur convient. M. de Charlus alla boire son verre, revint aussitôt s'asseoir près de la table de jeu et n'en bougea plus. Mme Verdurin lui demanda soudain : « Avez-vous pris de mon orangeade ? » Et c'est alors que M. de Charlus, avec un sourire gracieux, sur un ton cristallin qu'il avait rarement et avec mille moues de la bouche et déhanchements de la taille, répondit : « Non, j'ai préféré la voisine, c'est de la fraisette je crois, c'est délicieux. » Si bien qu'on put en conclure, dit Proust, avec la même certitude qui permet à un juge de condamner un criminel qui n'a pas avoué : « Tiens, il aime le sexe fort ! »

Reine de Saba

Freud aussi aimait les fraises des bois. Comme les champignons. Probablement parce qu'il fallait les « chasser » de la même façon, que c'était un fruit enfoui, mystérieux et certainement délicieux. Il résuma son voyage aux États-Unis, en 1909, par cette formule définitive : « Un pays où il n'y a même pas de fraises des bois ! » C'est que la fraise des bois, si elle promet des aventures nouvelles, des escapades, des amours incertaines et parfois inespérées, trahit toujours quelque chose d'ancien, de volontairement caché ou peut-être même d'oublié, qui appartient aussi bien à l'enfance qu'à la mémoire du monde. Et pour Isaac B. Singer, les fraises, précisément les fraises *écrasées*, sont même l'occasion, à travers un érotisme léger, d'une brève et troublante archéologie du peuple juif. Dans une nouvelle intitulée *Deux Marchés*, il raconte ainsi qu'il est à Tel-Aviv, avec sa traductrice, et qu'il tombe par hasard, au marché Carmel, sur un marchand de primeurs bossu qui vend des fraises : elles n'étaient pas vraiment pourries, mais sous le soleil brûlant de midi elles paraissaient tournées, comme teintes. Le bossu vantait sa marchandise en chantonnant sur un ton moqueur, un doigt pointé en l'air et du rire plein les yeux. Et lui revient aussitôt en tête l'image du vieux marché de son enfance, à Varsovie, rue Krochmalna, avec le même bossu, qui vendait les mêmes fruits gâtés, à la sauvette, en inventant toutes sortes de mélodies, certaines gaies, d'autres tristes, les unes avec les joyeux accents des chants de fête, d'autres sur le ton lugubre des prières pour les morts. Il lui achète finalement un kilo de fraises abîmées. Perd entre-temps sa traductrice. Qu'il retrouve devant un étalage de lingerie. « Elle souleva un slip jaune, qu'elle rejeta immédiatement. Elle prit un soutien-gorge rouge, hésita un instant, puis le rejeta aussi. Elle prit ensuite une culotte de velours noir, mouchetée d'étoiles dorées et argentées, la regarda bien, la tapota et la mesura contre ses cuisses. Je m'approchai, lui posai la main sur l'épaule et dis : "Prenez-la, Meirav. Cette culotte a été portée par la reine de Saba, le jour où le roi Salomon a résolu toutes ses énigmes et où elle lui a montré tous ses trésors." »

Obélisques de
framboises

Autant la fraise, la plantureuse fraise de Mme Moutot, inspirait, par ses grâces et ses rondeurs généreusement réparties, un sentiment de bonté et la promesse d'une chair saumonée, fondante et parfumée (quoique parfois creuse en son centre), autant la framboise reste le fruit de la ronce, qui pousse spontanément dans les clairières, au bord des chemins, dans les sous-bois : c'est donc un fruit qui garde quelque chose de sauvageon, d'impénétrable, de solitaire et, pour tout dire, d'un peu extravagant.
Comme la mûre de ronce, la framboise est un Rubus. *Sa culture remonte au Moyen Age, mais fut améliorée au XVIIIe siècle et ne se développa qu'au XXe, ce qui explique sans doute qu'on soit assez discret à son sujet, en tout cas qu'elle n'ait pas enflammé les imaginations. Ce n'est pas tout à fait un fruit, plutôt une foule de fruits, et je crois que personne jusqu'ici n'a compté précisément le nombre de ces petites drupes qui composent une framboise, et sont autant de pulpes rondelettes, coquines et délicieuses, qui se collent amoureusement et passent leur temps à s'entre-baiser à la colombine, dirait Brantôme, car elles ont l'air « d'avoir entre elles accoutumé ce jeu très bien ».*
Voilà, la framboise bruit de baisers.

Flambe

Elle n'a donc rien à voir avec la fraise. Et n'a aucun commerce avec elle, ni par la saison ni par le nom : jamais la fraise des bois n'a ainsi donné son nom à la framboise, comme on le dit parfois. L'origine de son nom reste pourtant assez obscure. On pense généralement qu'il remonterait à l'époque des anciens Francs (du francique *brambasi*, mûre de ronce). Pour Pierre Guiraud, il faudrait considérer la framboise comme un fruit aux bords déchiquetés, une sorte de fruit effrangé (de *fimbria*, la frange). Mais d'autres y verraient plutôt un fruit enflammé, ou une inflammation de fruit, comme on voudra : Joseph du Chesne, en 1606, l'appelait *flamboise*. Tout en soulignant qu'il existait deux flambes, la flambe rouge vif de la framboise et la flambe bleue de l'iris Germanica. Linné, au XVIIIe siècle, la nomma *Rubus Idaeus*, ronce du mont Ida. Car une légende voulait qu'elle fût née du sang (comme la mûre). Et plus précisément du *sang de sein*. Celui de la nymphe Ida, fille de Mélissos, roi de Crète. Voulant apaiser Zeus, encore enfant, qui faisait retentir les échos de la montagne de cris furieux, à en rendre sourds les corybantes, Ida voulut lui cueillir une framboise. Mais elle se déchira le sein aux épines de l'arbuste, et c'est ce sang qui rougit à jamais ces fruits divins (encore que, si la majorité des framboisiers donnent des fruits d'un rouge bleuté, il en existe des jaunes d'or et des blancs qui ont dû échapper au sang de la nymphe).

C'est ce rouge en tout cas couleur de sang, dit Pline, qu'on retrouve dans la mûre, la cerise, la cornouille ou le raisin noir, alors que parfois le suc du fruit n'est que du lait ou de l'écume. C'est ce sang aussi qui en fait un fruit essentiellement féminin (car, ont remarqué judicieusement certains linguistes, « il ne semble pas y avoir de traces de *framboises* employé dans le sens de *testicules* »). On fait donc appel à elles quand on veut parler de tout ce qui est rouge et fruité chez une femme : sa bouche, son bout de sein, son clitoris. Jules Renard évoque un « ciel barbouillé à l'horizon, comme une bouche de framboise », Théophile Gautier une « bouche qui a des rougeurs de pêche et de framboise », et je ne sais plus quel auteur dévergondé de ces « radeuses au pétrus démesuré et à la framboise ravageuse qui poussaient leur gouale en l'honneur d'un visiteur de marque ».

Punaise

La framboise convient parfaitement, disait-on, aux gens bilieux, à ceux dont les humeurs sont trop âcres et trop agitées. C'est ainsi que Geoffroy, au XVIIIe siècle, la recommandait pour fortifier l'estomac, donner bonne bouche et purifier le sang. Car la framboise est tout à fait humectante et rafraîchissante. Elle fournit même, par distillation, une eau et un esprit susceptibles d'embellir et de conserver le teint d'une femme, tout en récréant et fortifiant les parties nobles des hommes, en particulier leur cœur et leur cerveau. Mais c'est naturellement son usage de bouche qui fit sa célébrité, d'autant que c'est un fruit facile, qui ne demande ni épluchage ni égrappage, ce qui est rare. Certains pourtant ont considéré qu'elle sentait la punaise. C'est faux, rétorqua James de Coquet, qui fut un grand amoureux de la framboise en général. D'ailleurs, pour ne pas lui faire perdre ses exquises grâces sauvages, il demandait qu'on la lui présente non pas dans un plat, mais dans un panier, pour qu'on puisse se servir en la faisant glisser *par petites saccades* dans son assiette.

Raymond Roussel, dont l'excentricité était à la mesure de la richesse, faisait parfois chercher, dans une de ses trois Rolls, une demi-livre de framboises cueillies le matin même dans sa propriété des Alpes-Maritimes, et qu'il dégustait au cours du repas unique de sa journée, qui se déroulait de douze heures trente précises à dix-sept heures trente, dans son superbe hôtel de Neuilly, cloître d'ordonnance et de silence. Mais, comme disait Cocteau, « la bizarrerie apparente n'est que l'extrême pointe de la simplicité ». Pierre de Lune, dans *Le Cuisinier*, qu'il publia en 1656, en fit un potage qui était du reste plutôt un dessert. Ecuyer de cuisine chez Hercule de Rohan, lequel le considérait comme un homme capable de donner de l'âme à sa table, ce garçon, par ailleurs un des plus brillants cuisiniers du siècle, avait des idées assez biscornues, et pouvait aussi bien préparer des beignets de violettes, un potage de melon avec petits poulets ou des profiteroles de poisson. Pierre de Lune fit donc une soupe (que La Varenne avait également proposée, quelques années avant, dans *Le Cuisinier français*), où les framboises étaient délayées dans du lait et assaisonnées de sel.

Avalanche

Si Cocteau préférait les sorbets au citron qu'on mange dans la rue, à Palma de Majorque, Proust manifesta un intérêt tout particulier pour la framboise en obélisque. Plus exactement, c'est Albertine qui faisait grand cas des glaces à la framboise de l'hôtel Ritz, tout en accompagnant ce plaisir d'un rire qui paraissait cruel au jeune Marcel parce qu'il était voluptueux. Comme il le raconte dans *La Prisonnière*. « Mon Dieu, dit-elle, à l'hôtel Ritz, je crains bien que vous ne trouviez des colonnes Vendôme de glace, de glace au chocolat ou à la framboise, et alors il en faut plusieurs pour que cela ait l'air de colonnes votives ou de pylônes élevés dans une allée à la gloire de la Fraîcheur. Il faut aussi des obélisques de framboises qui se dresseront de place en place dans le désert brûlant de ma soif et dont je ferai fondre le granit rose au fond de ma gorge qu'ils désaltéreront mieux que des oasis (et ici le rire profond éclata, soit de satisfaction de si bien parler, soit par moquerie d'elle-même de s'exprimer par images si suivies, soit hélas ! par volupté physique de sentir en elle quelque chose de si bon, de si frais, qui lui causait l'équivalent d'une jouissance). » En fait, ce qui paraît au premier abord le plaisir innocent d'un ruissellement de glace fondante, un frisson presque vivant parcourant l'intimité de la bouche, l'euphorie de voir le plus pur du rocher devenir ainsi le plus fluide de la crème fraîche, bref une pure et simple scène de fellation, révèle très vite sa monstrueuse cruauté. Et la succion de cette glace à la framboise prend les allures sadiques d'un massacre.

Car Albertine imagine, dans ces glaces à la framboise, à la fraise ou au citron de l'hôtel Ritz, des montagnes réduites à une échelle toute petite, mais dont l'imagination rétablit les proportions, une immense forêt descendant vers un fleuve et où les petits garçons se perdraient, des postillons, des voyageurs et des chaises de poste sur lesquels sa langue se charge de faire rouler de glaciales avalanches qui les engloutiront, de même qu'elle se charge avec ses lèvres de détruire, pilier par pilier, ces églises vénitiennes d'un porphyre qui est de la fraise et de faire tomber sur les fidèles ce qu'elle aura épargné : « Oui, tous ces monuments passeront de leur place de pierre dans ma poitrine où leur fraîcheur fondante palpite déjà. » Albertine n'y va pas de main morte : affaissement, avalanche, écroulement, cette mise en scène d'engloutissement décrit les aspirations effrayantes d'une femme-ogresse. Quant au jeune Marcel, qui assiste médusé, impuissant et meurtri à une telle catastrophe glaciaire, il ne peut que regretter que ceux qu'on aime ne soient pas comestibles comme une glace de l'hôtel Ritz.

Même le baiser, le simple baiser, lui paraît insuffisant. « Je n'avais pas songé, dit-il dans *Du côté de Guermantes,* que l'homme, créature évidemment moins rudimentaire que l'oursin ou même la baleine, manque cependant encore d'un certain nombre d'organes essentiels, et notamment n'en possède aucun qui serve au baiser. A cet organe absent il supplée par les lèvres, et par là arrive-t-il peut-être à un résultat un peu plus satisfaisant que s'il était réduit à caresser la bien-aimée avec une défense de corne. Mais les lèvres, faites pour amener au palais la saveur de ce qui les tente, doivent se contenter, sans comprendre leur erreur et sans avouer leur déception, de vaguer à la surface et de se heurter à la clôture de la joue impénétrable et désirée. » C'est pourquoi la framboise est, en définitive, un fruit si profondément douloureux.

G

La grenade de Kimiko

Dans son Journal, *en 1896, Jules Renard note que la grenade « rit comme un nègre ». C'est possible. Mais ce qui saute aux yeux dans la grenade mûre au point d'éclater et de montrer ses dents, ce n'est pas la négritude, ce sont bien ses pépins. Sa foultitude de pépins. C'est même ce qui lui donna chez nous son nom de* pomme à grains, *qu'on trouve déjà chez Chrétien de Troyes, en 1165* (pume grenate), *puis de grenade. On parla aussi, au Moyen Age, de* millegraine *ou* migraine, *encore qu'aujourd'hui la migraine ne soit pas une éclaboussure de grenade, mais une douleur dans la moitié de la tête, ce qui est différent.*

Agdistis

Originaire d'Asie et des sites rocailleux de Perse, d'Afghanistan et du Kurdistan, le grenadier est un des plus vieux arbres du monde. Il est mentionné plusieurs fois dans l'Ancien Testament, sous le nom de *Rommon,* qui est à l'origine du nom arabe *Rummân* ou *Rumân,* lequel accessoirement donna la balance romaine, la grenade ayant servi par analogie de forme à désigner le peson. Aphrodite, dit-on, le planta elle-même dans l'île de Chypre, ce qui fit aussi de la grenade le fruit de l'amour, et les Égyptiens la représentèrent au fond de leurs tombes (c'est d'ailleurs un des rares fruits traversant l'histoire de la nature morte, de l'Égypte à Matisse). Elle bénéficiait

donc d'un prestige considérable, et pourtant sa naissance fut des plus terribles. Comme la mûre et la framboise, la grenade est née du sang. Mais l'originalité de cette légende, rapportée par l'Africain Arnobe (vers 300), c'est d'y associer un hermaphrodite et une castration.
Sur la frontière de Phrygie, il y avait une falaise déserte nommée Agdos. Là, on adorait Cybèle, sous forme d'une pierre. Une pierre remarquable par la vénusté de ses formes : on la désignait sous le nom de Grande Mère. Zeus, évidemment, braqua sur elle ses concupiscences impures et perverses. Mais comme il ne put, malgré les longs efforts d'un corps à corps sévère, parvenir à ses fins, il céda et mouilla la masse minérale d'un flot voluptueux. La pierre devint grosse du sperme de Jupiter. Et, dix mois après, émettait maints gémissements et donnait le jour à une créature hybride, mi-dieu, mi-homme, mi-bête, qui reçut le nom d'Agdistis. Cet Agdistis, qui exhibait en outre les attributs des deux sexes, se rendit redoutable par sa force invincible, son irrémissible sauvagerie et sa furieuse lubricité, sacrifiant à son plaisir toutes les créatures qu'il rencontrait, quel qu'en fût le sexe. Bref, il ne se souciait ni des dieux ni des hommes. Il ne concevait pas qu'on pût l'emporter sur lui, et surtout il méprisait la terre, le ciel et les astres. Dionysos imagina alors de changer en vin une source où venait souvent se désaltérer Agdistis, au retour de ses débauches ou de ses chasses. Agdistis y puisa largement et ne tarda pas à tomber dans un profond sommeil, dont Dionysos profita pour lui attacher une corde de soie à un pied et en fixer l'autre à la racine du sexe. Lorsque Agdistis se releva, avec l'impétuosité de l'ivresse, il s'émascula du même coup, provoquant une forte hémorragie. De ce sang naquit un grenadier chargé de fruits si beaux que Nana, la fille du fleuve Sangarios, ne put résister au désir d'en cueillir, et d'en mettre dans son sein, ce qui la rendit enceinte d'Atys. Qui devait lui aussi, par la suite, s'émasculer sous un pin, et dont le sang donna naissance à des violettes.

Galles

La fête du printemps en l'honneur de Cybèle et d'Atys se concluait donc, tout naturellement, le 24 mars, par le *Jour du*

Sang, c'est-à-dire le jour de la castration des galles, prêtres de Cybèle : excités par la musique barbare des cymbales, des tambours et des flûtes, ils se précipitaient dans la danse, raconte Frazer, tout échevelés et agitant la tête, et bientôt en proie à une excitation frénétique, insensibles à la douleur, ils se coupaient avec des tessons ou se lacéraient la peau avec des couteaux, tandis que les novices sacrifiaient leur virilité et lançaient avec violence ces parties retranchées d'eux-mêmes sur la statue de la cruelle déesse. On enveloppait ensuite respectueusement ces instruments de fertilité mutilés et on les enterrait. Il est peut-être excessif de préciser, comme Artaud (dans *Héliogabale)*, que ces galles qui se châtraient couraient dans la ville en brandissant leur sexe, bien rigide et sectionné droit, provoquant ainsi le prurit sexuel des femmes, que la vue d'un membre frais arraché jetait en amour, mais la légende qui fit pousser le grenadier du sang de la verge d'Agdistis eut d'autres développements inattendus. Par une sorte de magie sympathique, les agronomes arabes imaginèrent en effet que le sang pouvait être aussi un bon engrais pour cet arbre divin. S'ils voulaient une grenade bien sucrée, ils se contentaient de l'arroser simplement d'eau de dattes sucrée ; pour obtenir un fruit plus gros, on mêlait à l'engrais des fèves pilées qui donnent de l'embonpoint ; si enfin ils voulaient des sanguines, d'une formidable couleur pourpre, ils arrosaient de sang le pied du grenadier.

Mais c'est un usage qui a aujourd'hui disparu.

Ruche

On a prétendu que la grenade était le seul fruit couronné de la création, car elle porte un calice charnu et persistant, qui lui donne assez fière allure. C'est faire bien peu de cas de la nèfle, qui selon Rabelais créa le monde, mais la grenade est un fruit biblique, pas la nèfle évidemment. A part cette couronne, qui tient plus du bouton de sein que d'autre chose, la grenade se signale encore par son écorce, que Pline appelle *malicorium*, cuir de pomme, tant elle est épaisse et coriace (les Phéniciens, comme les Carthaginois, l'utilisaient pour tanner les cuirs). Mais la grenade, en réalité, ce n'est ni sa couronne ni son cuir, c'est sa ruche, ses « cloisons de ruches » (disait Gide). C'est même le seul *fruit-essaim* que l'on ait connu jusqu'ici.

« Tu sais, ma passion, que, pourpre et déjà mûre / Chaque grenade éclate et d'abeilles murmure », écrivait Mallarmé, dans *L'Après-midi d'un faune*. Ouvrez en effet ce gros fruit rond et vert qui, en mûrissant, devient rose sombre, tranchez cette peau ferme et brillante qui forme une sorte d'hexagone plus ou moins net, et observez ces entrailles, cette gelée de graines, ces replis intimes, ce labyrinthe de la grenade qu'on a comparé à une ville méditerranéenne, une termitière-champignon ou un rayon de miel. On peut même se demander s'il ne s'agit pas là d'un cas unique d'urbanisme végétal. Leonard Woolley comparait les grandes métropoles d'Asie aux villes fortifiées qu'on voit aujourd'hui en Afrique du Nord, et qui figurent aussi bien les volutes d'escargot, les entrelacs des canaux sanguins, les dentelles des formations coralliennes ou les mailles des réseaux nerveux. L'exhumation de la ville d'Our, ancienne cité de Mésopotamie, confirme ces motifs organiques : la ville obéit aux paysages, au point d'en paraître l'efflorescence, le masque ou la germination. La ligne droite y est inconnue, seule règne la courbe, donc la féminité. C'est un peu la même chose pour la grenade. La grenade, comme la femme, appartiendrait donc aux plus vieux rêves de l'humanité. Mais ce n'est qu'une hypothèse.

Cette succession compliquée et arbitraire de galeries, de crevasses, de couleurs et de chambres, cet amas de graines anguleuses, charnues, croquantes, rouges ou rosées, mais plus souvent rouges que rosées, à la saveur sucrée et légèrement acidulée, firent croire aussi, et j'allais dire presque irrésistiblement, à la profusion sanguine d'une vulve offerte, et d'ailleurs, comme pour la courge, le cédrat ou l'orange, à la fertilité d'un ventre maternel. Une devinette populaire turque parle de la fiancée comme d'« une rose pas sentie, une grenade pas ouverte ». Mais à peu près tout dans la grenade est prétexte à évoquer la Femme. On ne peut pas mordre dedans sans penser à elle. Dans le Cantique des Cantiques, c'est l'écorce qui, sous les plis du voile, désigne la joue de la Sulamite, fille noire de

Palestine, et belle bien que noire. Théophile Gautier, dans ses *Premières Poésies*, parle d'une « bouche de grenade où luit le feu vermeil / Que dans le sang du More alluma le soleil ». Et dans *Les Mille et Une Nuits* : « Délicieuses à l'écorce polie, grenades entrouvertes, mines de rubis encloses dans des cloisons d'argent, vous êtes les gouttes figées d'un sang virginal ! / O grenades à peau fine, seins des adolescentes debout, la poitrine en avant, en présence des mâles. / Coupoles ! quand je vous regarde, j'apprends l'architecture, et si je vous mange je guéris de toutes les maladies ! »

Kimiko

Mangeons donc, puisqu'on nous y invite. Déjà, à Babylone, pour obtenir qu'une femme « porte les yeux sur le pénis d'un homme », on recommandait cette prière : « La plus belle des femmes a inventé l'amour ! Ishtar, qui se délecte de pommes et de grenades, a créé le Désir. Monte et descends, pierre d'Amour, entre en action à mon avantage ! C'est Ishtar qui doit présider à notre accouplement. » Prière à réciter trois fois sur une pomme ou une grenade, que l'on fera ensuite croquer à la femme désirée. Alors elle s'abandonnera. Mais ce qui peut si facilement attacher une femme sert parfois à aussi retenir les hommes. Comme le raconte Kawabata, dans une courte nouvelle intitulée *Zakuro* (La Grenade). Tout commence quand Kimiko eut ouvert les volets et qu'elle vit avec surprise les branches dénudées du grenadier. Elle trouva mystérieux le cercle parfait de la terre entourée de feuilles mortes, et au faîte de l'arbre, un fruit magnifique, un seul. La veille encore, la grenade était cachée dans le feuillage et, à présent, elle apparaissait en plein ciel. Kimiko sortit dans le jardin et fit tomber le fruit avec une perche de bambou. La grenade était mûre. Elle la déposa sur la véranda, et le fruit s'ouvrit comme s'il avait éclaté sous la pression des grains qui luisaient maintenant au soleil, translucides.

Kimiko vivait avec sa mère. Elle avait un fiancé, Keikichi, qui devait partir pour le front. Elle ne cessait pas de dire à sa mère qu'elle aimerait le revoir avant son départ. Et puis le voilà qui arrive. La mère de Kimiko invite le jeune homme à goûter la grenade du jardin, puis elle appelle sa fille. Kimiko est accueillie par le regard de Keikichi, un regard brûlant d'une telle impatience qu'elle en eut les jambes coupées. Et c'est à cet instant qu'une exclamation s'échappa de ses lèvres et qu'il fit tomber le fruit par terre. Ils sourirent, et cette connivence fit monter le rouge aux joues de Kimiko. Puis le garçon partit. Sans doute, se dit-elle, la grenade avait glissé de ses mains, alors qu'il cherchait à la partager, et elle était tombée à ses pieds, grains contre terre. La mère de Kimiko lui tendit le fruit qu'elle était allée laver à la cuisine. « Oh non, c'est sale », répondit-elle avec un mouvement de recul. Mais elle sentit la chaleur gagner ses joues. Et mordit dedans, en s'efforçant de dissimuler son trouble. L'acidité de la grenade envahit sa joue. Elle éprouva alors une joie mêlée de tristesse, comme si cette acidité la pénétrait jusqu'au fond d'elle-même. Kimiko était heureuse, au bord des larmes. Elle eut pourtant devant sa mère un sentiment de honte : celui d'avoir goûté un plaisir secret. Et elle songea qu'elle serait capable d'attendre Keikichi à jamais.

Jouissons de nous

La grenade n'est peut-être après tout que l'entre-deux du désir. Le fruit de l'impatience ou de la confusion. Tout change pourtant si l'on en croque le pépin ou si l'on en suce le jus. Dans l'*Hymne homérique à Déméter*, on voit Perséphone jouer avec ses compagnes, elle est très gaie elle cueille des crocus, des iris et des jacinthes, quand ce sournois d'Hermès lui met dans les mains un pépin de grenade, que la naïve avalera. Et la voilà qui se retrouve dans la terre d'en dessous, aux Enfers. Encore dut-elle à une faveur spéciale de Zeus de ne rester qu'un tiers de l'année dans l'obscurité brumeuse et les deux autres auprès des Immortels. Mais la grenade est déconcertante, un peu comme sa saveur aigre-douce, fraîche et irritante. Elle vous emporte aussi bien dans des vertiges divins. Jean de la Croix s'inspira beaucoup de la grenade dans ses élans mystiques. Pour lui, sa rondeur était l'expression de l'éternité, et la suavité de son jus, la jouissance de l'âme aimante. « Jouissons de nous, Ami, dit l'Épouse » / (écrit-il dans les *Cantiques spirituels,* « Dans ta beauté allons nous contempler, / Sur la montagne ou la colline / Où jaillit l'eau pure, / Et dans l'épaisseur entrons plus avant. / Et ensuite nous irons aux très hautes / Cavernes de la pierre, / Qui sont bien cachées, / Et là nous entrerons / Et nous goûterons le suc des grenades. » Bref, si la grenade nous aspire toujours ailleurs, on ne sait jamais exactement où. Jusqu'au très-haut, jusqu'au très-bas. Dans la sublime extase ou l'Erèbe noir et humide. Ce qui est peut-être, après tout, ce qu'on appelle la grâce.

L'Alhambra

Outre la balance romaine, la fécondité des femmes, les castrations divines, les sauces ensorcelantes et les prières d'amour, la grenade nous permit de connaître aussi une certaine conception chevaleresque de l'amour, qui électrisa les romantiques. Chateaubriand la débusqua en Andalousie, au début du XVe siècle, dans le paradis de Grenade. Pourquoi, d'ailleurs, ce nom de Grenade ? C'est que, dit-il, « les maisons placées sur la pente des coteaux, dans l'enfoncement de la vallée, donnent à la ville l'air et la forme d'une grenade entr'ouverte ». C'est probablement faux, peu importe. A lire *Les Aventures du dernier Abencérage* (1826), on voit bien que la grenade s'exalte au récit des grands sentiments. L'amour, à l'époque, aime la vaillance. Il aime aussi le renoncement. « On sent que dans ce pays, écrit Chateaubriand, les tendres passions auraient promptement étouffé les passions héroïques, si l'amour, pour être véritable, n'avait pas toujours besoin d'être accompagné de la gloire. » Ce qui arrive en effet entre Aben-Hamet, l'Impie, le Maure, descendant de ces Abencérages qui ont dû fuir après la prise de Grenade, en 1492, et Blanca de Bivar, catholique espagnole, aussi fière que Chimène (son aïeule). Ils se rencontrent, ils se plaisent, ils se damnent. Cela se passe dans les réduits secrets de l'Alhambra, où un Abencérage avait déjà séduit la sultane Alfaïma. « Quelque chose de voluptueux, de religieux et de guerrier semblait respirer dans ce magnifique édifice ; espèce de cloître de l'amour, retraite mystérieuse où les rois maures goûtaient tous les plaisirs et oubliaient tous les devoirs de la ville. » Ce temps est révolu. Les jeunes filles espagnoles, désormais, préfèrent souffrir. C'est ce qu'on appelle des « âmes sublimes ». Et Blanca renverra son amant au désert, avant de s'évanouir. Bref, il y a bel et bien, dans ce fruit grenu et sanglant, qui connut tant de doutes, de fureurs et de désordres, une sorte de virilité farouche qu'on ne lui supposait pas, et même un certain panache. La grenade est décidément un fruit plein d'imprévus.

Tête de
groseille
frisée

Qu'elle soit verte, fruit du groseillier raisin-crépu ou épineux, rouge ou blanche, fruit du groseillier à grappes, ou encore noire, fruit du cassis, la groseille est d'abord un fruit frisé. C'est du moins ce que dit son nom, attesté dès la fin du XIIe *siècle sous la forme* grosele, *qui remonterait au francique* krusil, *et à l'adjectif* krus, *crépu, désignant ainsi la forme de sa baie. Mais la groseille est aussi un fruit du Nord. Les Grecs et les Romains n'ont jamais connu la groseille de leur vie. Elles furent apportées en France par les Danois et les Normands. La groseille est donc une variété particulière de* Frisée du Nord.

Croque-pou

Commençons par la plus curieuse : la groseille verte, dite groseille à maquereau. Elle se signale à nous d'abord par son bruit. C'est une intempestive, on l'appelait la *pétasse* en Puisaye et dans le nord du Nivernais, et ailleurs la *péteuse,* car elle fait comme un pet quand on la croque, ce qui est assez singulier en effet. Détachant d'un coup de dent son pôle supérieur, on peut alors siffler son contenu en la gobant, ainsi qu'on fait d'un œuf sortant de la poule. C'est que la groseille épineuse est recouverte d'un épiderme coriace (ce qui explique la pétarade), blanc verdâtre ou rouge violacé, et tout hérissé de poils raides et courts (quoique le fruit sauvage porte des poils

mous). C'est donc un fruit parfaitement équipé pour les temps froids, mais qui peut faire peur, quand on le rencontre au bord des chemins, à la lisière des bois ou dans les haies montagneuses. Son aspect mal débarbouillé, dépenaillé et hirsute a de quoi rebuter même les bouches les mieux disposées. « Groseilles vertes sous la langue », disait Colette dans *La Retraite sentimentale*, « que j'écrasais d'une dent craintive, groseilles qu'on prévoit atroces et qui sont toujours pires ! »
Villon en avait encore l'amertume à la bouche. « De moi, pauvre homme, je veux parler », écrit-il dans *Le Testament*. « Par amour je fus battu comme toiles au ruisseau, tout nu, je ne cherche pas à le cacher. Qui me fit mâcher ces groseilles, sinon Catherine de Vaucelles ? Que Noël, qui fut là en tiers, reçoive de telles mitaines à ses noces ! Heureux qui ne s'en mêle pas ! » L'histoire est assez obscure, mais Villon fut bel et bien roué de coups, peut-être avec des branches épineuses de groseillier, avec lesquelles on battait les condamnés, peut-être à cause de cette Catherine de Vaucelles qui aurait été son grand amour, et c'est l'âpre et acide groseille qui en fit les frais. La mordre à pleine bouche est donc pire que tout. Elle tiendrait même, dit-on, du pou. Soit que son duvet évoque de petits poux, soit que ce fruit croque sous la dent comme un pou qu'on écrase sur l'ongle du pouce (on l'appelait *croque-pou* dans le Nord), soit que les enfants qui en mangent attrapent des poux. La groseille, c'est « le diable dans un reposoir ». On expliquait du reste aux enfants, en Côte-d'Or, que si l'on faisait les rogations pendant les trois jours qui précèdent l'Ascension, c'était pour chasser le diable qui était dans les groseilles. Si bien que la groseille devint aussi le fruit des filles légères.

Pica

Cela dit, cette épineuse amortit aussi, selon Mizauld (1578), la violente acrimonie de la colère et les femmes enceintes en étaient fort friandes. Un médecin allemand du XVIIe siècle, Lyser, rapporta même cette observation selon laquelle l'usage de la groseille à maquereau exerçait des effets eccoprotiques (purgatifs) particulièrement violents : « Mon épouse, note-t-il, se trouvant indisposée parce que ses règles ne se produisaient pas normalement et qu'elle avait le ventre opiniâtrement clos, descendit au jardin et là, suivant la coutume des femmes, se mit, bien que j'aie cherché par tous les moyens à l'en dissuader, à manger copieusement des baies de groseilles crépues : il en résulta une évacuation qui dépassait tout ce qu'on pouvait espérer : elle exonéra son intestin jusqu'à six fois. » La groseille verte délivre donc de bien des soucis. On en fait aussi des tartes, ainsi qu'un verjus servant, depuis le Moyen Age, de sauce au maquereau.

Certains ont estimé que, pour napper ainsi le maquereau d'une sauce à la groseille crépue, il fallait être en proie à une dépravation du goût proche du *pica* ou de la *malacie.* C'est très désobligeant pour la groseille, car le pica est une perversion « très ordinaire aux jeunes filles (dit l'*Encyclopédie*) et qui les pousse à désirer avec passion de la chaux, de la poussière, des cendres, du charbon, de la boue, du cuir pourri ou même des excréments ». Le maquereau aux groseilles est pourtant une très vieille recette française, que les Anglais ont ensuite adoptée. « Quand les maquereaux seront vidés », dit Nicolas de Bonnefons (1654), « on les entourera de fenouil vert et on les rôtira sur le gril, leur faisant une sauce au beurre avec les groseilles vertes qui est leur vraie sauce. » James de Coquet a beau pester, en disant que la groseille épineuse ne saurait accompagner le maquereau de printemps pour la bonne raison qu'elle n'apparaît pas en même temps, le plus embêtant reste quand même qu'on ne prépare plus du tout la groseille verte de cette façon, et que n'ayant plus de maquereau à accompagner, elle est sans but dans l'existence.

L'épépineuse

Face à cette grosse baie hirsute, la groseille en grappes apparaît comme un petit fruit drôle et tout à fait ravissant. Elle est loin d'avoir la détestable réputation de sa cousine verte. Elle offre même une agréable acidité, bien qu'on rappelle toujours son nom breton de *kastillez,* qui viendrait de l'adjectif *gardiz,* lequel signifie rude, cruel, vif, allègre et gaillard. Ce qui fait beaucoup pour un si petit fruit. En fait, c'est une baie savoureuse et juteuse, qu'on trouve en trois tons : la groseille rouge, qu'on appelait autrefois raisin de mars ; la rose de Champagne (dite encore Couleur chair), et la blanche ou groseille perlée, encore plus douce. Au XVIIIe siècle, l'*Encyclopédie* la cite au troisième rang des confitures les plus appréciées, mais ce qui en fit un miracle de confiture, c'est la plume d'oie.

Car la groseille, qui n'est pourtant pas un fruit particulièrement m'as-tu-vu, a sa capitale, qui est Bar-le-Duc, dans la Meuse, cité des princes de la maison de Guise, célèbre autrefois par son pâté de truites de l'Ornain, ses manufactures de corsets sans couture, les frères Michaux, inventeurs du vélocipède à pédales, et ses confitures de groseilles. La particularité de la confiture barisienne est qu'elle est épépinée. A la plume d'oie. Grain après grain. Ce qui fait une occupation. Et une gelée irréprochable, évidemment. Les tout petits points noirs qu'on peut voir sur chaque groseille n'étant pas un reste de pépin, mais seulement l'extrémité de la fleur. Tremblante, acide, vermeille ou ambrée, selon qu'il s'agit de groseilles rouges (à la chair plus ferme et plus corsée) ou blanches (à la saveur moelleuse et sucrée). En fait, cette gelée tient davantage du fruit confit dans le sirop que de la confiture. On l'appelle parfois le « caviar français », car on la déguste à la petite cuiller, avec une madeleine de Commercy par exemple. Elle fut créée au XIVe siècle, on la présentait alors dans des étuis de cuir et de bois, mais vers 1518 on eut l'idée de l'entreposer dans de petits vases de cristal, appelés *verrines*. Marie Stuart, au retour de son mariage à Reims avec François II, en 1559, déclara que c'était « un rayon de soleil dans un pot », et plus récemment Alfred Hitchcock ne manquait pas de consommer chaque matin son pot de 90 grammes de groseilles épépinées. On vit même une femme (dans une nouvelle de D. Boulanger, intitulée *Déposition*) prendre une position avantageuse, accoudée au bois lisse d'une grosse armoire, devant les portes à dessins de cuivre, tandis qu'un homme la pénétrait et qu'elle vidait un pot de groseilles trop cuites, proches du confit.

On n'épépine la groseille que préalablement équeutée et lavée. On a soin aussi, en plantant sa plume d'oie, de ne pas endommager le fruit par une plaie trop large et de reboucher le trou avec le petit lambeau de peau, pour que sa rondeur paraisse intacte et la groseille pour ainsi dire vierge. Combien y a-t-il de pépins dans la groseille ? Généralement, de six à sept, mais parfois beaucoup plus. C'est donc une entreprise délicate et d'ailleurs exténuante. Mais à Bar-le-Duc, autrefois, on allait à l'épépinage comme au couvent. Dès l'âge de six ans. On épépinait de mère en fille et on restait toujours fidèle à l'épépinage. « Je serais malade si je ne faisais pas de groseilles », dit Berthe, une épépineuse de quatre-vingt-douze ans. Jamais un homme n'a épépiné la groseille de sa vie (en Bresse aussi, ce sont les femmes qui d'un doigt exercé arrachent aux jeunes coqs leurs haricots, pour en faire des chapons pareils à des amphores de chair laiteuse). Une épépineuse n'est donc pas une machine genre trayeuse, mais une femme dont la passion est d'épépiner la groseille jusqu'à sa mort. Elle traite environ deux kilos de fruits par jour, mais certaines épépineuses exceptionnelles épépinent jusqu'à trois « cuites » dans la journée (soit quatre kilos et demi). Les groseilles blanches sont les plus difficiles, parce qu'elles ont la peau plus sensible. Il y avait encore trois mille épépineuses dans la région, avant 1914. Au cours de l'été 1989, elles n'étaient plus que cinq à épépiner régulièrement à Bar-le-Duc. Ce sont les cinq dernières épépineuses du monde.

Abbés

Quant au cassis, ce n'est évidemment pas son nom. C'est un nom usurpé à la *casse*, gousse du cassier, qui de toute façon n'en faisait pas grand usage. La casse était connue au Moyen Age pour ses propriétés purgatives, le cassis aussi, bref le faux poivrier ou groseillier noir se fit tout bonnement appeler cassis, et le tour était joué. Sa couleur noire ne lui facilita pas l'existence : on raconta qu'il avait l'odeur des morts (dans le Doubs), de la punaise (à Liège) ou encore du bouc (dans les Vosges). Et quand Mme Lepic, la mère de Poil de Carotte, qui ne souriait qu'à elle-même, faisait subitement « sa tête de bois noir aux yeux de cassis », on pouvait craindre le pire. Mais il est reconnu que le cassis en liqueur vous saoule un homme. Ou même une poule. Quand Sido, en été, lors de la pleine maturation du groseillier noir, raconte Colette, faisait la

liqueur de cassis, elle avait l'habitude de jeter aux poules le marc encore tout imprégné d'alcool. Et le spectacle étonnant de ces poules saoules « titubantes, piaillantes et chantant des chansons de corps de garde » la ravissait toujours.
Il semble qu'on ait cultivé le cassis en jardin dès le Moyen Age, mais pour on ne sait quelle raison, personne n'en parla. Il fallut attendre le XVIIIe siècle pour qu'enfin le cassis trouve les faveurs ecclésiastiques, et celles de la France en général. Car si Legrand d'Aussy put en parler, en 1782, dans son *Histoire de la vie privée des Français,* c'est bien grâce à un certain abbé Bailly de Montaran, qui publiait à Nancy, en 1712, un petit *Traité du cassis* fort instructif, pour prouver que c'était un élixir de vie. Ce bon abbé, qui employait ses feuilles infusées dans du vin blanc ou en décoction aqueuse à la façon du café, et ses fruits sous forme de sirop, de conserve ou de ratafia, estimait en effet que le cassis neutralisait tous les venins, ceux des fruits infectés par le souffle du crapaud en particulier. Qu'il guérissait les fièvres tierces, doubles tierces, quartes et même continues, ainsi que la peste et la petite vérole, et qu'il chassait les vers. « C'est le remède, écrivait-il, le plus prompt pour réveiller un apoplectique et combattre les vapeurs des femmes : il purge, réjouit, fortifie le cerveau, désopile la rate et le foie, délivre du sable et de la gravelle, tempère les fougues de la bile et abat les vapeurs fâcheuses de la mélancolie. »
C'était donc une médication fort utile, mais on le préféra toujours en liqueur. Pour une raison simple, qu'avait déjà devinée Bossuet, dans son *Traité de la connaissance de Dieu et de soi-même,* c'est que « pour sucer quelque liqueur, les lèvres servent de tuyau, et la langue, de piston ». Bref, le cassis aide grandement à l'amour de Dieu, et c'est pourquoi tant d'abbés lui en furent reconnaissants. Que ce soit le *blanc-cassis,* dit encore rince-cochon (le célèbre kir du chanoine), préparé à l'aligoté ou même au champagne (kir royal), le *rouge-cassis,* dit bourguignon ou communard, selon les opinions, et même le *rouge* tout court, assimilé alors au cassis, par une extension de sens que Dieu seul peut éventuellement pardonner : c'est le cassis de lutteur ou de déménageur, analogue à ce qu'on appelait autrefois la groseille de cocher, et qui n'est jamais qu'une grosse

piquette. Enfin, n'oublions pas le *cassis à l'eau-de-vie* (marc ou fine), dit mélécasse, celui-là même que buvait Fernande avec le Corse dans *Jésus la Caille*, de Francis Carco, sauf qu'évidemment Gustave lui servait « beaucoup d'mêlé, pas beaucoup d'casse ».

Grotte

On peut rester surpris de cet éveil ecclésiastique au cassis, et, de la pauvreté de la littérature groseillière en général. La cerise, la fraise ou même la framboise ont suscité de l'intérêt, des commentaires, des obscénités parfois, pas la groseille. La groseille n'a rien suscité du tout. Rejet, mépris, indifférence ? Voyez par exemple les enfants : ils ne l'aiment ni ne la détestent. En fait, ils l'ignorent. Et pourtant Fourier, qui a parlé de tout, et donc aussi de la groseille, observe, dans sa *Théorie de l'unité universelle*, qu'il y a beaucoup d'analogies entre les groseilles et les enfants. Pour lui, l'enfant contraint, c'est la groseille épineuse. C'est l'enfant « privé de plaisirs, harcelé de morale et élevé isolément aux études. L'emblème de la groseille épineuse ne donne qu'un fruit de pauvre espèce, violet pâle, couleur d'amitié avortée. Ces enfants boursouflés de préceptes et d'études prématurées deviennent pour l'ordinaire de médiocres sujets ». L'enfant pauvre et grossier, c'est le cassis, aussi son fruit noir, emblématique de la pauvreté, est-il de saveur amère et désagréable, « par analogie à ces enfants du peuple qui ont le défaut de mauvais langage, mauvaises manières et souvent mauvais principes ». Enfin, l'enfant peu cultivé et livré à la bonne nature, c'est la groseille rouge. « Ils sont d'une franchise mordante et indiscrète, capables de répéter à une femme à prétention quelque fâcheuse vérité qu'ils auront ouï dire. » Le fruit qui peint ces petits diseurs de vérité doit donc être d'une saveur très piquante. Il a de la grâce, parce que la vérité est gracieuse chez l'enfant, et amuse malgré l'indiscrétion. Aussi le fruit du groseillier est-il purgatif et salubre. Et ces enfants libres, loquaces, indiscrets sont-ils les plus adonnés à l'amitié simple.

C'est sans doute pourquoi, même s'ils n'en parlent pas, on voit si souvent les enfants se réfugier sous le groseillier, comme dans une grotte connue d'eux seuls. « Rampons sous ce dais de feuilles de groseillier, dit Bernard, et racontons-nous des histoires. Installons-nous dans le monde souterrain. Prenons possession de notre territoire secret, que les groseilles pendantes éclairent comme des lustres, luisantes et rouges d'un côté, noires de l'autre. A condition de nous pelotonner sur nous-mêmes, Jinny, nous pouvons rester assis sous le dais de feuilles de groseillier et regarder les grappes se balancer comme des encensoirs. C'est notre univers à nous » (Virginia Woolf, *Les Vagues*). Résumons : la groseille est un fruit d'une nature effrontée, taquine et gouailleuse, tout simplement parce que c'est un petit diable frisé. Un fruit déluré et malicieux, qu'on peut apprécier tel quel, avec une gourmandise troublante et vaguement coupable, mais dont on peut toujours tirer parti par alliage avec le sucre et travail de confiserie : il devient alors d'une douceur légèrement acerbe et d'une grande subtilité.

H

Haro sur le haricot !

« Alors que tout repose encore
Dès le premier cocorico
Ah qu'il est doux quand vient l'aurore
De voir semer les haricots. »
Eh bien, semons donc, pendant qu'il en est temps (comme nous y incite ce petit couplet de La Route fleurie, *de Francis Lopez), car la chanson des haricots est une des plus courtes qui soient.*

Valeriano

C'est à l'occasion du mariage de la princesse Catherine avec le futur Henri II, le 20 octobre 1533, qu'apparut officiellement en France le haricot. Catherine était la nièce de Jules de Médicis, lequel occupait, sous le nom de Clément VII, le trône pontifical depuis déjà dix ans. Et précisément, quelques années plus tôt, en 1528, le pape avait confié au chanoine Piero Valeriano de grosses graines en forme de rognon qu'un navigateur venait de ramener d'Amérique, probablement du Pérou où les Indiens le nommaient *purutu.* Ce Valeriano était un drôle de personnage. Outre son nom qui fait penser à celui de la valériane, dite herbe aux chats, parce qu'ils viennent s'y frotter toujours comme en pâmoison, c'était un poète, protégé tour à tour du cardinal Belbo, de Léon X et de Clément VII, et à qui l'on doit, entre autres, *De la signification de la foudre* (1517) et *Pour la défense de la barbe des prêtres* (1531). Valeriano fit du haricot une description élogieuse, dans un poème spécialement écrit, parlant d'un « végétal aux tiges grimpantes, aux fleurs semblables à des violettes, aux graines bariolées de rouge et de blanc pareilles à des pierres précieuses que l'on eût confiées à la terre », ajoutant que les fruits étaient de grandes cosses bourrées de grains potelés que l'on pouvait manger soit secs, soit dans leurs cosses vertes. Ce qui était indiquer déjà, quoique avec un tortillé tout ecclésiastique, qu'il existait deux sortes de haricots : les variétés à parchemin, dites *haricots à écosser*, et les variétés sans parchemin, dites *haricots mangetout.* Le chanoine s'émerveilla du processus de germination dudit haricot, de sa fécondation pléthorique et du ragoût délicieux qu'on pouvait préparer avec ces grains qu'on baptisa *fagivoli* (devenu aujourd'hui *fagioli*), en hommage à l'ancestrale fève, et qui conquirent très vite toute l'Italie.

« Dieu m'est témoin, déclara alors le chanoine, pour suggérer à Alexandre de Médicis de confier à sa sœur une large provision de ces semences inédites, que ces graines multicolores seront les joyaux dont elle se montrera le plus fière. » C'est ainsi qu'avec le lardoir et le macaroni, figurèrent quelques petits sacs de *fagivoli* dans la corbeille de mariage de Catherine de Médicis. On les appela en France, *fèves de Rome* ou *fèves peintes,* en Angleterre *fèves-rognons,* en Hollande *fèves-lierre.* Et comme elles accompagnaient souvent le haricot de mouton, on se mit tout bêtement à dire *haricots.* Avec le pois et la fève, le haricot fut une bénédiction pour tout le monde. Des générations entières doivent tout au haricot. Comme dit Steinbeck, dans *Tortilla Flat,* « une seule chose pouvait menacer la vie et le bonheur de la famille Cortez : c'était une mauvaise récolte de haricots ». On ne lui connaît pas d'ennemis, sinon les vers, les journées froides et les marmottes, mais il n'y a pas de marmottes partout. On s'en régalait dans les terres du cassoulet, et même ailleurs. Mais voilà, on se fichait de lui. C'était d'une ingratitude monstre. Raymond Queneau en fit même un proverbe, dans *Les Fleurs bleues* : « Si le coq a ri tôt, l'haricot que trop. » Ça ne signifie rien, mais c'est assez dire que le haricot ne signifiait rien non plus. Et qu'on pouvait le ratatiner à plaisir. Ce dont on ne se priva pas.

Coco

On en fit, par exemple, un haricot-perroquet. Il n'y a pas, prétendait-on d'aubergine Gigine, ou d'artichaut Chocho, eh bien, il y a un haricot Coco. Et c'est le seul fruit & légume à bénéficier de ce cri cocasse et absurde. Même le coco blanc, ou haricot Sophie, et le coco rose, dit encore haricot girafe, à la chair saumonée, tachetée de rouge, avec un cercle jaune autour de l'ombilic, firent les frais d'une injuste querelle. C'est sans parler encore de tous les *fayoou*, les *fayoulass* et les *favioles* de la création, qui n'ont jamais été de Marseille à Genève que des petits crétins. « Crâne, disait Jules Renard (1903), dont la cervelle est un haricot. » Et allons-y ! On ne sut jamais vraiment pourquoi, en revanche, *courir sur le haricot* (expression de la fin du siècle dernier), c'était ennuyer le monde. Que vient faire le haricot dans cette histoire ? Pure malveillance, voilà tout. Esnault suggéra que ce qui pouvait ainsi courir sur le haricot, c'était le pou qui court sur le pubis, rien n'est sûr. On imagina que le haricot avait pu subir l'influence désastreuse de *haricoter*, qui est à l'origine du haricot de mouton, et qui signifiait au Moyen Age couper en morceaux, déchiqueter et caresser amoureusement une femme, ce qui semble-t-il à l'époque était la même chose. En fait, ce qui court sur le haricot, c'est surtout la malignité publique. Du reste, ce n'est pas pour rien si le « régime fayot » fit la gloire des cantines de pensionnats, casernes et maisons centrales (l'*Hôtel des haricots*, c'était déjà en 1793 la prison municipale). Ce *fayot*, qui désigna aussi au siècle dernier un marin ou un soldat qui rempile, autrement dit un de ces garçons confinés à la caserne qui se dessèchent comme des haricots, a mal fini lui aussi, car tous ceux qui font du zèle, tous les lèche-culs de la terre furent bientôt métamorphosés en fayots. C'est regrettable pour le haricot en grains.

Nonnes

Et pourtant, il a bien des qualités. Au Japon, on croit que le haricot grillé chasse les démons et qu'il protège de la foudre. Le semis de haricots joua, en Inde ancienne, un rôle important dans la magie amoureuse, en raison de sa ressemblance avec le testicule, et avouez que manger ainsi, avec un gigot, toute une assiette de petits testicules verts, des flageolets Chevrier, gloire d'Arpajon, ne peut pas ne pas vous donner un aperçu du bonheur. Et puis, il y a les gros bouquets de Soissons, les petits nains de Bourgogne et de Vendée, les lingots blancs qui sont l'âme des grands cassoulets et les rouges rognons de coq qu'on cuisine au vin. Napoléon, dit-on, faisait ses délices des haricots à l'huile, alors que le marquis de Cussy, « le gastronome le plus aimable du siècle », abandonnait les blancs de bartavelle et les filets de sole assaisonnés de truffes, dès que paraissait un plat de soissons. Mais, en dépit de ces illustres parrainages, le haricot restait affreusement peuple. « J'aimerais mieux mordre le fer d'une pioche que manger un haricot qui croque sous la dent, craque comme un grain de plomb dans une aile de perdrix », disait le parrain de Poil de Carotte. Qui ajoutait : « Je ne connais rien de meilleur, mais je les veux cuits en bouillie. » Voilà bien le hic du haricot : il se réduit très vite à une triste bouillie farineuse.

Ces haricots, qu'on mangeait déjà en carême du temps de Furetière, furent bien sûr le régime obligé des monastères. Il y aurait certainement toute une étude à faire sur le haricot monacal. En Poitou, en Vendée, dans tout le Sud-Ouest et jusque dans les Pyrénées, on appela longtemps le haricot des noms de *mounjo, moundjeto, moungeta, moungète, mogètt,* etc. C'est-à-dire nonnes et nonnettes. Encore qu'il faille ici bien distinguer entre le haricot Saint-Esprit, dit *haricot à la religieuse,* qui est un grain bien plein, un peu courbé, en forme de rognon, complètement blanc, sauf au voisinage de l'ombilic, où il est marqué d'une tache noire ou brune, dont on dit que la forme rappelle assez bien la silhouette d'un oiseau aux ailes étendues, et une variété presque trois fois plus petite de haricot dolique, à œil noir ou à onglet, cousine de la précédente, appelée *mongette* ou *cornille,* et dont le grain blanc, en forme de rognon raccourci, obtus ou carré aux deux bouts, un peu ridé aussi, est marqué également d'une tache noire bien prononcée autour de l'ombilic. Alors, pourquoi ce nom de *moinette* ? se demande Marie Rouanet. Serait-ce dû à la gousse et à son extrémité pointue comme un voile blanc de religieuse ? Il semble bien que ce qu'on appréciait surtout dans le haricot de la sœur, c'était sa carnation blanche sous les voiles gonflants, et sa gousse replète, dodue, confite, certainement propice à toutes les conversions.

Pet du haricot

Mais à part ce cas très particulier, il faut bien dire qu'on ne se précipitait pas sur le haricot. On le tenait même en piètre estime. C'était un « manger de vilains » (Pisanelli, 1596), on l'accusait d'enfler l'estomac, de « faire songer de terribles et fâcheux songes » (Daléchamps, XVIe siècle) et de rendre le sang épais et grossier, lequel « étant porté à la tête, l'appesantit considérablement ». C'est d'ailleurs un légume que Brillat-Savarin exécrait, à cause de ses propriétés obésigènes. « Anathème aux haricots ! anathème aux fèves des marais ! » s'écrie-t-il dans sa *Physiologie du goût* (1825). Mais surtout, le haricot eut à souffrir, comme le pois ou la fève, des dissensions intestines, des tumultueux orages qu'il provoquait dans l'organisme, même si Eugène Chavette pouvait estimer qu'il « égaie la solitude du pauvre par ses bavardages et ses saillies ». Car le haricot est venteux. Au point qu'on l'appela le *pétard* (dans l'argot du XIXe siècle) ou le *piano du pauvre.* Du reste, le flageolet serait, dit Guiraud, un mot issu du croisement de *fageolle* (petite fève) avec *flageole* (flûte), en raison de sa réputation musicale. Et si on utilise souvent la sarriette pour assaisonner le haricot ou la fève, c'est bien pour prévenir un tel désastre. Car le pet du haricot est un véritable cataclysme. Comme on peut juger à la lecture d'*Evguenie Sokolov,* de Serge Gainsbourg. Il peut donner lieu à des soupirs parasitaires comme à des relâchements sournois du sphincter, à des vapeurs nocives susceptibles de devenir des vents fougueux et infects, des gaz malencontrueux et tonitruants (expulsés par grappes entières), donc pires que de simples teuf-teuf et prout oléfiants, des gaz contestataires, des gaz hilarants, des pétards, des étoiles de douleur, des bulles oblongues et des ballons explosifs (sortis d'héroïques fondements), des déflagrations, des pets tonnants, des pets aromates énergiques et vengeurs, des détonations en cascade, des salves de mitrailleuse lourde, des éclats de grenades offensives, des flatulences formidables : « Vlan, s'écriaient certains lâchant du lest, la merde n'est pas loin, et l'air irrespirable. »

Zola fit une tentative au haricot rouge, dit encore rognon de coq aux belles cosses. C'est dans un épisode de *La Terre* (ces « Géorgiques de la crapule », disait Anatole France) qui fit scandale à l'époque, avec par ordre d'apparition : Jésus-Christ qui était très venteux (« de continuels vents soufflaient dans la maison et le tenaient en joie »), sa fille dite la Trouille (« elle accourait, le coup partait, faisait balle dans le vide, si vibrant qu'elle en sautait ») et le père Fouan, venu finalement s'installer au Château, ainsi qu'on nommait l'ancienne cave où se terrait le braconnier. Donc, ce jour-là, la Trouille servit à son père et à son grand-père des haricots rouges et du veau aux oignons. Lentement, Jésus-Christ leva une fesse, tourna, puis regarda la porte en criant :

— Entrez !

Alors, Fouan, provoqué, fâché à la longue de ne pas en être, retrouva sa jeunesse, la fesse haute, tonnant à son tour, répondant :

— Me v'là !

Tous les deux se tapèrent dans les mains, nez à nez, bavant et rigolant. Elle était bonne. Et c'en fut de trop pour la Trouille, qui avait glissé par terre, agitée d'un rire frénétique, au point que, dans les secousses, elle aussi en laissa échapper un, mais léger, fin et musical, comme un son de fifre, à côté des notes d'orgue des deux hommes. Et, de ce jour, commença une vie de rigolade au Château.

Orteil

Mais ce sentiment fut loin d'être partagé par la population. C'est que le haricot avait aussi le sexe ridiculement petit. Qu'il soit *flageolet-pénis* ou *soissons-clitoris,* (dans la langue des voyous du siècle dernier), c'est bien du même objet qu'il s'agit, et cet objet, c'est un bout de sexe, un tronçon, un reste de sexe. « Je voudrais belle brunette, / Voyant votre sein rondelet, / Jouer dessus de l'épinette / Et au-dessous du flageolet », disait Théophile de Viau. Parfait. On avait *le flageolet à la portière*, quand on était dans tous ses états, on se faisait *souffler dans le flageolet*, dans d'autres circonstances, cela faisait de la musique, mais on se disait : quel rapport avec les papilionacées ? Eh bien, c'était tout simplement la taille de l'attribut, la modestie de l'organe. Car le flageolet, comme le soissons, est à peu près équivalent à l'orteil, disons au gros orteil, pour ne faire de peine à personne (d'ailleurs, *haricot* a aussi le sens d'orteil, en argot). Or, qu'est-ce qu'un orteil ? Sinon un doigt qui est resté à l'état d'ébauche, un doigt sans suite, la plus simple expression du doigt. Un doigt qui peut être le siège aussi de lésions particulières, ou de malformations, comme l'ongle incarné, l'œil-de-perdrix, l'orteil en marteau ou l'*hallux vulgus*, une déviation de l'orteil vers le dehors. Naturellement, le flageolet-pénis et le soissonnet-clitoris ne sont pas à l'abri de pareilles déconvenues. On parla même d'*haricocèle* à propos du testicule atrophié, en raison d'une syphilis héréditaire (parce que, au toucher, il donnait la sensation du haricot). Tout ça n'est pas plaisant. Bien sûr, ce n'est pas une aubergine, mais qu'avait-on besoin aussi d'en faire une flûte à bec ?

Aiguille

Variété différente du haricot en grains, car il ne s'écosse pas, mais s'effile, et même disait Taillevent (au XIVe siècle) il *s'échevelle*, un peu comme le grand vent de mer échevelle les nuages, le haricot vert est évidemment beaucoup plus distingué. Apparu en 1691, il constitua une véritable nouveauté, mais ne tint longtemps qu'une place modeste. Ce n'est qu'au siècle dernier qu'il connut une vogue extraordinaire (comme tout ce qui était vert, du reste). Encore distinguait-on les haricots beurre ou haricots mangetout, et puis les haricots filets ou haricots aiguilles, les plus fins. Mais enfin, passer du haricot rognon de coq au haricot aiguille, c'était faire un saut de l'esprit assez considérable, et passer pour tout dire de Zola à

Proust. « Je ne veux plus jamais pour nos dîners, disait Albertine, dans *La Prisonnière*, que des choses dont nous avons entendu le cri. C'est trop amusant. Et dire qu'il faut attendre encore deux mois pour que nous entendions : "Haricots verts et tendres haricots, v'là l'haricot vert." Comme c'est bien dit : Tendres haricots ! vous savez que je les veux tout fins, tout fins, ruisselants de vinaigrette ; on ne dirait pas qu'on les mange, c'est frais comme une rosée. » On se dit que Proust, qui affectionnait tant le fondant, le juteux, le rafraîchissant, devait fatalement un jour ou l'autre tomber sur le haricot. Rien en lui qui rappelle en effet ces matières déchirées et déchirantes qu'il haïssait. Le haricot vert n'exalte que le lisse et le continu. Ce galbe, cette cambrure exceptionnelle du haricot vert devinrent d'ailleurs assez vite une mode, qu'on appela tout bêtement la *ligne haricot vert.*

Il faut dire qu'on était un peu saturé, depuis la Renaissance, de toutes ces beautés charnues qui reléguaient la maigreur au rang de crève-la-faim. Car la maigreur faisait pitié. « Jamais les peintres et les sculpteurs, note Brillat-Savarin, ne représentent ceux qui font abstinence par choix ou par devoir, comme les avares ou les anachorètes, sans leur donner la pâleur de la maladie, la maigreur de la misère et les rides de la décrépitude. » Bref, on exalta longtemps les formes rebondies, les chairs tendres et pleines de suc, ce que Brantôme appelle les *fripesauces.* Rousseau appréciait les femmes dont la gourmandise marque agréablement le corps et Brillat-Savarin confirma qu'elle était en effet favorable à la beauté des femmes : « Un régime succulent, délicat et soigné donne aux yeux plus de brillant, à la peau plus de fraîcheur et aux muscles plus de soutien. » Et quand on croisait dans la société une petite demoiselle bien vive, bien rosée, au nez fripon, aux formes arrondies, aux mains rondelettes, aux pieds courts et grassouillets, tout le monde était ravi de la trouver charmante. Il n'est pas impossible d'ailleurs, observe Jean-Louis Flandrin, que cette vogue de la Renaissance pour les mains tendres et douillettes à manier, les genoux « plus mols que pâte », les seins comme des monts de lait caillé, soit due à une alimentation beurrée et aux assaisonnements sucrés : on raffolait alors des fruits mûrs, doux et juteux (comme le melon), tandis que disparaissait le goût des fruits verts et des sauces épicées. A quoi s'ajoute, bien sûr, l'influence italienne des femmes épaisses, voluptueuses et dans un état de congestion graisseuse qui paraissait le summum de l'art.

Silhouette

On en était là encore à la fin du siècle dernier. Rappelez-vous Boule-de-Suif, ainsi surnommée en raison de son embonpoint précoce ou encore Nana sur scène, nue avec une tranquille audace, certaine de la toute-puissance de sa chair, ses larges hanches qui roulaient dans un balancement voluptueux, ses cuisses de blonde grasse : « Tout son corps se devinait, se voyait sous le tissu léger, d'une blancheur d'écume. » Et puis Gasparine, dans *Pot-Bouille*, qui malgré sa maigreur détestait les gens maigres et qui eut ce mot cruel, à propos de Clarisse : « On me l'a montrée... un vrai haricot ! » D'ailleurs, à l'époque, on n'utilisait guère l'expression *avoir de la ligne*, c'est-à-dire avoir de l'allure, que pour les pur-sang. On vit alors apparaître, dans les années 20, suite à un roman de Victor Margueritte, une étrange créature, longiligne, filiforme et entièrement plate, qu'on appela la Garçonne ou la femme-saucisson. Il fallut pourtant attendre l'après-guerre pour voir s'imposer une femme à l'esprit nouveau, rapide et conquérant. Une femme sans rondeurs superflues ni volumes excessifs. Quelle envolée, quelle épure ! se disait-on. C'était la mode des trotteurs, des talons-aiguilles et de la femme-haricot vert. « Les plus raffinées (des femmes blanches) s'attifent déjà comme les sauvages, nu, plumes, fourrures », écrit Cendrars en 1949. « Maigreur masculine, sous prétexte de défendre "la ligne", polyandrie agressive, cocktails, tabac, dancing, ces folles de minuit revendiquent le droit de "vivre leur vie", comme si la nature les avait faites unes et indépendantes ! » *(Lotissement ciel)*. Le haricot vert est vite devenu un credo. Avoir de la ligne, ce n'était plus crier misère, c'était se forger une silhouette. Et la silhouette la plus enviée (et la plus en vue), c'était bien sûr celle des mannequins. Le haricot vert devint ainsi, en quelques années, le plus *new-look* des légumes.

Donc, à la femme riche en graisse, onctueuse et beurrée, se substitua une femme végétale à l'énergie et aux formes masculines, au caractère décidé et plein d'allant, qui revendiquait des droits et commençait même un peu à effaroucher les hommes. L'ennui, c'est qu'à force d'élasticité et de minceur, la femme est vite devenue exsangue. Le mannequin idéal, aujourd'hui, fait 53 kilos pour 1,72 mètre. Et son squelette doit être ainsi conçu : épaules larges et cou très long, torse plutôt court sur des jambes immenses. En Amérique, on les appelle les *waifs*, les enfants abandonnés. Autant dire les mannequins de la pénurie. C'est le triomphe de la femme désincarnée, déshydratée, fantomatique. Le régime de l'ablation et de l'ossature. On hésite entre la femme en fer forgé et la femme en apesanteur. Certainement cette hésitation ne durera pas. On trouvera d'ici peu une nouvelle femme mieux agrippée au sol et qui ne rouille pas. En attendant, le haricot vert au beurre frais reste toujours aussi délicieux.

K

Le kiwi est-il né d'un oiseau ?

Avec la tétragone, épinard d'été rapporté au XVIII*e siècle par l'équipage du capitaine Cook, la Nouvelle-Zélande nous a plus récemment gratifiés du kiwi. D'introduction trop tardive, il n'a pas fait l'objet d'un usage spécifique dans la langue verte. On peut le regretter, surtout en voyant au marché les quantités impressionnantes de kiwis en vrac, qui peuvent un instant laisser pantois, semer le doute et parfois même susciter l'émotion. Mais que la ménagère s'avise de tâter ces petits couillons pelus, pour en apprécier la maturité ou la fraîcheur, et la voilà rassurée : ils ont bien poussé sur des arbres. Il suffit donc de les éplucher, leur intérieur est vert jardin, il y a des petits grains noirs en couronne sur la tranche et ils ont tout à fait le goût de la fraise espagnole, c'est-à-dire de l'eau. Reste alors à les gober, après les avoir légèrement malaxés, et voilà : on n'en fait pas une affaire.*

Rififi

Pourtant, si jeune soit-il, le kiwi a déjà des ennemis. Jean-Pierre Coffe, par exemple, est devenu en quelques saisons le détracteur acharné de l'*Actinidia Chinensis,* ou *Yang-Tao,* qui fut apporté en Europe par un jésuite français en mission à Pékin, le père Le Chéron, en 1747. Que lui reproche-t-il ? Tout. Son goût ? N'en parlons pas, il n'en a pas. Ou si peu. Sa peau brune et poilue ? Rébarbative en diable. Un fruit digestible ? Mais, pour digérer, le bicarbonate de soude est meilleur marché. Il attendrit les biftecks trop fermes ? C'est le fruit de la jeunesse ? Il s'accommode à tout, à la lotte comme au ris de veau ? Il protège la vitalité du spermatozoïde ? La belle affaire ! Cette fièvre du kiwi, en réalité, n'est qu'une toquade. Tout beau, tout nouveau, voilà tout. On reviendra d'ici peu à la pomme au four.

En Corse, pourtant, les choses parurent beaucoup plus sérieuses. Là-bas, le kiwi, c'est un peu comme la tomate napolitaine, l'orange sicilienne ou l'olive calabraise : le fruit du racket. Nul ne sait combien d'hommes sont morts à cause d'elles, de mort violente, dans l'Europe du Sud. Pareil en Corse pour le kiwi. « Si j'étais mort ce jour-là, personne n'aurait jamais su pourquoi », dit François Prelle. La chose se passait à l'automne 1991, dans la plaine de la Casinca, juste au sud de Bastia. Une vieille terre de marais et de paludisme qui est devenue, depuis que les Américains y ont déversé des milliers de tonnes de DDT après la guerre, le verger de la Corse. C'est là qu'un jour, ce grand costaud barbu qui cultive le kiwi en grand a reçu un appel téléphonique : « Cinq cent briques ou on te tue. » Ce qu'on essaya de faire en effet, quelques jours plus tard, d'une rafale de pistolet-mitrailleur dans son 4 x 4 Lada. Le kiwi a beau agrémenter délicatement la lotte et le ris de veau, ce sont des choses qui vous refroidissent. S'il y en a un, en tout cas, qui est ravi, c'est bien le chat. Le chat aime la sève de l'arbre à kiwi. En Nouvelle-Zélande, ils y grimpent en bandes après la récolte, frottant leur museau sur le bout des branches taillées, puis tombent par terre, pupilles dilatées, apparemment plongés dans une extase définitive. L'effet pourtant ne dure que dix minutes, après quoi ils recommencent.

Kivi-kivi

Ce fruit ne vient pas exactement d'un arbre, mais d'une liane, comme la vigne. Il faut compter en général un pied mâle pour six femelles qui porteront les fruits : c'est la loi du harem des kiwis. On appelait autrefois ce gros œuf, de couleur gris-vert et couvert de son petit duvet, *souris végétale* ou *groseille de Chine.* Les premiers fruits expédiés en 1906 en Nouvelle-Zélande l'avaient été sous ce nom de *chinese gooseberry*, mais cette liane se plut tant dans le sol et sous le climat de Nouvelle-Zélande qu'on en commença la culture intensive et la sélection, dans les années 20-25, et c'est là que tout se complique. Car après la guerre, on l'exporta vers les États-Unis. On était alors en plein maccarthysme, et tout ce qui évoquait de près ou de loin le communisme était aussitôt prohibé. La *chinese gooseberry*, comme le reste. L'épisode annonçait, en quelque sorte, la vogue actuelle du *politically correct,* qui veut qu'on emploie des périphrases extrêmement compliquées pour désigner les Noirs, les femmes au foyer, les prostituées ou les zoos. La terreur dans les dictionnaires n'est pas nouvelle. Bref, la groseille chinoise dut se refaire une virginité. Et on lui donna le nom maori de cet oiseau emblématique de la Nouvelle-Zélande : le kiwi.

Mais peut-on parler d'oiseau à propos de cet animal de la famille des ratites, qui figure sur les timbres et les boîtes de cirage ? Le ratite n'a rien à voir avec le rat. C'est en fait un oiseau proche du radeau, en raison de son sternum plat, dépourvu de bréchet. Et le kiwi, qui a la grosseur d'un petit dindon, est comme l'autruche et le casoar, privé de la faculté de voler, puisqu'il est sans ailes ou qu'elles sont pratiquement inexistantes (son nom officiel est du reste l'*aptéryx,* le sans-ailes). Jules Verne en parle dans *Les Enfants du capitaine Grant* (1868) : ce sont, dit-il, des poules sans ailes et sans queue, avec quatre orteils aux pieds, un long bec de bécasse et une chevelure de plumes blanches sur tout le corps. « Animaux étranges, ajoute-t-il, qui semblaient marquer la transition des ovipares aux mammifères. » C'est aussi un animal timide, qui vit discrètement, presque retiré, très difficile à repérer dans la pénombre des forêts à cause de son plumage brun foncé. Il ne sort que la nuit, en se dandinant sur ses deux pattes écartées, et en courant ainsi le bec tendu en avant. C'est le cri du kiwi qui lui donna son nom : *kivi-kivi,* un appel sur deux notes que l'on n'entend que la nuit. Les Maoris en mangèrent pendant très longtemps et tissaient avec ses plumes les vêtements des chefs de tribu. Il eut à souffrir aussi des chats, des belettes et des hermines, si bien que sa population diminua au fur et à mesure que grandit sa notoriété. Aujourd'hui donc, on a substitué à une sorte de poule sans ailes un fruit sans bec qui, à défaut de donner l'illusion de l'Unité universelle, chère à Fourier, sauva l'honneur national.

Curieux voyage, en définitive, d'un nom autour de la planète : groseille sur les rives du Yang-tsé-kiang, le kiwi dut subir les foudres d'un sénateur républicain du Wisconsin, pour finir dans le cri d'un oiseau d'une île du Pacifique. Qui pourrait, après un tel périple, douter de la prédestination ? Car cet œuf végétal est bel et bien né d'une poule impotente par un simple caprice du vocabulaire.

L

Martyre de la **laitue** crue

« Pour moi », disait Alice Toklas dans son Cook Book, *« cuire des laitues équivaut au massacre des Innocents. » Il est vrai que miss Toklas avait toujours en tête cette idée que, « pour commencer n'importe quelle histoire de cuisine, le crime est inévitable. C'est pourquoi la cuisine n'est pas un passe-temps entièrement agréable ». Donc, puisque toute cuisine est un meurtre, contentons-nous de parler ici de la laitue crue.*

Guerre

On distingue trois grandes variétés de laitues : les pommées, aux feuilles arrondies, ondulées, en forme de cuiller et réunies comme une pomme de chou, en une tête plus ou moins volumineuse ; les frisées, ou Batavias, aux feuilles découpées, dentées et crépues ; enfin, les Romaines ou chicons, aux feuilles allongées et presque lisses, que cultivaient déjà au XIVe siècle les jardiniers des papes, dans le Comtat Venaissin, qui furent ensuite introduites à la Cour par Bureau de la Rivière, chambellan de Charles V et de Charles VI, et auxquelles semble-t-il Rabelais fit une réputation en les recommandant au puissant évêque Geoffroy d'Estissac, prélat du Poitou, qui en lança la mode. C'est donc une salade hautement ecclésiastique. Et qui, à en croire Fernand Lequenne, qui prend peut-être quelques

libertés avec l'histoire, dans son *Livre des salades*, aurait même provoqué une sorte de Guerre des Laitues.
D'une variété sauvage dite *Capitata* (à grosse tête), sont nées en effet les laitues les plus tendres, les pommées. Dès le printemps, elles offrent toute une gamme de salades précoces, fines et fragiles, comme les Crêpes, Grosses et Petites Crêpes, Fraises-de-veau et Mignonnes, Gottes, Bigottes, Cocasses et Coquilles, ainsi que les Grasses de Bourges, qui ont malheureusement le défaut de pourrir facilement. Viennent ensuite, au cours de la saison, les plus célèbres des pommées : les Grosses blondes paresseuses et les Grosses brunes également paresseuses, les Monte-à-peine et les Monte-à-regret, les Laitues-chiens ou Œils-de-perdrix, qui sont pochonnées de rouge (donc passablement meurtries), et même les Sanguines au cœur fouetté de rouge carmin, les Grosses blondes têtues, dites laitues de presbytère, ou les Favorites de Rudolphe, dont on ne sait pas très bien ce qu'elles cachent. Quel choix pour les saladiers ! s'exclame Fernand Lequenne.

Chicot

Face à ces laitues *Capitata*, on a donc le clan des *Romana*. Rigides, à la chair croquante, résistante même sous la dent, mais ajoute Lequenne, conciliant, beaucoup de jardiniers aiment ce port altier, tout d'une pièce, pas du tout affalé comme celui des laitues à grosse tête, parmi lesquelles on trouve les Langues-de-bœuf, les Romaines ballon et les Monstrueuses, dites à deux cœurs. Les maraîchers disent qu'au moment où les feuilles des Romaines s'incurvent au sommet pour se recouvrir et former leur tête allongée elles se coiffent, et que la coiffure d'une Romaine est toujours un moment émouvant pour un homme. Mais voilà justement qu'à leur apparition en France les Romaines, peut-être parce qu'elles se coiffaient un peu trop souvent, jetèrent le discrédit sur les Grosses pommées paresseuses, et toutes les Crêpes dont on a parlé, au point qu'on finit par les appeler des Gottes, c'est-à-dire des Gothiques, des laitues du Moyen Age. Le même discrédit, au fond, qui s'est appliqué aux églises du Nord. On en est bien revenu, ajoute Fernand Lequenne. Du reste, les belles salades du pape ont fini à leur tour par se faire appeler chicons (du moins, dans le Nord). Or les chicons, dit Littré, c'est comme des chicots. C'est-à-dire des débris d'arbres, qui sont là on ne sait trop pourquoi, des bouts de troncs, de racines et de branches cassées. Accessoirement, des fragments de dents restés dans l'alvéole, et même, au XVIe siècle, des courtisans, des gommeux, plantés dans les antichambres des Grands. Bref, la laitue papale en prit pour son grade et il faut reconnaître, admet Fernand Lequenne, que la Romaine a bien cette allure de chicot, tant sa chair est raidie et crispée. Ce n'est pas pour rien si on l'appelle aussi la Montée.

Bonté

Cette guerre de la salade est, bien sûr, imaginaire. D'autant plus imaginaire que les laitues pommées ne sont apparues en France qu'à la Renaissance (vers 1543, dit-on), donc bien après les Romaines. Mais enfin, c'est vrai, entre la Pommée et la Montée, on se crêpa le chignon plus d'une fois. Au point que Colette, qui s'inventait parfois des jardins imaginaires peuplés de chicorées pommantes et de cœurs-de-bœuf éclairs, où elle ébouriffait les laitues avec le joli geste du fleuriste, crut bon, dans son *Almanach de Paris*, en 1949, de faire l'inventaire de ces cris de boutiquières. « Pied court ! Tête de fer ! Obtuse ! Naine, métisse ! Phénomène ! Grosse blonde paresseuse ! Elles ont fini de s'étriper, ces mal embouchées ? Ne les interrompez pas : c'est la litanie des légumes de mai-juin. » C'est d'autant plus curieux qu'on parle à tout bout de champ de la bonté des Romaines. Remarquez, on dit aussi : *bon jusqu'au trognon.* Le bon, en l'occurrence, c'est donc bien le dupé, le berné, le dindonné (« celui qui est facilement la proie des circonstances », dit élégamment Aragon). Mais pourquoi : *comme la Romaine ?* Probablement à cause du cri des marchandes de quatre-saisons : « Elle est bonne, ma Romaine, elle est bonne ! » Elle est bonne, c'est entendu, mais elle est aussi farcie de vanité. Bref, « crêtée comme une laitue ».

L'eunuque

Dans l'Antiquité déjà, le sort des laitues n'était pas très enviable. Pour résumer la chose, Eubule, dans les *Impuissants*, disait que c'était tout bonnement un « manger de cadavres », et Athénée, dans son *Banquet des sophistes*, l'exécuta en une phrase : « Iccos prétend que la laitue de Génésé, à feuilles larges et lisses, sans tige, est appelée "eunuque" par les pythagoriciens, et par les femmes "émasculante" car elle est diurétique et affaiblit le désir sexuel. » Il eut beau ajouter, du bout des lèvres : « Mais c'est la meilleure à manger », on voit bien que son jugement est fait, et qu'il vaut beaucoup mieux la laisser aux escargots qui sont, comme chacun sait, hermaphrodites. En somme, même si elle dissipe les flatuosités, facilite les rots et favorise les digestions sans être elle-même indigeste, le fait est là : la laitue est castratrice.

La vie sexuelle de la laitue est donc à peu près égale à zéro. Elle a pourtant pour elle un atout, et son nom de *Lactuca sativa* le rappelle : son suc ressemble à du lait. Ce qui, en un sens, la rapproche de la figue, comme le note Furetière : « Quelques-uns disent que la laitue est entre les herbes ce que la figue est entre les fruits. » La laitue, c'est donc la laiteuse, ou encore, comme on disait au XVIIe siècle, la *coulante*. Et si c'est une herbe aux beaux rêves, qui donne un sommeil euphorique et permet de lutter contre le démon de la chair, c'est que son lait a des propriétés analogues à celles de l'opium. Mais c'est aussi la laitière : selon la fameuse doctrine des signatures, elle augmenterait le lait des nourrices. Donc, cette laitue, tout en provoquant la disparition du désir amoureux, serait aussi l'herbe de la maternité, en favorisant la montée du lait. D'un côté, elle frappe les hommes d'impuissance, de l'autre, elle est excellente pour les nourrices et souveraine pour l'écoulement des menstrues. Curieux, non ? Celle qui s'acharne ainsi contre les hommes se révèle merveilleuse pour les femmes. La laitue serait-elle féministe ?

Héra

En fait, le bon usage de la laitue dans le monde grec, explique Marcel Détienne *(L'Écriture d'Orphée)*, n'était pas dicté par des considérations physiologiques, il avait une fonction politique. La laitue permettait, en quelque sorte, un partage satisfaisant des rôles sexuels et sociaux, mais satisfaisant pour les hommes, naturellement. La jouissance sexuelle (qui ne serait pas le fait de la laitue, mais des aromates) appartient de droit aux mâles ; quant aux femmes légitimes, à qui on recommande si fortement de manger de la laitue, on les réserve à la reproduction de l'espèce. Ce qui s'explique assez bien à travers les deux mythes d'Héra et d'Aphrodite. Lorsque Zeus eut engendré Athéna, sortie tout armée du cerveau du maître de l'Olympe, Héra, bien décidée à se venger, s'arrêta au jardin de Flore, déesse de la Jeunesse et de la Croissance. Parmi les fleurs nées des blessures mortelles de jeunes héros, poussait la mystérieuse fleur d'Olène, dont un seul frôlement lui permit d'enfanter Arès, dieu de la Guerre. Elle se rendit alors au potager de Flore, et là, en mangeant simplement une laitue, elle mit au monde Héné, ou Jouvence. De ce pouvoir magique de la laitue, qui permit à Héra de se reproduire sans que son époux la touche, et du fait aussi que la laitue est liée à la mort d'Adonis, l'amant d'Aphrodite, dans des circonstances qui restent d'ailleurs obscures (on ne sait pas s'il fut tué par un sanglier alors qu'il se réfugiait dans un plant de laitue, ou si sa maîtresse l'avait caché dans une laitue pour le soustraire aux coups du sanglier), viendrait donc sa double nature de bonne laitière et d'ennemie des plaisirs. Bref, les Grecs en tirèrent facilement la conclusion que la femme n'était pas faite pour la jouissance, ni la laitue pour les hommes.

Buisson

Pourtant, il faut toujours se méfier avec la laitue. Comme l'indique monseigneur Gaume, dans son étude sur *Le Signe de la croix* (1864) : « Au monastère de l'abbé Equitius, il est arrivé qu'une religieuse, entrant un jour dans le jardin, vit une laitue qui excita son appétit. Elle la prit, et oubliant de faire le signe de la croix, elle en mangea avec avidité. A l'instant même, elle fut possédée du démon, renversée par terre et en proie à d'affreuses convulsions. » Ce qui tendrait à prouver que, pour l'Église, si l'on tient à garder sa chasteté, la laitue d'Héra est encore de trop. Il faut non seulement supprimer le sperme de l'époux, mais encore l'enfant de la laitue. Le sexe ecclésiastique est donc une misère définitive. On se demande même comment une laitue a pu devenir objet d'un jardinage papal, au XIVᵉ siècle, ou de la bénédiction d'un prélat du Poitou. D'autant que la salade fut souvent associée à la prostitution. A Babylone, dit un texte sumérien, les prostituées sacrées étaient coiffées comme des laitues. Et dans la langue des souteneurs, au siècle dernier, on disait d'une femme non affranchie, qui n'appartenait pas au milieu, que c'était une laitue. On l'a même dit finalement d'une femme quelconque, sans intérêt. « Quand on a une femme comme la tienne, on ne va pas se gaspiller avec une laitue », dit Ange Bastiani (*Le Pain des jules*, 1960). En tout état de cause, prostituée ou pas, c'est bien de la femme qu'il s'agit, et parfois même de son sexe buissonneux. Jamais apparemment la laitue n'a signifié quoi que ce soit qui ait pu avoir un rapport quelconque avec la virilité.

Le Barbu

C'est en ce sens, je crois, qu'il faut interpréter l'histoire des laitues de Dioclétien. On raconte en effet que, lorsque Dioclétien eut abdiqué le pouvoir en 305, il se retira dans son palais de Salone, en Dalmatie (l'actuelle Split), et que là, il cultivait son jardin. Comme son collègue Maximien le suppliait alors de reprendre le pouvoir : « Si tu voyais les belles laitues que je fais pousser, lui aurait-il répondu, tu ne me presserais pas tant. » Encore qu'on ne soit pas très sûr qu'il s'agisse de laitues : certains pensent à des choux, et Montaigne à des melons. Mais enfin, le fait est là : comment imaginer Dioclétien, célèbre par ses persécutions contre les chrétiens et les manichéens, dans son jardin de salades ? Danielle Sallenave, à ce propos, refuse de le voir avec le visage glabre qui est le sien dans les galeries du Vatican : frange sur le front à la Titus, nez un peu gros, paupières lourdes. Son Dioclétien à elle aurait plutôt le visage barbu du revers des médailles et monnaies de son temps : « C'est plus vraisemblable, sans doute, puisque depuis Hadrien qui n'aimait pas se raser, ou voulait cacher

une cicatrice, les empereurs voulaient garder la barbe entière. »
Dans son désir désespéré, j'imagine, de lui donner de la virilité et de la grandeur, Danielle Sallenave le voit encore faisant pousser des romaines. Car la romaine, dit-elle, par ses feuilles allongées, dressées, ni bouclées ni ondulées, forme un assemblage oblong peu compact, énonçant ainsi quelques grands principes, et même toute une esthétique : le refus du baroque, du contourné, du précieux, une préférence pour les formes classiques, précises, viriles, un choix de droiture et de fermeté, qualités morales autant que physiques, enfin une propension naturelle à l'harmonie et à la régularité. La romaine est donc la laitue qu'il faut à Dioclétien le Barbu. Reste la question cruciale : peut-on passer ainsi de la persécution des chrétiens à la culture de la salade ? « Sans efforts, dit-elle, toute l'histoire l'atteste, et maints exemples où la pratique de la torture s'allie communément à l'amour de Mozart et du violoncelle. » Du reste, Dioclétien n'est pas un tyran, un monstre, un empereur fou : c'est un administrateur. Un sous-officier, un homme habile à manier le *pilum*, remarquable par sa voix forte et sa vigueur physique. Il remet de l'ordre partout, il sévit contre les Francs et le roi de Perse, il mate les Bagaudes, ces Gaulois révoltés, puis les Maurétaniens. C'est un grand bâtisseur aussi. Bref, « qu'il ait dû persécuter les chrétiens, c'était peut-être inévitable ».
C'est évidemment une vision de Dioclétien.

Le Mou

On peut lui préférer, à tout prendre, celle de D'Annunzio, qui en fait un empereur amoureux. Amoureux de Sébastien, officier de la garde prétorienne, qu'il fit supplicier par deux fois, ce qui permit accessoirement à ce garçon d'être canonisé. Donc, dans l'opéra de D'Annunzio et Debussy, *Martyre de saint Sébastien* (1911), Dioclétien aime Sébastien et ne veut pas croire à sa conversion. « Je ne crois pas, je ne veux pas croire aux délits dont on t'accuse, chef de ma cohorte légère. Tu es trop beau [...] Je t'aime. » Ce qui ne l'empêche pas de condamner à la sagittation ce capitaine si jeune et si terrible, au beau visage de Furie, en exigeant qu'il soit criblé de flèches, « au point, dit *La Légende dorée*, qu'il en ressemble à un hérisson ». Mais comme il survécut à ce premier martyre et reparut devant l'empereur, il fut supplicié une seconde fois, non plus sur la via Appia, mais dans le Colisée, par flagellation ou lapidation, après quoi son corps fut jeté dans la Cloaca Maxima, le grand égout de Rome, pour éviter qu'on ne lui rende hommage. Il n'est d'ailleurs pas interdit de penser, note Michel Tournier, que Sébastien fut le dernier martyr chrétien, et si l'on accepte l'idée que Jésus fut le premier, la symétrie devient évidente : c'est l'alpha et l'oméga du martyrologe.

Et la laitue, alors ? A-t-elle été la satisfaction du Juste ou la frivolité du Lâche ? Car enfin, quelles qu'aient pu être pour Dioclétien les raisons de ce martyre, au nom de l'ordre, de l'exemple ou de la raison d'État, il reste peut-être tout simplement la colère d'avoir été trahi, le dépit de voir que le pouvoir ne rend pas toujours suffisamment aimable, la lâcheté qui permet souvent de laisser faire les choses, surtout quand on se sait si peu aimé. Tout cela valait bien une salade, en effet, c'est-à-dire une cure d'oubli. Jamais mieux, en l'occurrence, la laitue n'aura mieux rempli l'office que lui attribuait Eubule : celui d'un « manger de cadavres ».

Les **lentilles** de la reine

« Si j'ai toujours aimé les lentilles, écrit Marie Rouanet, c'est parce qu'on les appelait le petit monde *et qu'on les disait pleines de fer. Je les posais sur le rebord de l'assiette : rondes et brunes, elles étaient bien des planètes, et j'avalais avec elles toute la force du minéral. » Une façon, en somme, de répondre à Sido, la mère de Colette, qui se désolait de ne pouvoir être végétarienne : « Je ne mange pas de lentilles, dit-elle (dans* Flore et Pomone*), parce qu'elles ressemblent à des punaises. Je ne mange pas de crosnes, parce qu'ils ont une vague figure de vers de hanneton, je n'aime pas les fèves parce qu'elles ont le goût du marécage. »*

Gravier

L'inconvénient, avec la lentille, comme avec le petit pois, c'est qu'on doute toujours de son existence. Car on ne la trouve qu'en tas, en muid, en litre, en ce qu'on voudra, mais le mot (dit Alain Rey) ne s'emploie qu'au pluriel (le singulier désignant la graine). Il y a donc *des* lentilles, comme il y a *des* petits pois. Inutile de chercher, vous ne trouverez pas, ou alors perdue par hasard, sous un bois de lit ou au fond d'un tiroir, égarée et morte depuis longtemps, sans doute tuée par de l'insecticide, couverte de poussière, desséchée comme une momie, une lentille à l'état simple, la lentille enfin révélée à elle-même dans son être de lentille, bref une lentille qui ne se résume pas à un agrégat et qui ose enfin dire *je*. Car voilà bien son drame : la lentille suit la lentille comme son ombre. Et un tas de lentilles est peut-être *un petit monde*, c'est surtout un tas d'ombres.

Tout commence par un malentendu. Qu'elle soit verte du Puy, rouge comme un lentillon, blonde épaisse ou même rose, comme en Afrique du Nord ou au Moyen-Orient, cette petite chose ronde, sèche et aplatie, cette graine de légumineuse préhistorique ressemble à s'y méprendre à du gravier. On ne confond pas le grain de riz avec une perle d'eau douce, ni même le petit pois avec une calcédoine de la variété dite chrysopase : alors, pourquoi confondre la lentille avec du gravier ? Ou pire encore, avec des graines de nielle, qui ont toujours eu la réputation de rendre fou ? On dit qu'elles sont parfois aussi dures que des plombs de chevrotine, même après cuisson. Ou encore qu'on a un *nez à trier des lentilles*, quand ce nez est particulièrement long et pointu, ce qui n'est guère mieux qu'un nez en pied de marmite, un nez d'as de trèfle ou un nez de gouttière. Naturellement, Jules Renard, toujours là pour le bon motif, note dans son *Journal* (1894), d'on ne sait trop qui : « Ensuite, ils mangèrent un plat de gravier où il y avait quelques lentilles. » Ce gravier dans les lentilles, c'est un peu comme une mésalliance pour la Palatine, très sourcilleuse, comme on sait, sur le chapitre de l'armorial, qui avait un sens aigu de son rang et ne pouvait rien concevoir de pire que d'introduire la bâtardise dans sa famille : une « crotte de souris parmi des grains de poivre ». Tout ceci a beaucoup contrarié la lentille, qui entamait ainsi une dure carrière.

Vide

Bon, il est inutile de voir tout en noir dès qu'on parle de la lentille. « Je trouve chez mes auteurs, note Pline, qu'elle donne l'*euthumia* à ceux qui en mangent. » Et l'*euthumia*, ça fait plaisir à la lentille, parce que c'est plus que l'égalité d'humeur, c'est la confiance, la jubilation, la vitalité. Quand les lentilles sont en fleur, disait-on autrefois, les jeunes gens sont plus disposés à l'amour. Pline ajoute d'ailleurs, dans son désir de bien faire, mais sans certitude aucune, que son nom latin de *lens* (à ne pas confondre avec le *lens* masculin, qui est l'œuf de pou) venait justement de *lenis*, ce qui est doux à tous les sens. La lentille était du reste le remède préféré d'Hippocrate : un de ses malades, Alcman, eut à la suite de crises néphrétiques de violentes douleurs dont il guérit grâce à un bouillon de lentilles et du petit chien bouilli. Enfin, Athénée, dans un chapitre du *Banquet des sophistes* intitulé « Le banquet des lentilles », nous présente des philosophes cyniques qui s'en régalent. Mais de toute façon, à part le chou, les pommes, les olives et les cornouilles, les cyniques ne mangeaient rien. Et un légume qui n'est bon que pour les cyniques et la colique n'est pas tout à fait un légume. Voilà la conclusion qui s'imposa très vite.

Mais qu'est-ce que c'est exactement ? D'après Dioscoride, l'eau dans laquelle a cuit la lentille provoque des paniques d'entrailles et donne des songes hideux. Galien va même jusqu'à l'accuser d'engendrer l'éléphantiasis et le cancer. « Si un homme, en mangeant des lentilles, mord quelqu'un, dit le *Grand Albert*, cette morsure est incurable. » Mais le plus acharné, ce fut Platine de Crémone : « C'est le pire de tous les légumes, dit-il. Si tu veux les manger, tu dois élire les plus grosses et les plus molles et tendres à cuire, et les cuire en eau douce, et puis y mettre de l'huile, du poivre et du cumin pour en appetisser la malice. » Enfin, sainte Hildegarde conclut cette diatribe en disant que « ce légume froid ne contribue à nourrir ni la moelle ni le sang : il ne fait que donner une impression de satiété, en remplissant le ventre de *vide* ». Voilà : la lentille est vide. C'est pourquoi, sans doute, elle convenait si bien aux anachorètes, qui vivaient au milieu des hyènes, des chameaux enragés et des serpents géants. Hilarion, par exemple, dès vingt et un ans, mangea les trois premières années un demi-setier de lentilles trempées dans l'eau froide, et les trois suivantes, du pain sec avec du sel et de l'eau. Puis il se contenta d'herbes sauvages et de racines crues. Après quoi, il se nourrit de six onces de pain d'orge et d'un légume cuit sans huile. Mais comme il sentait sa vue se brouiller et tout son corps se couvrir d'impétigo et se ratatiner (il était sec comme une pierre ponce), il ajouta un peu d'huile. Et garda ce régime jusqu'à sa mort, à soixante-deux ans. Si la lentille n'est peut-être pas tout à fait du vide, on constate qu'elle y aspire grandement.

Esaü

La lentille fut encore poursuivie par la malédiction des roux. C'est l'histoire bien connue, dans la Genèse, d'Esaü, frère jumeau de Jacob, roux et velu comme un ours, et de son plat de lentilles d'Egypte, aussi rousses que lui. Esaü sera finalement honni du peuple juif pour n'avoir pas hésité à vendre à son frère son droit d'aînesse pour un plat de lentilles. Il estime qu'une soupe est préférable au pouvoir ? On le méprise. Il se montre désintéressé ? Il se fait gruger. C'est lui qu'on trouve ridicule. Avouez que c'est vexant. La lentille est même devenue une nourriture du deuil et de la douleur : comme le dit saint Jérôme, « dans le deuil, les juifs, d'après une vaine tradition des Pharisiens, prennent des lentilles pour première nourriture, faisant valoir par là que ce mets fatal leur a fait perdre le droit d'aînesse ». Cette même lentille égyptienne a donné, par métaphore, le nom de *lentilles* aux taches de rousseur. Car être roux, c'est bien la pire des choses : c'est être tacheté partout, donc impur, et participer d'une façon ou d'une autre à l'animalité. Bref, la lentille, c'était la lèpre du jardin.
En tout cas, ce n'est pas sous Louis XIV que la lentille put espérer se refaire une réputation. Le grand siècle fronça le nez et finit par la juger tout juste bonne pour les chevaux. On ajouta perfidement que, si elle était excellente pour le lait des femmes, c'était aussi le seul féculent à ne pas agiter les esprits animaux. Elle n'avait en effet aucune propriété réchauffante pour les personnes du sexe, ni même pour les autres (elle n'a d'ailleurs pas changé depuis). Ce fut donc Marie Leszczynska, épouse de Louis XV, qui se dévoua. Car, dit Grimod de la Reynière, « en sa qualité de dévote, elle était fort gourmande ». Gourmande, sans doute, mais ennuyeuse comme la pluie, parce qu'elle mâchait son dîner, « sans regarder personne, raconte Casanova, tenant les yeux baissés sur son assiette ». Elle remit la lentille à la mode, laissant du même

coup son nom à la meilleure lentille qui soit : la *Petite à la Reine.* A côté de la grande lentille, dite lentille large de Soissons, ou lentille blonde de Gallardon, il y a donc ce lentillon de la reine, au goût délicat et à la peau d'une finesse extrême. La lentille doit tout à cette reine goulue, connue pour ses classiques bouchées à la reine et ses meringues polonaises (qu'on appelait à l'époque des *vents*), et qui pouvait « se faire crever » de melons à la glace ou tant abuser d'huîtres (quinze douzaines à la suite) qu'elle en perdit un jour connaissance, et qu'on ne put la faire revenir que grâce aux vertus de la poudre des Chartreux. Est-ce un bien, est-ce un mal ? En tout cas, Marie Leszczynska partagea avec Voltaire ce goût de la lentille, lequel à part le mouton et les œufs n'aimait rien. Ah si, le petit lait, quand il se mettait au régime.

Grandes lèvres

Le lentillon blond est certes plus petit de moitié que la lentille large, mais la lentille large accueille fréquemment la bruche, petit coléoptère dont les larves se développent dans la graine et s'y changent en insectes. La reine avait donc beaucoup de chance de ne pas avoir de bruche dans sa lentille. Une reine qui eut beaucoup moins de chance, ce fut Marie-Antoinette. Car, à l'époque révolutionnaire, Barras eut l'idée de servir, lors d'un dîner, des « lentilles de la ci-devant reine, à la crème au blond-de-veau ». Il y avait naturellement, dans cette recette, une pique aux Bourbons, mais surtout une allusion grivoise au sexe de la ci-devant, et pour tout dire une cochonnerie pure et simple. Car la lentille, expliquent Rey et Cellard, dans leur *Dictionnaire du français non conventionnel,* trouva son épanouissement dans le vocabulaire érotique, par un rapprochement inattendu et une confusion phonétique avec les *lendilles,* dont parle longuement Brantôme, dans les *Dames galantes,* et qui ne sont rien d'autre que les grandes lèvres du sexe féminin : on les appelait au Moyen Age *lendies* ou *lendilles* (qui en est le diminutif), du latin *langica,* qui pourrait lui-même venir de *laniare* : déchirer en lanières. Précisément, ce sont des lendilles en lanières que nous présente Brantôme dans une scène audacieuse restée célèbre.

Traitant donc du chapitre des « labies longues et pendantes plus qu'une crête de coq d'Inde quand il est en colère », Brantôme en vient à parler d'un certain nombre de jeunes gens (dont M. de Randan, M. de Nemours, M. le vidame de Chartes, M. le comte de La Rochefoucauld et quelques autres) qui, ne sachant que faire, allèrent voir un jour pisser les filles. Comprenez : eux, cachés en bas et elles, en haut. « Il y en a une qui pissa contre terre », rapporte donc Brantôme (qui s'est fait raconter la chose) : « je ne la nomme point ; et d'autant plus que le plancher était de tables, elle avait ses lendilles si grandes qu'elles passèrent par la fente des tables si avant qu'elle en montra la longueur d'un doigt ; si bien que M. de Randan, par cas, ayant un bâton qu'il avait pris à un laquais, où il y avait un fiçon (une pointe), en perça si dextrement ses lendilles, et les cousit si bien contre la table que la fille, sentant la piqûre, tout à coup s'éleva si fort qu'elle les écarta toutes, et de deux parts qu'il y en avait en fit quatre ; et lesdites lendilles en demeurèrent découpées en barbes d'écrevisses ; dont pourtant la fille s'en trouva très mal, et la maîtresse en fut fort en colère. M. de Randan et la compagnie en firent le conte au roi Henri II, qui était bon compagnon, qui en rit pour sa part son saoul, et en apaisa le tout envers la reine, sans rien en déguiser. »

« Ces grandes lendilles, ajoute Brantôme, sont cause qu'une fois j'en demandai la raison à un médecin excellent, qui me dit que, quand les filles et femmes étaient en rut, elles les touchaient, maniaient, viraient, contournaient, allongeaient et tiraient si souvent qu'étant ensemble s'en entredonnaient mieux du plaisir. » Quoi qu'il en soit, et malgré les hommages récents de certains chefs ou de certains écrivains, comme Georges Pérec, qui propose, dans *La Vie, mode d'emploi*, une recette de « lentilles cuites dans du cidre, servies froides, arrosées d'huile d'olive et de safran sur des tranches grillées de ce pain rond utilisé pour les pans-bagnats », la façon de Brantôme d'apprêter les lentilles me paraît, tout compte fait, la plus simple et propre à communiquer cette franche *euthumia*, dont parlait Pline, à celle qui s'y livre sans réserve, même si elle doit pour cela forcer tant soit peu sa nature.

Le litchi
ou comment décortiquer un œil

Le litchi est un fruit chinois, qui fut signalé la première fois en France par La Porte, le traducteur de Mendoza, en 1588, sous le nom de lechia. *Contrairement au kiwi, son patronyme chinois de* li-chi *lui est donc resté, soit qu'on ne l'ait pas consommé aux États-Unis après la guerre, soit que McCarthy ne pût suffire à tout, et chasser le communisme jusque dans ce petit fruit à la coque rose indien ou rouge sombre, qui selon Claudel ressemble plutôt au grelot qu'à autre chose. A l'intérieur de cette coque, on découvre une chair d'un blanc laiteux, extrêmement douce, presque fade, quelque chose d'aussi indéfinissable au fond que sa couleur, qui tient du lait ou de la nacre, et dont la transparence trompeuse ne laisse en rien présager la consistance solide, en son cœur, d'un noyau ovale noir et brillant.*

Corrida

Ce fruit ancien, attesté dans les écrits chinois dès le IVe siècle, se rangerait plutôt dans le registre du *gluant,* sorte d'intermédiaire entre le blanc d'œil et le blanc de sperme. C'est donc une gâterie extrêmement curieuse, qui se mange crue, n'a aucune propriété aphrodisiaque et accuse pourtant une nette ressemblance avec le daintier de cerf ou le testicule de taureau. Celui, par exemple, qui est apporté sur une assiette par sir Edmond, lors de la corrida aux arènes de Madrid, le 7 mai 1922 : « Deux couilles nues », écrit Georges Bataille, dans *His-*

toire de l'œil, « de la grosseur et de la forme d'un œuf, d'une blancheur nacrée, rosie de sang, analogue à celle d'un globe oculaire. » Mais le litchi, en réalité, se rapprocherait davantage encore de la grosseur de l'œil de Don Aminado, froidement énucléé par le même sir Edmond, au cours d'une scène qu'il ne saurait être question de résumer ici, dans la petite chapelle de Séville où dit-on fut enterré Don Juan.

Ciseaux

Si l'on s'interroge sur la meilleure façon de décortiquer un litchi, c'est aussi simple, au fond, que pour un œil. Le mieux est de prendre une paire de ciseaux, de découper les chairs, puis d'enfoncer les doigts dans l'orbite et de tirer l'œil, en coupant les ligaments tendus. Vous laisserez alors glisser un moment ce petit globe blanc dans la main. « Cette caresse de l'œil sur la peau, dit Bataille, est d'une excessive douceur, avec un horrible côté cri du coq. » Sachez que le litchi, encore appelé *cerise de Chine*, rehausse agréablement une salade de fruits d'hiver, et que cet œuf de chair, quoique fort peu calorifique, laisse dans la bouche la saveur impalpable et le plaisir sans remords d'un sacrifice barbare.

M

Le baume de la mangue

Peau verdâtre marbrée de rouge ou de violet, une jolie forme de rein ou de cœur ou de ce qu'on voudra, une saveur douce, légèrement acidulée, rappelant un mélange d'abricot ou d'ananas, ou encore de térébenthine : convenons que la mangue avait de quoi dérouter l'esprit français. Était-ce un fruit, se disait-on, ou je ne sais quelle extravagance botanique, gloire et stupeur des jardins étrusques ? Jusqu'à quel point constituait-elle un véritable et légitime accouchement de la nature ? N'était-ce pas plutôt un fruit conçu en adultère par l'artifice humain ? On ne savait que répondre, d'autant que ce qui paraissait plus curieux encore, c'était bien la façon de la manger, qu'on en goûte la chair des joues à la cuiller ou qu'on malaxe délicatement la pulpe jusqu'à la liquéfier, comme on le fait en Inde, en pratiquant un trou pour en expulser le gros noyau et boire le jus à même la peau. La mangue avait d'ailleurs quelque chose de si obscène, dans cet usage, qu'elle vous donnait vaguement l'impression d'avoir avalé le démon.

Tigre

Originaire de l'Asie méridionale ou de l'archipel indien, la mangue fut longtemps considérée comme le fruit emblématique de l'Inde. Son nom portugais de *manga*, attesté dès 1553, vient en réalité du tamoul. Ce qui au moins ne laisse aucun doute sur sa naissance. Mais on hésita sur son sexe, puisque le genre du mot fut longtemps indécis et ne se fixa qu'en 1657.

C'est une chance. Car on ne sait toujours pas, à l'heure actuelle, quel est au juste le sexe du pamplemousse. Une légende hindoue veut que la fille du Soleil, fuyant une sorcière, refasse son apparition au cœur d'une mangue : la mangue est donc un fruit magique. Le fruit peut-être à l'origine de tous les sexes, du moins le fruit de l'amour, des rites de fertilité et des expédients érotiques. En quoi, d'une certaine façon, elle ressemble assez au tigre. Dans le sud de l'Inde, on croyait en effet que les moustaches du tigre, finement pilées constituaient un parfait antidote contre les défaillances sexuelles. Il est vrai qu'on utilisait aussi lesdites moustaches, coupées en fins morceaux, comme poison : mélangées aux aliments, elles perforaient les intestins de celui qui les absorbait. Ce qu'on n'a jamais constaté avec la pulpe de mangue.

Mariage des arbres

La coutume, note Frazer, est fréquente en Inde et se rencontre parfois chez les Tsiganes de Transylvanie. Le mariage des arbres a lieu, en général, en cas de stérilité des femmes, quelques années après leur mariage. Au jour et à l'heure fastes, les époux se rendent près d'un étang et plantent chacun un arbuste. La femme, un jeune figuier des pagodes, le mari, un manguier. La femme attache alors la tige de l'arbre Vepu au tronc de l'arbre mâle Arasu, puis elle les arrose avec l'eau de l'étang et fait avec son mari la *pradakshina*, une marche rituelle vers la droite, 3 fois, 27 fois ou même 108 fois. On ne sait pas exactement si ces variations dans le rituel attestent de son degré de religiosité ou de stérilité. Si l'un des arbres se dessèche, c'est mauvais signe. C'est pourquoi on prend toutes les dispositions favorables pour qu'ils poussent dru. Après un certain temps, ces arbres deviennent objets de culte, surtout quand on dépose près de leurs troncs entrecroisés un *naggakal*, qui représente un entrelacement de cobras sculptés dans la pierre. Car les serpents jouent un grand rôle dans l'imaginaire de la mangue. En particulier pour engrosser les femmes.

Comment subjuguer ?

Ce cérémonial pouvait certes paraître long et rebutant. Certains préférèrent donc recourir aux baumes. Le *Kâma sûtra,* bréviaire d'amour de l'Inde, suggère ainsi différents exercices utiles, selon qu'on veut *envoûter* ou simplement *subjuguer* celle (ou celui) qu'on aime, ce qui ne correspond pas à la même intensité du plaisir. Le *Kâma sûtra* ne traite toutefois pas la question de l'engrossement, qui lui paraît tout à fait superflue : seul importe de savoir comment accroître son pouvoir sexuel. Donc, parmi les moyens de séduction, voici le baume dit *Aimé des dieux,* qui donne un éclat céleste permettant de subjuguer : on fait des boules de Vachâ *(arris-root),* qu'on enduit d'huile de mangue et qu'on place dans un trou pratiqué dans le tronc d'un arbre Shinshapa. On les y laisse pendant six mois, après quoi on les retire du cœur de l'arbre et on s'en enduit le corps. Mais naturellement l'effet en est limité : donner de l'éclat n'a jamais permis à quiconque de prendre en son pouvoir et d'asservir ses partenaires. Ce que réalise précisément le baume dit *Aimé des Nâga,* qui conduit la femme à se jeter aux pieds de l'homme et constitue de ce fait un précieux avantage. On recommande pour cela de mélanger du Priyangou avec de la valériane et de l'huile de mangue, puis on fait comme précédemment un trou dans un arbre, mais un arbre Nâga, où on le laisse pendant six mois. On s'en enduit alors trois fois le corps et on bénéficie ainsi du rayonnement des Nâga qui sert à envoûter. Qui sont ces Nâga ? Ce sont des antidieux. Des êtres mi-humains, mi-serpents, d'ailleurs très beaux et couverts de bijoux, ils portent des couronnes et des grands anneaux d'oreilles, ils sont dangereux et forts, ils ont des dents empoisonnées et s'appellent aussi les Rampants, les Glissant-sur-leurs-épaules ou les Mangeurs-de-boucs. Les Nâga vivent dans le monde souterrain ou monde des Serpents, qui est un domaine immense de palais, de tours et de jardins, et dont la ville principale est la Ville des Plaisirs, gouvernée par Vâsukî.

Coït supérieur

Mais la mangue permet aussi, par simple métaphore, de parvenir à ce plaisir sans pareil que le *Kâma sûtra* appelle le *coït supérieur.* Bref, il nous apprend l'art de la *succion de la mangue.*

Un art, dit-il, qui concerne surtout les gens du troisième sexe, encore appelé *sexe neutre*, qui font dans la bouche l'acte de l'entrecuisse, lequel « fait partie de leur nature ». A vrai dire, ces gens du troisième sexe, il en existe de deux natures : ceux qui sont travestis en femmes et se font passer pour des prostituées, montrant cette féminité par leurs rires, leurs seins, leur sottise, leur pudeur, et puis ceux qui aiment les hommes mais qui le dissimulent en conservant une apparence virile (des moustaches et des poils sur le corps) et qui gagnent leur vie comme coiffeurs ou masseurs. C'est précisément dans le massage qu'ils ont la possibilité d'appuyer leur corps contre celui de l'homme et de pétrir ses cuisses du côté des régions intimes. Poursuivant leurs investigations à la jointure des cuisses, mais sans s'occuper de la verge, ils palpent le petit sac et, lorsqu'ils sont parvenus à provoquer une érection, ils prennent le sexe dans leur main, le patinent et, en se moquant avec audace, ils se mettent à rire. C'est alors que, saisissant l'occasion, d'après ces signes évidents de satisfaction, même sans qu'on le leur demande, ils passent en revue les huit chapitres du *Traité du masseur*. Lesquels concernent tour à tour :

1) *L'attouchement initial :* on enveloppe la verge de la main et on en approche les lèvres, en appuyant, relâchant puis secouant.

2) *Le mordillage des côtés :* on couvre le bout de la verge avec la main et on appuie les lèvres sur le côté en mordillant légèrement, mais on a soin d'adoucir aussitôt la morsure.

3) *Le pincement extérieur :* on approche les lèvres de la verge dressée, on en presse le gland et on l'embrasse en suçant.

4) *Le pincement intérieur :* sur demande, on fait pénétrer la verge plus avant et, la pressant avec les lèvres, on provoque une éjaculation.

5) *Le baiser :* on entoure la verge avec la main au lieu des lèvres et on l'embrasse ainsi.

6) *Le polissage :* cela fait, du bout de la langue, on lèche partout le gland et on titille longuement l'ouverture.

7) *Le suçage de la mangue :* le gland ainsi découvert, on presse fortement, avec passion, l'organe à moitié entré et on le suce en pressant.

8) *La dévoration :* selon le désir, on continue de presser jusqu'à la jouissance.
Mais, précise le *Kâma sûtra,* le coït supérieur, qui se pratique également avec des femmes dévoyées, des lesbiennes, des servantes ou des porteuses de fardeaux, n'est pas recommandé par les Achârya, les maîtres du savoir. Elle est contraire aux bonnes mœurs et n'est pas une pratique civilisée (« On est souillé par le contact du sexe avec le visage »). Elle est même interdite par les livres saints : « Pas de pénis dans la bouche. » Du reste, qu'il s'agisse d'une femme ou d'un garçon, embrasser une bouche dans laquelle on a joui est choquant. La façon d'embrasser la vulve comme on embrasse une bouche n'est pas davantage recommandée. Les hommes vertueux, expérimentés et prudents évitent ces pratiques, tandis que les prostituées font leurs délices des balayeurs de rue, des esclaves ou des conducteurs d'éléphants. Il en est de même pour cette forme d'érotisme appelée le *corbeau,* que pratiquent l'un avec l'autre l'homme et la femme, le corps en position inversée. Le garçon embrasse la vulve et la fille suce la verge, comme des corbeaux ils se picorent, saisissent avec la bouche leurs sexes et en éprouvent du plaisir, buvant leurs sécrétions dans l'ardeur de leur passion.
On voit par là que la mangue n'est pas simplement le fruit de l'arbre sous lequel le Bouddha choisit de s'asseoir pour méditer. Qu'elle manifeste beaucoup d'autres dispositions attrayantes et remplit certains offices qu'apparemment aucun fruit occidental ne lui dispute. Les livres saints, du moins, n'en parlent pas. Bref, la mangue nous force incontestablement à rire avec audace et, dans cette poétique de l'expression et de la succion, elle s'impose, je crois, comme le fruit philosophique par excellence.

Melon

toujours trompeur

« La pêche, disait Francis Amunategui, est notre architecture du grand siècle, nos parterres de Versailles. Le melon, la pastèque, l'ananas, la noix de coco sont le temple d'Angkor ou les statues géantes de la Vallée des Rois. » C'est beaucoup dire, car enfin le melon n'est jamais qu'un cousin des frères Cucumis, Concombre et Cornichon. Mais il est vrai que son nom servit chez les Grecs à désigner tout simplement le fruit, *en particulier la pomme ou le coing, et par analogie les formes arrondies et élastiques des joues comme des seins. Accessoirement aussi, le mouton à toison rousse. Ce qui, après tout, suffirait à plus d'un de carte de visite.*
Les Romains connaissaient le melopepon, *c'est-à-dire le fruit cuit par le soleil, le fruit mûr et sucré, bref le fruit* doux. *Mais il en exista deux versions. Le melon ancien, méditerranéen, plus ovoïde et aqueux, qui s'apparentait davantage à la pastèque, un melon vert foncé au ventre pâle comme des animaux. Et puis apparut en Campanie au temps de Pline un autre melon, venu d'Afrique intertropicale, de toute petite taille, gros comme un coing, suffisamment petit en tout cas pour que le général Clodius Albinus en mange dix à son repas, accompagnés de cinq cents figues, cent pêches et d'une quantité considérable de raisins. Ce qui est tout à fait propre à vider un estomac. Quant au melon moderne, rond et musqué, il serait originaire d'Arménie. Charles VIII, surnommé l'Affable, l'aurait ramené en France, en 1495, au retour de sa malheureuse expédition de Naples, dont le melon fut à peu près le*

seul bénéfice (avec l'orange amère et l'artichaut). On le cultivait à Cantalupo, maison de plaisance des papes, près de Rome, d'où le nom de melon Cantaloup ou melon galeux, *donné à l'une des deux grandes variétés de melons en raison précisément de ses excroissances qu'on appelle gales ou verrues (comme on peut voir dans le Noir des Carmes), l'autre étant celle des melons* brodés *ou* écrits, *dont la surface est souvent marquée de rides devenues pour ainsi dire subéreuses (comme dans le sucrin de Tours ou le jaune de Cavaillon). Olivier de Serres, dans le Livarais, au* XVIe *siècle, utilise déjà la cloche à melon, une grande nouveauté qui « condense la chaleur du moindre rayon de soleil comme font les loupes ». Mais l'initiative du primeur revient à La Quintinie, un siècle plus tard, qui par utilisation de fumier de cheval chaud, de cloches de verre et châssis vitrés, permit de forcer superbement la nature et de fournir sept variétés de melons dès le mois de juin, qu'il menait en* guinguettes *directement du Potager à la bouche royale.*

Vierge

« Même gorgé de sève et de pulpe charnue, le melon s'enferme avec pudeur dans l'ovale jaunâtre et couturé de rides de l'écorce où repose, apaisée maintenant, une maturité aux secrets violents. » Étranges propos de la romancière allemande Ina Seidel. Quels sont donc les *secrets violents* du melon ? On sait que cette chair sucrée, cette eau muscate passait pour pernicieuse. Le melon figurait sur la longue liste noire dressée par les médecins médiévaux. Peu de fruits ont été comme lui frappés par les foudres de l'hygiène. Le pape Paul II, note Joseph du Chesne, médecin de Henri IV et seigneur de la Violette, mourut sur les deux heures du matin d'une apoplexie, seul en sa chambre, sans que personne s'en aperçût, se portant très bien le jour auparavant, mais ayant mangé à son souper deux gros melons entiers. C'était en 1471, et Paul II n'avait que cinquante-quatre ans. Le même sort fut réservé à Clément VII, neveu de Laurent le Magnifique, qui mourut à peu près dans les mêmes eaux, à cinquante-six ans, en 1534. Sans pour autant en faire le synonyme d'une mort fatale, La Bruyère-Champier accuse le melon d'engendrer le pire des sucs et de causer le choléra. Mais son plus irréductible adver-

saire fut, un siècle après, en 1654, un médecin italien, Domenico Panaroli, pour qui le melon n'était rien d'autre qu'une *humeur putride* de la terre. Il en concluait qu'il fallait le proscrire par décret, comme un fléau social.
Car il y a un martyrologe du melon. Rares sont les fruits qui aient tant fait mourir. Non pas que le melon fût spécialement vénéneux, mais on s'en gavait. Outre nos deux papes, on cite le cas d'Albert II, empereur d'Allemagne, qui mourut en 1439, lors d'une expédition en Hongrie contre le sultan Amurat II, à l'âge de quarante et un ans. Celui de Frédéric III, autre empereur d'Allemagne, qui mourut à Linz en 1493 à soixante-dix-huit ans, toujours d'une indigestion. Et le plus curieux, c'est que son fils Maximilien Ier, qui avait hérité de la passion de son père, hérita aussi de la sanction, et mourut du melon à soixante ans. En 1641, ce fut Guy de la Brosse, médecin de Louis XIII. En 1713, le bon abbé Régnier, qui faisait de si jolis vers (dit la Palatine) faillit passer lui aussi. Et en 1840, le baron de Rougemont, créateur entre autres de *Madelon Friquet,* passa bel et bien. Lourd tribut. On notera qu'il était courant de dire, au XVIIe siècle, *mourir comme les melons,* à propos de celui qui s'en allait la semence dans le corps, c'est-à-dire vierge. Si le melon est redoutable, la métaphore du melon est assassine.

Humide

« Moi je décide », s'écria avec courage Pierre-Antoine de Piis (1755-1831), « qu'il faut aimer tous les melons, soit qu'ils soient ronds, soit qu'ils soient longs. » Mais l'opinion générale voulait que le melon fût un aliment froid, humide et putrescible, dont on devait user avec précaution et même délicatesse. « Il serait plus expédient de les manger à l'entrée de table », note le *Trésor de santé* (1607) « et de ne rien manger après, tant qu'ils fussent digérés à demi, en buvant du meilleur vin conséquemment. » On ajouta qu'il serait bon de n'en manger qu'une fois par jour, qu'il y avait des gens prudents qui se promenaient en les mangeant « pour les faire plus tôt descendre au fond de l'estomac » et qu'il était tout à fait louable « d'user après le melon de *fromage plaisantin* [un fromage sec, réputé très chaud] ou de quelque viande assaisonnée de sel ou de sucre, pour engarder qu'il ne se pétrifie ». Toutes ces précautions prises, « le melon se pourra digérer en l'estomac, se tournera en bon suc, rafraîchira le corps en l'ardeur de l'été, provoquera l'urine et lâchera le ventre. Il comprimera pareillement les appétits charnels, parce que leur ardeur sera combattue par la *frigidité* du melon ». Ce qui était bien l'argument fort. Les manichéens, comme certains cathares au Moyen Age, firent d'ailleurs du melon une nourriture *lumineuse,* alors qu'ils répugnaient à manger de la viande, nourriture *ténébreuse,* propre à échauffer les appétits bestiaux.

Tranche

A quoi s'ajouta une réputation désastreuse : imbécillité, lourdauderie, stupidité, tout y passa. *Faire mûrir à point comme un melon* se disait par exemple dans le Gard pour « duper quelqu'un », et *avoir la tête d'un melon,* ce n'était pas simplement avoir une bonne grosse tête ronde. Tout le monde connaît la fameuse sortie de Flaubert contre Thiers : « Peut-on voir, écrit-il en 1867, un plus triomphant imbécile ! Non, rien ne peut donner l'idée du vomissement que m'inspire ce vieux melon diplomatique, arrondissant sa bêtise sur le fumier de la bourgeoisie ! » La *tranche de melon* subit le même sort, comme la tranche de veau ou de gail (cheval). Le melon finit même par désigner le pire de tout, le reste du reste, c'est-à-dire le crouille, le bic, le raton, bref l'Arabe. Peut-être à cause de la couleur de la peau ou de la chéchia des Arabes. « Mort aux troncs ! Mort aux melons ! Que crèvent tous ces Mohammed ! » s'écriait le Captain Beaujol, dans *Le beaujolais nouveau est arrivé,* de René Fallet. Le melon n'en sort pas grandi. Les Arabes non plus, forcément. Mme de Noailles ne fit rien pour arranger les choses. Parler d'un « couvent sucré comme l'intérieur d'un melon blanc », d'une « confiture d'odeurs » ou de « son cœur où un immense souci est entré » occasionna sans doute quelques exclamations parmi les dames à manches ballon ou les muscadins à la boutonnière fleurie d'un œillet vert, mais ce fut le melon qui en souffrit.

La France de la Renaissance sentait le melon et la fraise. Or *fraise + melon = téton.* De fait, ce fut le siècle aussi qui connut l'apothéose du mamelon, au point qu'on fit même, en pleine époque de guerres de religion, comme Étienne Pasquier, un joli poème sur la puce qui vient se percher sur cette tendre chair, boulotte et ronde comme un poupon. Précisément, on appelait le melon de deux autres noms : le *poupon* (chez Olivier de Serres, par exemple) ou encore le *pompon* (terme utilisé par Ronsard). Ce pompon, disent les étymologistes, serait issu d'un radical onomatopéïque *pomp*, qui exprime l'idée de rondeur. La forme nasalisée de p-p indiquant pour sa part la succion, et donc la bouche ronde de la succion (celle de la pompe ou de la poupée). Quant au poupon, dit Furetière, c'est un terme caressant dont on se servait pour « flatter les petits enfants ou mignarder les jeunes femmes ». En somme, entre le *pepo* (melon) et la *puppa* (mamelle), il n'y avait guère de différence de forme ou d'usage, tant il est vrai qu'ils suscitaient (et suscitent encore) l'un et l'autre une grande affection.

Chiffres d'amour

Ce fut donc une fièvre que ce melon. Le « bon gros Saint-Amant », en 1649, lui consacra un poème de trois cent trente deux vers, pas moins. « O quelle odeur ! qu'il est pesant ! / Et qu'il me charme en le baisant ! / Page, un couteau que je l'entame [...] / Qui vit jamais un si beau teint ? / D'un jaune sanguin il se peint : / Il est massif jusques au centre, / Il a peu de grains dans le ventre ; / Et ce peu-là, je pense encore / Que ce sont autant de grains d'or : / Il est sec, son écorce est mince, / Bref c'est un vrai manger de Prince. » Ce melon divin, « honneur du climat angevin », c'est un melon sucrin, un melon où « la Nature, par une admirable structure, a voulu graver à l'entour mille plaisants chiffres d'Amour ». Bambocheur, goinfre et ripailleur, on devine sans peine ce que Saint-Amant trouvait de bon dans le melon : il lui ressemblait. « Il est vrai, je l'avoue ici, Saint-Amant n'est point diaphane, disait-il de lui. Il est gros et gras, Dieu merci, et tord la croupe en cul de cane. »
Mais, précise Saint-Amant, si l'odeur peut réjouir le cerveau et épanouir le cœur, encore faut-il « qu'au goût il se rencontre

aussi bon qu'il a belle montre, et qu'on ne trouve point en lui le défaut des gens d'aujourd'hui ». Bref, qu'entre l'écorce et la chair, il n'y ait point de tromperie. Et que ce « doux reptile herbeux rampant sur une couche » s'avère être aussi un manger précieux : ce ravissant melon, cette fleur de tous les fruits, est donc une leçon de morale. Il n'admet pas la supercherie. Il doit tenir ce qu'il promet. Apparemment, le Gros Saint-Amant se reconnaît assez bien dans l'entière bonté d'un gros melon rond. C'est donc un portrait flatteur. Avec ses deux complices, d'Harcourt, dit Cadet la Perle, et Faret, l'honnête Faret, dont le nom rime avec cabaret, grand buveur à perdre haleine et qui se nommait le Vieux, ils formaient la confrérie des Monosyllabes. Piliers de tavernes, que ce soit chez la Coiffier, rue du Pas-de-la-Mule, au Cormier, guinguette de la rue des Fossés-Saint-Germain-l'Auxerrois, et à l'inévitable Pomme de Pin (le « trou de la Pomme de Pin », disait Villon), rue du Pont-Notre-Dame, ils démontrent encore une chose : que le melon n'est pas l'ami de l'eau. Amateur également d'ortolans « qui fleurissent de graisse », de vin d'Ay, d'huîtres à l'ambre, de faon de daim rôti (assorti d'une sauce à l'ail), de pâtés de pigeon, de culs d'artichauts et de « tout ce qui rend celui de l'homme chaud », Saint-Amant le Gros aura, en tout cas, bien mérité du melon. Il mourut au cabaret, à l'enseigne du Petit More, le 29 décembre 1661, peu avant midi. Il avait soixante-sept ans.

Mulet

Comment faire pousser le melon ? Dans le couple des « deux cloportes » que forment Bouvard et Pécuchet, à Chavignolles, c'est Pécuchet, celui qui n'a pas encore fait les preuves de sa virilité et trouve les femmes « frivoles, acariâtres et têtues », qui hérite du jardin, c'est-à-dire d'un espace où se rêvent toutes les fécondations et germinations inimaginables. Le jardin, c'est un peu comme le potage chez Molière : la métaphore d'un sexe féminin à engrosser. Et Pécuchet, à défaut d'expérience, manifeste beaucoup d'enthousiasme à cette idée. On le voit en train d'inonder ses plantes comme pour « se désaltérer et renaître avec elles ». Il rêve de se mettre au monde, il s'abrutit de désir pour ses cultures : « Cédant à une ivresse, il arrachait la pomme de l'arrosoir et versait à pleins goulots, copieusement. » La culture du melon fut pour lui le summum de l'art. Ce n'était que soins permanents et souffrances intimes : « Il les bassinait, les aérait, enlevait avec son mouchoir la brume des cloches, et si des nuages paraissaient, il apportait vivement des paillassons. La nuit, il n'en dormait pas. Plusieurs fois même il se releva ; et pieds nus dans ses bottes, en chemise, grelottant, il traversait tout le jardin pour aller mettre sur les bâches la couverture de son lit. » Mais Pécuchet n'enfanta jamais de melons. Les cantaloups mûrirent et Bouvard fit la grimace. C'est que Pécuchet « avait cultivé les uns près des autres des espèces différentes, les sucrins s'étaient confondus avec les maraîchers, le gros Portugal avec le grand Mogol et, le voisinage des pommes d'amour (tomates) complétant l'anarchie, il en était résulté d'abominables *mulets*, qui avaient le goût de citrouilles ». Pécuchet avorte donc d'hybrides stériles, de mulets végétaux, de chimères. Croisement, dit Fourier, de deux « séries passionnelles » qui ne devraient pas se rencontrer, le mulet ressemble à l'albinos, au pédéraste ou à la saphienne. Voilà donc la création de Pécuchet. Déçu et vexé devant tant d'impuissance, il se tourna alors vers les fleurs.

Aréole

Pour ne pas s'exposer à de pareils désastres intimes, il est donc conseillé d'acheter le melon tout fait. Mais comment choisir un bon melon ? Question épineuse. Fourier le répète assez, les melons sont toujours trompeurs : en Civilisation naturellement, car en Harmonie on aura pris soin de les trier et de donner les variétés inférieures ou gâtées aux enfants et aux chats. Ce qui permet de « corriger l'ironie de la nature qui créa, semble-t-il, le melon pour persifler l'homme, alors qu'elle ne persifle que la civilisation inhabile à les employer ». Mais enfin, pour nous qui vivons encore en Civilisation, la question reste entière. « On est trompé en melons comme en garçons » disait-on en Franche-Comté, et Garnerius, dans son *Trésor des proverbes* (1612), ajoute : « A peine connaît-on la femme et le melon. » C'est assez dire que le melon est une

énigme. Du moins quand il est fermé. Et c'est là qu'on en revient fatalement au téton.
« Qui se connaît aux melons connaîtra aussi les tétons », relevait fort justement Julliani (*Proverbes divertissants,* 1659). Selon Courtine et James de Coquet, on doit rechercher le melon femelle : au nadir du pédoncule, donc du côté opposé à la queue, on trouve en effet un large cercle pigmenté qui évoque assez bien l'aréole d'un sein de femme. « Dans mon enfance, dit James de Coquet, j'ai souvent vu au marché des commères soupesant l'article et optant pour le plus lourd, c'était pour avoir une *femelle,* dont les entrailles sont lourdes de graines. Il en est des melons comme des monnaies : plus elles pèsent, meilleures elles sont. » Il y a d'ailleurs un bon moyen de s'en assurer, c'est de trépaner le melon : « Autrefois, on goûtait les melons avant de les acheter. La cliente tirait une épingle de son énorme chignon, l'enfonçait dans un des pôles du melon et, par cette blessure, elle aspirait son suc en roulant des yeux de vampire. » Ce qui invariablement provoquait des cris, des disputes et des chocs d'épithètes. Mais Joseph Delteil n'est pas d'accord du tout : « Melon : choisis le mâle, au grand œil noir », conseille-t-il dans sa *Cuisine paléolithique.* Joël Robuchon, qui ne se laisse pas abuser par le sexe des anges, résout cette étrange incertitude : en fait d'aréole du sein, il s'agit tout simplement d'une cicatrice du pistil, et quand cette cicatrice est très développée et pigmentée, cela ne signifie pas qu'on est en présence d'une femelle, mais d'une *anomalie,* due à des conditions lumineuses médiocres lors de la floraison. Bref, ce qu'on prenait pour un sexe n'était jamais qu'un coin d'ombre. Il faut se méfier.

Flairer

Certains prétendent qu'on choisit le melon *à la queue* ou *au cul.* D'où les gauloiseries, forcément. Jean-Pierre Allègre, qui cultive le melon à un jet de pierre de Cavaillon, est pourtant formel : « Si ça sent trop fort au cul, c'est qu'il est cuit, bouilli dedans, c'est comme un parfum de supermarché qui t'emboucane. » D'autres préfèrent le retourner, pour le flairer à la queue. C'est d'ailleurs une expression que relève Littré : *flairer*

un melon à la queue, c'est s'efforcer de pénétrer certains mystères. Mais quelle est l'odeur, dira-t-on, du cul du melon ? Eh bien, selon Castore Durante (1636), le melon de bon aloi doit dégager quand on le flaire une bonne odeur de cannelle. Pas du tout ! répliqua vertement Menon dans *La Cuisinière bourgeoise* (1746) : « Pour le choisir bon, il doit sentir comme un goût de goudron. »
Reste que le melon, peut-être du fait de ce premier contact intime, se trouva souvent rapproché du fessier charnu, de cet « édredon de Cupidon » dont parle Apollinaire (dans ses *Poèmes à Lou)* et qu'il trouva même une consécration tardive dans *Les 11 000 Verges ou les Amours d'un hospodar,* ouvrage paru sans nom d'auteur en 1907 (et qu'on attribua bientôt au même Apollinaire), qui relate les exploits culiers du fougueux prince Mony et de son valet Cornabœux, de Bucarest à Paris, et jusqu'à Port-Arthur. Le premier chapitre s'attarde longuement sur les deux superbes tétons de Toné, une brune Roumaine, des tétons durs comme du marbre, cernés de bleu et surmontés de fraises rose tendre, celui de droite étant même joliment taché d'un grain de beauté placé là comme une mouche. Mony constata à l'occasion que le gros cul de Toné semblait un beau melon qui aurait poussé au soleil de minuit, tant il était blanc et plein (il dira plus loin : « un gros cul plein comme une pastèque dure et pulpeuse »). Et que la fessée qu'il lui administra rendit ces fesses un peu roses, si bien qu'on eût dit qu'« elles étaient faites de crème mêlée de framboises ».

Contre-feu

Francis Amunategui le reconnaît finalement : le melon a des mœurs spéciales. Comme toutes les courges. C'est un fruit très primesautier, assez libertin, pas du tout le bon gros qu'on pourrait croire. « Si l'on cultive assez près l'un de l'autre deux melons différents (le melon répugne à l'inceste), les jardiniers aiment à dire qu'ils jouent entre eux. Cédant à l'appel ancestral, leurs tiges rampantes se mettent à ramper, leurs vrilles à vriller, ils se rejoignent dans la nuit paisible du verger et perpétuent l'espèce. On ne s'étonnera pas que Louis XV en fit son fruit favori au Parc-aux-Cerfs. » Hélas, dût-on le contredire, il faut avouer que si le melon attire le melon, il ne rend pas pour autant le cœur fou. Et même si dans la nuit du 10 novembre 1619, sur les bords du Danube, Descartes eut son célèbre songe dit *du melon*, parmi des vents tourbillonnaires et des pluies d'étincelles, ce que Freud, d'esprit pragmatique, analysa comme une « perturbation d'ordre sexuel », il faut encore le répéter : le melon n'est pas bon pour le coït. Sa graine est une des quatre semences froides majeures, et loin de favoriser l'amour le melon en serait plutôt le contre-feu. On ne peut dire mieux que Giovanni Marinelli, qui publiait au XVIe siècle ses *Médecines pertinentes aux infirmités des femmes* : le melon, comme le potiron et le pourpier, rend le corps humide et froid. Il est donc parfait pour adoucir la morsure et le feu de la verge, ou encore contenir la fougue de ceux dont le membre viril est continûment apte à l'emploi, mais certainement pas pour autre chose. Le melon ne fait pas renaître la chair fatiguée et ne ravive pas les vertus assoupies. Le mieux serait donc d'en user malicieusement, ou encore incidemment, en décomposant ses plaisirs ou en combinant les usages, ce que précisément recommande le proverbe turc : « Une femme pour les enfants, un garçon pour le plaisir, un melon pour le délice. »

La **myrtille**
pour les petites filles

« Noir comme le péché qui a une touffe de cheveux sur la tête » ? demandait-on autrefois dans les Hautes-Pyrénées. Eh bien, c'est la myrtille. Sa peau est même si noire qu'on en faisait le symbole de la trahison. Et pourtant, il y a bien une innocence de la myrtille, comme le fait remarquer H.D. Thoreau dans Walden. *« Si vous voulez connaître la saveur des myrtils, interrogez le petit vacher ou la gélinotte. Le goût d'ambroisie et l'essence du fruit disparaissent avec le velouté qu'enlève le* frottement *éprouvé dans la charrette qui va au marché, et ce devient simple provende. Aussi longtemps que régnera la Justice éternelle, pas le moindre myrtil ne pourra s'y voir transporter des collines du pays en son* innocence. *»*
Et cette innocence de la myrtille, c'est tout simplement son velours.

Tchitchi

« On classe la myrtille », dit le Suisse Georges Borgeaud, dans le *Voyage à l'étranger,* « parmi les *petits fruits,* comme les gens de mon pays appellent les myrtilles, les framboises, les airelles et les fraises des bois, les groseilles et les cassis. » Vigoureuse et trapue comme le buis, la myrtille a toujours affectionné les montagnes. Théophraste lui donnait le nom de *Vigne de l'Ida,* indiquant ainsi qu'elle venait comme la framboise du mont Ida, en Crète, là où dit-on Zeus fut élevé par les corybantes. A vrai dire, la myrtille n'est qu'une variété d'airelle, une airelle noire. Mais dès qu'on cherche tant soit peu à démêler l'enchevêtrement des noms de l'airelle et de la myrtille, on a, il faut bien le dire, le tournis. Car on distingue au moins trois grandes variétés d'airelles : l'airelle myrtille (la noire), l'airelle vigne de l'Ida (la rouge) et une airelle aux longs fruits, la *canneberge,* dite encore myrtille ou groseille des marais, et que les Anglais sont à peu près les seuls à servir avec la dinde (ce qui lui a permis de sortir de l'incognito). L'airelle rouge, elle, a mille noms, presque autant que de régions où elle pousse. On parle à son sujet de groseille de cheval (Vosges), de raisin de montagne (Fribourg), de cousine rouge ou de teint-vin (parce que les cabaretiers du Nord s'en servaient autrefois pour colorer en rouge les vins blancs et leur donner un petit goût piquant), de pois de coq (le coq de bruyère en est friand), de framboise de dame ou même de petits noms gentils comme tchintchin, tchétché, tchitchi ou tchitching. On en fait des conserves estimées, au goût aigrelet, qu'on mange avec le gibier, car l'airelle est un *fruit de salé.* Au Danemark, on sert la traditionnelle oie rôtie de Noël avec du chou rouge et une compote d'airelles, et le dindon du *Thanksgiving Day* s'accompagne dans les pays anglo-saxons d'une sauce aux airelles.

Épine de rat

Fraîches ou saupoudrées de sucre, cuites en confiture ou en gelée, les myrtilles sont, en revanche, un *fruit de sucré.* C'est la version bleue, juteuse et douce de l'airelle. Elle garde encore son vieux nom d'airelle dans certaines régions, comme le Vivarais, et l'usage est non pas de la cueillir, mais de la ratisser au *peigne,* sorte de caisse à trois côtés dont le fond se termine par de longues dents. Les noms de la myrtille des bois sont souvent des noms de jeunes filles, comme la luce (en Bretagne), la brimbelle (Lorraine et Franche-Comté), la bleuette, la cousine noire, la catherine ou la groseille bleue. Mais on parle aussi parfois du raisin noir des bois, de la gueule noire ou encore du bleuet (au Canada, où la confiture et le vin de bleuet surprennent toujours un peu). Les Grecs avaient un curieux usage de la myrtille. Ils l'utilisaient, dit-on, pour empêcher le plus longtemps possible les jeunes garçons d'être velus, et l'on sait combien, à l'époque, l'apparition des poils jetait les amants des gitons dans la confusion. Mais ils voyaient aussi dans la myrtille un fruit très intime et très secret : comme le grain de myrte, c'était tout simplement le clitoris. Disons tout de suite que si la myrtille se nomme ainsi, c'est qu'elle joue à imiter les baies bleuâtres et charnues du myrte (lequel est un arbrisseau sans aucun rapport avec la myrtille, mais les médecins anciens confondaient souvent myrtille, myrte et fragon, dit encore petit houx, buis piquant ou épine de rat). Ce qui ne signifie pas que le clitoris doive également être considéré comme une épine. La myrtille avait, du reste, d'autres usages : elle réprimait les « cours de ventre », modérait l'ardeur d'une bile enflammée, améliorait la vision nocturne comme la carotte. On ne lui connaissait que deux ennemis : les lapins et les oiseaux (les Romains en plantaient même sur les terrains de chasse comme appeaux).

Vénus

Ce qui surprend davantage, c'est que le nom de myrtille se soit finalement imposé au détriment de celui d'airelle, ou d'airelle noire. Or, l'airelle, qui peut, c'est vrai, évoquer les ailes, les mirabelles ou les ribambelles de belles, est un nom populaire du XVIe siècle, utilisé alors dans le Massif central ou les Alpes, dont on imagine assez difficilement qu'il puisse venir de l'*ater* des Latins, lequel désignait tout ce qui était noir, sombre et cruel. Peut-être même le sens originel est-il : *noirci par le feu.* C'était le noir des nuages, de la nuit, des torches fumantes, des cavernes, des bois ténébreux, des tempêtes horribles et des mers orageuses. C'étaient aussi les jours noirs qui viennent après la pleine lune, les jours malheureux ou les jours de mort, et l'empoisonnement des vers perfides. Alors que la myrtille, nom savant du XIIIe siècle, qui apparaît dans les traités médicaux de l'époque (en particulier chez Platearius), hérita d'une tout autre famille : celle des *myrtes.* Et le myrte, c'est l'arbre consacré à Vénus. Dans la forêt de myrtes, aux Champs Élysées, Énée rencontre Didon et les amoureux célèbres de l'Antiquité. Sous les branches myrtines, on ne parle que d'amour. Rien pourtant dans l'airelle ou la myrtille, me direz-vous, n'annonce de sombres présages ou des félicités élyséennes. Mais c'est ainsi : on diabolisa la peau noire de l'airelle et on parut enchanté de cette rencontre fortuite de l'amour, du sucré et de la peau de fille de la myrtille. Un velours de peau, effectivement, puisqu'en Suisse, on appelle les myrtilles les *embrunes.* Comme si la bruine qui recouvrait ce petit fruit était une sorte d'embrun qui, certaines nuits, fait un halo à la lune. Car la myrtille a la peau bleu de nuit. La peau seulement. La chair, garance foncé, s'ouvre sur tout un semis d'impalpables grains jaunes.

Petites filles

Finalement, on ne sera pas très étonné de constater que Nabokov et Lewis Carroll ont manifesté, l'un comme l'autre, une attirance troublante pour la myrtille. Et toujours dans leurs *lettres aux petites filles.* Humbert Humbert écrit ainsi à Lolita : « Ma chère Dolorès, je veux te préserver de toutes les horreurs qui guettent les petites filles dans les impasses et les caves à charbon — et comme tu le sais hélas trop bien, ma gentille, au fond des bois de myrtilles dans le bleu de l'été. » Quand Lewis Carroll envoie des petits mots à Marion, une de ses amies-enfants, il l'appelle délibérément « ma chère petite fille », ce qui ne lui plaisait pas du tout : « Il eût été bien plus joli, lui dit-elle, de mettre Marion en lieu et place de fille. » C'est que, lui répond-il gentiment, « fille rime avec gentille, charmille, vanille, jonquille et myrtille, alors que Marion ne rime guère qu'avec centurion, punition, sanction, horion et gnon ». Il aurait pu ajouter *garçon,* s'il n'avait pas été anglais. D'ailleurs, précise le célèbre pasteur d'Oxford dans une autre lettre, « j'adore les enfants, excepté les garçons. Leur race n'exerce aucune attraction sur moi ». Ou encore : « On pense que je raffole de *tous* les enfants. Mais je ne suis pas omnivore comme un porc, je choisis. »
Ce n'était pas l'avis de Tiffauges, dans *Le Roi des aulnes,* de Michel Tournier. Lequel, sans pour autant se prononcer sur le chapitre des myrtilles, est catégorique sur celui des petites filles : « Je crois que la petite fille n'existe pas en effet. C'est un mirage de symétrie. » Et encore : « J'adore toujours les enfants,

mais à l'exception désormais des petites filles. Et d'abord qu'est-ce qu'une petite fille ? Tantôt petit garçon "manqué", comme on dit, plus souvent encore petite femme, la petite fille proprement dite n'est nulle part. C'est d'ailleurs ce qui donne aux écolières un air gentiment comique : ce sont des femmes naines. » Comme on voit, la myrtille n'est pas qu'un petit fruit des haies propre à colorer les dents et les mains comme de l'encre. Elle permet de s'interroger sur des questions essentielles, comme celle de savoir si les petites filles existent *vraiment*. Mais enfin, le Talmud nous rassure, une myrtille parmi les orties reste invariablement une myrtille.

N

Navet,
jus de chique

On dit souvent que le navet fut un grand persécuté. Une sorte de martyr de la Cause, sans qu'on sache au juste laquelle. Mais non. Le navet est tout simplement un malchanceux. Du moins chez nous. Car ailleurs on le fête, on l'encense, on le gratifie. On se jette à genoux devant. Le Japon, par exemple, pays des jardins de rochers et de graviers, apprécie énormément le navet. « Après les chrysanthèmes, disait déjà Bashô (au XVIIe *siècle), hors le navet, il n'y a rien. » Et Dieu sait que le chrysanthème est important pour un Japonais. Puisque le* hiku *est l'emblème millénaire de la maison impériale, image d'un soleil ou d'une rose des vents, au centre de laquelle se tient l'empereur. Bref, « devant le chrysanthème blanc, ils hésitent un instant, les ciseaux », écrit Buson, ce qui montre à quel point le Japon porte de dévotion à cette matérialisation du soleil. Et conséquemment au navet. Car les taoïstes avaient fait des graines de navet une nourriture d'immortalité : de même qu'elle est innombrable, croyait-on, cette sorte de légume est impérissable.*

Lapins

Je rappellerai aussi que Caldwell, dans *La Route au tabac,* fait du navet quelque chose qu'on est prêt à voler de la pire des façons, quitte à affamer sa famille. Il est vrai que le roman se passe dans la brousse de Géorgie, au milieu de la misère la plus noire. « As-tu fait attention à ce que je viens de dire, Lov ?

Tu ne m'as pas encore répondu au sujet de ces navets. J'ai une envie de navets, que ça m'en donne des crampes dans le ventre. M'est avis que j'aime les navets d'hiver autant que les nègres aiment les melons d'eau. J'vois pas de différence. Les navets, j'connais rien de meilleur. » C'est ainsi que Jeeter tomba sur le sac de navets de Lov, à peu près comme il eût attrapé un lapin dans les fourrés, mais il tenait beaucoup plus aux navets qu'à aucun des lapins qu'il avait jamais pris : « Il serra désespérément le sac dans ses deux bras, le pressant si fort que le jus gicla de tous côtés à travers la trame lâche de la serpillière. Le jus lui sauta dans les yeux, l'aveuglant presque. Mais, pour Jeeter, c'était aussi agréable qu'une averse en été, et infiniment plus désiré. »
Je ne crois pas qu'on ait jamais dit, en France, que le navet était plus agréable qu'une averse en été.

Pardailhan

« Tout ce qui est raté, incolore, insipide, est qualifié de navet », note justement James de Coquet dans sa *Complainte du navet*. « Pourquoi ai-je été choisi comme tête de Turc de toute la gent légumière ? Pourquoi pas la courge, le topinambour ou le rutabaga, lesquels ne sont pas tellement affriolants ? Pourquoi le chou-fleur au visage couvert de pustules se réclame-t-il du souvenir de la Du Barry ? Pourquoi le petit pois s'est-il annexé la mémoire du comte de Saint-Germain, ministre de la Guerre sous Louis XVI, et pourquoi l'oignon est-il sorti de sa roture grâce à la mémoire de ce couard de maréchal Soubise ? Alors que nous, les navets, sommes consacrés à Freneuse, dont personne ne sait si ce nom appartient à un évêque, un financier ou une courtisane. » En fait, c'est le nom d'une localité des Yvelines, qui donna lieu à un potage fait d'une purée de navets et de pommes de terre, liée de crème fraîche. Mais on peut comprendre la désillusion du navet.
Et quand Marie Rouanet l'anoblit aimablement, en le traitant de « Sa Majesté le Navet, né de Pardailhan », c'est aussitôt pour lui mettre le couteau sous la gorge. « Tranchez, dit-elle, le collet où sont quelques petites feuilles vert pâle, apparaît alors une chair d'une blancheur qui évoque le plumage de

l'effraie et l'hostie éclatante. Mais il ne faut pas le couper n'importe comment. A Pardailhan, on vous précisera : *en écailles.* C'est-à-dire comme on taillait les crayons de bois. Il fait sous le couteau un bruit de givre. » Bref, c'est plutôt la noce aux aristos ! Et voyez Serge Gainsbourg : il aimait bien le navet, pour des raisons d'ailleurs strictement opposées : c'est joli, dit-il, c'est blanc, violacé, en forme de queue, ajoutant qu'il n'aimait que les légumes et les animaux mal-aimés, les ânes, les biques et les chiens bâtards. Là, ça devient le carnaval des déshérités !

En somme, le navet commence mal et finit mal.

On ne peut que s'étonner du paradoxe d'un légume si fin, à la chair si délicieusement sucrée, qui fond en bouche, et d'une si piètre réputation. Que ce soit le navet des Vertus pointu, dit corne-de-cerf, le navet de Meaux, dit corne-de-bœuf, ou encore le navet de Freneuse, ou navet de vigne, jolie petite racine qui s'amincit à partir du collet, à la chair blanche et ferme, on se pose toujours la même question : pourquoi tant de dépit pour le navet ?

Sang blanc

Le sang de navet, qui a sans doute quelque chose à voir avec les foies blancs, les foies verts ou les foies froids, c'est-à-dire avec la peur et la lâcheté, ne fait rien, bien sûr, pour arranger les choses. Car c'est tout sauf du sang, si bien qu'on y vit un symptôme de morbidité, comme la pâleur du teint. Manque d'énergie, de courage ou même de virilité : *avoir du sang de navet,* c'est avoir du sang dénaturé, du jus de chique. On a du reste donné aux trois *saints de glace* des 11, 12 et 13 mai, les saints Mamert, Pancrace et Servais, le nom de *saints au sang de navet,* parce qu'ils étaient réputés particulièrement froids. Vie végétative, souvent exténuée, affadie par l'effusion du principe aqueux, vie presque toujours sans force, sans ressort, sans offensivité : tel était le navet. Marcel Aymé critiqua vertement, dans *Avenue Junot,* les stylos à l'encre de navet. « Je connais ça, grogna-t-il. J'ai vu un truc de lui : le *Bulbe des contingences,* que ça s'appelait. De l'écriture de petite salope. De l'évanescence de navet. De la méphistance d'Uniprix. Ah ! la vache, c'est lui,

Richard Eutrope ? Le pourri ! » Tout ça ne ragaillardit pas le navet. D'ailleurs, ce *blanc navet* n'a rien à voir avec le blanc lumineux des peaux de la Renaissance : c'est le blanc maladif, parfois pâle de colère et le plus souvent anémique. On dit même : *pâle comme un navet pelé deux fois,* car plus on épluche le navet, plus la blancheur de la pulpe s'intensifie. Jusqu'à se dissiper dans le rien. « Laissez-moi rêver à ces jeunes filles, écrit Patrick Grainville, frêles navets de jadis, étiolées dans la camisole morale, exsangues et honteuses. Quel Prince Charmant viendra aérer ces godiches martyres, blêmes et bleutées, prises au garrot du devoir ? Des espèces d'Eugénie Grandet, des Emma Bovary à chimères, idéalisant d'inaccessibles amants. Elles donnent dans l'évasion mystique et le poème lamartinien, elles ignorent l'onanisme et la masturbation. Leur ventre est un cloître. »

Canard

Qu'en est-il au juste des rapports de la rave et du navet ? C'est toujours des *Brassica,* bien sûr, autrement dit des variétés de choux. On prétend que leur très lointain ancêtre, un *Brassica* à racine grêle, vivait en sauvage de la péninsule scandinave jusqu'à la Sibérie et au Caucase. On considère aujourd'hui la rave comme un gros navet arrondi, et le navet, comme une rave améliorée, à saveur plus douce et plus sucrée. Olivier de Serres était d'accord sur ce point : la bonté du navet surpasse de beaucoup celle de la rave. Rave et navet, ce serait un peu comme mère et fiston. Une mère aux fourneaux, robuste et rouspéteuse, un sacré tromblon de mère, envahissante et redoutable, dont le fils eut manifestement beaucoup de mal à se délivrer.

Quand il se mit en tête de sortir, il choisit le Café Anglais, célèbre restaurant parisien, à l'angle de la rue Marivaux. C'était en 1882. A l'époque, tout ce que Paris comptait de lionnes et autres grandes cocottes se retrouvait là. Grimod de la Reynière en parlait déjà dans ses *Almanachs gourmands.* Grande salle au rez-de-chaussée, tendue de papier rouge orné d'hiéroglyphes d'or, et salons privés aux murs recouverts de boiseries d'acajou et de palissandre, dont le plus recherché, paraît-il, était le Grand Seize. On soupait à minuit. Le baccara durait jusqu'à neuf heures du matin. Des princes russes jetaient des bouteilles de champagne dans les glaces. Et le chef de cuisine s'appelait Dugléré. C'est donc là que, dans *Pot-Bouille*, l'oncle Bachelard, « vieux noceur connu sur toute la ligne des boulevards pour ses dîners fastueux », traite Duveyrier, Trublot et Gueulin. Curieux personnage que cet oncle Bachelard. Commissionnaire en marchandises, visage enflammé, odeur de débauche canaille, continuel fumet d'absinthe, de tabac et de musc, il gagne gros comme lui et sa débauche, c'est la *noce crapuleuse*. Quand il invite, il exige tout ce qu'il y a de plus cher, des curiosités gastronomiques même immangeables, des sterlets du Volga, anguilles du Tibre, grouses d'Écosse, outardes de Suède, pattes d'ours de la Forêt-Noire, bosses de bison d'Amérique et courgerons de Grèce (Zola a dû mal relire ses notes : les courgerons sont de Genève), et bien sûr *navets de Teltow*, dont parlait déjà Goethe et qui étaient, dit-on, renommés à Berlin.

Voilà donc le navet lancé.

Ça ne durera pas. Quand on est un navet, on ne s'élève pas ainsi à des mondes inaccessibles. La chute était à prévoir. Il regagna vite ses origines. Et ses origines, c'était le pot-au-feu et le haricot de mouton. Les navets au sucre qui regardent la timbale de macaronis et les pots de crème à la vanille, c'est un « dîner de concierge qui fait noces et festins », dans *Les Petits Bourgeois* de Balzac. Ça coûte tout au plus vingt francs et les restes défraient la maison pendant deux jours. C'est la France de *Pot-Bouille*, mais vue côté cour. La France des longues cuissons, des indigestions continues, des sous-ventrières et des cocus. Le grand dépotoir des histoires d'adultères. Au menu : la raie au beurre noir, l'épaule de mouton roulée, le gigot-chou-fleur, l'inévitable poule au riz, le pigeon aux petits pois et bien sûr le *canard aux navets*. Les « harmonies de l'époque », note Alain Senderens. Disons plutôt les flonflons de la rondouillardise. Et ce ne sont pas les impertinences des futuristes italiens qui y changeront grand-chose : le navet restera le navet, en dépit de la création inattendue d'un *navet-portefeuille*, par Giachino, farci d'anchois trempé dans de l'œuf et du rhum.

Canon

C'est qu'il y avait, chez lui, quelque chose qui devait le rendre joliment populaire, mais qui faisait aussi fort mauvais effet : c'est le *pet du navet. Charger la canonnière,* au XVIIe siècle, se disait déjà de celui qui se bourrait de navets. Et rappelez-vous quels orages nocturnes il déchaîna dans les entrailles de la pauvre Quelot, qui avait justement apprêté des *naveaux* pour son mari Jenin de Quinquenays (dans le *Quart Livre,* de Rabelais). Le pauvre dut même se résoudre à pisser sur le fessier de ladite Quelot, pour « abattre le vent punais qui en sortait comme d'une magistrale éolipile ». Pantagruel fit de cette histoire un gentil dizain, qui se conclut ainsi :

« Mais ne pouvant Jenin dormir en somme
Tant fort vesnait [pétait] Quelot, et tant souvent,
La compissa. Puis voilà, dit-il, comme
Petite pluie abat bien un grand vent. »

Reste le pet du curé, qui dans un conte breton rapporté en 1880 par Paul Sébillot eut des conséquences beaucoup plus fâcheuses. Il y avait une fois un curé qui ne pouvait s'empêcher de péter pendant la messe. Il dit à sa bonne : « Je ne sais pas ce que j'ai, à chaque fois que je dis ma messe, je ne fais que péter. » A quoi celle-ci répondit fort à propos : « Il faut vous boucher le derrière avec un navet. » Le curé suivit ce sage conseil et tout alla bien jusqu'au dernier évangile. Mais au moment où il se baissait vers l'autel, le navet ne put résister à tous ces pets accumulés, et il partit avec grand fracas à travers culotte et soutane. Il fut même lancé si furieusement qu'en passant au milieu de l'église, il tua deux hommes puis défonça la grande porte et, continuant sur sa lancée, arracha les deux cornes d'un bœuf et assomma trois moutons qui étaient devant l'écurie. Voilà l'histoire. Elle prouve au moins une chose, c'est que le navet, non plus absorbé par le haut, mais par le bas, n'a plus les effets remontants qu'on pouvait escompter.

Sang rouge

Pourquoi tant d'hébétude, se demande-t-on, chez la *Ratisseuse de navets* de Chardin, tableau de 1738 où René Démoris observa récemment cette chose curieuse : on ratisse des navets et du sang apparaît sur le billot, juste à côté. Fâcheuse coïncidence. Simple meurtre dans la cuisine, eût dit la terrible miss Toklas, amie de Gertrude Stein. Voyons ça. La servante est donc assise, à récurer son navet, à le peler, à le racler : le couteau dans la main droite, lame en avant, le navet épluché au bout des doigts de la main gauche, qui pend tristement. A ses pieds, une terrine remplie d'une eau transparente, où barbotent des navets d'une remarquable blancheur. Sur la gauche, une nature morte à la citrouille, assez insignifiante. Et à droite, ce billot. Un couperet planté dedans. Du sang juste à côté. Vient-on de découper un canard ? C'est probable. Mais voyez le regard de la ratisseuse ! Saisi dans un moment d'absence, d'abattement, de sidération. Une sorte de stupidité de la pensée. Une tristesse confuse et imbécile. Bref, il y a un couperet, un couteau, un regard abruti, du sang et des navets écorchés. Cela fait beaucoup.

De quel crime, se dit René Démoris, ce sang est-il donc l'évocation ? Inévitablement, du premier. De la défloration. De la perte du sang virginal. Du ratissage de l'hymen. Un ratissage, que Perrault évoque d'ailleurs dans *Peau d'Ane*, à propos des candidates au mariage avec le prince : toutes, elles se *ratissent* le doigt pour enfiler le fameux anneau nuptial. Bref, chez la ratisseuse, l'horreur de l'organique refait son apparition, à travers le sanglant nettoyage de cet innocent légume. C'est un peu comme si on avait exhibé le drap de sang après la nuit de noces, ce qui est une chose toujours déplacée dans une cuisine. Et qui peut conduire en effet à la consternation. D'autant plus qu'apparemment, le sujet du tableau n'est pas là, c'est une simple scène de genre, un moment d'abandon dans la cuisine. Cela dit, miss Toklas, qui voyait du meurtre partout, dut se résoudre elle-même à l'évidence : après avoir étranglé six pigeons et déposé les pauvres petits cadavres un à un sur la table, elle les pluma sans remords, les nettoya et les cuisina *braisés aux croûtons*, à l'intention de miss Stein. Résumons : on

ne reste pas dans la lune toute sa vie. Peut-être même finit-on par jouir de ses crimes. Chardin, il est vrai, ne va pas jusque-là. Mais le navet, désespérément suspendu au bout des doigts de la ratisseuse, n'en demeure pas moins songeur.
Et toujours aussi désenchanté.

Le monde viendrait-il de la nèfle ?

Au commencement du monde était la nèfle.
C'est l'hypothèse hardie que propose Rabelais au chapitre premier de son Pantagruel, *intitulé* « De l'origine et antiquité du grand Pantagruel ». *Donc, « peu après que Abel fut occis par son frère Caïn, la terre embue du sang du juste fut certaine année si très fertile en tous fruits qui de ses flancs nous sont produits, et singulièrement en* mesles *[nèfles], que on l'appela de toute mémoire l'année des grosses mesles, car les trois en faisaient le boisseau ».*
Le monde mangeait volontiers de ces grosses nèfles, car elles étaient belles à l'œil et délicieuses au goût. Hélas, des « accidents divers leur en advinrent, car à tous, dit Rabelais, survint au corps une enflure très horrible, mais non à tous en un même lieu ». C'est ainsi que les uns enflèrent par le ventre, qui leur devenait « bossu comme une grosse tonne », d'autres enflèrent en longueur par le membre, « qu'on nomme le laboureur de nature, en sorte qu'ils l'avaient merveilleusement long, grand, gros, vert et acrêté à la mode antique, si bien qu'ils s'en servaient de ceinture, le redoublant à cinq ou six fois par le corps », d'autres encore croissaient en matière de couilles si énormément que les trois emplissaient bien un muid (soit 270 litres). D'autres enfin par les jambes, le nez ou les oreilles, ou en long du corps, et de ceux-là sont venus les Géants. Et par eux Pantagruel.
Et c'est ainsi que la nèfle fut le fruit du paradis.

Caliban

Serait-ce en raison de cette généalogie faramineuse et bouffonne, de cette race tonitruante des pansus du ventre et des membres merveilleusement longs (au point, dit Rabelais, que certaines femmes aujourd'hui se lamentent continuellement qu'il n'en est plus de si gros), que la nèfle fait figure de fruit *grotesque ?* En tout cas, le néflier, qui poussait dans les forêts de Gaule et de Germanie, d'où Jules César l'importa en Italie, a lui-même l'allure agreste d'un sylvain au tronc bossu, aux membres sombres et noueux, à l'aspect maussade, et son fruit parut à certains plutôt contrefait. Verdâtre et globuleux dans sa jeunesse, il prend en mûrissant la teinte bistre, la consistance molle et fluctuante d'un inquiétant apostume, note le bon docteur Leclerc (au début du siècle), et pour comble d'ironie, il porte à son sommet une couronne ridicule, formée de dents persistantes, qui rappelle assez bien le bonnet à pointe des fous du Moyen Age, ou encore celui de Caliban, nabot grimaçant et malicieux, né d'un démon et d'une sorcière. On ne s'étonnera donc pas que la nèfle ait fait l'objet de certaines moqueries de la part de l'entourage. Pour comble de disgrâce, ce fruit chétif, boueux et déguenillé était *roux.* Il porta donc avec lui la malédiction de tous les rousseaux du monde, monstres sanguinaires, traîtres, sournois, difformes, celle des Judas et des Quasimodo. Maudite lignée, on en conviendra.

Mais surtout, comme l'indiquait Gide dans *Les Nourritures terrestres,* la nèfle ne se mange que *pourrie.* C'est-à-dire décomposée, corrompue, blette. Et la blettissure, qu'est-ce que c'est, sinon une blessure, une meurtrissure ? Francis Jammes a ainsi résumé cet état de décrépitude de la nèfle : « On dirait une crème de feuilles mortes » *(Feuilles dans le vent).* Ce n'était pourtant là que malveillance, car sa chair acide et douce, couleur de tan, sa saveur un peu vineuse ne sont en fait que le résultat d'un début de fermentation du fruit, et pas du tout d'un pourrissement : la nèfle se mange en effet après les premières gelées ou après qu'elle s'est mortifiée sur la paille. C'est à ce point de décomposition, note Brillat-Savarin, qu'on mange aussi la chair tendre de la bécasse ou du faisan. Bref, ce gros bonbon onctueux n'a rien, en fait, d'une suppuration, d'un point crevant, d'un abcès mûr : c'est une moelle délicate, un fruit bien « bonné » (comme on dit en Suisse) qui fond sur la langue, au goût âpre et sauvage. Son seul dommage ? Que cette chair flaccide soit absorbée, presque avalée par cinq osselets rugueux, d'ailleurs assez difficiles à extraire de la pulpe, et qui occupent une bonne moitié du cœur d'un fruit tout juste gros comme une prune. La nèfle est d'ailleurs bizarrement placée sous le chiffre cinq (chiffre mâle, comme on sait) : « Cinq petites oreilles, cinq petits cœurs et une petite queue toute frisottée », disait une devinette de basse Bretagne, au siècle dernier.

Gros-Œil

Originaire des Balkans, le néflier était déjà connu des Grecs : on pense qu'il aurait été introduit au nord de la Perse à une époque reculée. Pourquoi avoir donné à son fruit le nom de *mespilè ?* Certains l'ont fait dériver de *mesplè,* qui chez les Scythes désignait la lune, « parce que son front est surmonté d'une crête », d'autres y ont vu la moitié d'un bonnet de feutre *(pisos),* d'autres encore la souillure, l'immondice *(spilos)* , allusion à cette pulpe « d'un aspect sale, molle et bonne pour les cochons ». Par ailleurs, ce qu'on appelle *couronne* dans la grenade (qui est un fruit noble) se nomme dans la nèfle *œil :* gros œil rond enfoncé, qui lui donne en effet cet air cyclopéen et maladroit. Or, l'œil, dans la langue verte, c'est bien entendu le cul (« Un jeune homme qui tenait la lance en arrêt pour te crever l'œil », écrivait déjà Ablancourt, au XVIIIe siècle). Ce gros œil ouvert n'est donc qu'un trou immonde. C'est pourquoi, sans doute, dans certaines régions, on appelle la nèfle : *cul de chien, cul de singe* ou *cul d'âne.* « Galène, galènas, que j'ai rencontré dans le fond d'un bois, dit une devinette bretonne, il m'a présenté sa barbe à faire, son cul à lécher, je n'ai pu m'y refuser. » Et en Wallonie : « C'est au *stron* [à l'étron] que l'on voit qui a mangé des nèfles. » Le cul a même fini, dans un renversement fatal, par se dire nèfle tout simplement. « De sa fenêtre, écrit Huysmans, André devinait des invites à boire aussitôt acceptées, des bonjours lancés à des chiens de sellier assis sur leurs nèfles. » Tel fut donc le destin rocambolesque de la nèfle qui de *fruit du paradis* en devint simplement *cul de chien.*

Fricassée

Pire encore : le symbole des choses dont l'inconsistance voisine avec le néant. *Des nèfles !* se disait déjà au XVIIe siècle, pour envoyer promener le monde. *L'écrivain de nèfle* était à l'époque un écrivain public raté ; la *ville de nèfles,* la Rome ridicule de Saint-Amant, et le *cure-nèfles,* un imbécile. Ne resterait-il donc rien de sa grandeur passée, de cette formidable galerie de monstres dont était issu Pantagruel ? Mais si ! Elle resserre fort le ventre et fait abondamment pisser, ce qui n'est pas rien, au dire de l'école de Salerne. On peut aussi la préparer en compote (ajoute Alexandre Dumas) ou la servir telle quelle, préalablement pelée et désossée, dans une petite coquille, aiguisée d'un peu de marasquin et saupoudrée de sucre vanillé, ou à la façon de Nicolas de Bonnefons, qui conseille dans ses *Délices de la campagne* (1654) de la déguster fricassée dans le vin et le sucre, puis poudrée de force sucre : on lui ôte alors les cinq ailes et le bouton de la queue avant de la mettre dans la poêle. Comme quoi, même un cul de chien, pourvu qu'il soit fricassé au sucre, peut parfois mériter toute notre attention.

Comment écalifoter la noisette

« On m'appelle noisette
Sèche ou fraîche, tout le monde m'aime
Je suis un fruit chaud et je mène tout droit
Là où est le bordel et où se vend le bon vin. »
(Poésie italienne du XVe *siècle).*

Quel pouvait être le rapport, a priori *déroutant, entre la noisette et le bordel ? Eh bien, voilà : pour certains médecins et diététiciens du Moyen Age, la noisette avait la capacité d'accroître le cerveau et d'engendrer la concupiscence. Car il y avait, à l'époque, plusieurs théories sur l'endroit du corps où se fabriquait le sperme. Les milieux médicaux privilégiaient la théorie de la* pangenèse, *selon laquelle le sperme était produit un peu partout dans le corps, et celle de l'*hématogenèse, *selon laquelle il était produit à partir du sang. Restait la dernière hypothèse, qui situait l'origine du sperme dans le cerveau : l'un et l'autre semblaient faits d'une même substance, le crâne n'étant rien d'autre qu'un réservoir de sperme et l'esprit n'étant en quelque sorte que la charpie du sexe. La noisette était donc un recours idéal, un cordial indispensable pour qui s'apprêtait à passer un peu trop de temps au bordel. En favorisant la production de sperme, la noisette réparait du même coup la cervelle. Ce qui est toujours utile, même à la sortie du bordel.*

Son petit écaflé

La noisette prit, très jeune, des allures de petite coureuse. C'était une de ces gouapeuses qui préfèrent la rue à l'atelier, une de ces adorables créatures qui portent leurs vingt ans sans le moindre corset, comme disait Alfred Delvau, au siècle dernier. Fille des bois, à la coque brune comme une Mauresque, aussi vagabonde que Colette dans les chemins de la Puisaye. La noisette était bien ce qu'on appelait une *espèce*, terme de mépris, comme on sait, des grandes dames à l'égard des petites. Recluse au fond de sa collerette de verdure, elle ne pouvait tenter, disait-on, que les faunes, les écureuils ou les mauvais garçons. Ce qui était une erreur. Mais pouvait-on réellement prendre au sérieux cette coque qu'on appelait la noisille, la noix des haies, la petite noix des bois ? Ou même de noms d'enfants, comme la kikino, la cacotte, la cacatte, la cacasse, le coco ou l'œuf d'oiseau ? On racontait qu'il fallait l'*écafloter* pour pouvoir en manger l'amande, ou l'*écalifoter*, c'est-à-dire lui ôter son petit *écaflé*, ou son enveloppe verte. On ajoutait que tant qu'elle n'était pas mûre, elle restait en lait. Bref, à défaut de vicieuse, on la traitait tout juste comme une gamine.

Casque

D'où venait-elle ? De la région du Pont-Euxin, c'est-à-dire d'Asie Mineure. Comme la cerise, qui est une drôle elle aussi. Les Grecs l'appelaient la *noix pontique*, et les Romains, le *corylus*. Ce qui, pour certains, voudrait dire le fruit coiffé ou casqué, en raison de cette petite cupule verte dentelée, à moitié déchiquetée, qui la recouvre. Mais qu'on ne se méprenne pas. La noisette n'a rien d'une de ces Amazones, farouches filles d'Arès, originaires de Thrace, aux mœurs étranges et barbares. Son casque n'est ni en métal ni même en peau de chien : c'est un casque de folle, un casque pour rire. La noisette n'est pas une Mélanippe, une Antiope, une Penthésilée, prêtes à se brûler la mamelle droite pour tirer à l'arc plus facilement. Elle n'est pas de ces hordes hurlantes et galopantes. Ce n'était au fond qu'une fille comme une autre, mais dont le corps sentait bon. Certains crurent que cette coiffe était un signe de bonheur, ce que signifie l'expression *être né coiffé*. C'est-à-dire être né encore couvert de la membrane amniotique ou poche des eaux ou tout bêtement la coiffe. Les sages-femmes, à Rome, précisaient pourtant que tout dépendait de la couleur de cette coiffe : rouge, elle était de bon présage ; de teinte plombée, de mauvais augure. *Être né coiffé* pouvait donc augurer du bonheur comme du cocuage. Et pour Olivier de Serres déjà, la noisette la plus recherchée est bien celle dont la coquille « tant plus approchera du rouge ».

Bouton tapageur

La noisette parut à tous si appétissante qu'elle finit par désigner tout ce qui, dans le corps, passait pour petit, joli, enfoui et arrondi, en un mot *féminin.* A propos d'un grand nègre ensoleillé, Genet note qu'il avait « au bout des doigts d'étonnants ongles longs, sombres, et clairs à leur base comme les noisettes franches qui ont un an » *(Notre-Dame-des-Fleurs).* Et Aragon, dans *Les Yeux d'Elsa :* « Je l'imagine / Elle a des yeux noisette / Je les aurais pour moi bleus préférés / Mais ses cheveux sont roux comme vous êtes / O mes cheveux adorés et dorés. » Quoiqu'un homme puisse également faire *l'œil en noisette* aux petites femmes, pour mieux se rapprocher d'elles. Ceux qui avaient le *profil de casse-noisette* (comme Voltaire), qui avaient donc le menton qui se relevait et se portait vers le nez, étaient prudemment tenus à l'écart. Ainsi que ceux qui *cassaient la noisette,* comme font les chevaux, en agitant constamment les lèvres, en les fermant, en les ouvrant, avec un bruit très particulier. En dehors de l'ongle et de l'œil, la noisette désigna aussi un aspect intime de la féminité : le clitoris. Car le clitoris, doucement caressé, devient justement globuleux et arrondi comme une noisette. La langue verte l'appelle alors *bouton tapageur,* ou *bouton qui fait la robe à traîne,* parce qu'il soulève la partie antérieure des nymphes à la façon dont on tenait à deux mains les lourdes traînes attachées à la ceinture. Bien entendu, la noisette est en quelque sorte le premier état du clitoris, avant que fleurisse le cactus, et que cet « inoubliable détail » de l'anatomie féminine joue les fanfarons ou les effrontés.

On eut moins de bonheur, apparemment, à vouloir comparer

les noisettes aux testicules, par analogie de forme, expliquent les linguistes, plutôt que de taille. Toujours est-il que dans certains romans galants, on se voilait pudiquement les noisettes, sans qu'on précise pour autant si l'on avait honte de sa nudité ou de sa mauvaise fortune. Il est vrai que les testicules, « témoins du duel amoureux » selon Delvau, ont toujours été considérés dans la langue française comme des accessoires, des ornements du pénis, des brimborions ou des breloques, bref des agréments naturels. Ils portaient autrefois les jolis noms de triquebilles et triquedondaines, qui n'étaient que des babioles de toilette. Seul, apparemment, Apollinaire s'éleva contre cette façon de voir, puisque pour lui, loin d'être de simples appendages, les testicules sont bien plutôt les « petites têtes qui recèlent la matière cervicale qui jaillit de la mentule ou petite intelligence, de même que la tête contient la cervelle qui est le siège de toutes les fonctions mentales » (Les *11 000 Verges*).

Fourchu

Le *casse-noisette*, pour sa part, connut une assez grande postérité et même une foudroyante carrière auprès des psychanalystes. A la jonction des cuisses, explique-t-on, la vulve peut paraître le point fixe d'une mythique articulation intercrurale : ce qu'on appelle la fourche, le fourchu ou la charnière. Les cuisses sont ainsi considérées comme les branches d'une paire de ciseaux ou d'un casse-noisette. Mais, ajoute-t-on, la contraction volontaire de l'anus autour du pénis conduit aux mêmes conclusions. Cette façon de maintenir le membre viril comme dans un étau, d'en calciner la pointe pour la maintenir étranglée dans la profondeur ventrale, c'est tout l'art du casse-noisette. Un art qui, pour certains, remonterait à la plus haute Antiquité. Quelques femmes modernes le pratiqueraient encore avec succès, avec moins de succès cependant que les Chinoises, « qui sont conformées de façon à faire gaudiller le Chinois le plus écourté du Céleste Empire » (A. François). En tout cas, dans *Les 11 000 Verges* encore, Kilyému, petite Japonaise au nom délicat de Bouton de fleur du néflier du Japon et putain au bordel de Port-Arthur, ouvrait ses jambes comme un livre, semblait à peine nubile et avait pourtant le casse-noisette : « Mony s'en aperçut bien lorsque, après les derniers soubresauts de volupté, il déchargea dans un vagin qui s'était follement resserré et qui tétait le vit jusqu'à la dernière goutte. » Mais enfin certains jugèrent Mony, prince Vibescu, un peu trop hardi dans ses entreprises, il leur parut même assez barbare d'être ainsi découpés par une paire de ciseaux, comme le ventre d'un merlan, ou pulvérisés comme une coque de noisette. D'où les symptômes.

Voulez-vous ?

En Bretagne, la tradition voulait qu'on dépose, autrefois, auprès de la couche nuptiale, une corbeille pleine de noisettes : ce fruit renfermé dans une double enveloppe était un peu, disait-on, comme l'enfant dans le sein de sa mère. C'était donc un gage de fertilité. Et au Hanovre, si la foule criait *noisettes, noisettes !* aux jeunes époux (sans doute dans le même esprit), au troisième jour des noces, c'était à la mariée d'en distribuer, pour signifier que la noisette avait été croquée. Cette façon de *croquer la noisette* tourna très vite au gaspillage, et donc à la débauche : « Années de noisettes, années de bâtards », rappelait-on, ou encore : « Années de nésilles, années de filles » (variante de la Franche-Comté). On alla jusqu'à demander à une jeune fille (comme dans *Le Pompier galant*, en 1898) : « Je n'ai jamais croqué la noisette avec aucune personne du sexe, voulez-vous la croquer avec moi ? » Ceux qui ne prenaient pas ces précautions, et n'en maniaient pas moins malhonnêtement les filles, voulaient bien entendu parvenir au même résultat : *avoir sa noisette*. L'ennui, c'est qu'une fille n'a jamais qu'une noisette à croquer, alors qu'un garçon peut en croquer tous les jours à volonté, avec qui il veut et sans grande conséquence. C'est pourquoi sans doute ce sont toujours les filles qu'on qualifia de rôdeuses et de drôlesses, comme on a vu précédemment.

D'où vient que les femmes ont une odeur de noix ?

Une noix
Qu'y a-t-il à l'intérieur d'une noix ?
Qu'est-ce qu'on y voit
Quand elle est ouverte ?
Eh bien, on voit la nuit en rond, toute une armée de soldats bardés de fer, on voit les chevaux du roi près de la rivière, on voit mille soleils tous à tes yeux bleus pareils, on voit encore un voilier noir qui chavire, des abbés à bicyclette, le 14 Juillet en fête et ta robe au vent du soir. Vous connaissez la chanson. Ne vous y fiez pas pour autant.

Bijoux indiscrets

Il y a parfois des rêveries cruelles, comme celles dont parle Bachelard à propos du mystère enfermé dans le détail des choses. Des rêveries où l'on est prêt à se froisser dans l'intimité d'une noix, des rêveries qui parcourent tous ses plis, qui en connaissent le gras des côtes et tout le masochisme des piquants intérieurs sur l'envers des coquilles. « Je pense à ces nuits », note Kafka, dans son *Journal*, « au bout desquelles, extrait du sommeil, je m'éveillais avec la sensation d'avoir été enfermé dans une coquille de noix. » Et Bachelard ajoute : les sorciers mettent souvent le diable dans les noix qu'ils donnent aux enfants. Certes, dira-t-on, il existe la petite *noix mésange*, à la coque si tendre que la mésange la perfore à coups de bec.

Mais que cache au juste la *cocarde*, grosse noix quadrangulaire des Cévennes, ou encore la fameuse noix de Jauge, dite *noix à bijoux*, aussi grosse qu'un œuf de dinde, noix phénomène que les parfumeurs garnissaient autrefois de flacons ou de paires de gants ? Rappelez-vous : ces fameux gants italiens qui faisaient fureur à la Renaissance étaient en peausserie si fine qu'ils tenaient, disait-on, dans une coquille de noix. On les parfumait violemment au musc, à la civette ou à l'ambre gris. Catherine de Médicis en possédait naturellement, gants de jour brodés d'or ou gants de nuit, imbibés par René le Florentin d'essences rares et d'onguents nourrissants. En offrit-elle de semblables à Jeanne d'Albret ? La Cour le chuchota. La rumeur ajouta même que René le Florentin avait pris soin de les enduire de poudre de diamant, afin que par l'écorchure le poison s'infiltrât plus sûrement. Quatre jours plus tard, Jeanne était morte.

Robes

La noix est un fruit sec, et comme tel, pensait-on, n'engendre pas la redoutable pourriture liée aux fruits succulents, comme les pêches ou les prunes. C'est un fruit aussi dont on ne mange que l'intérieur, comme la noisette ou la châtaigne, ce qui suppose qu'il faut procéder à son déshabillage. Un déshabillage lent et progressif et pour tout dire assez compliqué. Car la noix a trois robes. La première est verte et sert à teindre en noir, dit Furetière, ce qui reste un peu obscur. La seconde est dure comme du bois. Et la dernière est une simple lingerie destinée à cacher ses cuisses charnues et laiteuses. La noix exige donc d'être successivement écalée, cassée, puis cernée. Il faut de la patience, de la méticulosité et, à vrai dire, pas mal d'entraînement. J'ajouterai, bien sûr, qu'on ne peut logiquement casser la noix qu'après avoir gaulée, « lochée » disait Flaubert, c'est-à-dire secouée ou branlée. C'est une chose qu'on oublie parfois.

Épaisse et robuste, l'écale verte ou brou de noix ressemble à du cuir de Cordoue qu'on aurait teint en vert émeraude. Ce brou, dit Guiraud, c'est la mousse de la noix. Sa végétation parasitaire. C'est ce brou qui faisait faire la grimace à la guenon de la fable. Il sera donc d'autant plus facile de s'en débarrasser aussitôt. La noix écalée, vous tombez alors sur une carapace assez dure, ridée, patinée, comme une très ancienne pyxide de buis : cela pourra vous rebuter. Vous surmonterez facilement ce handicap en apprenant qu'il s'agit de la coque, ou coquille. Le mot vient directement de la cochenille, insecte dont la peau se dessèche en formant une coquille dure qui contient ses œufs. Mais rassurez-vous : la noix ne porte pas d'œufs. Cette coque arrondie, c'est le crâne de la noix. Qu'il importe de casser au plus vite, d'*énoiser* comme on disait autrefois en Angoumois, pour parvenir à cette lingerie fine et souple comme un satin, couleur vieil or, qui enveloppe les capricieux contours d'une amande pour le moins surprenante. Son architecture plissée, dentelée, écorchée, déchiquetée vous fera peut-être penser à la Côte sauvage dans ses pires à-pics : c'est un relief chaotique et tourmenté que vous découvrez, mais paradoxalement infiniment doux, presque huileux, en tout cas humide. Et c'est en le léchant que vous constaterez si vous avez affaire à une vieille noix, au goût lointain de civette, ou à la fraîcheur d'une vierge.

Zigozago

La morphologie si particulière de cette amande provoqua parfois l'embarras, l'inquiétude, voire des hallucinations pures et simples. On a cru y voir, dans certaines régions de Normandie, un poulet bridé et prêt à cuire. Il y aurait donc une animalité de la noix, mais Jules Renard préfère parler à ce sujet de « deux minuscules tortues figées » (quoique, ailleurs, il la compare également à « deux oreilles collées l'une contre l'autre »). Plus effrayante est la réaction d'August Strindberg, dans *Inferno :* « Ayant fait germer une noix depuis quatre jours, je détachai l'embryon en forme de cœur, pas plus gros qu'un pépin de poire, qui est implanté entre deux cotylédons dont l'aspect rappelle le cerveau humain. Qu'on juge de mon émotion, lorsque sur la platine du microscope, j'aperçus deux petites mains, blanches comme l'albâtre, levées et jointes comme en prière. Est-ce une vision ? une hallucination ? Oh que non ! Une réalité foudroyante qui me fit horreur. Immobiles, éten-

dues vers moi comme en invocation, je peux compter leurs cinq doigts avec le pouce plus court, de vraies mains de femme ou d'enfant. » Il est vrai que ces mains en prière germant d'un crâne de noix étaient de nature à effrayer quiconque, mais pas plus après tout que la dissection d'une tête humaine, avec sa mousse chevelue, sa boîte crânienne, ses méninges et sa cervelle : image courante au Moyen Age, qui justifia, d'après la fameuse théorie des signatures, qu'on fît de la noix le spécifique de toutes les maladies de la tête.
On appelle communément *cerneau* chacun des deux hémisphères cérébraux de la noix, et *cuisse*, chacun des quatre quartiers de l'amande écalée. Pourquoi cerneau ? Parce qu'on les cerne avec la pointe d'un couteau, dit Furetière, pour les extraire de la coque et les manger avec du sel, une fois qu'on les a épluchés. Au XVIIe siècle, on ne parlait en fait de cerneaux que pour les noix vertes, tendres et aqueuses, dont la coque n'était pas encore ligneuse : ce qu'on mangeait alors à la croque au sel, c'était le germe de l'amande, et pour tout dire un embryon, un fœtus de noix. Quant au nom de cuisse ou d'aile, de fesse ou de quart de lune, c'est en somme une façon de voir dans la noix deux corps féminins accouplés dans un lit clos plutôt qu'une cervelle dans sa boîte crânienne. Ce qui était déjà la prédestiner aux malices amoureuses. Du reste, la pellicule ligneuse qui sépare les quatre cuisses, cet entre-deux de la noix s'appelle encore le *zeste* (et le zeste, ou le zest, c'était aussi le sexe), le *zigozounzoun* (parce que ce zeste évoque parfois le violon) ou le *zigozago*, qui ne veut rien dire de spécial. J'ajouterai que toutes les devinettes du folklore populaire, à propos de la noix, sont de pures et simples cochonneries : « Quatre petites demoiselles dans un lit, zigzag au milieu » (Basse-Ardèche), « Devinez, devinotte, quatre fesses dans une culotte » (Loiret), « Fesse contre fesse, une tite zézette dins l'mitan » (Pas-de-Calais), « Insolent, tu me frappes, tu me lèves ma jupe verte, tu me plantes ton instrument entre les cuisses » (Loiret).
« D'un blanc comme lait qui n'est pas du lait », disait-on pudiquement en Bretagne de cette amande nue de la noix, d'une belle couleur crémeuse et aussi charnue qu'une fesse. Mais

comme le faisait observer Li Po, poète chinois du VIIIe siècle, au surnom d'*Immortel banni sur terre* : « Sur les manches de tulle rouge, on voit clairement les noix blanches, mais sur un plat de jade blanc, elles sont comme inexistantes. Et l'on dirait qu'un vieux moine, en cessant de prier, devant ses poignets a posé des perles de cristal. » Ce qui était une façon élégante de dire que la noix pelée n'évoque pas simplement les cuisses d'une femme, mais la théorie bouddhique de l'inexistence du monde.

A la noce

Naturellement, dans la noix comme ailleurs, il existe des monstres. Il arrive ainsi qu'au lieu d'avoir quatre cuisses, la noix n'en ait que deux, ou quelquefois trois. On parle alors de la noix comme d'un pigeon, parce qu'elle n'a que deux *neuyons*, disait-on dans le Centre, des neuyons assez gros tout de même pour ressembler à un pigeon plumé. Et le soir, en hiver, quand on cassait les noix et qu'on trouvait un de ces pigeons plumés, on buvait un coup et les garçons malins *bigeaient* leur voisine. Quand une noix avait trois cuisses, on parlait en revanche d'un Saint-Esprit, c'est-à-dire d'une petite colombe dont le germe figurait le bec, mais la colombe malheureusement ne donnait droit à aucun baiser. Il arrivait encore que la noix fût molle au point de ne plus être une noix du tout, mais une sorte de mucus : « Les cerneaux avant la fête de la Madeleine ne font que de la morve », observent les Jésuites dans le *Dictionnaire de Trévoux*. A l'inverse, quand on ne peut extraire que difficilement les cuisses sous le couteau, que la noix ne se donne qu'en morceaux éparpillés, on l'appelle étroite, pierreuse et même hargneuse. Ce luxe de mots, cette fébrilité poétique, dès qu'on parle de la noix, pourrait laisser croire à une immense considération. Eh bien, pas du tout ! On s'en souciait comme d'une guigne. *A la noix* est une expression courante, qui signifie à peu près : à la mords-moi l'œil, ou comme dirait Flaubert, « pas plus que de beurre au cul ».
Pourtant, les noix célébraient les noces, à Rome. On en jetait aux enfants, à la volée, comme des dragées. Pourquoi des noix ? se demande le vieux Pline. Serait-ce parce que ce fruit

doublement enveloppé d'une écale à bourrelet, puis d'une coquille ligneuse, était la promesse d'un lien durable, d'une union solide ? Parce que le mariage était ainsi célébré sous les auspices de Jupiter, qui plus est de son gland ? Parce qu'on pouvait espérer de ces noix, en tombant, trois rebonds sonores, qui étaient toujours un bon présage ? Parce que le craquement des noix jetées étaient censés couvrir les cris de la jeune vierge ? Ou que tout simplement la noix était considérée comme chaude, et donc apte à favoriser le coït ? En général, les ouvrages de recettes amoureuses ne font pas un sort considérable à la noix. La langue érotique lui consacra, en revanche, quelques développements intéressants. A propos de la *noix confite,* par exemple. D'après Brillat-Savarin, « les Ursulines de Belley avaient pour les noix confites une recette qui en faisait un trésor d'amour et de friandise », mais La Fontaine manifestement ne s'en inspira pas. Pour lui, la noix confite était une façon de *baiser en pigeon,* de *langueter* ou de *faire une langue fourrée.* Cette langue fourrée était, du reste, une autre spécialité culinaire consistant à recouvrir une langue d'une autre peau que la sienne pour la faire cuire, ce qui est une assez belle définition du baiser profond. Voyez encore *Aucassin et Nicolette* : Nicolette, nous dit-on, « avait des mamelettes dures qui lui soulevaient sa vêture aussi comme si fussent *deux noix gauges,* et était si grêle à la taille qu'en vos deux mains l'auriez pu enclore ». Car s'il y avait quelque chose, à l'époque, qu'on voulût ferme et dur dans le corps féminin, c'était bien le tétin, le ventre et la fesse. C'est sans doute pourquoi on retrouve, dans la langue des voyous, cet usage de désigner les fesses par les noix, par analogie avec le terme de boucherie désignant la partie la plus charnue du veau. Comme disait Auguste Le Breton : « Avec les noix qu'elle avait, la môme Yvonne était pas à la veille de manquer de beurre pour étaler sur son pain. »

Odore di femina

Claude Lévi-Strauss s'est beaucoup intéressé à l'odeur de noix chez les femmes. Telle qu'elle est, du moins, rapportée par les mythes des Indiens du Brésil. Pourquoi par exemple se dit-il, les Tupari croyaient-ils que l'odeur vaginale d'une vieille femme était cause de migraine pour l'homme, alors que seule celle d'une jeune femme était inoffensive ? Dans un mythe *tacana*, le jaguar renonce à violer une Indienne après avoir flairé sa vulve, qui lui paraissait sentir comme de la viande véreuse. Un mythe *mundurucu* raconte aussi qu'après que les animaux eurent fait un vagin aux premières femmes, le tatou frotta chaque organe avec un bout de noix pourrie, d'où leur serait venue cette odeur caractéristique. Finalement, Lévi-Strauss en arrive à une conclusion assez décourageante : « La puanteur est la manifestation naturelle, sous forme non comestible, de la féminité, dont l'autre manifestation naturelle [le lait] offre l'aspect comestible. » L'odeur vaginale serait donc le contrepoint de sa fonction nourricière. C'est en devenant mère que la femme serait comparable à la sarigue ; quand elle ne fait qu'accéder à la vie sexuelle, elle sent simplement mauvais. Retirez la maternité de la féminité, reste donc la puanteur de la noix pourrie.

Tout ce qui est féminin chez une femme, en particulier la femme « inondée par ses propres distillations » (comme disait Casanova), a toujours suscité envie et haine, mais pourquoi tant d'amertume vis-à-vis de la noix ? Il est vrai, dit Furetière, qu'on appelle proverbialement le *goût de la noix*, l'amorce qui sert à attraper et à persuader quelqu'un, par allusion à la noix qu'on met aux souricières pour attraper des souris. Ce genre de duperie peut, après tout, susciter bien des vengeances. Précisément, je me demande si la recette que propose innocemment Fernand Lequenne, dans son *Livre des salades*, n'est pas une façon de faire souffrir la noix, avec écorchages et salaisons annexes, et de briser son insolente liberté. Tout en indiquant que les quatre cuisses de la noix lui rappellent je ne sais quelle Vénus aux belles fesses ou quelle déesse primitive de la fécondité, il considère que, mûres ou sèches, il vaut toujours mieux utiliser les noix *écrasées*, « à moins que l'on n'assouplisse les cuisses *écorchées* dans une marinade d'eau salée vinaigrée, ce qui en même temps les empêchera de noircir ». Après quoi, ces cuisses bien égouttées seront assaisonnées avec du verjus et du vinaigre, et croquées en hors-d'œuvre.

O

Faut-il rogner l'oignon ?

*Va-t-on finir par voler, à défaut de la peinture, du moins ce qu'il y a dedans ? Récemment, le conservateur du musée d'Orsay, à Paris, eut l'idée ingénieuse de créer une ligne d'objets tirés des peintures qu'il avait en stock. Si bien qu'on vit se matérialiser sous nos yeux, prendre en quelque sorte du volume, presque s'aérer, une assiette d'oignons de Cézanne, le catleya accroché à la boutonnière de Marcel Proust, un citron de Manet, un paréo des îles, le tour de cou à pendentif de l'*Olympia *de Manet, le chapeau de paille des estivants de la plage de Trouville ou les boutons de manchette du comte de Montesquiou. De prime abord, on aurait pu craindre que ces objets n'aient été réellement supprimés de la toile, mais pas du tout, ils s'étaient générés eux-mêmes par un phénomène inédit de clonage artistique, ils s'étaient simplement multipliés. Les oignons de Cézanne tiraient ainsi de leur nouvelle apparence des tons de violent orangé, qui faisaient plutôt penser à quelque volaille laquée ou aux* sushi *qu'on expose aux vitrines des restaurants à Tokyo. On pourrait toutefois se demander ce qu'il en adviendrait si on usait du même procédé pour les chairs grasseyantes de la* Baigneuse *d'Ingres (et même pour tout son harem turc), la* Ragazza sdraiata *de Boucher ou encore la paire de fesses insolentes qui trône au beau milieu du carnage de* L'Enlèvement des Sabines. *Et pourquoi pas, les chairs exténuées du* Radeau de la Méduse *de Géricault, peintes comme on sait d'après nature à la morgue de l'hôpital Beaujon.*

Sourire

En tout cas, ces oignons vivants, restitués en faïence, ont acquis de leur traversée du miroir quelque chose de fantomatique et de vaguement inquiétant. Ce n'est manifestement plus de l'oignon, c'est de l'esprit d'oignon, de la quintessence d'oignon (il n'y a rien de tel pour la quintessence que de faire un petit séjour fortifiant dans un tableau). On voudrait bien en tirer une leçon. Ce sera celle du sourire de l'oignon. Qu'on méconnaît souvent. Le très sérieux *Journal of Irreproducible Results* de Chicago offrait récemment en couverure un *Oignon souriant,* grain de pollen en noir et blanc agrandi 4 400 fois, dont les yeux sont apparemment des corps gras. Si l'on s'étonne que le sourire de l'oignon soit une anfractuosité du pollen, c'est simplement qu'on a perdu l'habitude de voir sourire les oignons. D'ailleurs, comme le faisait remarquer Norge *(Les Oignons),* « si les oignons font pleurer, c'est à cause du respect humain. Dans l'ancien temps, les oignons faisaient rire et chacun les respirait afin de trouver la gaîté. Un sage blâma ce rire dénué de fondement et les oignons en furent humiliés. Ils comprirent que les larmes seules sont tolérables sans motif ».

Le i de l'oignon

L'oignon est un bulbe charmant. « Sa pelure délicate, note Curnonsky, a des reflets de satin et, quand on le coupe, sa chair blanche et rose forme des croissants. » Sauf que l'oignon, en fait, n'est pas un oignon, mais un ail. Botaniquement, c'est ainsi. Comme l'échalote, et les deux sœurs Ciboule et Ciboulette. Et si son nom vient de l'*unio* latin, c'est que cet ail n'a qu'une tête ou que c'est une perle unique, et de la plus belle eau. Bref, l'oignon est un univers à lui tout seul. Et accessoirement un cor au pied, qui se développe particulièrement autour du gros orteil. Ce qui est toujours assez douloureux. On comprend donc qu'on ait assez vite abrégé l'oignon (au XIXe siècle) en un plus simple et plus expressif *gnon.* Le gnon étant tout simplement le coup de l'oignon. L'orthographe a parfois des accès de fièvre. Celle du mot *oignon* donna lieu naguère à une guerre subite, où l'Académie française fut prise à partie, alors même que Bagdad tombait en ruine : c'est ce qu'on appela (d'un raccourci) la *Guerre de l'ognon et du nénufar.* Car Matignon voulait alors réformer de façon assez ambitieuse le système orthographique, ce qui amena en particulier à vouloir rogner l'oignon en *ognon,* chose qui parut déplaisante à beaucoup. Jusqu'ici pourtant, l'oignon s'était écrit un peu à la va-comme-je-te-pousse, c'est-à-dire aussi bien *oignon, oingnon, ongnon,* et *ognon,* forme qui est déjà chez Taillevent, au XIVe siècle : « Plumez les *ognons* et les émincez bien menus et par rouelles », notait le célèbre cuisinier, dans son *Viandier,* à propos de la recette de la soupe à l'oignon. Orthographe que l'on retrouve même en 1883, dans le catalogue des plantes de jardin de Vilmorin & Andrieux. Il fut peut-être excessif de parler, à cette occasion, de charrettes comme au temps de la Terreur, de dire qu'on tranchait ou même qu'on écrêtait la langue, que la prononciation *ouagnon* venait des profondeurs du français, que ce *i* surnuméraire n'était pas là par hasard et qu'avec *ognon* écrit aussi bêtement que rognon et pognon, c'était encore un peu de poésie qui s'en allait. Les plus remontés allèrent même jusqu'à parler de *créolisation* de la langue (ce qui, à les en croire, était bien la pire des choses au monde). Bref, l'affaire parut suffisamment sérieuse pour que, la guerre du Golfe une fois terminée, on mît du même coup aux oubliettes ce projet irritant.

Le feuilleté

Reste que l'*ogne,* l'*ognon,* l'*ognard* (et ses faux frères en *i,* l'oigne et l'oignon) ont dans la langue des julots désigné la pastille, la rondelle, la capsule, le clignotant, la rosette, la bague ou l'anneau, c'est-à-dire le cul. Et qu'on désigna par *oignonnet* (ou *oignonet)* l'oignon garçonnet ou mignonnet, le petit tendre encore tout neuf. Voilà donc en fait pour quoi l'on se battit si durement tout un hiver à Paris. *Occupe-toi de tes oignons* ne veut rien dire d'autre que : *occupe-toi de tes fesses.* Pourquoi ce rapprochement obscène ? Tout simplement parce que depuis longtemps on avait remarqué que l'innocent oignon avait, comme l'anus, la même structure feuilletée ou plissée, pour peu naturellement qu'on le coupe par le milieu. On se rap-

pelle d'ailleurs que ces pelures micacées servaient à Sido à tirer des considérations météorologiques fort instructives :
— Une... deux... trois robes ! Trois robes sur l'oignon !
Elle laissait choir lunettes ou binocle sur ses genoux, ajoutait pensivement :
— C'est signe de grand hiver. Je ferai habiller de paille la pompe. D'ailleurs, la tortue s'est déjà enterrée *(Sido).*
Ce que Curnonsky appelait des croissants d'oignon n'est donc, en réalité, que de la rouelle d'anus. Même chose pour l'échalote, fort recommandée déjà par le physicien napolitain Porta, adepte de la théorie des signatures, à la fin du XVIe siècle, pour « combattre vaillamment dans le camp de Vénus », et dont le sens argotique apparaît dans la fameuse *course à l'échalote,* où il s'agit d'attraper un brave garçon par le cul du pantalon, pour le forcer à courir sans lui laisser aucune possibilité de réagir (un genre de plaisanterie qui, dit-on, était assez répandu dans l'armée de terre). C'est une course forcément pleine de péripéties.
Céline qui, quoi qu'il en dise par ailleurs, était assez porté sur l'oignon parle ainsi, dans *Le Pont de Londres,* de s'empoigner le cul d'un coup et de se fourrager l'oignon. Dans *Mort à crédit,* c'est une Anglaise du Bois un peu hors d'elle qui crie : « Hurray ! Tu vas lui crever l'oignon ! y' aura du monde dans les étoiles ! l'éternité va lui sortir ! Vive la science chrétienne ! »
Et si, ici ou là, il a nuancé son propos, en parlant du croupion, du pétard ou du trésor, il en revient inévitablement à l'oignon, dans l'épisode du Meanwell College, avec la fille de la maison : « J'ai les mains qui enflent tellement je lui cramponne les fesses ! Je veux l'amarrer ! qu'elle bouge plus ! C'est fait ! Voilà ! Elle parle plus alors ! Putain de Dieu ! J'enfonce ! Je rentre dedans comme un soufflé ! Je me pétrifie d'amour ! Je ne fais plus qu'un dans sa beauté ! Je suis transi, je gigote. Je croque en plein dans son nichon ! Elle grogne, elle gémit. Je suce tout. Je lui cherche dans la figure l'endroit précis près du blaze, celui qui m'agace, de sa magie du sourire. Je vais lui mordre là aussi surtout. Une main, je lui passe dans l'oignon, je la laboure exprès, j'enfonce, je m'écrabouille dans la lumière et la bidoche. Je jouis comme une bourrique... »

Mirliton

Les grammairiens observent finement que, par la force des choses, l'oignon a fini par se spécialiser dans la pédérastie. Que *prendre du rond, taper dans l'oignon*, c'était le *vice*, et *l'avoir dans l'oignon, se le carrer* ou *se le faire mettre dans l'oigne*, c'était en quelque sorte le *versa*. Quant à *jouer de la flûte à l'oignon*, c'était une variante, pas forcément désagréable d'ailleurs. La *flûte à l'oignon*, en fait, c'était un mirliton, c'est-à-dire (dit Littré) un « tube creux de roseau garni par les deux bouts avec une pelure d'oignon ou un morceau de peau de baudruche, et autour duquel s'enroule souvent un papier contenant un rébus ou des devises ». Quant à la *sueur d'oignon*, elle indiquait (toujours dans la langue verte) des relations homosexuelles entre hommes (alors que l'ail se spécialisait dans les rapports féminins) : entre l'ail et l'oignon, ce n'est donc pas qu'une différence géographique (entre la cuisine du Sud et celle du Nord), c'est aussi une différence de genre. En Centrafrique, on dit assez brutalement : « Donne-moi ton zognon », pour parler apparemment de la même chose.

On a d'abord trouvé à cette liliacée, à l'odeur indiscrète et canaille, un air balourd, plutôt vulgaire, à la voir ainsi balancer dans les airs sa grosse tête glauque. Comme l'ail, l'oignon fut longtemps la nourriture de la *rafataille*, des forçats des galères de Rome, de la soldatesque qui, à en croire Aristophane (dans *La Paix*), a toujours une odeur de *scrognoignon*, autrement dit l'odeur du rot du mangeur d'oignons. C'était le menu des paysans, des marins phéniciens et naturellement des bâtisseurs de pyramides (qui sont faites, elles aussi, de sueur d'oignon). Mais enfin, s'il était si apprécié, c'est surtout parce que l'oignon est un pousse-la-soif. Certains ajoutaient perfidement que c'était une façon pratique de prouver à sa femme, par la puanteur de l'haleine, qu'on avait préféré l'oignon (et le vin) à la courtisane. D'ailleurs, *flairer de l'oignon* c'était déjà se mettre à boire, et au fond prendre la vie par le bon bout.

L'oignon n'a donc rien de mélancolique. On le qualifiait à Rome de *salax*, c'est-à-dire de lubrique. « Bander, depuis longtemps, disait Martial, ta queue ne le peut guère. Tu t'agites pourtant comme un fou pour le faire. Rien n'y fait : ni oignons excitants, ni roquette, ni même désormais l'obscène sarriette. Tu t'es mis à prix d'or à souiller quelques bouches : même ainsi réveillée, Vénus reste en sa couche. Bref, il est étonnant de voir à quel prix fou monte pour toi ce qui ne monte plus du tout. » Pour les membres grognons, il fallait donc se bourrer d'oignons. Ce que précisait déjà Héraclides de Tarente, dans le *Banquet des sophistes* d'Athénée. « L'oignon, l'escargot, l'œuf et ses analogues paraissent producteurs de sperme, non pas parce qu'ils sont particulièrement nourrissants, mais parce que leur nature première présente une similitude avec le sperme. » C'est encore une mixture d'œufs et d'oignons que recommande le cheikh tunisien An-Nafzaoui, dans *Le Jardin parfumé* (XVe siècle), « pour exciter en soi le désir de conjoindre » : vous mêlez le jaune des œufs (sans les blancs) à des oignons pilés (à prendre pendant trois jours de suite) ou encore broyez des oignons, y ajoutez du beurre frais ou de la crème en abondance, vous faites bouillir, versez dessus du miel et mélangez le tout, « voilà qui rendra le sexe éveillé jusqu'au lendemain matin ».

Clou de girofle

On dit que les oignons les plus ronds sont les meilleurs et que les rouges sont les plus âcres. Mais il y a beaucoup d'autres variétés d'oignons : des géants, des sphériques, des allongés, des aplatis, des petits extra-hâtifs, des ronds durs et des gros blancs, des jaune paille et des saumonés, des gluants discrets, des épicés mais doux, des Délicatesses roses de Coïmbre et des Blancs très hâtifs de la Reine, dits oignons Merveille ou de Monplaisir, des oignons d'Égypte ou rocamboles, gros comme des noisettes, des oignons d'Espagne en forme de poire, des créoles à la tunique encore fraîche, rouge violacé, et des géants de Rocca à la peau chamois. Blanc nacré ou jaune cuivré, pourpre intense ou incarnat tendre, l'oignon est toujours un ravissement. Mais savez-vous clouter l'oignon ? Il suffit, en fait, d'enfoncer un ou plusieurs clous de girofle dans le gros oignon cru, que vous ajouterez pendant la cuisson pour aromatiser votre plat. Convenablement planté dans la transparence humiliée de l'oignon, note Manuel Vasquez Montalban, le clou de girofle « compose un bombe Orsini aux explosions occultes dans le fond des casseroles ». Jules Renard y voit, plus prosaïquement, « une des beautés du pot-au-feu ».

Certains, pour je ne sais quelles obscures raisons, ont manifesté depuis toujours une haine irréparable à l'oignon. C'est le cas d'Alfred Jarry, qui ne les aimait pas parce qu'ils sont « comme les cloportes, difficiles à éplucher ». Ou de Jules Vallès, qui maudissait l'oignon parce que enfant, tous les mardis et vendredis, il devait manger du hachis aux oignons, et que pendant sept ans, il n'a pas pu manger de hachis aux oignons sans être malade. « J'ai le dégoût de ce légume », avoue Jacques Vingtras *(L'Enfant)*. Et puis il y a les flatteurs de l'oignon. Toulouse-Lautrec qui, goulûment, fourrait l'oignon confit à la crème d'ail. Ou Pablo Neruda, qui consacra une *Ode à l'oignon*, « ventre de rosée, clair comme une planète » : « Je rappellerai aussi combien ton influence féconde le sein de la salade, et que le ciel semble contribuer, en te donnant fine forme de grêle, à célébrer ta clarté hachée sur les hémisphères d'une tomate. » Et naturellement Charles de Rohan, prince de Soubise, ami de Louis XV et de ses maîtresses successives, qui lui confectionnait des omelettes d'œufs de faisan et de perdrix rouge qui le ruinaient. Charles de Rohan fut vaincu à Rossbach par Frédéric le Grand (1757), mais il devint l'homme des carbonades et des sauces à l'oignon, dites *sauces Soubise*, qui nappent délicieusement les œufs mollets. Ce qui fit dire à certains que, pour passer à l'immortalité, il valait mieux quand on était français saucer les plats que gagner une bataille.

Quant au cardinal Jules Alberoni, ministre de Philippe V d'Espagne, il échoua lui aussi à peu près dans toutes ses entreprises, sauf dans la soupe à l'oignon, qu'il exécutait lui-même et qui, d'après Voltaire, était excellente. Il y a là, observe Francis Amunategui, un paradoxe assez savoureux entre ce diplomate et homme d'Église, formé au strict protocole, et cette soupe de minuit, qui a plus de points communs avec le hibou, le débardeur des Halles ou le tueur à gages. Soupe des bamboches et des mœurs interlopes, la *soupe Mado* (de Gaston Derys) avait aussi un nom charmant de bobinard. C'est une soupe, explique Courtine, « dans laquelle l'eau est enrichie moitié-moitié de champagne, le gruyère remplacé par un crémeux camembert, qui est enfin complétée de jaunes d'œufs battus avec du vieux porto et d'un verre à bordeaux d'armagnac ». La soupe Mado aurait plu aux futuristes italiens, qui imaginèrent la recette de l'*Homme-Femme à minuit :* ce n'est pas une soupe à l'oignon, c'est un tropisme amoureux. « Sur un plat rond, verser du sabayon rouge de manière à former une grosse flaque, au milieu de laquelle on disposera une belle rondelle d'oignon trouée et traversée par une tige d'angélique confite. Puis l'on disposera deux marrons glacés. On servira un seul plat par couple. »

Castrat

Ces égarements ne sauraient pourtant faire oublier qu'en Égypte, l'oignon se plaçait dans le sarcophage. S'enterrer avec un oignon paraissait la chose la plus naturelle du monde, c'était aussi une façon de gagner l'immortalité. On invoquait, dans les serments, l'ail ou l'oignon, comme des dieux. Ce qui amusait beaucoup Juvénal, qui traitait les Égyptiens de fous. Il avait tort. Car les incantations à l'oignon traversèrent l'histoire. On trouve même, entre l'*ooscopie* (divination par l'œuf), l'*acutomancie* (divination par l'aiguille) et la *spondanomancie* (divination par les cendres), une *cromyomancie,* tradition folklorique qui se perpétua longtemps en Allemagne : les filles à marier qui désiraient connaître le nom de leur promis prenaient une petite botte d'oignons et inscrivaient sur chacun d'eux le nom d'un prétendant. La veille de Noël, elles les déposaient sur un autel, et celui qui germait était le bon, à défaut d'être le préféré.

Il y eut aussi de ces hommes qui voulurent sauver les autres par l'oignon. Ce fut le cas, au siècle dernier, d'un nommé Jean-Antoine Gleïzès, qui écrivit, dans sa *Thalysis ou la Nouvelle Existence* : « L'oignon est l'œil de l'homme. Dieu a laissé à l'oignon une sensibilité si touchante que, quand nous l'épluchons, il nous fait verser des larmes pour nous dire combien il a dû en verser avant de se réduire au point où nous le voyons. » Cette résurrection du Christ en oignon trouva d'autres adeptes. Entre autres, frère Thomas, tour à tour charretier, photographe et comptable, qui en 1929 fonda la secte des Adorateurs de l'oignon. Frère Thomas avait été surpris un jour, au marché du Havre, par un oignon qui germait. Ce fut l'illumination. C'est un exemple pour l'homme, pensa-t-il aussitôt. Si nous savions être de bons oignons, nous aurions la vie éternelle. Car enfin l'oignon est bien un bulbe dont on casse la tige pour l'empêcher de monter en graine. Et pourtant, cet eunuque, ce castrat mûrit et on le récolte. Et l'année suivante, il germe et rajeunit encore. Empêché d'avoir des enfants, l'oignon devient enfant lui-même. Il va vers la perfection. Suite aux explications de frère Thomas, certains comprirent qu'il était urgent de se châtrer pour devenir immortel. D'autres, plus prudents, jugèrent simplement qu'une chasteté absolue aurait les mêmes effets. Ce qui, dans un cas comme dans l'autre, n'était pas forcément réjouissant.

En attendant, on pourra toujours faire son profit du proverbe arabe : « Ne t'introduis jamais entre l'oignon et sa pelure. »

L'olive mystérieuse

« Les Grecs qui attribuaient à l'olivier une origine divine, écrit Alexandre Dumas, le vénéraient tellement que, pendant longtemps, ils n'employaient que des filles vierges et des hommes purs pour la culture de cet arbrisseau. Ils exigeaient aussi un serment de chasteté de ceux qui étaient chargés de la récolte. » Ce qui était sans doute un peu présomptueux. Mais c'est vrai, Pline le dit, que l'olivier étant pur, on demandait que soient purs aussi ceux qui en faisaient la récolte et « qu'ils jurent sortir de la couche de leur propre femme et non d'une autre ». Ce qui est déjà un sérieux correctif. L'idée fit pourtant son chemin, et l'arbre sacré d'Athéna resta, pendant des siècles, un modèle de vertu. « Jamais ne rendra fruit », disait-on au Moyen Age, « s'il est planté par une putain. »

Les choses ont beaucoup changé, de ce point de vue du moins. Comme on peut le constater dans cette fête de l'Olive décrite par Gilbert Lascault, dans Enfances choisies *(1976). Fête imaginaire, qui se serait passée à Gardette, alors que le jeune Cézanne n'avait que dix ans. A Gardette donc, tous les ans, le 18 novembre, jour de la Sainte-Aude, les habitants se réunissent dans le pré communal. Enfin, presque tous : les garçons et filles de moins de dix-sept ans n'y sont pas conviés. On installe au milieu du pré un tonneau de chêne haut d'un mètre soixante et un lit carré géant, de trois mètres de côté, aux quatre coins duquel quatre statues de deux mètres de haut figurent des sortes de faunes barbus, pourvus de jambes de bouc, de seins féminins et d'un pénis en érection, dont la pointe se recourbe vers le nombril. Lit et tonneau sont placés là, devant les assistants agenouillés. Ensuite de quoi les filles vierges du village, toutes en vert, versent dans le tonneau des brocs d'huile d'olive. Quand le tonneau est plein, un couple nu s'y baigne lentement et se caresse avec des mains grasses. Accompagnée par sept fifres, la foule récite lentement les litanies à l'Olive. Et à minuit, ces deux corps nus, qui brillent à la clarté des torches, s'enlacent sur le lit géant. L'homme, un moustachu maigre de quarante-deux ans, dépucelle la jeune fille, qui crie et se tord la pointe des seins, de ses doigts un peu courts. Trois tambours, qu'accompagnent les fifres, scandent le coït. Et le petit Cézanne, caché derrière un micocoulier, sur une colline qui domine le pré, tremble.*

L'entre-deux

L'olive, en fait, hésita toute sa vie entre la virginité et l'orgie. Comme entre ses deux couleurs, verte de la fraîcheur, noire de la blettissure. En quoi elle ressemble assez au jujube, cette « petite olive rouge, croquante et charmante sur un feuillage clair », dont parle Alphonse Daudet. Car le jujube, comme l'olive, est un fruit qui mue et qui de vert devient à maturité jaune, puis roux. Sa chair n'est pas très juteuse (elle est merveilleuse en revanche pour les pâtes de fruits), mais surtout son nom hésite constamment entre masculin et féminin. On a même imaginé à son sujet une sorte d'androgynat évolutif, au fur et à mesure de son mûrissement (« Ce serait *le*, puis *la* »). L'olive ne connaît pas cet androgynat évolutif, même si comme le jujube elle se mange en deux tons : vert pubère, noir diabolique.
Passe-t-elle ainsi du vert au noir, de la juvénilité à la sénilité, du *cassé* au *piqué* sans autre étape ? Qu'y a-t-il entre les deux ? Une olive virtuelle ? Comme ces mots virtuels qu'on invente pour passer en douceur du latin classique à leur forme moderne, un mot qui aurait pu exister en bas latin, mais qu'on n'a jamais vu, dont il n'existe aucune trace, qui reste une hypothèse : peut-être faut-il inventer de la même façon une olive inconnue, jamais attestée, mais néanmoins nécessaire pour la guider subtilement du vert au noir. Et même si, comme pour le jujube, on admet que le mûrissement ne gagne pas l'olive

d'un coup, mais par plaques instables, par flaques successives, par gouttes d'ombre posées sur l'épiderme, quelle est donc cette couleur inconnue, inespérée, qui traverse l'olive sans s'y attacher ? Sur le spectre des couleurs de Newton, entre le vert et le violet, il y a le bleu et l'indigo. Il devrait donc théoriquement exister des olives bleues ou indigo. Où sont-elles ? Par où l'olive passe-t-elle pour arriver ainsi au violet noirâtre et au noir profond ? Une olive, au moins, nous renseigne gentiment : la *Verdale,* originaire de Provence et du Languedoc, régulièrement arrondie, verte aux approches de la maturité, puis *rose,* violette et enfin noirâtre. Voilà donc ce que cachait si malicieusement (ou si honteusement) l'olive : c'est le rose mystérieux de sa peau. Pourquoi ne mange-t-on pas plus souvent d'olives roses *couleur de peau ?*

Jonas

Horace, dans ses moments de frugalité, n'hésitait pas à préférer l'olive à la pintade et au faisan, et Martial la considérait comme un apéritif propre à remédier aux effets du vin (on la faisait alors circuler entre les convives dans une petite nacelle). Pour Grimod de la Reynière, l'olive était « une manière sûre d'anoblir un canard ». Et, dans ses *Variétés gourmandes,* il proposa même d'en faire un « rôti sans pareil », plat-attrape où étrangement il s'agissait moins de farcir l'olive que de l'enfler, de la larder, de l'engrosser jusqu'à ce qu'elle devienne elle-même un prodigieux volatile constituant un parfait rôti de parade. Voici sa recette : « On farcit une olive de câpres et d'anchois, et on la met dans un becfigue. On met le becfigue dans un ortolan, celui-ci dans une mauviette, la mauviette dans une grive, celle-ci dans une caille, la caille dans un vanneau lardé, ce dernier dans un pluvier, le pluvier dans un perdreau rouge et le perdreau dans une bécasse — tendre comme Mlle Volnais —, la bécasse dans une sarcelle, la sarcelle dans un pintadeau, le pintadeau dans un canard, le canard dans une poularde — blanche comme Mlle Belmont, bien en chair comme Mlle de Vienne, grasse comme Mlle Contat —, la poularde dans un faisan, le faisan dans une oie, l'oie dans une

dinde — blanche et grasse comme Mlle Arsène — et la dinde enfin dans une outarde. »
Alexandre Dumas s'inspira de la recette pour son *Anchois de Monte-Cristo.* Mais en réalité, Dumas était surtout tracassé par ce que Bachelard appelle le « complexe de Jonas ». C'est-à-dire par tout ce qui est avalé vivant et reste dans le ventre des animaux. Il n'est pas loin de penser que tout, dans la nature, n'est qu'un perpétuel et gigantesque engloutissement, une dévoration en chaîne, une superposition de vivant, et ça lui donne le vertige. Un épisode, en particulier, l'avait marqué, alors qu'il n'avait que trois ans : il avait vu le jardinier couper une couleuvre en deux et il en était sorti une grenouille avalée, qui était partie en sautillant : « Ce phénomène », écrit-il dans *Mes Mémoires,* « que je n'ai jamais eu l'occasion de voir se reproduire depuis, me frappe singulièrement et est resté si présent à mon esprit qu'en fermant les yeux je revois, au moment où j'écris ces lignes, les deux tronçons mouvants de la couleuvre, la grenouille encore immobile et Pierre appuyé sur sa bêche et souriant d'avance à mon étonnement. » Il en reparlera plus tard, à propos d'une scène vue au Jardin des Plantes : la queue d'un petit serpent se voyait encore dans la bouche d'un gros, tandis que deux gardiens saisissaient chacun une queue en main, « et le petit serpent sortit du gros comme une lame d'épée sort du fourreau ». Les deux serpents réconciliés avalèrent d'ailleurs aussitôt un gros lapin. Pour en revenir aux anchois de Monte-Cristo, l'olive, dont le noyau est remplacé par une tranche d'anchois, est successivement fourrée dans une mauviette, puis dans une caille, puis dans un faisan, puis dans une dinde, puis dans un cochon de lait, lequel doit rôtir pendant trois heures. Ce qui compte au fond pour Dumas, c'est surtout de sauver et de délivrer la tranche d'anchois. Mais comme dans l'histoire du lapin, c'est bien sûr pour l'avaler aussitôt. Façon en somme de continuer à vivre harmonieusement avec son complexe.

Cuisses

« Certaines dames y a-t-il, dit Brantôme, dans les *Dames galantes,* ont leurs cuisses si mal proportionnées, mal advenantes et si mal faites *en olive* qu'elles ne méritent d'être regardées et désirées, comme de leurs jambes, qui en sont de même, dont aucunes sont si grosses qu'on en dirait le gras être le ventre d'une *conille* [lapine] qui est pleine. D'autres les ont si grêles et menues, si héronnières, qu'on les prendrait plutôt pour des flûtes que pour cuisses et jambes : je vous laisse à penser que peut-être le reste. » L'olive réussit donc assez mal la cuisse des femmes. Des hommes aussi, d'ailleurs, et comme le notait le *Grand Albert*, « lorsque la cuisse est mal faite, c'est signe qu'un homme est faible, timide, peu amoureux du coït et volage comme une girouette ». En revanche, l'olive se rattrape avec les testicules. On peut même dire que l'olivier, dont les rameaux jonchaient le sol le jour où le Christ entra à Jérusalem, salué par les hosannas de la foule, et dont la sombre silhouette s'associa au deuil de la nuit, dans le jardin de Gethsémani, fournit des fruits qui ressemblent d'assez près à de beaux petits couillons (lesquels d'ailleurs étaient appelés autrefois, en Béarn, des *oulibètes*). L'olive ne désigne les testicules que depuis un peu plus d'un siècle, mais c'était une vieille idée, apparemment, puisque le grec *orchis* (à l'origine des orchidées, les fleurs-testicules) désignait à la fois les testicules et une variété d'olives. Du reste, les prostituées sacrées du temple de Mylitta suçaient franchement des noyaux d'olives devant les hommes : Mylitta était l'équivalent babylonien d'Aphrodite et une loi, raconte Hérodote, faisait alors obligation à chaque femme d'aller une fois dans sa vie au temple de la déesse et de s'y prostituer au premier étranger qui se présentait. Elles suçaient donc leurs noyaux, affichant ainsi avec beaucoup d'effronterie leur habileté dans les délices de bouche.

Dragée

A en croire Francis Ponge, l'olive est « meilleur suppositoire de bouche encore que le pruneau ». Et quand elle est devenue noire, rien ne l'est plus brillamment : « Quelle merveille, ce côté flétri dans la forme. Mais savoureuse au possible, et polie mais non trop, sans rien de tendu. » Telle est donc l'olive, que Ponge considère par ailleurs comme un fruit assez naïf. « Gracieuses et prestes dans l'entregent, dit-il, elles ne font pas pour autant les sucrées, comme ces autres jeunes filles : les dragées, les précieuses ! Plutôt amères, à vrai dire. Et peut-être faut-il les traiter d'une certaine façon pour les adoucir : les laisser mariner un peu. / Mais d'ailleurs, ce qu'on trouve enfin au noyau, ce n'est pas une amande : une petite balle, une petite torpille d'un bois très dur, qui peut à l'occasion pénétrer facilement jusqu'au cœur... » L'olive serait donc, si l'on veut, le versant noir et amer de cette confiserie dure et sucrée qu'est la *dragée*. Et c'est sans doute cette diabolisation de l'olive qui incita Verlaine, dans son *Sonnet du trou du cul* (écrit avec Rimbaud) à la rattacher incidemment à ce mystère « où je farfouille, où je bafouille », à cette « raie adorable que j'ai léchée amoroso, depuis les reins en passant par le puits, où je m'attarde en un long stage pour les dévotions d'usage », à ce « reposoir désirable », à cette « fleur de joie et de rhétorique », à ce « trou obscur et froncé comme un œillet », qui « respire humblement tapi parmi la mousse, humide encore d'amour qui suit la pente douce des fesses, blanches jusqu'au bord de son ourlet », bref conclut-il :

> « C'est l'olive pâmée et la flûte câline,
> C'est le tube où descend la céleste praline,
> Chanaan féminin dans les moiteurs éclos ! »

Ce ne fut pas le seul à connaître l'enfer de l'olive. On se rappellera que, chez Sade, si Saint-Fond est friand de foutre (« Que j'aime, dit-il, à me sustenter de cette agréable nourriture ! C'est de la crème ! »), Juliette a un faible pour l'étron : « C'est délicieux, c'est absolument la saveur piquante de l'olive. » Mais à Minski qui lui en offrait en guise de glace, elle répondit pourtant : « Il faut beaucoup d'habitude pour ce mets-là, peut-être pourrions-nous l'adopter dans un moment d'égarement, mais de sang-froid, c'est impossible. » A quoi Minski rétorqua un peu brutalement que rien ne facilitait autant la digestion. Mais l'olive, en réalité, resta moins une irritation sensuelle de la bouche qu'un plaisir indolent des doigts. Ce qui compte surtout, dans le rapport intime qu'on peut avoir avec une olive, c'est bien de la *toucher*. « Graciles olives polies avec les doigts, écrit Pablo Neruda, qui firent la

colombe et la conque marine : verts, innombrables, très purs tétins de la nature... »
Giono s'y attarde précisément, dans *Noé*, à l'occasion du ramassage des fruits, fin novembre, dans la vallée de la Durance. On s'englue alors dans l'olive, on presse à pleines mains ce gras d'olive, on l'écrase comme une chair à merci. « C'est un plaisir des doigts et un plaisir de l'esprit. C'est le plaisir de toucher les olives grasses et d'en avoir les mains pleines. C'est le plaisir d'en ramasser des poignées et de les fourrer dans mon sac, et de sentir ce sac pesant à mon cou. Je comprends très bien maintenant pourquoi la sagesse paysanne de cette terre de l'olive emploie le mot ramasser au lieu du mot cueillir. C'est un *amas* qu'on fait, et c'est le plaisir d'amasser qui me tient. »
C'est ainsi que plus on colle ses deux mains dans cette glu d'olives, plus on continue à les presser, plus on cherche à retenir instinctivement ces fruits qui se touchent comme des grappes de gros pruneaux dorés et plus on voit que ce qui nous guide, c'est l'avarice. Et cette avarice des doigts est un geste de gratitude inoubliable.

Graisse divine

En Grèce, l'olivier était l'arbre des trois âges de la vie. Chaque rejeton de sexe masculin en recevait à sa naissance un rameau que l'on fixait au-dessus de la porte de la maison. Les vieillards d'Athènes, choisis comme *thallophores*, participaient aux Panathénées en portant eux aussi des rameaux d'olivier. Enfin, les vainqueurs des épreuves athlétiques recevaient avec l'huile d'Athéna une couronne d'olivier. Si bien que cet arbre, dont le feuillage reste vivace en toute saison, était appelé *akeratos*, le sans cornes, l'éternellement vivant. Miel au dedans, huile au dehors, l'olive était pour les Grecs un secret de longévité. A la palestre, les hommes privilégiaient l'huile *omphacine*, suc visqueux, très frais, de la grosse olive verte : ils s'en couvraient, puis se roulaient dans sable fin très sec que le soleil avait rendu brûlant. Ce qui assurait la prise des mains sur la peau et facilitait ensuite le nettoyage. Après raclage au strigile, on pratiquait encore d'autres frictions et d'autres massages. L'odeur de cette huile onctueuse et fluide sur la peau était certainement le meilleur arôme dont puisse rêver un athlète. C'est elle qui différenciait l'homme libre de l'esclave, à qui étaient fermées les portes de la palestre. C'est elle aussi qui faisait sa distinction. Cette peau que l'huile avait imprégnée, pénétrée et comme rendue enceinte, on la préférait naturellement à tous les artifices de la coquetterie. Car c'était en quelque sorte une peau miellée, une rosée d'or vivant, une graisse divine.

Bain de vin

Naguère encore, dans le Midi, l'accouchement se faisait à l'huile. « Tous les Provençaux de mon âge, dit Marcel Scipion (*L'Arbre du mensonge*, 1980), ont été reçus dans les mains ainsi ointes des accoucheuses rustiques. Comme je m'obstinais à rester dedans, vers une heure, Rosa, d'autorité, alla chercher la bouteille d'huile, ordonna à la Blanc de lui en verser une rasade dans le creux des mains, puis, après s'en être frottée énergiquement jusqu'aux coudes, elle plongea pour chercher ma tête que je ne montrais point. La main huilée, en passant, dut lustrer mes cheveux, glisser sur mes joues... » Si bien que l'enfant-Scipion gicla finalement sur le linge blanc, trouvant ainsi moyen d'arriver quand même plus tôt qu'on ne pensait. Souvent, du reste, à cette onction d'huile succédait un *bain de vin*. On avait graissé bébé, il s'agissait alors de l'imbiber, de le fortifier, de le faire rougir. Né à l'huile et rougi au vin, il était assuré d'une vie qui resterait vivace en toute saison. Du reste, dans certaines tribus musulmanes, les hommes boivent de l'huile pour augmenter leur pouvoir de vie, c'est-à-dire leur sperme. C'est la raison aussi pour laquelle, pour avoir des jambes et des bras doux, des ongles solides, de jolies mains et des dents blanches, pour conserver enfin des cheveux brillants et souples, on les nourrit à l'huile. Car un corps entièrement lubrifié est un corps sans rides, sans taches et sans enflures, un corps aromatisé et d'autant plus vigoureux, une sorte d'essence de corps d'olive.

Pour conclure, sachez encore que le cure-dent en bois d'olivier, dit le proverbe arabe, facilite la sortie du dernier souffle. Ce qu'a d'ailleurs prouvé Sherwood Anderson, puisqu'il s'étrangla avec.

L'orange
serait-elle une éponge manquée ?

L'orange, note Furetière dans son Dictionnaire universel *(1690), est un « fruit rond, de couleur d'un jaune foncé, plein d'un jus acide, propre à faire des sauces ». Il précise qu'elle a les mêmes propriétés que le citron, mais que son jus est plus amer. A l'évidence, Furetière décrivait ainsi la* bigarade, *qui fut la première orange que l'on connut en Europe. Car, à l'époque, on distinguait déjà deux natures d'oranges, l'aigre et la savoureuse. La première, dite encore orange de Séville, était la* pomme d'orange *du Moyen Age. On la cultivait en Sicile dès le* XIe *siècle, probablement à la suite des incursions des Arabes. Ce sont eux qui l'avaient introduite aussi en Italie et en Espagne, et jusque sur les côtes d'Afrique orientale, où la découvrirent les Portugais lorsqu'ils doublèrent Le Cap, en 1498. « Qui regarde l'orange amère, dit un proverbe turc, a l'eau à la bouche, qui la goûte fait la grimace. » Ce qui explique qu'on préféra l'appeler, parfois, l'*orange de main.

*Et puis vint l'orange douce, apportée des îles de l'Asie méridionale, au début du XVIe siècle. Pourtant, indique de Candolle, ni les voyageurs qui accompagnaient Vasco de Gama, ni ceux qui suivirent ne témoignèrent de leur surprise en goûtant un fruit si agréable. On en conclut que les Portugais n'avaient pas été les premiers à rapporter l'orange douce d'Inde et de Chine, qu'elle devait même être cultivée dans le sud de l'Europe dès le XIVe siècle, mais que peut-être les fruits des Portugais étaient encore meilleurs, si bien qu'elles portèrent longtemps les noms d'*oranges de Portugal *ou* de Lisbonne.

La douce ? L'amère ? Curieuse nature, apparemment. Certains furent tentés de croire qu'une telle duplicité devait cacher bien des ruses et des sortilèges. Bref, on l'adora, on s'en méfia. Comme une jeune goule.

Ovale

« Comme dans l'éponge, dit froidement Francis Ponge, il y a dans l'orange une aspiration à reprendre contenance après avoir subi l'épreuve de l'expression. Mais où l'éponge réussit toujours, l'orange jamais : car ses cellules ont éclaté, ses tissus se sont déchirés. » Ce n'est donc pas pour rien si, à la différence du citron, fringant, tonique, astringent, l'orange parut si souvent un fruit taciturne et mélancolique. Faut-il, poursuit Ponge, prendre parti entre ces deux manières de subir l'oppression ? « L'éponge n'est que muscle et se remplit de vent, d'eau propre ou d'eau sale selon : cette gymnastique est ignoble. L'orange a meilleur goût, mais elle est trop passive, et ce sacrifice odorant, c'est faire à l'oppresseur trop bon compte vraiment. » Voilà donc ce qui gêne tant dans l'orange : sa soumission, sa déplorable apathie, son exaspérante passivité. Pourquoi ne pas le dire clairement : sa *féminité ?* Et puis, note Amunategui, dans *Le Plaisir des mets*, il y a cette monotonie désolante de l'orange. « Il n'y a pas une pomme qui ressemble à une autre pomme, toutes les oranges d'une même race se ressemblent. Et c'est pourquoi Cézanne, qui vivait pourtant à Aix, n'a peint que des pommes. » Bref, c'est assez dire qu'il la suspectait de se prêter trop facilement à toutes les volontés.
En 1944, déjà, Colette s'insurgeait contre ces esprits forts qui rabaissent l'orange au rang de moins-que-femme. Défendant bec et ongles la Toute-féminine, la Toute-douceur, la Toute-rondeur, elle rendit ainsi, dans *Gigi*, un vibrant hommage à la Tunisienne, élite des orangeraies, qu'elle savourait naguère, « dans les années paisibles » : « Ovale, un peu vultueuse autour du point de suspension, la tunisienne emplit la bouche d'un suc sans fadeur, d'une acidité adoucie, largement sucrée. Intacte, son écorce exhale un parfum qui rappelle celui de la fleur d'oranger. De décembre à février, c'est la brève saison de nous gorger de tunisiennes. Comme font les crus très typés qui de bouteille en bouteille marquent une différence, une

tunisienne n'est pas tout à fait identique en saveur à une tunisienne, et la nuance encourage à ouvrir encore une orange, et encore une, encore une qui sera peut-être la meilleure de toutes... » A tous ceux qui ont une envie pressante de faire éclater l'orange et de jeter son écorce déprimée (sans doute pour mieux vérifier leurs théories), Colette oppose donc furieusement sa gourmandise de les ouvrir toutes.

Galanterie

L'orange parfuma le grand siècle. L'orangerie était à l'époque l'orgueil d'un jardin : à Versailles, bien sûr, mais aussi à Trianon (« Dans la maison des fleurs, s'extasie Piganiol de la Force, tout y est parfumé et on n'y respire que violettes, oranges et jasmins »), au château de Bellevue, domaine de la Pompadour, à Saint-Cloud comme à Sceaux, où Louise de Bourbon-Condé, devenue duchesse du Maine, avait décidé, dit Saint-Simon, de se laisser ruiner en fêtes, feux d'artifice, bals et comédies. Fontenelle, aussi galant que philosophe, troussa même un gracieux quatrain à l'intention de la « petite duchesse », qu'on appelait familièrement la Grande Ludovise : « Que vous montrez d'appas depuis vos deux fontanges / Jusqu'à votre collier / Mais que vous en cachez depuis vos deux oranges / Jusqu'à votre soulier. » Carrousels, concerts et courses de bague se succèdent à Versailles, où l'on aurait été bien en peine d'imaginer une fête sans un décor d'orangers. Ils jalonnent la galerie des Glaces, agrémentent la salle de billard et jusqu'aux appartements du roi. Sur les tables, à côté des terrines et des pots à oille, on dispose des bassins de grosses oranges des Indes et des petites de Chine. L'essence de néroli enchante la cour comme la ville. Certaines dames, pour se blanchir le teint, emploient l'eau de Venise, où les citrons et les oranges hachés par tranches se mêlent au lait de vache noire et à l'eau de la vigne quand elle pleure. On parfume sa bouche avec des pastilles à la fleur d'orange, on porte des gants de peau glacés et enivrants, on glisse sous sa robe des sachets d'odeurs recouverts de taffetas de Florence, qu'on appelle des *sultans*, bref c'est une fureur que cette odeur fraîche et piquante de l'orange.

Sa rareté, son prix exorbitant, son jus sucré, tout concourait à cet engouement, qui introduisit ce qu'on pourrait appeler une galanterie de l'orange. Certes, si le désir général de plaire aux femmes, observait Montesquieu, produit la galanterie, ce n'est pas là de l'amour, « mais le léger, mais le perpétuel mensonge de l'amour ». Le reproche se donnait manifestement des airs de compliment. Et l'orange considéra qu'elle valait bien quelques promesses. Nicolas Rapin, en 1666, vante ainsi le moelleux de son épiderme, le suc dont elle est gorgée et la diversité de ses arômes. Le prince, en témoignage de ses attentions, offre à Cendrillon des oranges et des citrons qu'elle partage gracieusement avec ses sœurs, comme Cléante, dans *L'Avare*, envoie quérir, au grand désespoir de son père, quelques bassins d'oranges de la Chine, de citrons doux et de confitures, pour plaire à Marianne. La Palatine, qui pestait toujours contre Monsieur qui la délaissait pour son armée de mignons, vit dans l'orange un signe évident de l'amitié du roi, d'autant plus évident qu'elle le guettait sans doute trop souvent : « Hier soir, écrit-elle le 22 octobre 1701, le roi m'a permis de me rendre après le souper auprès de S.M. dans son cabinet. S.M. a été très gracieuse pour moi, me parla et m'offrit des oranges et des citrons. Cela fit bien des jalouses. » Mais la galanterie se brise parfois sur un soupir ou un baiser. Et la politesse laisse filer le désespoir. Ronsard, déjà, dans ses *Sonnets pour Hélène* (I, 27), avait parfaitement deviné toute la cruauté d'une orange vite oubliée : « Cent et cent fois l'Orange je rebaise / Et le pâle Citron qui viennent de ta main, / Deux présents amoureux, que je loge en mon sein, / Pour leur faire sentir combien je sens de braise. »

Car l'orange volage ne vous prépare pas toujours au pire. Et le pire arrive toujours. Ce qui peut paraître comme une prouesse de l'histoire n'est bien souvent qu'un piège sournois. On sait que c'est en jouant à la balle avec une orange que la Du Barry, connue surtout pour ses effets de gorge et sa tête de linotte, précipita en 1770 la chute du « cocher de l'Europe ». Chaque fois qu'elle lançait l'orange dans les airs, elle murmurait aux oreilles du Bien-Aimé, trop faible pour résister longtemps : « Saute Choiseul ! Tombe Choiseul ! » Et Choiseul tomba. On a beaucoup disputé aussi sur ce goût de Robespierre pour les oranges. Élégant, discret, méticuleux, Robespierre fréquentait habituellement le café de la Régence, où il jouait aux échecs, mais on le voyait parfois au Procope-Zoppi, et le garçon ne manquait jamais de lui apporter, en même temps que son café, un panier d'oranges. Robespierre en mangeait beaucoup, dit-on, pour s'éclaircir le teint (ce qu'il avait en commun avec Ninon de Lenclos, qui en suçait une douzaine par jour). De sa main fine, négligemment, il avait l'habitude de remuer les belles boules, en prenait une parfois et, pensif, la laissait retomber dans le panier. Jules Renard en parle dans son *Journal.* Taine, note-t-il, qui n'avait pas compris Robespierre, expliquait son âme étroite en disant qu'il ne mangeait que des oranges, à quoi Jaurès répliqua que si les hommes de la Révolution n'avaient pas été tués, ils seraient morts fous, tant l'effort les brûlait vite. Que l'orange en ait acquis la réputation de brûler les cervelles n'est d'ailleurs pas le moindre de ses paradoxes.

Boutique

Quel sexe attribuer à l'orange ? Eh bien, les deux sexes de la création, tout simplement. Encore qu'en l'occurrence, elle fasse tout pour mettre ses avantages en devanture. « Vous êtes fleurs par l'odeur et fruits par la saveur, lit-on dans *Les Mille et Une Nuits.* Et globes de feu vous renfermez la fraîcheur de la neige ! Neige merveilleuse qui ne fond pas au milieu du feu ! Feu merveilleux sans flamme et sans chaleur ! Et si je contemple votre peau si luisante, puis-je ne point penser à mon amie, la jouvencelle aux belles joues, dont le derrière d'or est granulé. » Au siècle dernier, le sein en orange était de dimension modeste, et même de petit calibre, mais apparemment bien exposé. Si bien qu'une expression populaire comme *avoir des oranges sur l'étagère* (ou sur la cheminée) voulait dire qu'on avait le sein plutôt rebondi. Bref, le tétin en orange, s'il est de moindre envergure, n'en est pas moins alerte et vif. Une chanson de l'époque, originaire de l'Artois, et intitulée *La Fille aux oranges,* indique du reste que le fils de l'avocat n'y avait pas été insensible. Et Pablo Neruda, qui avait une passion frénétique pour tous les mamelons du monde, fit de ces rondeurs offertes une planète orangée et même un fruit de feu. « A ta ressemblance, à ton image, orange, s'est fait le monde : rond est le soleil, cerné d'écorces de feu : la nuit constelle de tes fleurs sa route et son navire. » C'est bien aimable à lui, mais l'orange, dont la peau est par ailleurs si redoutée des femmes, parce que c'est un signe de cellulite (la *peau d'orange*, dit-on, doit être chassée sans rémission) est surtout précieuse dans sa fleur, qui est censée calmer leur hystérie.

L'orange s'enorgueillit aussi d'avoir pu désigner, fort immodestement, les attributs de la virilité, familièrement appelés *breloques*. Plutôt qu'une métaphore, il vaudrait mieux d'ailleurs comprendre cet usage comme une métonymie. C'est à partir de Charles VIII et des guerres d'Italie qu'on se mit en effet à élargir le volume de la braguette : on la rembourra, on la matelassa, pour la rendre plus avantageuse et gaillarde, en un mot plus insolente. La simple pièce de toile qui fermait par-devant le haut-de-chausses prit alors des proportions effrayantes : sortes de vastes poches qui avaient l'apparence d'un arc-boutant et qu'on ornait de perles ou de bijoux, « afin d'y mieux attirer les regards ». Que faisait-on de ces protubérances inutiles et désespérément vides ? Les femmes s'en servaient comme peloton pour y piquer les épingles et les hommes y fourraient un peu n'importe quoi, si bien qu'on parla de la braguette comme d'une *boutique*. Les voleurs y pêchaient les bourses et Panurge y gardait une *pomme d'orange*, car elle fit office aussi de garde-manger. On y « pochetait » les fruits, comme les poires ou les olives, et parfois on avait le bon goût d'en offrir aux femmes. Les oranges passaient d'ailleurs, à l'époque, pour exciter les ardeurs de Vénus, ce sur quoi on est bien revenu. Car si la cannelle ou la girofle sont propices aux ardeurs de Vénus, l'orange n'a jamais eu aucun effet de la sorte. Donc, présenter ce fruit comme un reminalisant, un tonique musculaire et nerveux, un rajeunissant des cellules et des téguments, sans être entièrement faux, introduit la confusion. L'orange n'est pas connue pour donner du tempérament et favoriser le catimini, elle empêche de dormir et vous secoue surtout le pancréas.

L'écorché

Comment s'y prendre avec une orange ? En gros, il existe trois façons. La délicate, qui se préoccupe surtout de sa lingerie, de sa première chemise, bref de sa papillote. Aujourd'hui, malheureusement, l'orange se présente en général nue et en tas. On peut le regretter. Car avec le citron, l'orange était bien la seule à posséder ce précieux emballage, ce déguisement qui faisait un bruit de soie. L'orange, du reste, était-elle encore nécessaire ? Ne suffisait-il pas de respirer et de froisser cette pellicule aux vignettes imprimées ? De s'éponger ainsi de la chaleur, en espérant presser la rafraîchissante orangeade, ou de placer entre les lèvres ce papier pour en faire un bruit de bouche qu'on prenait facilement pour un cri ? D'imaginer même des voyages à deux dans des régions lointaines et ensoleillées, de partir en compagnie de la Rosita Barbera à Valencia, à Carcagente, à Puzol, à Almazora, que sais-je encore ? La papillote avait surtout un énorme avantage sur l'orange : en évitant le contact, elle enflammait les sens. Mais enfin je comprends parfaitement qu'on puisse se passer de tels ressorts et préférer les manières hardies du tambour dont parle Alphonse Daudet, dans un conte intitulé précisément *Les Oranges.*

C'était à Barbicaglia, un grand jardin près d'Ajaccio, où Daudet allait faire la sieste aux heures de chaleur : « Ici, les orangers, plus hauts, plus espacés qu'à Blidah, descendaient jusqu'à la route, dont le jardin n'était séparé que par une haie vive et un fossé. Tout de suite après, c'était la mer, l'immense mer bleue... » C'est donc là que parfois, au meilleur moment de la sieste, des éclats de tambour réveillaient Daudet en sursaut. C'étaient des *tapins* (comme on disait) qui venaient s'exercer en bas, sur la route. Il s'amusait à leur jeter quelques-unes de ces oranges qui pendaient près de sa main. « Le tambour visé s'arrêtait. Il y avait une minute d'hésitation, un regard circulaire pour voir d'où venait la superbe orange roulant devant lui dans le fossé, puis il la ramassait bien vite et mordait à pleines dents *sans même enlever l'écorce.* » Cette façon vorace de procéder avait du reste son équivalent dans le langage galant : ce qu'Alfred Delvau (1864) appelle *foutre à la dragonne* ou *en maçon,* autant dire sans préliminaires d'aucune

sorte, petits baisers, tendres attouchements et autres badineries qu'on nommait la *petite oie de la fouterie*, la *monnaie de la jouissance* ou l'*amoureux larcin.*
On peut enfin, ce que certains considèrent comme un raffinement inouï, *peler l'orange à vif.* Cela suppose, dit Joël Robuchon, d'éplucher l'orange en entamant la pulpe pour en retirer la peau, de séparer ensuite les quartiers en passant la lame d'un couteau contre les fines peaux, afin de les détacher et d'ôter délicatement les pépins. C'est une sorte de méticuleuse lacération de l'orange, qui implique d'aller profond dans la blessure, bien au-delà de l'écorce et de la membrane, dans sa chair vivante, dans ses fuseaux musculeux, pour parvenir à ce qu'on appelait, dans les écoles d'art, un *écorché.* L'écorché d'orange, analogue à l'écorché humain, tend donc à exposer les muscles, les veines, les téguments, bref la charpie sanguine. Et parfois apparaissent dans ce réticule nerveux, ce qui est le cas dans l'écorché de Van Der Spieghel (1627), certaines figures qu'on interprète diversement comme une tête de cygne, un plumet de soie ou un lierre de corail. Bien entendu, c'est délicieux en sauce. Chaque morceau, explique Robuchon, doit être entier, dépourvu de filaments blanchâtres et de peau. Un écorché d'orange avec ses zestes, servi avec un perdreau ou un caneton, est quelque chose qui approche du sublime.

Dragon

Reste que l'orange, assimilée très vite à la rousseur, fut longtemps une couleur maudite. On ne s'étonnera donc pas que ce soit la couleur du dragon d'Alca, dragon qu'auraient aperçu les habitants de la vallée des Dalles, dans *L'Ile des pingouins* d'Anatole France. « Il a la tête d'un beau vert ; les ailes sont orangé vif, lavé de rose, les bords d'un gris d'argent ; la croupe et la queue rayées de bandes brunes et roses, le ventre jaune vif, moucheté de noir. » L'orange est certes aujourd'hui la couleur la plus laide et la plus décriée, mais ce n'est plus un dragon. Du reste, elle ne parut pas toujours si abominable. Michel Leiris l'appelle joliment « l'aurore des anges », et certains esthètes entreprirent de redonner à l'orangé sa virginité, et même un certain éclat mystique. Dans *A rebours* (de Huys-

mans), Des Esseintes avait ainsi élaboré une étrange théorie amoureuse de l'orange, du rouge et du bleu. Il lui paraissait que ceux qui rêvent d'idéal, qui réclament des illusions, se sentaient généralement caressés par le bleu, le mauve, le lilas ou le gris de perle. En revanche, ceux qui hussardent, les pléthoriques, les beaux sanguins, les solides mâles, ceux-là se complaisent pour la plupart aux lueurs éclatantes des jaunes et des rouges. Quant aux « yeux des gens affaiblis et nerveux dont l'appétit sensuel quête des mets relevés par les fumages et les saumures, les yeux des gens surexcités et étiques », ils chérissent presque tous cette couleur irritante et maladive, aux splendeurs fictives, aux fièvres acides : l'orangé.
Ce caractère irritable et fiévreux de l'orange résume au fond assez bien ce qu'on appela, à la fin du siècle dernier, le *pâmé*. Qu'est-ce que le pâmé ? C'est une sorte de mondain raffiné, élégant et voyant, traînant avec lui une fatigue de vivre inouïe. C'est Montesquiou, Jean Lorrain, le Sâr Péladan. Une manière de dandy essoufflé, à l'épiderme d'albinos écorché, aux terminaisons nerveuses ulcérées, que tout exténue d'émotions retenues, qui étouffe de vices refoulés, alors même qu'il s'applique à introduire dans ses sens les désordres ultimes. Jean Lorrain étourdissait sa vie dans d'interminables et somptueuses orgies, au cours desquelles on servait des blinis à l'éther. Il s'y incendia l'estomac. Acharné à paraître, et pourtant fondamentalement inadapté à l'existence, le pâmé était voué au tiraillement, à l'ironie, à la provocation sans but, à une perversion toujours plus sophistiquée des sens. Il était donc condamné à se détruire méthodiquement, volontairement et superbement. Lorrain se voyait en crapaud à l'œil crevé. Créature de marais, de boue et de cauchemar. A vrai dire, il se répugnait. Ce qui, certes, n'était pas pour déplaire à l'orange, si déprimée qu'elle se croyait toujours au bord de l'abîme. Mais enfin, Lorrain mourut syphilitique, éthéromane et pédéraste. Et l'orange n'était pas tout à fait prête à de pareilles extrémités.

La pluie d'été

Mis à part Colette ou Neruda, on ne trouverait donc personne qui fît un sort enviable à l'orange ? Qui nous la fît aimer, au fond, non pas comme une éponge ou un dragon, mais comme une orange ? Gide, c'est vrai, se sentait irrésistiblement attiré par les mandarines. Des mandarines très petites, dures comme des pommes d'api, à peau vert orangé très fine et qui semblait être une peau de gant. C'est du moins ce qu'il écrit, en 1896, dans ses *Feuillets.* Ce qui le séduisait, en somme, c'était la consistance, presque la résistance, de leur galbe jeune et frais. Mais Gide, apparemment, refusa leur douce liqueur. Sans doute un trait protestant. « Ouvrez-la, la brûlante, arôme sur arôme ! » conseilla Rilke, en 1923 *(Sonnets à Orphée).* « Entrez en parenté avec l'écorce qui se refuse, la pure, avec le suc qui la remplit, la bienheureuse ! » Cet heureux programme, ce dionysisme de l'orange, c'est Proust finalement qui l'accomplit. Et c'est une pluie d'été. Une irrigation rafraîchissante. Un bain d'orange, auquel se livre Marcel avec Albertine, au milieu des baisers. « L'orange pressée dans l'eau », lit-on dans *Sodome et Gomorrhe,* « semblait me livrer, au fur et à mesure que je buvais, la vie secrète de son mûrissement, son action heureuse contre certains états de ce corps humain qui appartient à un règne si différent, son impuissance à le faire vivre, mais en revanche les jeux d'arrosage par où elle pouvait lui être favorable, cent mystères dévoilés par le fruit à ma sensation, nullement à mon intelligence. »

Colette avait donc raison. L'orange n'est pas du tout « l'éponge manquée » que Ponge imaginait. Cette *galanterie* de l'orange en était bien une, en effet, car enfin qu'est-ce qu'une galanterie (étymologiquement), sinon un empressement, un bouillonnement, un emballement des sens ? Et l'orange répond parfaitement à l'expression de cette ardeur, de cette intempérance, de cette giclée éparse du fruit pressé. Si bien que « ne pas aimer », comme le disait Stendhal *(De l'amour),* « quand on a reçu une âme faite pour l'amour, c'est se priver, soi et autrui, d'un grand bonheur : c'est comme un oranger qui ne fleurirait pas de peur de faire un péché ».

Le baiser de l'ortie

« L'ortie droite, élégante et fine, dédaigneuse » (J. Renard).
« La hampe, quelque peu caducée, le mât à décoration très Louis XVI (ou plutôt Louis XV des Singeries) de l'ORTIE » (F. Ponge).
On ne peut pas dire, l'ortie a du style.
*Méfiez-vous tout de même, car c'est une urticante. Elle a de la morgue, mais elle brûle, elle fait une impression cuisante, elle est douloureuse, comme le froid ou le fouet, elle échauffe, elle irrite, bref on avait bien raison de la nommer, dans le Nord, l'*échardille *(la petite écharde). Car elle vous entaille le corps. Elle vous l'écaille.*
Voilà donc l'horripilante hortie. On en distingue, dit Littré, trois sortes : la grande ortie (dite dioïque) ; la petite ortie, ou ortie grièche comme la pie : c'est l'ortie fâcheuse, criarde et querelleuse, une harpie ; enfin, l'ortie romaine. Ce sont les trois sœurs Urtica *(comme les trois Furies de la mythologie), des herbes des décombres, aux fleurs vertes et recouvertes de poils qui renferment un liquide vésicant. Quand on veut les manger, on les fait bouillir, pour tuer le venin. Les Grecs les estimaient beaucoup, pourvu (disaient-ils) qu'on les cueille avant l'arrivée de l'hirondelle, car l'ortie de printemps est la meilleure. Ce sont ses jeunes pousses, ses tendres feuilles qui sont les plus savoureuses. L'ortie est un peu comme le crocodile, c'est enfant qu'elle est la plus charmante.*

Chtchi

L'ortie, qui remplace avantageusement l'oseille dans la confection de soupes rafraîchissantes, n'entraîne pas de chocs épineux propres à troubler le ventre. Elle est même, dit Pline, « objet de superstition pour beaucoup, qui pensent par là se préserver des maladies toute l'année ». On la faisait bouillir, au Moyen Age, en guise d'épinards, comme les jeunes feuilles du lamier blanc, la primevère, la patience ou la ficaire fausse renoncule. Louis XIV se faisait servir aussi des soupes à l'ortie ou aux coquelicots. Et on la retrouve en Russie, dans les *chtchi*, soupes en général à base de chou (surtout dans le nord du pays) ou encore de jeunes pousses d'orties ou d'épinards. On la recommandait sous l'Occupation, en disant que c'était le plat préféré des chameaux, que les vaches nourries aux orties donnaient un lait plus copieux et que les Suisses les appréciaient beaucoup. Ce n'était peut-être pas la meilleure façon de faire aimer l'ortie que de la mêler ainsi aux chameaux et aux Suisses. Elle entra longtemps dans la *soupe aux neuf herbes* du Jeudi Vert (le jeudi saint), elle servait à corser un beurre d'escargot (comme le fait aujourd'hui Bernard Loiseau, en Bourgogne), enfin elle accompagnait agréablement les brochets ou les truites au bleu, donc ébouillantés vivants, ce qui donne à la peau du poisson un beau reflet azuré et conserve toute la saveur de la chair, recette qui, dit-on, aurait été imaginée par Sidoine Apollinaire.

Supplices

L'ortie fut aussi de toutes les pharmacopées et superstitions populaires. Elle paraissait si redoutable qu'elle devait être bonne à quelque chose. Pour Albert le Grand, elle chassait la peur, si on la portait sur soi. Un bon bouillon d'orties était réputé contre les insomnies et un bon frottement, contre les rhumatismes et les incontinences. On jura même que l'ortie, dans un jardin, avait la propriété d'exalter le goût des plantes, comme la menthe ou l'épinard : mariée avec l'ortie, la menthe était dix fois plus parfumée et effaçait l'odeur d'un homme. Toutes ces vertus, certes un peu rudes mais efficaces, ne suffirent pas pour autant à la faire aimer. Il fallait un Capitaine

Courage à l'ortie pour prouver qu'elle valait mieux que sa réputation. Ce fut Hugo qui s'en chargea. « J'aime l'araignée et j'aime l'ortie », écrit-il bravement dans *Les Contemplations*, « Parce qu'on les hait ; /Et que rien n'exauce et que tout châtie /Leur morne souhait ; /Parce qu'elles sont maudites, chétives, /Noirs êtres rampants ; /Parce qu'elles sont les tristes captives /De leur guet-apens. »
Hugo aime l'ortie parce que c'est une couleuvre, parce que c'est l'ombre des abîmes, parce qu'on la fuit. « Il n'est rien, dit-il, qui n'ait sa mélancolie, tout veut un baiser. » C'est assez bravache, mais enfin le baiser de l'ortie doit avoir quelque chose de mortifiant qui réclame, à l'évidence, quelques penchants. Considérez, par exemple, ce jeu qu'on appelle en Suisse *les orties*. Un jeu d'enfant, qui consiste à saisir l'avant-bras de son camarade de classe, de le serrer de toutes ses forces, de le tordre vers l'avant avec une main et vers l'arrière avec l'autre. Par ce mouvement contrariant, on étire naturellement la peau et la chair de l'avant-bras, provoquant ainsi une vive douleur et un picotement pareil à la brûlure de l'ortie. Sans commune mesure pourtant avec le rituel d'initiation masculine chez les Sambia de Nouvelle-Guinée et le supplice de l'ortie brûlante. Son principe : évacuer le sang féminin du garçon et irriguer du sperme par la fellation, ce qu'ils appellent le *son des flûtes*. Donc, pendant trois jours, ces jeunes gens sont fouettés au sang pour permettre d'ouvrir la peau et stimuler la croissance. On les bat avec des orties et on les fait saigner du nez pour les débarrasser des liquides féminins qui les empêchent de pousser. Les Bumin-Kuskumin vont même jusqu'à les forcer à vomir, en leur ingurgitant de force du sang et de l'urine de porc. Une fois purgés de tous ces fluides et essences femelles, on leur révèle le secret des flûtes. Ce qui est naturellement plus délectable. Mais les garçons ne pratiquent la fellation qu'avec de jeunes célibataires qui n'ont jamais eu de rapports sexuels avec des femmes et n'ont donc pu être contaminés par elles. La fellation n'est d'ailleurs pas réciproque : désirer sucer le pénis d'un garçon prépubère serait une perversion.

Verges

C'est dire si cette relation subtile entre l'ortie et le corps supplicié la prédisposait aux verges de l'accouplement. C'est une coutume qui subsista dans les provinces des Balkans jusqu'à la Première Guerre mondiale. Aux noces de campagne, les sœurs de la mariée préparaient en cachette un bouquet avec des tiges fraîches d'orties brûlantes. Le soir, au moment où le couple se retirait, elles venaient alors en cérémonie et malicieusement donnaient au mari, sous les rires et les plaisanteries, les verges urticantes destinées à fouailler la jeune épousée, au cas où celle-ci se montrerait rétive au lit. C'est à peu de chose près ce que disait Pline : quand un quadrupède refuse de s'accoupler, on conseille de lui frotter les parties intimes avec de l'ortie. Et ça va tout de suite mieux. C'est ainsi qu'on en usait avec les chevaux et les ânes, tandis qu'on emplissait la vulve des juments et des ânesses au basilic pour augmenter leur ardeur. Mais l'ortie avait en Grèce un autre usage inattendu : on en fouettait l'anus, pour prévenir une chute d'organe, accident paraît-il fréquent chez les enfants. On pouvait encore utiliser, pour éviter une chute aussi fâcheuse, de la cendre de coquille de limaçon vide, incorporée avec de la cire. Et quand l'accident s'était produit, il ne restait plus qu'à refixer l'anus en y fourrant la tête d'une tortue.

Danseuse

« Prends les testicules du cerf ou l'extrémité de la queue du renard et les testicules du chou, cela enflamme la femme à la luxure », conseillait dans ses *Expérimentations* Catherine Sforza (1463-1509), connue pour son intrépidité virile et ses immenses appétits. On peut encore, précisait-elle, prendre de la graine d'ortie pulvérisée et mélangée à du poivre et du miel, bue dans du vin, elle excite grandement la verge au point d'éveiller aussitôt la luxure délectable aux femmes. A quoi Juvénal avait répondu, par avance, que les danseuses de Cadix, réputées pour leur lubricité, réussissaient aussi bien que l'ortie dans ce domaine. « Peut-être, disait-il, attendez-vous les danseuses brûlantes de Gadès [Cadix], où l'orchestre gémit, où les filles tombent sur le sol et frémissent aux applaudissements.

Elles sont un stimulant pour les amoureux languissants et ont le même effet que les orties pour fustiger les hommes riches et leur redonner l'amour de la vie. » Et Martial ajoutait : « Elles tremblent, frémissent, ondulent des reins. Elles rendraient Hippolyte oublieux de lui-même. »
Quoi qu'il en soit de toutes ces souffrances épineuses, ces baisers ravageurs ou ces danses du ventre de l'ortie, rappelez-vous ceci : « La foudre ne frappe pas l'ortie » (proverbe serbe).

Faites-la à l'oseille !

Comme la griotte ou l'agrume, l'oseille appartient au registre de l'aigre. C'est de sa racine indo-européenne ak *qu'elle tire tout son piquant, son acidité, son amertume (accessoirement aussi de l'oxalate de potassium). L'oseille est donc une herbe des plus virulentes et sarcastiques. On ajoute parfois que cette racine* ak *serait très proche de la racine* kad, *qui est la racine du chagrin et de la haine. En Grèce, l'oseille portait le nom d'*oxus, *qui servait aussi bien à désigner le froid mordant de la neige, les sentiments brusques des jeunes gens, les cris de douleur aiguë, la brûlure du soleil ou l'intelligence incisive. Bref, l'oseille ressemble à ces femmes qui cherchent la pointe de la passion et déjà la blessure. Souvenez-vous que l'oseille est reconnaissable à ses feuilles en forme de fer de lance, dites sagitées ou hastées. C'est une javeline, une épée, une faux, aussi pointue que tranchante. Il vaut mieux le savoir quand on fait connaissance.*

Bouche mordue

On l'appela de mille noms acides : aigrette, surelle, surette, vinette, vinaigre, herbe à la vinaigrette, etc. La feuille d'oseille finit ainsi par désigner les langues médisantes : les *surales* (à Namur) étaient des femmes acariâtres et *avoir mangé la soupe à l'oseille,* c'était avoir l'humeur bourrue et ronchon. Quand *on vous la faisait à l'oseille,* c'est-à-dire à l'esbroufe, c'est qu'on cherchait à vous duper grossièrement, qu'on essayait de vous en faire accroire, et quand *on pissait dans votre oseille*, c'était pire encore : on vous déplaisait. La *franchise de l'oseille* était manifestement trop crue et le *petit jus d'oseille*, trop aigrelet. On comprend que l'oseille se soit fait des ennemis.

Littré distingue, dans les Oseilles, la *Grande*, ou oseille sauvage, la *Petite*, ou oseille de brebis, l'*Oseille-épinard*, ou parelle, patience, enfin l'*Oxalide*, dite encore alléluia, pain de coucou, oseille de bûcheron, surelle (dont on extrait le sel d'oseille). Quoi qu'il en soit de ces variétés, ce sont les feuilles d'oseille, disait Jules Renard, qui boivent le plus : « En forme de lèvres tendues, elles n'en perdent pas une goutte. » Ces feuilles qui s'entrouvrent comme des lèvres disent en fait quelque chose : c'est le temps. « Il fera beau, prédisait-on en Belgique, si les feuilles s'entrouvrent, mais il pleuvra si elles se ferment. » Mais cette bouche qui frémit au gré des fluctuations barométriques cherche à l'évidence autre chose : elle veut être mordue, chiffonnée, pressée. Elle n'eut pas toujours, hélas, les amants qu'elle méritait. Les Romains la méprisèrent même franchement. Plaute la range au nombre des herbes qu'entassent certains cuisiniers malhabiles, comme si les convives étaient des bœufs à qui l'on donne du fourrage, et Horace, pourtant d'un grand chic rustique, n'en parle que pour signaler les services qu'elle rend, arrosée de vin blanc de Coo, à ceux qui ont le ventre serré.

Il fallut attendre le Moyen Age pour qu'on la remarque enfin, qu'on s'étonne, qu'on l'admire et qu'on confectionne à son intention la fameuse *sauce verte*, qui accompagnait si bien la carpe et la limande. « J'ai expérimenté ceci de l'oseille », dit Mizauld (dans son *Jardin médicinal*, 1578), « qu'il n'y a chair si dure ni si sèche qu'elle n'*attendrisse* et rende propre à manger. » Qu'était-ce donc que cette sauce verte qui lui donnait tant de bonté ? C'était une sauce de printemps, tout simplement. A côté des sauces noires (au poivre pilé), des sauces de trahison ou sauces d'enfer (raisins pilés avec le sang et le mou de la sauvagine, et poivre broyé), à côté des sauces au vin (dodines rouges) et au lait (dodines blanches), la sauce verte faisait plaisir à voir, elle était souvent crue et verdie avec de l'oseille, du persil, du cresson ou même des feuilles de vigne, elle était parfumée avec du cerfeuil, thym ou marjolaine, acidulée au verjus, puis épaissie de pain grillé trempé dans du vinaigre. C'était en somme une alliance exquise d'*aigret* et de vert, qui aiguisait l'appétit, peut-être un peu trop acétique à notre goût, mais enfin qui rafraîchissait le cœur.

Chiffonnade

On préfère aujourd'hui la déchiqueter, la trancher en fines lanières, qui ressemblent à des petits morceaux de chiffon lacéré, comme ceux dont on faisait autrefois la charpie pour les blessés : cela s'appelle une *chiffonnade.* Et c'est cette chiffonnade d'oseille qui est à la base du plus somptueux peut-être, du plus délicat des potages français (selon Francis Amunategui) : le *Germiny.* Charles-Gabriel Le Bègue, comte de Germiny, fut au XIXe siècle un grand financier, un de ces financiers qui ne s'occupent que de grande finance, un gouverneur de la Banque de France, un sénateur, grand officiel de la Légion d'honneur, dont le potage se devait d'être cossu, et où derrière les jaunes d'œufs et la crème fraîche se profilaient les ébénistes de Louis XIV, les tapis persans, les pur-sang des haras normands et des courtisanes si huppées qu'on les prenait facilement pour des petites duchesses. C'est un potage de la secte des turbots à la Cambacérès, des chauds-froids, des ortolans ou des poires à la Bourdaloue.
Et quand son chef lui fit don du potage Germiny, Charles-Gabriel Le Bègue fut aussi heureux que le jour où, dans la galerie dorée de la Banque, rue de la Vrillière, dessinée par François Mansart, alors qu'il se tenait sous le plafond qui représente le lever du soleil, le sous-régent lui nomma le haut personnel qu'il aurait désormais sous ses ordres. D'ailleurs, ce cuisinier était habile. Il aurait pu offrir pour l'immortalité de Germiny un poisson richement nappé ou une venaison de haut goût, mais il préféra un potage. Car il savait que le potage est le plat superbe de la cuisine française. Grimod de la Reynière disait qu'il est au dîner ce qu'est le portique ou le péristyle à l'édifice, mais enfin Charles-Gabriel Le Bègue eût parfaitement pu ne jamais franchir le portique. Ce qu'il dut,

somme toute, et de façon imprévue, à cette chipie d'herbe sauvage.

L'alose

L'oseille, qui fit la grandeur de Le Bègue, fit aussi le bonheur de l'œuf. Comme le rappelle Courtine, les œufs durs à l'oseille peuvent être une entrée délicieuse. Balzac en fit pourtant, dans *La Rabouilleuse*, un plat d'Harpagon. Hochon, connu à Issoudun pour être un vieux grigou, offre à sa table, un jour qu'il reçoit, un bouilli triomphalement entouré de persil, une salade tout accommodée à l'huile de noix, des radis noirs et des œufs durs sur de l'oseille. « Voilà les folies que vous me faites faire ! » s'écrie-t-il. Cette alliance du jaune et du vert, il est vrai, pouvait faire craindre le pire, puisque pour l'œil médiéval ces deux couleurs étaient celles du désordre et de l'extravagance. Mais non, elles ont paru gentiment champêtres à Jules Renard, à qui elles rappelaient des bœufs blancs couchés dans le pré. Certains parlèrent même de ces îlots d'œufs durs comme d'un étang fleuri de nénuphars. Mais, en réalité, ce n'est pas avec l'œuf que l'oseille pouvait faire un plat : c'était avec le saumon des frères Troisgros et surtout avec un poisson devenu plus rare aujourd'hui : l'*alose*. L'alose à la chair délicieuse (qu'on appelle dans le Sud-Est la vagabonde) est un poisson migrateur qui vit en mer et remonte les fleuves au printemps pour frayer. L'amour la rend distraite, le pêcheur en profite. Il arrive aux aloses d'avoir un mètre de long, mais les plus courtes sont parfois les meilleures. Leur défaut est d'être pleines d'arêtes qui se terminent par des crochets : on croirait manger des épingles.

Au Moyen Age, l'alose se faisait plutôt griller avec des feuilles de sauge émiettées, avant d'être servie avec des groseilles à maquereau, mais pour Grimod de la Reynière, comme pour Cussy, le plus bel appareil qui convienne à ce poisson, c'est un lit d'oseille. « Lorsqu'elle sont de taille majestueuse, il n'est point vers le temps de Pâques de relevé plus apparent. » Brillat-Savarin s'enthousiasma à son tour : « L'alose est une des joies les plus pures et les plus suaves du carême. » Bref, on ne jura bientôt que par l'alose. Et conséquemment par l'oseille, qui avait seule le pouvoir d'en attaquer, d'en brûler, d'en sucer les arêtes, comme si le végétal digérait pour le coup l'animal. Mais le secret de l'alose, dit Curnonsky, la bouchée la plus succulente, celle qui faisait tout oublier, c'étaient bien les œufs de l'alose rissolés et humectés du goût de jus de citron.

Poison

Méfiez-vous pourtant de cette oseille suceuse. Car c'est aussi le véhicule parfait du poison : le goût s'y perd. La diabolique réussit même à l'escamoter. Dans un gros roman un peu méconnu, intitulé *Rome* (1896), Zola raconte que dans la ville éternelle, le poison, comme le poignard, est presque un héritage. Les dames romaines se débarrassaient déjà de leurs amants en utilisant le venin d'un crapaud rouge, Locuste faisait bouillir une plante qui devait être de l'aconit et la Toffana vendait à Naples, dans des fioles décorées de saint Nicolas de Bari, une eau célèbre à base d'arsenic. Bref, rien n'eût empêché qu'au Vatican, où l'on connaissait comme ailleurs « la rage du pouvoir, l'appétit furieux de posséder et de jouir », on recourût aussi à l'oseille. On en voulait alors à la personne du cardinal Boccanera, qui selon les rumeurs pouvait parfaitement accéder au trône pontifical.

Ce jour-là, le cardinal déjeunait avec son neveu, le prince Dariao. Il ne se méfia pas, et ce fut le neveu qui succomba. Le repas pourtant avait été très simple : « Oh ! des œufs, des côtelettes d'agneau, un plat d'oseille, ce n'est pas ce qui a pu lui charger l'estomac », se désolait le cardinal. Mais, à dire vrai, ce jour-là l'oseille n'était pas en cause. Non, c'était un petit panier de figues, des figues de l'abbé Santobono, un panier joliment arrangé et recouvert de feuilles. Des figues qui étaient tout miel et dans lesquelles il suffisait de mordre pour être foudroyé. Monsignor Gallo, un autre ami du cardinal, était déjà mort ainsi l'été précédent, en deux heures de temps. On avait trouvé aussi monsignor Nazarelli dans son lit, réduit et calciné comme un charbon. Et monsignor Brando, frappé à Saint-Pierre même, pendant les vêpres, mort dans la sacristie, vêtu de ses habits sacerdotaux. Mais enfin la figue ne pouvait suffire à tout. Et l'oseille n'a jamais déclaré tous ses crimes.

P

Flûte, le

pamplemousse !

Le pamplemousse est un fruit qui ne communique à peu près aucune émotion, ni même aucune inspiration. Gros effondré, bouffetripe, où il y a plus de chair que de sauce, dont les joues passent manifestement le nez, rondin boudin, renforcé par la culasse, beau derrière et gros tampon, qui roulerait plutôt que de tomber, cul de ménage et grosse gouge : on pourrait multiplier les expressions et dire au fond toujours la même chose. Que le pamplemousse est encombrant, ventripotent, lourdingue et sans âme. C'est assez dire qu'il est américain et vient directement de Floride.

Quel sexe ?

Le pamplemousse, dit-on, est un citron qui a eu de la chance et qui a su la saisir. Mais pour en faire quoi ? Ce gros patapouf illustre assez bien ce qu'en rhétorique on appelle une *hyperbole endormie*, et, en pathologie, la maladie dite *éléphantiasis des Arabes*, ou *jambes des Barbades.* Au Niger, à propos d'une femme riche en graisse, on parle immédiatement d'*une* pamplemousse : c'est dire dans quelle estime on la tient. Mais comme on peut voir d'après cet exemple, ce qui déconcerte le plus chez le pamplemousse, c'est que son sexe sautille. On n'y prend pas garde et puis on dit *un*, on dit *une*, on hésite, on est perdu. Suit-on l'Académie ? Suit-on monsieur Larousse ? On penche pour un sexe, on penche pour l'autre, et pour finir on n'a rien qui vaille. Bref, c'est un fruit agaçant. L'Académie a défendu mordicus, et jusqu'à aujourd'hui, le sexe féminin du pamplemousse (ce en quoi elle est d'accord avec l'Afrique). Elle signale que Colette parle de *la* pamplemousse sans sucre (qui est une horreur), que Mauriac, dans un roman écrit en 1928 *(Destins)*, les voit « pareilles, dans une assiette blanche, à des fruits de Chanaan », et qu'enfin Claudel « enfonce la dent et les doigts dans l'écorce épaisse d'*une* pamplemousse dérobée aux offrandes ». Quant au Larousse, après lui avoir accordé le genre féminin, il a finalement viré de bord, il s'est ravisé *in extremis*, se rendant compte Dieu sait comment de sa méprise et lui a finalement rendu son appendice stratégique. On en est là.

Vers le bas

On ne s'étonnera pas outre mesure du phénomène. Comme on peut le constater dans les toiles de Fernando Botero, ce qui est gros a aussi le privilège d'annuler la différence des sexes. Dans ce trop-plein de chair indistincte, ce qu'on remarque, ce n'est pas le sexe, c'est l'amas. Le sexe, lui, est avalé, englouti, définitivement enterré dans la chair. Regardez ses femmes. Elles ont le sexe illisible comme leurs lèvres : elles ne parlent pas, elles ne s'ouvrent pas. « Ses femmes éléphantiasiques, note Vargas Llosa, aux cuisses immenses et à l'encolure bovine, sont charnues, mais pas charnelles. Elles ont toutes un sexe invisible, tant il est petit. » C'est un peu la même chose pour ses fruits, poires, oranges ou pamplemousses, aux couleurs fondantes et douceâtres comme des bonbons anglais, immondes chairs nues et aqueuses dans lesquelles vient se planter un trait noir épais et court, qu'il faut bien appeler une *queue* : on ne peut s'empêcher pourtant d'être navré devant des créatures si mal pourvues. Ce n'est pas tout : femmes et fruits ont presque toujours le vertige de l'anéantissement. Les hommes aussi, naturellement. Ils s'appesantissent de lourdeur, sont à la limite de l'apoplexie. Toutes ces chairs exorbitantes paraissent n'en plus pouvoir de respirer : elles crient grâce, tant elles paraissent gavées de sucre, de restes de glaces, de raisins poisseux. Il y a toujours une montée de sucre inquiétante dans les créatures de Botero, qui fait craindre le pire. Et le pire est toujours atteint. Elles s'écrasent finalement dans la lourdeur d'une sieste épuisante, et se mettent à ronfler. Ce n'est pas tant la lourdeur de leurs formes qui impressionne, c'est cette irrésistible attraction terrestre qui les aspire. Si elles ont pu venir jusqu'à l'existence, ce doit être d'une seule traite, d'un élan désespéré, d'une telle poussée d'air qu'on n'est guère surpris de les voir retomber aussitôt comme des soufflés ratés. Il y avait certainement de la rage en elles, il n'en reste que le comique.

Citron-courge

A quoi bon, d'ailleurs, parler du sexe du pamplemousse, puisque le pamplemousse a même usurpé son nom ? Et que, sous couvert de pamplemousse, ce qu'on nous offre, c'est le *Grapefruit,* le *Pomelo,* le *Citrus Paradisi,* qui est tout à fait autre chose. Car il existe dans la nature deux pamplemousses. Le vrai, le *Citrus Grandis,* qui est un agrume amer et peu juteux, connu parfois sous le nom de Shaddock, du nom du capitaine anglais qui l'amena de Polynésie en Jamaïque, au XVIIIe siècle, et vraisemblablement originaire de Chine : on a retrouvé oranges et pamplemousses noués dans un foulard de soie brodé, au fond d'un panier, parmi les tributs remis à l'empereur Taynen (aux alentours de 2000 av. J.-C.). On n'en voit évidemment jamais par ici, mais il porte ailleurs les noms d'orange de la Barbade ou de Chadèque, et il a souvent la physionomie assez particulière du mamelon en forme de cloche. Quant au *Citrus Paradisi,* le sans-sexe, il a cette particularité de venir en grappes (d'où son nom de *grapefruit*), d'avoir la chair juteuse et acidulée et surtout de paraître en gros tas mous sur les marchés. On dit qu'il est bénéfique dans les cas d'inflammation de la prostate, c'est possible, mais enfin, à mon avis, ce fruit qui fut découvert en 1750 à Porto Rico (et qui viendrait des îles Fidji) aurait parfaitement pu y rester. Le pamplemousse ne doit pas être considéré comme une fatalité. Son nom, qui vient du néerlandais *pompelmoes,* ne signifie après tout rien d'autre que le Citron enflé ou Citron-courge.

Pouffe

Ce n'est pas que le pamplemousse soit sans qualités, bien sûr. Il rafraîchit le gosier, resserre l'intestin, éclaircit le teint et purifie les peaux grasses. Joël Robuchon, qui s'émerveille devant les pamplemousses, et qui a le sens de la formule, dit qu'il agit comme un coupe-faim, qu'il traque les coups de pompe et donne un coup de fouet. C'est sans doute énormément d'énergie pour quelqu'un d'aussi mou.

Il est vrai qu'il recommande, dans beaucoup de préparations, de le *peler à vif*, pour lui dégager les chairs. Car on peut craindre l'asphyxie. Si je dis que le pamplemousse est mou et sans imagination, c'est qu'il se laisse ballotter par toutes les modes outre-Atlantique, qu'il change de couleur à chaque saison. On le connaissait jaune, on le voit rose et voilà qu'on nous l'annonce saignant. Ce n'est plus un fruit, c'est une robe. Dans quelques années, paraît-il, nous mangerons du Flame ou du Rio Red, la peau et la chair de ces nouvelles créations génétiques, au-delà certainement de tous les sexes envisageables, seront rouges ou même ultra-rouges. On ne sait pas s'il s'agit de l'indigo, du violet ou du noir. Mais on ne veut déjà plus du Blanc Marsh Seedless (le blanc-sans-pépins), ni du Duncan (le blanc-avec-pépins). On a donc lancé le Ruby Red (le rose-dedans, rose-dehors), ce qui n'était sans doute qu'une étape dans la création du modèle. Puis le Pink (le blanc-dehors, rose-dedans). Puis le Burgendy (le blanc-dehors, rose extrême-dedans) et le Star Ruby (le rouge-dehors-et-dedans). On attend la suite. Cette grosse pouffe nous promet certainement d'autres surprises. Elle sait de toute façon que plus elle sera lourde, plus elle sera juteuse : ça la console. Alors, elle profite, elle engraisse encore, elle s'empâte jusqu'à la catastrophe.

Marécage

Paul et Virginie, sur leur île de France, devenue l'île Maurice, habitaient le quartier des Pamplemousses, au nord de Port-Louis, le long de la côte. Deux cabanes, sur la route des Indes. Vue immense et grande solitude. Les rochers sont arides, mais on trouve « l'abondance, les grâces, les plaisirs purs, simples et toujours renaissants ». Bien sûr, Virginie est une fille un peu sotte, qui préfère mourir, rappelez-vous, plutôt que de quitter sa chemise pour échapper au naufrage : « Tous les matelots s'étaient jetés à la mer. Il n'en restait plus qu'un sur le pont, qui était tout nu et nerveux comme Hercule. Il s'approcha de Virginie avec respect : nous le vîmes se jeter à ses genoux, et s'efforcer même de lui ôter ses habits ; mais elle, le repoussant avec dignité, détourna de lui sa vue. » Et elle se noya. Ce qui permit de beaucoup pleurer sur la cruauté du destin. Puis on l'enterra près de l'église des Pamplemousses, au pied d'une touffe de bambous. Le pamplemousse aurait certainement pu trouver dans cet épisode je ne sais quelle vertu héroïque qui l'aurait sauvé du désastre. Mais non.

Il mène aujourd'hui la vie pastellisée et coloriée de frais de Miami Beach. La Cité des Pamplemousses est composée de *beautiful people*, jeunes et désinvoltes, qui paraissent sortis d'une toile de David Hockney. Ciel bleu factice, façades pâtissières, douce euphorie des verts d'eau et des bois de rose, vague sentiment d'apesanteur, lassitude aussi durable que les palmiers, Miami est une chose étrange qui a poussé entre les pamplemoussiers et les alligators. Ville de la Grande Eau (en dialecte calusa), cité des marécages éternels et même Cimetière des Eléphants, parce que les gens de New York autrefois venaient mourir là, Miami est à l'image du pamplemousse : embonpoint monstrueux et gonflement marécageux. C'est donc cette mort acide et douceâtre qu'on nous envoie aujourd'hui, comme de grosses lunes mélancoliques, en conditionnement de couleurs variées, suffisamment rouges pour qu'on puisse penser au soleil, suffisamment acides pour qu'on pense à l'exil. Mais, en réalité, ils font surtout penser à ce que Baudelaire disait des dames belges : « Toute blondes, fades, avec des yeux de mouton bleus ou gris, à fleur de tête. » C'est assez dire que le pamplemousse a la consistance accablante des *Jolly Doughnuts*.

Le hérisson et la pastèque

La pastèque est un peu la disgrâce du melon. Elle est belle à voir avec sa chair d'un rouge ardent, mais son goût est médiocre et les graines plates dont elle est si prodigue en rendent la dégustation parfaitement désagréable. Pourtant, elle a un charme canaille, reflet de ces villes qui cuisent au bord de la mer sous un ciel férocement bleu. Il s'en produit là-bas des quantités considérables, et sur le bord des routes de Grèce ou de Turquie, on les entasse en pyramides. On dit qu'elle servirait à tout, à manger, à boire et à se laver la figure. Ce que confirme d'ailleurs Maupassant, dans une scène assez effrayante de La Vie errante *(1889).*

La chose se passe à Savone, une petite ville gentille, bien italienne, avec des rues étroites, amusantes, pleines de marchands agités et de fruits étalés par terre, de tomates écarlates, de courges rondes et de raisins noirs. Seulement voilà. « En revenant à bord du yacht, écrit Maupassant, j'aperçois tout à coup, le long du quai, dans une balancelle napolitaine, sur une immense table tenant tout le pont, quelque chose d'étrange comme un festin d'assassins. Sanglants, d'un rouge de meurtre, couvrant le bateau entier d'une couleur et, au premier coup d'œil, d'une émotion de tuerie, de massacre, de viande déchiquetée, s'étalant devant trente matelots aux figures brunes, soixante ou cent quartiers de pastèques pourpres éventrées. On dirait que ces hommes joyeux mangent à pleines dents de la bête saignante, comme les fauves dans les cages. »

Courge bleue

De Candolle, au siècle dernier, signalait déjà que « les nègres frappaient le fruit avec une hache et goûtaient le suc pour savoir s'il était bon ou mauvais ». Bref, sous sa peau d'un vert uniforme ou marbré, la pastèque découvre des entrailles de sang. Un sang fondant et légèrement sucré, mais un sang tout de même. Ce fruit, originaire de l'Afrique intertropicale, probablement de la vallée du Nil, eut en fait, selon les époques, trois noms différents. A Rome, c'était la courge céruléenne, la *courge bleue,* aussi bleue que le chien de mer, qui est un poisson. Puis les croisés la ramenèrent de Palestine sous les noms de *cucumis sarrazin* ou melon palestin et elle ne tarda pas à figurer dans la pharmacopée médiévale, valant selon l'*Arbolayre* « à ceux qui ont trop grande chaleur en l'estomac et qui ont de la fièvre ». Finalement, au cours de l'expédition de Bonaparte en Egypte, la pastèque fut fort appréciée des soldats, malgré les coliques et dysenteries, et mérita son nom de *melon d'eau* car elle conserve une fraîcheur exquise, à cause de l'évaporation qui se produit à sa surface, analogue à celle des alcarazas.

Lesbos

Cette chair rouge, fondante et presque liquide de la pastèque fut naturellement considérée très tôt comme une rare volupté, évoquant même des images apparemment fort éloignées de l'objet des croisades. Michel Butor, dans *Passage de Milan,* en fit une langue : « Le jour de la fête, dit-il, on pouvait cueillir les grandes pastèques vertes dont l'intérieur frais était de la couleur de la langue. » Une langue sans doute de nature à favoriser les baisers, particulièrement les baisers de Lesbos, tant ce fruit rond et mystérieux paraît destiné à s'ouvrir aux secrets des femmes. « Mère des jeux latins et des voluptés grecques », disait Baudelaire, dans une des « Pièces condamnées » des *Fleurs du mal,* « Où les baisers languissants joyeux, / Chauds comme les soleils, frais comme les pastèques, /Font l'ornement des nuits et des jours glorieux. » Cette bouche immense se fend en effet, éclate bientôt comme une vulve en sang et la pastèque découvre alors ses pépins violets, presque noirs, certainement propices à la fertilité, mais aussi à bien d'autres pensées. Précisément, le *Jardin parfumé* du cheikh An-Nafzaoui, dans son chapitre sur les différents noms donnés à l'*huis* des femmes, nous apprend qu'on l'appelait aussi bien la fissure, l'organe au petit nez, le hérisson, le silencieux, le spongieux, le tumescent, le profond, le lippu, le tamis, la plisseuse, l'avale-tout, la crevasse, bref cet huis représente une issue par laquelle s'évader hors de la tristesse. Malek Chebel, dans l'*Esprit de sérail*, complète ce catalogue enchanteur par quatre images saisissantes du sexe féminin dans l'imaginaire arabe : la ghoule, la pastèque fendue, le hérisson et le sexe-océan.

La vulve-hérisson

Donc, à côté du sexe aussi large qu'une mer et du sexe de la femme-ogresse (Zghoû-ghoû hante les nuits, dit-on, c'est une terrible sorcière), on trouve le hérisson et la pastèque. Le hérisson, c'est *kanfoûd*, l'animal mou, hérissé, malfaisant et disgracieux. Le hérisson est connu, dit un proverbe ancien, pour être un animal qui blesse sans attaquer. C'est dire qu'il n'est pas seulement hérissé de pointes : il est sournois et trompeur. Chez les anciens Arabes, c'est l'animal du mauvais présage. Quant au vagin-citrouille ou vagin-pastèque, c'est le sexe fragile, creux et vide. Ou encore le récipient ébréché, intarissable et putride. Il paraît difficile d'être plus explicite sur l'effroi qu'il pouvait provoquer chez certains hommes. Par sa fragilité, la pastèque évoquait d'abord la virginité : plusieurs expressions de femme-à-la-pastèque signifient tantôt la femme aux grandes fesses, tantôt la marchandise brisée. Mais dans tout le bassin méditerranéen, la pastèque, c'est aussi la fécondité, en raison de ses multiples graines, ce qui fait d'elle finalement, dit Malek Chebel, un raccourci symbolique de la dérision affichée à l'égard de la fragilité constitutive de l'hymen. Ce qui est féminin, creux, poreux et vide s'avère très vite invalide, impotent et inutile. Animal disgracieux et piquant, ou fruit monstrueux et énigmatique, le vagin arabe ressemble assez bien au polype venimeux, qui fige ceux qui le regardent fixement.

Cœur noir

Chez les Indiens Mundurucu, la pastèque fait aussi piètre figure que dans le monde arabe. Car c'est le diable. Elle est sèche dehors, humide dedans, elle perpétue jusque dans les saisons sèches les ultimes bienfaits des pluies finissantes, en fait elle contrarie et annule les saisons. Pour les Mundurucu, explique Claude Lévi-Strauss, les pastèques étaient d'abord vénéneuses : il a fallu que les hommes les domestiquent pour pouvoir les consommer sans danger. Et si elle paraît si diabolique, c'est précisément en raison de ce paradoxe entre l'écorce et la chair, le sec et l'humide. C'est un fruit de tromperie et de déception, comme peut l'être l'arbre *yuchan*, sur les dures épines duquel s'éventre le renard. La pastèque aurait-elle le cœur aussi noir que le *yuchan*, arbre de la famille des bombacées ? On peut le croire, en effet, quand on observe qu'elle eut bel et bien son martyr : le pape Clément XIV, qui mourut d'elle, empoisonné, en 1774. Pline notait déjà que « ces concombres qu'on appelle pastèques et qui sont un aliment très rafraîchissant, relâchent aussi le ventre ». Mais apparemment la pastèque avait abandonné le pape. Ce qui est d'autant plus dommage que ce devait être le dernier Clément de l'histoire. Le premier mourut sous Domitien, le second, de la pastèque. Il faut dire que les papes n'ont jamais eu de chance avec les cucurbitacées. Ce fut la lèpre vaticane. Beaucoup en réchappèrent, mais ce n'est apparemment qu'une accalmie.
« O distraction du pauvre », crient au Caire, aujourd'hui, les vendeurs de graines de pastèques séchées et rôties à la poêle. Car la pastèque offre à qui veut ses pépins à décortiquer sous la dent, on en retire alors une mince amande avant d'en cracher ostensiblement l'écorce. Ces graines qui pourraient être fécondées, sont ainsi sucées, puis jetées : c'est une façon, en somme, pour la pastèque de faire savoir qu'elle peut aussi perdre sa semence, jouir par terre, dans le vide, devenir poussière invisible, périr pour de bon. Ce qui, au demeurant, semble beaucoup réjouir les Cairotes. C'est pourquoi les *pépins* font un bruit si horripilant dans tous les cinémas de la ville.

La pêche
et le secret de la femme à barbe

Par la douceur de sa chair, ou la seule vertu de son nom, la pêche fut longtemps associée au péché. Au péché silencieux, parfois même au péché par omission. C'était un péché que d'y penser, c'eût été un péché aussi, note Cyril Connolly, en pleine crise de Munich, que de ne pas manger de pêche en été. Comme l'âne de Buridan, la pêche serait donc une aporie, et vous forcerait à la contrition, si vous ne décidiez de jeter aux orties la pêche ou le péché. Reprenons donc : vous êtes tenté par la pêche, alors prenez la sans plus de façons, mais délicatement. Joël Robuchon insiste sur ce point : il faut avoir soin de la manipuler avec précaution, *la moindre pression provoque une meurtrissure. Et naturellement, on repoussera l'idée barbare selon laquelle la chair d'un fruit doit offrir au couteau la même résistance que la chair humaine, et saigner abondamment sous la blessure, ce que soutient pourtant avec aplomb James de Coquet, dans son* Eloge de la pêche.

Nuances

Au Moyen Age, la pêche était jugée si délicate qu'elle exprimait une nuance, qui pouvait varier du bleu tendre au gris rose. On distinguait d'abord le *pers*, qui était à l'origine couleur de pêche (ou plutôt couleur de fleur de pêcher), et puis le mot prit le sens de bleu tendre, couleur de pierre perse, c'est-à-dire de lapis-lazuli, mais comme on avait à l'époque un sens extrême du détail, pour bien distinguer cette couleur pers

du bleu ou du rose, on appelait ce bleu tendre *pers selestien*, autrement dit pêche céleste : « Pers, disait-on, est couleur qui approche fort du bleu, mais il est de plus clere matière et n'est pas si obscur. » Le mot désigna aussi d'autres nuances de bleu, comme le jacinthe ou l'azuré, et ne resta finalement dans la langue que pour les yeux, les *yeux pers* d'Athéna en particulier : des yeux qui ne seraient pas franchement bleus, mais plutôt à reflets de bleu. Et puis il y avait la nuance *fleur de pêcher*, une nuance de rose au-dessous du gris. On parlait ainsi d'un drap ou d'un cheval « fleur de peschier ». Ce gris-rose devint même, par teinture sans doute, une sorte de rouge clair, mélange de rouge cramoisi et de blanc pur, qui colorait parfois le teint des rosières. C'est dire si, à l'époque, la pudeur était extrême. Et la pêche une vertu.
Mais cette nuance de chair vive tenta les apprentis sorciers, qui eurent l'étrange idée de vouloir créer des *chimères*, en tentant par exemple d'unir le pommier au laurier, le groseillier au cytise ou le pêcher au buis. Pierre Gascar imagina, pour ces greffes impossibles, les végétaux les plus sombres et le plus chargés d'âcreté. Il projeta de recourir aux arbres funéraires, ifs, cyprès, qui lui auraient donné des pommes au goût de cendre et des *pêches en deuil*. Cette pêche en deuil resta, bien sûr, une lubie, mais Gascar rêva longtemps (comme il le dit dans *Les Chimères*) d'obtenir « une pêche dont le goût et l'aspect transcenderaient les caractères de l'if ou du cyprès. Plus rien de sucré, plus rien d'amer, plus rien qui évoquerait le mûrissement et le soleil, plus rien qui rappellerait l'ombre et la mort. Quoi alors ? La fadeur absolue, la transparence et l'inanité d'un fruit d'eau ».

Femme à barbe

La pêche conquit son nom au XIIe siècle, par déformation du nom de Perse, dont on la croyait originaire. Alors qu'elle est chinoise, comme l'abricot. Selon le *Chin-noug-king*, la pêche préviendrait de la mort, et si on n'avait pas pu la manger à temps, préserverait du moins le corps de la corruption. La sève du pêcher, ajoutait-on, rendait le corps lumineux et la pêche apportait mille printemps. Ce qui est joli, mais difficilement

vérifiable. Duhamel du Monceau, en 1755, dans son *Traité des arbres & arbustes*, distingue plus prosaïquement les pêches lisses et les pêches velues. Ou si vous préférez, les glabres et les laineuses. La plus célèbre des pêches lisses, c'est le *brugnon* (qu'on assimile à tort à la prune) : c'est la plus mâle de toutes les pêches lisses, disait Furetière, « un mâle qui est plus rond, plus gros et d'un goût excellent et relevé, qui le fait nommer musqué, qui a la chair ferme et douce, et qui ne quitte pas le noyau », mais reste indubitablement un mâle. Les duveteuses, en revanche, les plus nombreuses et vraisemblablement l'espèce primitive, sont la féminité même. Elles se prénommaient à l'époque la Grosse mignonne, le Teint doux, la Nivette veloutée, la Sanguinole, la Belle de Vitry, la Pavie de Pomponne ou encore le Téton de Vénus, la préférée de Louis XIV. « On l'appelait ainsi, indique Furetière, parce qu'elle est ronde et faite en téton, elle a une pointe comme une tette, est blanche en dedans et un peu rouge en dehors et sa chair est délicieuse et fondante. »
Dans ses *Notes sur quelques arbres*, Francis Jammes observe que le pêcher est pareil à un essaim d'abeilles qui seraient roses et aussi parfumées que leurs rayons. C'est pourquoi son fruit, velu comme l'abeille, a la couleur du miel. Pour Alexandre Dumas, en revanche, l'épaisseur du velours est toujours un signe du peu de bonté de la pêche. En fait, ce velours de la pêche est surtout, comme pour la femme à barbe, le signe de sa lubricité. Déjà Albert le Grand faisait remarquer que les femmes sans poil sont timides, honteuses et chastes, alors que les velues sont au contraire fort amoureuses, à cause de leur tempérament chaud. Rappelez-vous la Nana de Zola, quand elle décoiffait son chignon et que ses grands cheveux jaunes lui couvraient le dos d'un poil de lionne. « Muffat, écrit Zola, songeait à son ancienne horreur de la femme, au monstre de l'Écriture lubrique, sentant le fauve. Nana était toute velue, un duvet de rousse faisait de son corps un velours ; tandis que dans sa croupe et ses cuisses de cavale, dans les renflements charnus creusés de plis profonds, qui donnaient au sexe le voile troublant de leur ombre, il y avait de la bête. C'était la bête d'or, inconsciente comme une force, et dont l'odeur

seule gâtait le monde. » Ce qui est bien le signe qu'une créature hirsute peut être parfois d'une grande volupté animale.

Collines

Malgré cet excès de pilosité, ou à cause de lui, la pêche fut toujours considérée comme femme-plus-que-femme. La poire était trop difforme, et la pomme trop androgyne. Elle, c'était l'Ombrée, la Charnue, la Ruisselante, c'était la Schéhérazade des fruits, la fraîcheur du jardin des Califes. On comprend que les hommes se soient empressés autour de la pêche. On comprend moins qu'elle se soit laissé faire si facilement. Commençons donc par le pire. C'est-à-dire par la voracité d'un prêtre d'Église. Venance Fortunat, qui naquit près de Trévise vers 530, a ceci de particulier qu'il est le dernier représentant de la poésie latine dans la Gaule mérovingienne. C'est toujours assez terrible de finir l'histoire, surtout quand on le fait avec un tel appétit. Sa vie fut un long voyage jusqu'à Metz, alors capitale du roi d'Austrasie, puis à Tours et à Poitiers, où il devint chapelain de la reine Radegonde, épouse de Clothaire Ier, qui avait quitté la Cour pour fonder l'abbaye de Sainte-Croix. Elle vivait de macérations perpétuelles, de jeûnes extrêmes et ne mangeait que des lentilles, pendant que Fortunat, à qui l'on doit aussi l'hymne *O crux, ave, spes unica,* se gavait de choses succulentes que, dans sa bonté de pénitente, lui préparait Radegonde.

Ce goulu, qui était aussi poète, avait du reste pour habitude de raconter, avec la plus parfaite désinvolture, ses indigestions. « J'ai mangé tant de bonnes choses que j'ai le ventre gonflé comme un ballon », écrit-il après un repas offert à Soissons par le fastueux Mummole. « Les plats remplis jusqu'au bord de mets exquis s'élevaient sur la table comme des collines ; on me présenta d'abord les doux fruits que le vulgaire appelle des pêches ; on ne se lassait pas de m'en donner et je ne me lassai pas d'en manger ; bientôt, j'eus le ventre tendu comme celui d'une femme près d'accoucher ; j'admire comment je pus me dilater à ce point. Le tonnerre grondait en moi avec des roulements divers, tournicotant mes entrailles. Il y faisait grand vent. » Etc. Le vieux Caton, qui huit siècles auparavant faisait l'éloge du chou, dut en frémir. Bref, Fortunat s'empiffra, jusqu'à l'âge respectable de soixante-dix ans, après quoi la poésie latine sombra du même coup. « Avide et glouton comme je suis, écrit-il encore, j'ai eu raison de tout, j'ai tout englouti. » La pêche, naturellement, méritait mieux que ce ventre canonisé. Elle l'obtint.

Petites sources

Ce fut Jean de La Quintinie, premier jardinier du roi, qui dans son ouvrage posthume, publié par son fils, en 1690, *Instructions pour les jardins fruitiers et potagers*, rendit hommage à la pêche, dont il obtenait déjà 33 variétés. On a dit qu'il s'était montré, à cette occasion, aussi habile homme de goût que fieffé courtisan, ce qui était pure perfidie. Le roi se gavait en effet de poires, de figues et de pêches, mais le goût des fruits était général au grand siècle. On en décorait à profusion les girandoles et les assiettes montées des ambigus. Les pyramides de fruits étaient d'une hauteur si exagérée, raconte Mme de Sévigné, qu'il fallait faire hausser les portes. Mais La Quintinie montra de la pêche une figure inconnue, d'une sensualité inouïe, fruit de l'écoulement, fraîcheur vulvaire, sexe en fusion, liquidité intime. La chose était audacieuse, mais la mise en scène élégante. « La première de leurs qualités, écrit-il, est d'avoir la chair si peu que rien ferme, mais fine cependant, ce qui doit paraître quand on leur ôte la peau, laquelle doit être fine, luisante et jaunâtre, sans aucun endroit de *vert* et doit se dépendre fort aisément, sans quoi la pêche n'est pas mûre ; ce mérite paraît encore quand on coupe la pêche avec un couteau, qui est, ce me semble, la première chose à faire à qui la veut agréablement manger quand on est à table, et pour lors, on voit tout le long de la taille du couteau, comme une infinité de petites sources qui sont les plus agréables du monde à voir. Ceux qui ouvrent autrement les pêches perdent souvent la moitié de ce jus qui les fait estimer par tout le monde. La seconde qualité de la pêche est que cette chair fonde, dès qu'elle est dans la bouche, et en effet la chair des pêches n'est proprement qu'une eau congelée qui se réduit en eau liquide pour peu qu'elle soit pressée de la dent. »

L'os

On trouva encore, parmi ses admirateurs, et de façon inattendue, un cosmographe italien, Restoro d'Arezzo (1282), pour qui les fruits sont tous constitués de quatre éléments : le doux, l'amer, le terrestre et l'acétique. Mais distribués différemment selon les variétés. « La vertu intellective du ciel, écrit Restoro, choisit toujours merveilleusement un mélange d'humeurs chaudes, froides, humides et sèches, qu'elle porte aux fruits par le canal de la fine tige. C'est ainsi que dans la pêche, nous trouvons la partie amère dedans qui est devenue l'âme, la partie douce dehors qui est la pulpe, et la partie dure terrestre qui est entre les deux et forme la coque du noyau, dure comme fer, comme si la pêche résultait d'un grand effort vers la connaissance. » Ce noyau de l'âme amère est, d'ailleurs, assez disgracieux. Couturé, fissuré, rainuré, crevassé, on ne sait pas au juste s'il est destiné à retenir la chair ou à comprimer l'âme. Ce qui serait regrettable.
On comprend que certains hésitent et, plutôt que de voir dans la femme une pêche, y voient en réalité le noyau ou l'*os*, comme on disait autrefois. Ce que fit bien évidemment Jules Renard. « Le cœur d'une femme », dit-il dans son *Journal* (1898), « est un noyau de pêche. On le mord à pleine bouche et, tout à coup, on se casse les dents. » Du reste, en pays béarnais, un cœur dur et insensible était qualifié autrefois de *coo d'os* ou *de préchée.* C'est une vision pessimiste de la pêche. La Faculté eut beau soutenir que « la pêche empêche et le noyau dépêche » *(Le Trésor de santé,* 1607), ce noyau lui fit beaucoup de tort. Un tort d'autant plus grand que l'amande contient de l'acide cyanhydrique dont une consommation exagérée peut provoquer un empoisonnement mortel.

Le cygne

Ceux qui donnèrent tout son éclat à cette carnation crémeuse, ce duvet rose, cette pulpe musculaire de la pêche, furent pourtant les cuisiniers. Carême, en 1829, chez les Rothschild, apprêta dit-on pour une Irlandaise excentrique, Stanley lady Morgan, une plombière de pêches nectarines fraîchement cueillies, dessert qui « satisfaisait tous les sens » (encore que certains penchent pour une crème française aux fraises ou une gelée d'abricots renversée), et Auguste Escoffier, le cuisinier le plus fameux de la Belle Époque, créa pour une soprano australienne qui chantait Wagner une pêche Cardinal d'un nouveau genre qu'il baptisa Melba. Comme il le raconte dans ses *Souvenirs inédits,* ce fut à l'occasion de l'ouverture du Carlton à Londres, le 1er juillet 1899, que parut pour la première fois sur un menu la pêche Melba. « Je connaissais déjà la gracieuse diva Nellie Melba, qui était descendue au Savoy en 1893 et 1896, alors qu'elle chantait à Covent Garden. J'avais eu le privilège de l'entendre au cours d'une représentation de *Lohengrin.* » On dit qu'Escoffier en était secrètement amoureux, il est vrai que Nellie Melba est aujourd'hui moins connue par son filet de voix que par sa pêche à la framboise, ce qui peut en effet laisser présumer de l'étendue de cet amour. « Me souvenant du majestueux cygne mythique qui apparaît dans le premier acte de *Lohengrin,* poursuit Escoffier, je lui fis présenter, le moment venu, des pêches sur un lit de glace à la vanille, dans une terrine d'argent incrustée, entre les ailes d'un superbe cygne taillé dans un bloc de glace, puis recouvert d'un voile de sucre filé. L'effet produit fut surprenant et Mme Melba se montra sensible à mon attention. » Escoffier reste discret sur la nature exacte des marques de cette sensibilité, mais il précise que la *vraie* formule de la pêche Melba se compose de pêches tendres, mûres à point, de glace à la vanille et de purée de framboises sucrée : « Toute dérogation à cette règle nuit à la finesse de cet entremets. » De la pourpre cardinalice, Escoffier avait donc fait le voile d'une grande voluptueuse. Parmi lesquelles, il est vrai, il comptait déjà la salade Réjane, les mignonnettes de cailles Rachel, les poires Mary Garden et les fraises Sarah Bernhardt.

Pêche au vin

Est-ce cette disposition du fruit à la volupté qui fit croire, dans le Midi, que la pêche au vin guérissait le mal d'amour ? Toujours est-il qu'entre la pêche et le vin, il y a une intimité de toujours. « Car la chaleur du vin empêche, disait l'École de Salerne, la grande froideur de la pêche, et la pêche, par sa froideur, du vin empêche la chaleur. » La pêche est donc le symétrique parfait de la figue : la figue qui est un fruit chaud voulait être tempérée par l'eau, et la pêche, que l'on jugeait trop froide, adoucie par le vin. Cette intimité fut telle qu'*aller sucer la pêche* a fini par dire aller boire du vin, et *se mettre dans les vignes jusqu'au pêcher*, s'enivrer. Mais si la pêche raffolait du vin, elle détestait manifestement le caramel. La Palatine, qui était peut-être une huronne, qui se gavait de soupe au chou et au lard, de boudins, de saucisses et de harengs saurs, avait aussi le tempérament robuste et la cervelle bien timbrée. A son souper, elle ne dédaignait pas, après les cuisses d'une jeune caille et le quart d'une laitue, cinq toutes petites pêches avec du vin de Bacharach, mais ne manquait pas de tempêter contre la duchesse de Berry, fille aînée du Régent, donc sa petite-fille, qui avalait entre autres horreurs des *pêches au caramel*. Ce qu'elle fit, par exemple, en décembre 1710, pendant deux heures à la comédie, où lesdites pêches s'accompagnaient de marrons, de groseilles vertes et de cerises sèches avec beaucoup de limon dessus. Ce qui créa un tohu-bohu considérable dans ses entrailles. Madame eut, avec son fils, une grande frayeur, car la duchesse tomba soudain en syncope, on crut à une attaque, mais après qu'on lui eut aspergé la figure au vinaigre, elle revint à elle et d'affreux vomissements la prirent. « Courte et belle, disait-elle, voilà comme je veux la vie. » Son souhait fut exaucé. Elle mourut neuf ans plus tard. Elle avait à peine vingt-quatre ans.

Cinabre

Certaines grandes amoureuses furent aussi tentées par la pêche. Comme Colette (« L'une d'elles où je mordis », dit-elle dans *La Naissance du jour*, « rouvrit à ma faim et à ma soif le monde matériel, sphérique, bondé de saveurs »), ou encore Renée Vivien, qui parla de la « pêche aux chairs de femmes exquises et meurtries ». Et quoique l'expression de la tendresse ou de l'affection par le sucré ait toujours quelque chose d'un peu bête, Hélène Cixous n'hésita pas à dire : « Ma femme, ma pêche », un peu comme elle eût fredonné : « Viens, ma bergère, sur l'herbette, / Viens, ma bergère, viens seulette, / Nous n'aurons que mes brebiettes, / Pour témoins de nos amourettes » (Boursault, XVIIe siècle). Il existe, d'ailleurs, un stratagème plus subtil pour unir la pêche et celle (ou celui) qu'on aime, c'est d'écrire ses lettres d'amour dans un noyau. Comme l'explique très bien Albert le Grand : « Prenez un noyau d'une belle pêche, mettez-le en terre dans un temps propre à planter, et le laissez pendant six ou sept jours, jusqu'à ce qu'il soit à demi ouvert, ensuite tirez-le bien doucement sans rien gâter, et avec du cinabre, écrivez sur le noyau ce qu'il vous plaira, et quand il sera sec, vous le remettrez en terre après l'avoir bien fermé et rejoint avec un filet fort fin et délié, sans y faire autre chose pour le faire venir en arbre, on verra que le fruit qu'il portera aura le même nom que l'on aura écrit sur le noyau. » Cela suppose, évidemment, que l'amour dure aussi longtemps que la pousse d'un arbre, ce qui se vérifie de plus en plus rarement.

Chérubins

Ce fruit joufflu et rose déclina, en fait, à peu près toutes les nuances de la féminité, y compris la féminité des jeunes garçons. Il désigna tour à tour les « rondeurs de joues qui se cachent » (chez la Sarriette, dans *Le Ventre de Paris),* la peau d'un gamin de douze ans, tignasse noire et rebelle, grands yeux de velours, un vrai Murillo (t' Serstevens, *Itinéraire espagnol),* des chérubins inaccessibles et souriants (Proust, à propos du *Buffet* de Chardin), bref tout ce qui pouvait évoquer le rose, le ferme et le rond. On est d'autant plus décontenancé, devant cette fraîcheur d'ange de la pêche, de la voir partager avec le pruneau le privilège peu enviable, et d'ailleurs inexplicable, de signifier aussi l'étron. Les linguistes disent, à juste titre, que pareille analogie, n'est pas *sensible.* Dans la Chine ancienne, le jaune *(hoang-tao)* était la couleur de la terre fertile, comme la couleur des jours où le soleil et la lune entraient en conjonction, et la pêche jaune *(t'ao)* désignait souvent la vulve, comme la grenade ou le melon. Car le grand secret de la pêche, et son privilège presque exclusif (mis à part l'abricot), c'est bien cette exubérante saillie centrale, qui évoque l'entaille, la coupure du sexe féminin, mais avec plus d'évidence encore ce qu'on appelait autrefois l'*entrefesson*, cette petite vallée intime qui faisait dire à Tiffauges, dans *Le Roi des aulnes* : « C'est en voyant ses fesses que je me mis pour la première fois à l'aimer, parce qu'elles me révélaient ce qu'il y avait en lui de désarmé, de gauchement vulnérable. »

Scissure

Qu'est-ce que la fesse, étymologiquement, sinon une *fente* ? On dira peut-être avec raison que notre corps entier est rayé de la tête aux pieds. Que la raie est une ponctuation anatomique nécessaire, un élément de la symétrie naturelle, qui permet de séparer, de diviser, d'équilibrer les parties du corps, tout en donnant du relief et de la variété à la peau. Que sans elle, notre anatomie serait aplatie et notre corps confus. C'est pourquoi la raie donne avec somptuosité à la pêche comme à la fesse, son galbe et son rebond. Mais il y a au moins deux façons de l'envisager. Roland Barthes avait le « goût des embrasures ». Ce qui l'intéressait, dans le rapport amoureux, c'était de tourner court, et s'il cherchait à multiplier les « bâillements du désir », c'était pour en rester indéfiniment au flash initial, dans une déception chaque fois plus vive. Nabokov, au contraire, indique franchement son goût de la fente, de la brèche, du delta, bref de la *scissure*, pour en explorer convulsément tous les replis. Ce qui donne à Humbert Humbert, dans *Lolita* (1958), l'occasion d'un épisode resté célèbre sous le titre du *Vieux divan au tissu rayé*, en compagnie de celle qu'il nomme « une jeune guenon ». Résumons : Barthes était un guetteur à l'affût, et l'interstice de la peau faisait chez lui l'objet d'un chapardage (il aimait surtout les commencements), alors que la scissure chez Nabokov fait l'objet de pressions soutenues, d'écrasements discrets, qui tiennent davantage de l'exercice d'équilibriste, mais naturellement vont jusqu'à leur conclusion.

Le roman tout entier ne fait d'ailleurs que relater sous toutes ses faces (et même quand on ne parle pas d'elle, on y pense fatalement) les abîmes charmants de la nymphette : le renflement compact de son étroite croupe masquée de noir et l'*estuaire* de ses cuisses de petite fille ; la vermeillette *fente* dont parle Ronsard ou ce petit mont feutré de mousse délicate, tracé sur le milieu d'un filet écarlate, de Rémi Belleau ; la *cicatrice,* au bas de son mollet gentil (souvenir d'un coup de patin à roulettes reçu à Pisky), un peu au-dessus de la lisière de son épaisse socquette blanche ; la *commissure* brûlante de sa tendre cuisse de nymphette ; le pli d'étoffe incrusté dans la *scissure* de la pêche ; le *chiasme* de la culotte ; la *blessure à vif* d'un des panneaux de la petite croisée envahie de toiles d'araignée, à l'angle de l'escalier, et qui avait un carreau couleur rubis ; le *delta indigo* d'une femme nue, délicieusement tatoué sur le dos d'une main mutilée ; la chair *entrebâillée* de Lolita vue en rêve, comme la valve de caoutchouc d'une vessie de ballon ; la *faille ombreuse* entre ses seins pâles, quand elle se pencha sur la main du mutilé ; et pour finir, cet admirable *delta,* si jeune et délicat et velouté, qui se déchire et s'étiole, tandis que les yeux de Lolita s'éteignent en une myopie de poisson.

On ne saurait donc trop se méfier de la pêche, du péché, des scissures obscures et de ces Dolorès aux lèvres fardées, qu'on appelle *Délicieuses* dans un moment d'égarement, et qui jouent distraitement avec vos nerfs comme avec leurs socquettes blanches.

Ces dames du persil

« Le persil », écrivait Louis Estève, en 1912, « a certainement une âme gaie, alerte et fine. » Ce qui est peut-être manquer de tact, car depuis toujours on a coutume de semer son persil le vendredi saint. C'est une superstition sans doute, mais précisément le persil est l'herbe des superstitions. Car cette ache verte, *comme on disait encore au Moyen Age, ce persil de pierre, ne se semait pas n'importe comment. Si Pline recommandait de semer le navet tout nu en faisant cette prière : « C'est pour moi et pour mes voisins que je sème mon navet », et le basilic en proférant les pires injures et malédictions, et encore en battant la terre après, le persil, d'après lui, ne réclamait pas moins de singeries.*

Ames

Eugène Rolland, dans sa *Flore populaire*, signale qu'autrefois, dans les provinces françaises, la culture du persil était toujours imprévisible. « Tantôt, dit-il, il pousse, tantôt il ne pousse pas. Tantôt il vient à foison, tantôt en petite quantité. Quelquefois même il est très longtemps avant de se lever. » Olivier de Serres, par exemple, dit qu'il faut le semer en croissant de lune, car alors il produit « l'herbe belle et gaillarde en perfection ». Les Auvergnats en jugeaient autrement. Ils faisaient semer le persil par un enfant, un imbécile, un fou ou quelqu'un qui n'avait pas de chagrin, en tout cas une autre main que la leur.

Dans les Vosges, on estimait de la même façon que « le persil venait après les sottes et le cerfeuil après les sales ». Mais surtout il fallait que le persil fût *semé*. Si on le replantait, cela portait malheur. « Repiquer le persil, expliquait-on dans les Ardennes, c'est repiquer l'âme de son plus propre parent. » Et enterrer les âmes n'est pas l'office du jardinier. Ou encore : « Femme qui plante persil, plante mari. » On s'abstenait donc des femmes dans le semis du persil.
Un peu effrayés, les jardiniers se soumettaient donc à toute une série de contorsions, qui les poussaient à simuler la folie, à faire des grimaces ou des gestes extravagants. C'est le persil qui le voulait. Selon Pierre Lieutaghi, dans la région de Saumur, on pensait que semer son persil *dans la terre*, c'était s'exposer à mourir dans l'année. Mais, me direz-vous, où voulez-vous qu'on le sème ? Eh bien, dans un trou du mur : on se contentait de préparer, au pied de ce trou, la terre qui recevrait deux ans après les semences de la plante mûre. Dans le Midi, on racontait encore qu'une femme enceinte qui cueillerait du persil ferait mourir la plante. Bref, le persil était un dieu capricieux et incompréhensible, qu'il ne fallait surtout pas contrarier. Mais, selon certains, pour se débarrasser d'un ennemi, on pouvait compter sur lui : il suffisait de prononcer son nom en arrachant un pied de l'ombellifère, et c'en était fini. C'est pourquoi sans doute tant de gens ont prié le persil.

Ciguë

On distingue, dans le persil, le Frisé ou Crépu, qui est d'un assez joli effet, et le Vert, qui peut si facilement être confondu avec cette autre ombellifère, vénéneuse, qu'est la Petite Ciguë, dite encore Persil de chien, et même avec sa grande sœur, la plus terrible, la Ciguë vireuse, dite encore Persil des chats ou Mort des oies. Ce qu'il y a de curieux dans la ciguë, ce sont les variations nord-sud : ses propriétés vénéneuses deviennent de plus en plus en plus énergiques à mesure qu'on descend vers les régions plus chaudes, ce qui la rapproche au demeurant du scorpion dont le venin chemine lui aussi du nord au sud, pour s'accomplir sous un soleil implacable. L'autre bizarrerie de la ciguë, c'est qu'elle attaque par les pieds : quand elle laisse la tête encore en paix, les pieds sont déjà morts. Car la ciguë est une plante aquatique, et ressemble à l'eau qui stagne dans la partie la plus basse de la terre, puis s'évapore en montant vers le ciel, formant alors ce nuage qui pèse et endort. Certains considérèrent que c'était en quelque sorte un hommage que la ciguë avait rendu à Socrate que d'avoir ainsi préservé jusqu'au bout ce qu'il avait de plus beau : son front têtu plein de pensées divines. Reste que la ciguë a deux qualités que n'a pas le persil : mélangée au suc du pavot, elle occasionne une mort très douce (que beaucoup d'ailleurs réclamaient) et, en lotion, elle maintient les seins toujours fermes. L'ennui, ajoute Pline, c'est qu'on constata que ce genre de lotion sur les seins des accouchées tarissait le lait et sur les testicules, à l'époque de la puberté, supprimait tout désir sexuel.

Flouquet

Le persil ne connaît pas de pareilles déconvenues. Cru et fraîchement cueilli, il accompagne agréablement l'omelette, l'escargot ou la tête de veau, communiquant ainsi un sursaut bénéfique à des chairs tristes, affaissées ou mortes. On l'utilise, comme la sarriette, dans la cuisson des féculents, dont il neutralise les propriétés flatueuses grâce à ses effets stimulants. A condition non pas de le hacher, mais de le *ciseler* (ce qui lui laisse tout le volatil de son parfum), Courtine le recommande même en légume, sous la forme du *persil frit.* « Un grand saladier, dit-il, de persil frit est un accompagnement parfait pour le merlan. » Ses graines, comme sa racine, étaient aussi recherchées, à Rome, pour provoquer la menstruation. Car il renferme de l'apiol, substance excitatrice du petit bassin et auxiliaire pour les règles des femmes. Mais s'il est favorable aux flux de sang, il tarit, comme la ciguë, les flux de lait. Et il a la curieuse propriété de multiplier à l'infini les pous du pubis, encore appelés papillons d'amour, qui paraissent se réfugier à plaisir dans ce qu'on appelle parfois le *flouquet de persil,* c'est-à-dire le buisson pubien. Ciseler le persil est donc à déconseiller dans l'exercice de l'amour, en revanche on peut fort bien avaler un verre de vin de persil avant sa nuit de noces, comme on faisait en Angleterre, car le persil est aussi une des quatre semences chaudes mineures.

Étalon

La superstition du persil, que l'on a observée dans le semis, vise aussi le sexe, particulièrement le sexe du jardinier. « Le persil ne vient bien, disait-on en Charente-inférieure, que dans les jardins des paillards. » Et dans les Deux-Sèvres : « Quand le persil réussit bien dans le jardin, c'est signe que le jardinier est un bon étalon. » Il semble que la France se soit ainsi partagé le territoire des Ombellifères du sexe : le céleri (ache odorante) en Franche-Comté et le persil (ache verte) en Poitou-Charentes. Le meilleur jardinier devait d'ailleurs en user à la hussarde avec le persil. On affirmait qu'il lève beaucoup mieux sur un vieux sol qu'on n'a pas encore bêché, qu'il faut simplement marcher dessus sans précautions à pleins godillots. Ce qui revient à dire qu'il vaut mieux le maltraiter gaillardement, quitte à lui sauter à deux pieds sur le ventre. Si bien que ce qu'on prenait parfois pour une danse de Saint-Guy n'était peut-être qu'une façon de faire lever son persil. A moins qu'on n'ait eu encore à l'esprit ces temps obscurs où « des gens purs et nus s'en allaient cueillir *pierresill* » dans les bois, pendant les nuits de sabbat, ce qui a pu laisser croire que ces gesticulations en plein air avaient quelque chose d'impur, et que le persil était en réalité la plante du diable.

Putanat

Il en est sûrement resté quelque chose dans ce qu'on nommait, au siècle dernier, *ces dames du persil* ou les *persilleuses.* Comme l'épinard ou l'asperge, le persil est lié, en effet, au putanat. Mais qu'il s'agisse de *faucher le persil,* de *cueillir* ou de *labourer le persil,* il semble que l'Ombellifère se soit spécialisée plutôt dans la prostitution de haut vol, la Haute-Bicherie parisienne, qui comprenait (dit Alfred Delvau) les « musardines, précatelanières, biches, lorettes, filles de marbre et autres gourgandines élégantes ». C'était le persil du bois de Boulogne, le dessus du panier de la galanterie, les cocottes de la haute, autrement dit *le linge.* La Nana de Zola était une fille qui pouvait parfaitement jeter ses protecteurs du moment par-dessus les moulins, pour aller persiller au Bois : « Tous les jours, elle faisait son tour du lac, ébauchant là des connaissances, qui se dénouaient ailleurs. C'était la grande retape, le persil au clair soleil, le raccrochage des catins illustres, étalées dans le sourire de la tolérance et dans le luxe éclatant de Paris. » Aucun rapport, évidemment, entre ces marquises des hauts trottoirs et le monde camelote de la basse prostitution. Une « rouleuse des boulevards », voilà par exemple ce qu'était Satin. Satin et Nana se rencontrent, elles vivent ensemble un moment, mais c'est parce que Nana a connu des hauts et des bas. Qu'elle a vécu aussi comme les lorettes, avant d'être lancée dans tout ce qu'il a dans Paris de chic, « un monde, dit quelque part Daudet, qui ne fait parler de lui que de temps à autre, par l'excentrique aventure d'un de ses membres, héros du persil et de la gomme ».

Ces messieurs

On parla même de l'*heure du persil*, rendez-vous galant de quatre à six, autour des lacs du Bois. Alors, pourquoi le persil ? S'agirait-il d'une vague évocation de ces sabbats de la nuit, de ces tapages de sorciers du Moyen Age ? Du caractère piquant et relevé du persil, par rapport à l'herbe du pavé ? Se souvenait-on des gens qui n'avaient pas d'autre ressource que de cueillir le persil sauvage au bord des routes ? Voulait-on signifier que ces messieurs du Bois qu'on racolait aux carrefours des allées étaient aussi capricieux et imprévisibles que le persil ? Toujours est-il que la cueillette pouvait parfois s'avérer trompeuse. Et plutôt que des filles de haut vol, il arrivait qu'on ramasse des garçons de banlieue. Qu'on appelait aussi, à l'époque, des *persilleuses*. Canler, ancien chef du service de la Sûreté, distingue en fait dans ses *Mémoires* (1862), parmi les tapins dits *antiphysiques*, quatre variétés : les honteuses, les travailleuses, les rivettes et les persilleuses. Lesquelles, dit-il, se complaisent en général à prendre le nom de courtisanes célèbres de l'histoire, comme la Marion Delorme, la Dubarry, la Ninon de l'Enclos. La différence entre les persilleuses et les honteuses étant que les premières se faisaient remarquer et ne faisaient pas de leur activité qu'une affaire de goût, mais un métier lucratif. A quoi ressemblaient ces persilleuses, qui ne fréquentaient d'ailleurs pas le Bois, mais le passage des Panoramas ou la galerie d'Orléans, au Palais-Royal, en se promenant deux à deux ? « La barbe est légèrement rasée, note Canler, et de très près, les cheveux se portent longs, pommadés, presque toujours roulés par le bas, le regard est doux, langoureux, la voix traînante, faible et féminine ajoute encore à l'illusion. » Une autre façon ingénieuse, en somme, de simuler la folie pour aller planter son persil.

Le piment
ou comment distinguer une femme d'une grenouille

Le piment est un fruit à la physionomie changeante. Il peut se présenter dressé ou pendant, son enveloppe est légèrement charnue, d'une couleur vert foncé qui devient rouge, jaune vif ou même violet-noir à maturité (certaines variétés restant imperturbablement vertes) et toujours creuse, agrémentée de quelques graines blanches, aplaties, en forme de rein, attachées en grand nombre à une sorte de cordon charnu et contenant un suc âcre et d'un goût extrêmement brûlant.
Ce n'est là, bien sûr, qu'un aspect général du piment.
Car on constate assez vite qu'il n'y a qu'un lointain cousinage, à peine une familiarité, entre le Piment enragé ou colérique (qui vient d'Amérique du Sud, de Bahia au Pérou) et le Poivron ou Piment doux (qui vient du Brésil). Ce sont pourtant tous les deux des Capsica, *c'est-à-dire des petites caisses destinées autrefois, à Rome, à conserver les livres ou les fruits. On constate aussi que la saveur âcre du piment est inversement proportionnelle à son volume : les grosses variétés charnues, qui s'emploient comme légumes, sont d'ordinaire des fruits assez placides, alors que les petites variétés, qu'on sèche et qu'on broie pour confectionner le poivre de Cayenne, ou poivre rouge, sont redoutables et déchaînées. Le folklore catalan signale que le diable, qui voulait surpasser le poivron créé par Dieu, ne réussit guère à faire qu'un piment rouge, malingre et débile, et surtout aussi infernal que son créateur. Mais comme le piment fut découvert le premier, à Cuba, par*

Colomb (en 1493), et que le poivron n'apparut en Europe méridionale qu'au XVIIIe siècle, on pourrait admettre, avec autant de raison, que le poivron n'est qu'une contrefaçon désastreuse et ratée du poivre d'Inde, ou son enflure dérisoire.

Langue d'oiseau

Petit, et même extrêmement petit, à l'allure effilée, d'un rouge qui vire parfois au noir, tant il paraît au bord de la convulsion, brûlant et incendiaire, tel est le Piment-diable, qu'on retrouve dans le felfel ou le pili-pili. Mais qu'il s'agisse du Piment des Antilles (ou piment-cerise), du Piment de Cayenne, du Piment-zozio (ou langue de perroquet), du Piment-lampion ou du Piment-des-sept-courts-bouillons, l'aspect méphistophélique du piment pointu ne fait aucun doute. On parle à son sujet de larme de sang, de dard rouge et pointu, de langue embrasée ou de bête apocalyptique, qui font davantage penser aux enluminures du Moyen Age qu'à une épice tropicale. Dans toute l'Amérique centrale, les piments violents, du type Cayenne ou chillies, sont utilisés en magie noire, pour les rites d'envoûtement, et en Afrique ou en Asie, ils entrent dans la préparation des flèches empoisonnées (car ils favorisent la diffusion rapide des toxines dans l'organisme). Cette langue d'oiseau, qu'on dit bonne pour la fièvre, l'ivresse et les fissures anales, est donc naturellement associée à tout ce qui est rouge (comme le nez flambant du pochard) et enragé (comme le *pébrin*, qui était en Aveyron un colérique, un furieux). Au Maghreb et en Afrique noire, on dit de quelqu'un qu'*il est fort comme le piment* quand il en a dans le coffre, et Colette, dans *L'Envers du music-hall*, rapporte ainsi les propos de la caissière des Folies-Gobelins, où se produisait « l'insupportable petite Jady », une danseuse aux jambes frémissantes et sensibles comme des antennes : « Oui, il faut bien dire que ce n'est qu'un cri sur elle. On raconte qu'elle a du piment, qu'elle a du chien, qu'elle a du poivre, est-ce que je sais ? » Bref, ce piment qui brûle les cavités, fait monter la température, entre dans la préparation du poulet à la diable, du goulash au paprika et de la salade de Belzébuth, est indéniablement une divine torture.

Trompe d'éléphant

Ce qui impressionne dans le poivron, ce n'est pas son régime endiablé, mais bien son volume entièrement creux. Corail des jardins, Gros carré doux, Trompe d'éléphant ou Piment monstrueux, dit encore Tête-de-mouton, d'un beau rouge intense et d'une saveur tout à fait nulle, le poivron doux, appelé autrefois poivre long, n'a manifestement rien de son cousin en bec d'oiseau. C'est un léthargique, un débonnaire. Cette grosse cloche n'a d'ailleurs suscité que quelques commentaires détachés. Gide, à Arona, note dans son *Journal*, le 20 août 1934 : « Ce matin, de bonne heure, nous parcourons le marché qui s'étale le long des quais, dans les rues, sur les places. Etalages admirables de fruits, aubergines, tomates, pêches et surtout poivrons verts, rouges, dorés, énormes, rutilants, d'aspect si étrange que je reste gêné de ne rien trouver de plus à en dire. » Ce laconisme, précisément, c'est celui du piment devenu concombre. Georges Perec, dans *La Vie, mode d'emploi*, le découpe en lanières, faute apparemment d'avoir autre chose à faire, et Patrick Grainville y voit la vanité satisfaite et la bouffissure du bourgeois des Années folles, roi de la bombance et des lolos d'amour, à la bonne bouille satisfaite et caverneuse, aux digestions laborieuses, aux amours rebondies et trouduculières. C'est gras, écrit-il, et ça gigote en bourrelets prétentieux, en cellulite vaniteuse sanglée d'un gilet à breloques. Pignouf ou gros pif à pognon, la chair fleurit, bourgeonne. Vous appuyez et le sang pisse, la graisse, l'oseille, le biffeton à la louche. Ça traficote, ça boursicote et ça s'encanaille à l'étage mansardé. Sachem à bedaine, qui va besogner des ânesses analphabètes, pour un petit rince-fesses en catimini. Roteur de vins lourds et de viandes ensaucées, qui rêve de chairs crues et d'orgies orientales. La trogne rôtie de désir et l'abdomen en gidouille. Voilà le poivron.

Grenouille

Revenons vite au piment. Et à une petite fable. Comment distinguer une femme d'une grenouille ? C'est très simple, dit Claude Lévi-Strauss, qui nous raconte le début d'un mythe tukuna. Du temps de la première humanité, vivait un Indien dont la chasse faisait l'unique occupation. Il s'appelait Monmanéki. Sur son chemin, il voyait souvent une grenouille qui sautait dans son trou à son approche, et l'homme s'amusait à uriner dans le trou. Un jour, une gracieuse jeune femme parut à cet endroit. Monmanéki s'étonna qu'elle fût enceinte : « Tu en es la cause, expliqua-t-elle, car tu pointais toujours ta verge vers moi. » Il la prit donc pour compagne. La mère de Monmanéki trouvait sa bru très jolie. Les deux époux allaient ensemble à la chasse, mais ils ne se nourrissaient pas de la même façon. Monmanéki mangeait de la viande, et pour sa femme, il attrapait des coléoptères noirs, car elle ne voulait pas d'autre aliment. A la vue des insectes, la vieille mère, qui n'était pas au courant s'écria un jour : « Pourquoi mon fils se salit-il la bouche avec cette ordure ? » Elle les jeta et mit des piments à la place. Quand vint l'heure du repas, la femme fit chauffer sa petite marmite et commença à manger, mais les piments lui brûlèrent la bouche. Elle s'enfuit et sauta dans l'eau sous sa forme première de petite grenouille. Bref, le piment permet aussi de révéler la nature animale d'une épouse aquatique qui se fait passer pour une épouse terrienne, c'est-à-dire une épouse ordinaire. On ne saurait être trop prudent. Et l'épreuve de la mastication du piment, qui existe en Suisse, pour toutes les épouses qui ne sont pas suisses, devrait être généralisée en Europe.

Bisque

Ce piment, aussi rouge que les pattes d'écrevisses cuites, conduit assez facilement de la table au lit, grâce en particulier à la préparation de la bisque. Qu'est-ce que la bisque ? C'est la *bis cocta*, la deux-fois-cuite. A l'origine, donc, la bisque était une sorte de potage garni de béatilles, petits abats encore appelés *menusailles* (ris de veau, crête et rognons de coq, etc.), de truffes et de champignons. On réalisait aussi des bisques de pigeons ou de cailles, garnies d'écrevisses et de croûtes gratinées. C'est seulement au XVIIIe siècle que l'écrevisse devint l'essentiel du mets. Mais on peut faire aussi une bisque au homard, au crabe ou à la langouste. Composée de paprika ou de Cayenne en poudre, de divers aromates comme l'estragon

et le basilic, arrosée de vin blanc et de cognac, additionnée enfin de crème fraîche, la bisque était apte manifestement à réveiller tous les démons. Et bien qu'à l'ordinaire de l'abbaye de Cluny, au XIIe siècle, ne figurât point de bisque aux béatilles, Pierre le Vénérable, qui en fut l'abbé, et l'instigateur de règles sévères, interdit formellement l'usage du piment dans l'enceinte du couvent, c'est-à-dire en fait l'usage des épices, puisque le piment n'avait pas encore débarqué en Europe. La vie érémitique, qui est une vie non poivrée, et souvent aussi non salée, est donc irrémédiablement fade. Mais Paracelse, adepte de la médecine analogique, qui n'avait aucune raison sérieuse d'en proscrire l'usage, destina le piment à attiser les élans du corps. Ce que résuma joliment un poète arabe du XVIIe siècle, Azzedine Moktar : « Piment, fleur de la terre, qui pousse en nos entrailles / Le grand feu combattant des amours impitoyables. »
C'est aussi un plat plein de fraîcheurs (tomates presque crues, herbes) et d'agressions pareilles à d'excitantes morsures au palais (piment et ail) que propose, dans ses *Recettes immorales*, l'écrivain catalan Manuel Vasquez Montalban, avec ses *Spaghetti alla maricona arrabiatta.* Plat dit-il, apparemment inventé par une petite folle, fâchée avec son ami, qui voulut ainsi faire pénétrer en lui une partie du feu de l'enfer dissimulée dans les spaghettis. Délicieux plat d'été, à savourer légèrement vêtu, mais le manger entièrement nu serait, précise-t-il, sauf exception, d'une vulgarité que l'on devrait châtier en pratiquant l'autopsie de qui agit de la sorte, afin de vérifier par quels secrets canaux un apprêt aussi spirituel peut devenir une si fâcheuse réalité.

De la rosette et du

pissenlit

Comment reconnaître un pissenlit ?
C'est facile, son nom change avec lui.
Un peu partout dans les prés, les friches, les bords de route, écrit Pierre Lieutaghi, dans son Livres des bonnes herbes, *le pissenlit épanouit ses capitules jaune d'or, solitaires, sur des hampes lisses et nues qui naissent d'une rosette de feuilles profondément dentelées, d'où lui vient du reste son nom régional de Dent-de-lion, parce qu'elle ressemble assez à la mâchoire d'un fauve. Quand on brise la tige, les feuilles ou la racine robuste et profondément enfouie du pissenlit des prés, il en sort un suc laiteux, le latex, analogue au caoutchouc. A maturité, les fruits surmontés d'une arête terminée par un petit parapluie de soies fines, s'assemblent en petites boules magiques divinatoires, qu'on appelait ici ou là l'Avantura, le Sorcier ou la Bonne Nouvelle, et qui apprenaient beaucoup de choses aux jeunes filles qui soufflaient dessus. Après quoi, il ne reste plus qu'une petite tête rasée, qui vaut à la fleur passée le nom de Tête-de-moine ou même de Groin-de-porc. Quant à celui de Pisse-en-lit, qui date du XV*e *siècle, à cause de la vertu qu'il possède de pousser aux urines, c'est son passeport le plus commun, sauf chez Claudel où bizarrement le pissenlit désigne la renoncule.*

Poulpe

Par quelle aberration de l'esprit le pissenlit, pourtant une des plantes les plus communes de nos régions, a-t-il pu favoriser tant de commentaires enthousiastes ? Car il faut bien l'admettre : on est resté pratiquement muet sur la groseille et on a écrit (comme Franz Hellens) une *Célébration du pissenlit.* Peut-être est-ce dû à son côté animal. Jules Renard, dans *Les Cloportes,* dit que le pissenlit s'étire comme un poulpe minuscule. Comme une sorte de mollusque des prés, de pieuvre de la terre, à la chair robuste, coriace et verte. On s'est beaucoup interrogé récemment sur ce que deviendrait l'espèce humaine qui serait créée, en état d'apesanteur, dans des voyages en orbite. Est-ce que les hommes produiraient un bon sperme et les femmes de bons ovules, cela pourrait-il donner un bébé ? On l'ignore encore, on en reste pour l'instant à la fertilisation d'œufs de grenouilles. Si, en 1985, on a constaté que de jeunes rats ne grandissaient pas autant dans les airs que s'ils étaient restés à terre, qu'en sera-t-il des hommes ? Sur terre, il faut un million d'années pour qu'une nouvelle espèce évolue. Mais dans la navette ? L'avenir de l'*Homo cosmicus* est-il la pieuvre, comme certains le prétendent ? Un être à la colonne vertébrale devenue souple, jambes et bras en guise de leviers, gros cerveau et gros yeux protégés des radiations ? Ou un corps-légume proche du pissenlit ? Le *Sapiens sapiens* se transformera-t-il bientôt en rosette charnue ? On n'ose y penser.

Vauban

Pour éviter de confondre le pissenlit avec le dahlia, le salsifis ou l'eupatoire de Mésué, la pratique enseigne que : 1) le salsifis se mange au beurre et le pissenlit au lard ; 2) quand le pissenlit se ferme, la fève se gonfle, car c'est temps de pluie ; 3) le pissenlit ne côtoie jamais le lierre rampant ni l'ortie foisonnante : Franz Hellens dit même que c'est en raison de ses goûts aristocratiques. Le pissenlit, affirme-t-il, est essentiellement lui-même, un égotiste de l'espèce stendhalienne, un lion de la faune végétale, une plante héroïque d'une grande envergure morale. Ce serait, en outre, un maître de l'architecture, qui donnerait des leçons à Vauban (un peu comme l'artichaut). Il aurait pu ajouter : à Lacan, dont on connaît l'insistance de l'image de la forteresse dans la névrose obsessionnelle. Hellens soutient même avec aplomb que les

grands bâtisseurs d'ouvrages militaires depuis Babylone se sont inspirés de la structure du pissenlit. « Tout y est composé, écrit-il, pour la dentelure des feuilles, leur épaisseur, leur belle verdeur, leur alliance défensive, tout est fait en vue de prévenir l'attaque, le cas échéant de la repousser victorieusement. » Bref, le pissenlit est une œuvre d'art.
Quels usages en tirer ? En bien, on peut en faire au moins une confiture : c'est la *cramaillote*, ou miel de pissenlit. Un sirop très épais confectionné avec les capitules du pissenlit, qui contiennent du nectar et sont très mellifères. Ou alors du caoutchouc : une variété de pissenlit fut en effet cultivée en URSS, pendant la dernière guerre, qui nous fait espérer que nous roulerons bientôt munis de pneus de pissenlit et propulsés par de l'essence de betterave, de colza ou de topinambour. La rosette fournie du pissenlit se laisse aussi agréablement dévorer : cuite, elle donne une purée verte d'une cordiale amertume, qui selon Huysmans serait de la « venaison d'herbages » ; crue, il faut cueillir les jeunes pissenlits sauvages, dont le vertus dépuratives sont appréciées au sortir de l'hiver, où les nourritures fortes ont quelque peu alourdi le sang. Mais j'insiste : évitez le vieux pissenlit coriace, ne choisissez que les jeunes rosettes, ou les feuilles du centre de la rosette, qui sont les plus tendres. Et de préférence, quand les premières gelées ont passé dessus. L'ennui, c'est que c'est à ce moment-là aussi où elles s'accrochent le plus, où elles s'enracinent au point de faire corps avec le sol. Et qu'il faut fouiller profond et tout autour avec le couteau pour dégager le plus de blanc possible. Si bien qu'en Languedoc, on l'appelle alors *repounchoun*, ou *rampouchoun*, c'est-à-dire Petite Rave.

Rosette

Grâce à Dieu, il existe la taupe. Et la taupe a un goût certain pour la petite rave du pissenlit. Elle la grignote, et peut-être s'en sert-elle aussi comme point de repère dans ses galeries. Dès que le chasseur de pissenlit aperçoit la butte d'une taupinière, il y a dont de fortes chances pour que le pissenlit y soit aussi. Ce jeune pissenlit sauvage, comment l'accommoder ? Comme dans les Ardennes, à la façon des Cosaques, en 1815 :

on mélange pissenlit amer et pommes de terre chaudes, *cretons* (lardons) roussis et vinaigre chaud. Ou comme à Lyon, dans la *salade du groin d'âne* : pissenlit, croûtons à l'ail, œufs durs et noix. Enfin, il ne faut pas craindre, dit Marie Rouanet, le jeune bouton floral du pissenlit : « Il est jaune d'or et délicieux, on le confit aussi comme les câpres. »

« Travaille bien, prends ta lichette,
La lichette donne du cœur ;
Et s'il le faut, tends ta rosette,
Cela te portera bonheur. »

Cet aimable quatrain de Dumoulin, cité dans le *Dictionnaire érotique* de Delvau (1864), indique évidemment que ladite rosette était très prisée dans les œuvres mineures. Quelle est cette rosette dont on nous parle ? Eh bien, ce serait le trou rond qui est au centre de la guitare (selon Esnault). Il faudrait donc admettre que c'est la guitare, et non le pissenlit, qui est à l'origine de cette évocation imagée du cul et de ses alentours. Les lexicographes, toujours scrupuleux, distinguèrent adroitement les *chevaliers de la rosette* (sodomites passifs) des simples *amateurs de rosette* (sodomites actifs). Mais la rosette, petite rose de chair, n'a à dire vrai pas grande préférence en matière de sexe, si bien qu'on la retrouve, épanouie et souriante, dans cet épisode des *11 000 Verges* d'Apollinaire, où l'on voit Alexine se retrousser et présenter « ses belles fesses rougies à l'énorme vit qui pénétra dans la rosette, tandis que l'empalée criait en agitant le cul et les tétons ».

Oracles

La fleur du pissenlit, en revanche, jaune et feuillue, qui se convertit (dit Furetière) en une « petite tête bourrue qui, poussée par le vent, s'évanouit en l'air », n'a pas d'autre usage que d'être soufflée et dispersée au vent venant. De préférence par une jeune fille qui la tient de la main gauche et porte les cheveux jusque dans les fesses. C'est donc cette fleur qui se flétrit rapidement, pour se couvrir d'aigrettes plumeuses, de sphérules lunaires, qu'elle tentera d'interroger le destin. Il lui suffira de souffler hardiment sur ces petits hélicoptères de soie pour savoir les choses que doit savoir une jeune fille : si son mariage sera heureux, combien d'années la séparent d'un garçon, si elle doit oublier celui qu'elle connaît déjà, si elle sera aimée, si elle a bien fait ses prières du matin et accessoirement l'heure qu'il est. Mais qu'elle ne s'avise surtout pas d'en faire un bouquet. Car la fleur du pissenlit, comme le *noli me tangere,* ne souffre ni le contact de la peau, ni l'eau du vase. Elle se contracte instantanément, ses folioles se resserrent et du jaune flambant, elle passe aussitôt au vert cadavre.

Les deux spermes

A Rome, on donnait au pissenlit le nom ronflant de *taraxacum.* C'est-à-dire la plante qui fait bouillonner les intestins, en raison de ses propriétés relâchantes. Encore que certains y aient vu une autre étymologie, considérant le pissenlit comme un remède à l'obscurcissement de la vue. Ce que confirmerait un certain Schmuck, au XVIIe siècle, qui conseillait de porter en amulette la racine de pissenlit, car elle efface les taches, les nuages et autres vices des yeux. On l'utilise encore, dit Hellens, contre la pisse-chaude, en faisant cuire le pissenlit avec du vinaigre de vin et en le mangeant. Quant au lait de pissenlit, il favoriserait considérablement le cours de la bile. Mais prenez garde, il existe deux laits de pissenlit, comme il existe (dit Avicenne) deux spermes d'homme : le sperme « quelquefois dur et bien cuit par la chaleur des testicules, de sorte qu'il est joint ensemble comme du lait pris et caillé, il est blanc et épais de sa nature et le fœtus qui en est formé est fort et robuste », et puis il y a un autre sperme, qui ressemble à du petit-lait, et qui est « délié et liquide dans ses parties, le fœtus qui s'en forme est mince et de faible complexion ». Pour le pissenlit, c'est pareil, encore qu'il ne donne lieu à la production d'aucun fœtus : le *lait de printemps* est aqueux, clair et peu sapide, tandis que le *lait d'été* est épais et opaque, d'une saveur amère et savonneuse très accentuée : c'est celui qu'on utilisera exclusivement. Le mieux serait de l'administrer frais, car le lait de pissenlit s'altère et subit très rapidement la fermentation

visqueuse. Mais à défaut de lait frais, on pourra toujours se rabattre sur l'extrait mou.
« Manger les pissenlits par la racine guérit, dit-on, de tout souci. » A défaut de pissenlit, on peut toujours dégonfler sa vessie, ramasser ses outils, avaler sa langue, fumer les mauves (c'est-à-dire les engraisser) ou sentir le sapin. Mais le cadavre, comme la taupe, a un faible pour la verdure. Que ce soit le pissenlit, le chou (en Italie), la salade (qu'on mange par le trognon) ou le fenouil. Pour plein de raisons. La laitue, parce que c'est traditionnellement un *manger de cadavres.* Le pissenlit, parce qu'il pousse dans les cimetières. La chicorée sauvage, parce que marcher dessus est un présage de mort. Enfin, parce que toutes ces herbes ont la propriété de vider le corps. Elles stimulent l'évacuation, favorisent le lâchage, accélèrent l'excrétion, bref elles *font passer.* Quel plus bel éloge, conclut Hellens, pour cette plante exceptionnelle ? Son lait ne se contente pas de nourrir la vie, il conserve la mort.

L'ogre et la pistache

Les pistaches pendent en forme de grappes, dit Furetière.
Qui poursuit, par ce portrait assez énigmatique : « La pellicule de dessus est rousse et de bonne odeur. Leur pelure est blanche comme celle de la noix d'ébène. Le noyau de dedans a une peau rousse. La moelle en est verte et a presque le même goût que les pommes de pin. »
Quel feuilleté de tons ! Quelle succession d'enveloppes ! Ce n'est plus un fruit, c'est un palimpseste. Comme si l'amande de la pistache mettait volontairement du temps à être nue, comme si elle s'attardait, jouait complaisamment de ses refus et de ses atermoiements, comme si elle cachait son jeu. Pourquoi tous ces mystères ? Toutes ces dérobades, ces complications ? Pourquoi protéger ainsi son innocence derrière des coques et des pelures et des couleurs ?
Selon Pline, la pistache fut introduite de Syrie en Italie, en 37 après J.-C., par Lucius Vitellius, le père de l'empereur, au retour de la province dont il était gouverneur. Si bien que certains ont voulu rattacher un peu vite le nom de pistache à Psittaque, ville de Syrie. Ils auraient pu tout aussi bien en faire le fruit du perroquet (le psittakos*) ou le fruit du* psitt, *qui est un petit signe d'appel, pour attirer l'attention ou faire avancer les bêtes. Cette sorte de bruit étant, il est vrai, plutôt contraire à l'esprit de la pistache, qui est la discrétion même, le chuchotement, le murmure du cloître. Une retenue qui correspond aussi à sa couleur, ce vert amande d'une extrême douceur, comme l'ivoire, le perle, le praline. Quelque chose d'infiniment délicat. Une tendreté qui*

n'arrive pas à s'affirmer. Un doux mûrissement de vert. Le contraire exact de la saturation. Rien d'exalté, de fébrile ou d'orgiaque. C'est une couleur voilée.
De toute façon, l'étymologie de la pistache (vraisemblablement un emprunt oriental) reste encore inconnue. Tout ou presque, dans la pistache, est d'ailleurs inconnu. Pline dit que c'est une amande qui a les mêmes usages que le pignon de pin, et qu'elle est bonne contre le venin des serpents. On n'en saura guère plus.

Ogre

Qui est donc ce Lucius Vitellius qui rapporta la pistache à Rome ? D'après Suétone, un diplomate habile et désintéressé, mais qui fut décrié pour sa liaison avec une affranchie, dont il était si amoureux qu'il prit, en guise de remède à une inflammation du larynx et des bronches, la salive de sa maîtresse mélangée à du miel. Ce qu'il fit tous les jours et aux yeux de tout le monde. Bref, ce *miel de salive* fit jaser. Et puis il donna naissance à un ogre, Aulus Vitellius, qui ne fut empereur que neuf mois (en 69) et mourut victime de ses cruautés, dans des circonstances affreuses, traîné à demi nu sur la Voie sacrée, insulté, couvert d'excréments et de boue, déchiqueté à tout petits coups près des Gémonies, puis achevé, et de là traîné dans le Tibre avec un croc.
Principalement livré, dit Suétone, aux excès de table comme à ceux de la cruauté, Aulus Vitellius prenait toujours trois repas, quelquefois quatre (si l'on y inclut l'orgie), et son estomac suffisait, paraît-il, à tous, grâce à son habitude de se faire vomir. Il s'invitait tantôt chez l'un, tantôt chez l'autre, dans la même journée, et jamais ses hôtes ne dépensèrent moins de quatre cent mille sesterces pour un seul de ces festins. Le plus fameux de tous fut le banquet de bienvenue que lui offrit son frère : on y servit, dit-on, deux mille poissons des plus rares et sept mille oiseaux. Lui-même surpassa encore cette somptuosité en inaugurant un plat qu'il se plaisait à nommer le *Bouclier de Minerve.* Il y fit mêler des foies de scares, des cervelles de faisans et de paons, des langues de flamants et des laitances de murènes, que ses capitaines de navires et ses trirèmes étaient allés lui chercher jusque dans le pays des Parthes et au

détroit de Gadès. Même au cours d'un sacrifice, ou en voyage, il ne pouvait se retenir de manger aussitôt, sur place, devant l'autel, des morceaux d'entrailles ou des gâteaux sacrificiels, qu'il arrachait presque du feu, et sur les routes, de rafler dans les auberges les plats fumants ou déjà entamés de la veille. Finalement, ce goinfre éructant, qui ne songeait qu'à bâfrer, finit le visage empourpré par l'ivresse, le ventre proéminent et la cuisse un peu faible, écrasé dans sa cinquante-septième année par Antonius Primus, un Gaulois qu'on surnommait depuis son enfance Becco, c'est-à-dire *Mandibule de coq*.

Nulle

On s'étonne encore que Lucius Vitellius ait pu découvrir la délicate pistache et enfanter pareil monstre. C'est presque une facétie de l'histoire que cette parentèle contre nature entre celle qu'on appela parfois l'Amygdale verte et cette Trogne écarlate de Vitellius, empereur et ogre de Rome. Du reste, mis à part lui, aucun nom ne s'attacha jamais à la pistache, aucune littérature ne lui fut consacrée, aucune grande cuisine non plus, comme si son destin était décidément de s'effacer. On parle à son sujet de la *nulle verte*, un entremets d'ailleurs disparu. C'était une sorte de crème cuite, très en vogue au siècle de Louis XIV : d'après Nicolas de Bonnefons, son nom lui viendrait d'un seigneur italien nommé Nullio, écuyer de cuisine d'une grande princesse. On la préparait en pilant des pistaches avec du sucre, de l'écorce de citron et des jaunes d'œufs. On mouillait aux jus de poiré et de citron, à l'eau de fleur d'oranger, et on faisait cuire à petit feu (il existait aussi une *nulle rouge*, à base de macarons et de jus de groseille). Que reste-t-il aujourd'hui de la pistache (en dehors de son rôle d'ambassadrice de l'apéritif) ? Elle s'associe assez facilement à la hure de cochon et de sanglier, elle triomphe dans les sorbets enfin, givrée de sucre, parfumée de vanille et enrobée de chocolat, elle fournissait naguère une friandise appelée *diablotin*, que l'on avait tendance à confondre avec les dragées à la cantharide, venues d'Italie, sans doute celles dont se servait Sade pour affoler ses conquêtes.

Ivresse verte

Comme on la confondit aussi, du moins dans la langue, avec le *mastic vert*, préparé avec le suc résineux du pistachier lentisque. D'où une série d'expressions familières à la fin du siècle dernier : on *pinçait sa pistache*, on *ramassait une pistache*, on *se pistachait*, ce qui signifiait qu'on avait trop forcé sur le mastic vert, ou encore sur l'absinthe, qui était un alcool fait avec l'armoise amère, mais qui ressemblait furieusement au mastic par sa teinte. Et voilà la pistache embarquée sur le radeau de l'absinthe ! Cette amande délectable se retrouva, pour une certaine nuance de vert, donc pour une question de peau, assimilé à l'ivresse aux yeux verts. Et le plus curieux, c'est qu'autant la pistache (fruit du pistachier vrai) a le pouvoir, dit-on, de rompre les envoûtements amoureux, autant l'huile extraite des fruits du pistachier lentisque a de telles vertus érotisantes qu'on l'incorpore à des onguents dont on se frotte le tour des reins, les cuisses, le sexe, et qu'on en fait un beurre, à l'aide de pâte d'amandes, qu'on dissout dans le thé, au Moyen-Orient et en Afrique du Nord. Les membres de certaines sectes de derviches font même dissoudre ce mastic dans l'éther, et cette boisson leur permet, dit-on, d'aller se promener dans les jardins d'Allah.

Zirbâdja

Mais la pistache n'est ni une ravageuse des sens, ni une folle incendiaire. Elle paraît si rigide dans ses mœurs, si engoncée dans ses coques et ses voiles, si pudique au fond qu'on a pu la croire impitoyable. Comme le prouverait cet épisode des *Mille et Une Nuits*, qui raconte les noces de l'inspecteur des cuisines et de la dame de compagnie de dame Zoubayda. La fête avait duré dix jours pleins et l'inspecteur des cuisines était depuis vingt jours entré dans le palais, quand la dame de compagnie qui lui était promise fut enfin conduite au bain rituel. En attendant, on lui présenta des plats en grand nombre, parmi lesquels une copieuse *zirbâdja*, où nageaient dans leur sauce des boyaux de mouton farcis de cœurs de pistaches, qu'on avait mis à tremper dans un sirop d'aromates et de sucre candi. « Par Dieu ! ô mes amis, quelle hâte d'être installé devant ce plat, d'où je pris tout ce que je pus avaler. Après quoi je m'essuyai les mains sans y prêter davantage attention. En effet, le Dieu Très-Haut avait permis cette distraction et m'avait laissé oublier de les savonner avec soin afin de les débarrasser de l'odeur de la *zirbâdja.* » Enfin, la mariée arriva. On la défit de ses vêtements les plus lourds, il l'amena aussitôt dans la chambre du lit, ils se couchèrent et il l'enlaça, ne pouvant croire à la réalité de leur union. C'est à ce moment-là que, sentant ses mains encore tout imprégnées de l'odeur de *zirbâdja,* elle poussa un cri. On accourut. « Débarrassez-moi de ce fou ! » dit-elle. Et elle ordonna de l'emmener et de le faire comparaître devant le tribunal du gouverneur de la ville, pour qu'il fût condamné à avoir la main coupée, cette main qui avait porté à sa bouche la *zirbâdja* et qu'il n'avait pas savonnée à la fin du repas. On la supplia, elle se laissa fléchir. Appela ses servantes, qui entourèrent le jeune homme, le garrottèrent et l'étendirent sur le sol. Puis elle tira de sa gaine un couteau effilé, s'approcha de lui et lui trancha les deux pouces et les deux gros orteils. Sur quoi il perdit connaissance. Mais le cœur de pistache peut-il, sans risques majeurs, se marier ainsi avec le boyau de mouton ?

Cailloux

On en était là, quand la pistache surprit son monde, comme si, soudain, c'était Aphrodite qui eût jailli des deux valves de sa coque blanche, figure écumeuse du plaisir dans le mouvement des vagues. On en resta sidéré. Léo Moulin (dans ses *Liturgies de la table)* ébruita la chose : il y avait parfois, dans la pistache, des éclats voluptueux. Pour les bulbes de jacinthe, de glaïeul ou d'asphodèle, explique Léo Moulin, ou encore pour la truffe, c'est la ressemblance avec les testicules qui leur a fait décerner un statut érotique. Héraclite d'Ephèse disait à leur sujet qu'ils ont « leurs premiers principes de même forme et de même nature que la liqueur spermatique elle-même ». Pareille analogie, ajoute-t-il, pourrait s'appliquer aux légumineuses (fèves, haricots ou pois chiches), si vigoureusement et si souvent dénoncées par les moralistes, ou encore aux pistaches, « si l'on se rappelle les cailloux qui parsèment les œuvres des surréalistes (en particulier Magritte), et dont ils ont toujours fait une figure du sperme ». Avouez que le raccourci est saisissant et qu'il fallut beaucoup d'obstination pour débusquer la luxurieuse dans un caillou. Mais on la tenait. On ne la lâcherait plus.

Et si la pistache avait jusque-là la réputation d'un antidote contre le venin de serpent, on se rappela que les médecins arabes, en particulier Rabbi Mosès, avaient reconnu qu'elle avait des propriétés vénériques certaines, ce que Bauhin confirma plus tard. Si bien qu'en 1680, *L'Espadon satyrique* écrivait effrontément : « La pistache, comme la cantharide, vous rend le flanc humide, plein de semence et bon gaillard. » A quoi Montalban ajouta, récemment, dans sa recette du *Gâteau à la pistache,* que les Anciens le donnaient en pâtisserie aux êtres souffrant, en matière de jouissance, d'inappétence ou de précocité. « Mais il reste encore à vérifier, conclut-il, si le gâteau à la pistache n'est qu'une simple aventure imaginaire de l'hémisphère nord ou une splendide aventure musculaire de l'hémisphère sud. »

La poire serait-elle sadique ?

« On devrait interdire ce fruit diabolique », fulminait le curé d'Ars dans son Journal, *« car il est cause de certains débordements du corps et de l'âme et peut engendrer la débauche. Tout bon chrétien devrait la proscrire. » Hildegarde de Bingen, sainte abbesse bénédictine du XIIe siècle, n'eut pas de telles colères à son égard : elle la traitait simplement de fruit lourd, pesant et âpre, occasionnant la migraine et des vapeurs dans la poitrine. Et l'école de Salerne n'en permit l'usage que cuite et assaisonnée au vin. « Poire mangée sans vin, disait-on, est quasi pire que le venin. » Mais enfin, ces débordements dont parlait au siècle dernier le curé d'Ars n'étaient manifestement pas de cette nature. Ils étaient de la nature du vice.*

Houppette

Le célèbre *Roman de la Poire*, vaste poème allégorique et courtois compilé vers 1280 par un auteur anonyme, consacra la poire comme le fruit de la féminité, mais une féminité retorse et perfide. « Je mordis dans la poire sans permission. Elle m'entra dans le cœur, elle y est encore. » Une féminité du reste de curieuse tournure, qui l'apparentait à toutes les Vénus préhistoriques qu'on déterre au hasard des fouilles : cuisses massives, ventre sphérique, seins pendants, fesses proéminentes, les Vénus de Lespugue (Haute-Garonne) et de Kostienki (Russie) sont presque identiques. Minces du cou et des chevilles, et prodigieusement enflées du ventre. Bref, ces femmes stéatopyges firent du tort à la poire. Si bien qu'on la jugea souvent imparfaite, difforme, déséquilibrée, parfois même obscène ou ridicule. Barthélemy l'Anglais, au XIIIe siècle, alla jusqu'à comparer la forme de la poire à une « flamme d'enfer ». Cette houppette de chair vive évoqua même le membre masculin : Tiffauges, à Kaltenborn, en Allemagne, inspectant à l'infirmerie ses jeunes recrues, parle d'un jeune Lothar, « fin et vibrant comme un arc », qui avait le sexe *piriforme :* « Le gland et les testicules sont réunis en trois masses à peu près égales par un réseau de plis qui convergent vers l'étroit pédoncule soudé au pubis » *(Le Roi des aulnes).* Et sur les fonts baptismaux d'Ur, en Cerdagne, on peut observer la copulation de deux fruits en forme de poire, sans qu'on sache pour le coup quel sexe ils pourraient revendiquer.

En fait, on s'aperçut très vite que le curé avait vu juste : la poire est le fruit des désordres amoureux. Décrivant l'âge d'or de l'humanité, Lucrèce en fit le prix de l'amour : non pas sa récompense, mais sa condition. « Vénus dans les bois accouplait les amants, écrit-il. Toute femme en effet cédait à son propre désir, ou à la violence brutale de l'homme et à sa passion impérieuse, ou alors à l'appât de quelque gain : glands, arbouses ou poires choisies » *(De la nature).* De la femme désirante, violentée ou vénale, la poire choisit naturellement la dernière, pour s'en faire une alliée. Au risque des pires débauches, comme on peut voir dans *Nana,* de Zola, qui nous décrit le *baiser de la poire,* entre Satin, rouleuse de boulevard, et Nana, cocotte de haute volée, au-dessus d'une tablée d'hommes indignés et ravis. « Satin, qui avait pelé une poire, était venue la manger derrière sa chérie, appuyée à ses épaules, lui disant dans le cou des choses, dont elles riaient très fort ; puis, elle voulut partager son dernier morceau de poire, elle le lui présenta entre les dents ; et toutes deux se mordillaient les lèvres, achevaient le fruit dans un baiser. »

Comment caresser la poire ?

Certains, pour répondre à cette question délicate, se concentrèrent sur son épluchure, allant jusqu'à faire ce qu'on appela une *peinture d'épluchures.* De ce point de vue, il est vrai, l'épluchure est pratique, puisqu'il suffit de la coller sur une toile. Philippe Dereux, qui a d'abord travaillé seul, puis fait éplucher sa famille, ses voisins et les gens de passage, en tira une méthode et une philosophie, qu'il exposa dans son *Petit Traité des épluchures* (ou *Expériences et réflexions d'un colleur de peaux,* 1966). Pour lui, il y a bel et bien une vie de l'épluchure : c'est ainsi que la peau de melon a un rythme, que celle du concombre fait penser à un crocodile, que le navet rétrécit terriblement et que la courgette est ironique. Comme par ailleurs chacun épluche à sa façon, il a pu mettre sur pied une caractérologie de l'épluchure : certains pèlent énorme, d'autres mince, d'un seul tenant, ou encore distraitement, en amoureux. Bref, Dereux a redécouvert la vie « à la lumière de l'épluchure ». Il raconte ainsi avec une affection particulière pour la peau de poire : « Son toucher, dit-il, quand elle est collée et sèche, est particulièrement doux et voluptueux. » Lorsqu'il passe la gouache dessus, la main posée sur la peau de la poire, il lui semble effleurer quelque chose de vivant, comme une fourrure, alors que la pomme de terre, par exemple, lui paraît morte, triste, froide, quasi cadavérique, et n'a jamais produit en lui aucun sentiment de joie. La peau de poire cirée avec du cirage blanc à chaussures prend d'ailleurs un bel éclat qui ajoute à son velours. Pourtant, il doit bien admettre qu'aucune épluchure, même celle de la poire, ne produit de spirales aussi libres et aussi folles que celles du melon, car les peaux de melons aiment le mouvement, la danse, la légèreté. Le plaisir de l'épluchure est donc plein d'imprévus.

La poire pond

Le grand défaut de la poire, c'est qu'elle « tourne » vite. Ce n'est pas un fruit capable de résister au temps, comme la pomme. Dès qu'on la touche, elle se gâte, elle se tale, elle blettit, tant elle est sensible. Elle attrape aussitôt un coup de froid ou un coup de vieux. D'un jour à l'autre, elle est complètement pourrie à l'intérieur. Et quand elle est grosse sur l'arbre, grosse comme un furoncle ou un goitre, « à croire que vraiment elle va pondre », dit Saint-Pol Roux *(Les Reposoirs de la procession)*, elle a une fâcheuse tendance à *pétarader* : « Cédant à son poids pour ne pas dire à son dessein, la poire entre les poires, notre Poire enfin, rompt son fil à la patte, choit à travers l'espace, dégringole, éclate et pétarade ainsi qu'un derrière chargé de ricin, s'épate veule dans les gueules béantes au-dessous des nez, et toutes les personnes sont empoisonnées ! » Faut-il pour autant en conclure, comme Henri de Régnier (dans *La Double Maîtresse)* que la poire sent tour à tour la pluie, la feuille morte et la fourmi ? En tout cas, que sa chair soit granuleuse ou tendre, acide ou succulente, la poire, dit-il, est « tachetée et lisse comme un poisson et se faisande comme un gibier », ce qui pourrait faire croire que c'est une sorte de monstre antédiluvien, mais il n'en est rien. Sa double nature, en réalité, est ailleurs, et révèle plutôt une tendance mal déguisée pour la souffrance.

Fraudes

Rousseau l'avoue dans ses *Confessions* : c'était un petit chapardeur. Alors qu'il était apprenti graveur à Genève, il raconte comment il apprit à convoiter en silence, à se cacher, à dissimuler, à mentir et à dérober, fantaisie qui jusqu'alors ne lui était pas venue, et dont il n'a jamais pu depuis lors se guérir tout à fait. C'est ainsi qu'il *moissonnait* tous les matins de très belles asperges dans leur primeur, à l'invitation d'un compagnon, puis qu'il continua par la chasse aux pommes. Espiègleries qui lui valurent d'être copieusement étrillé par son maître. Le vol des poires, tel que le raconte saint Augustin, est autrement vicieux, car il n'y eut pas d'étrillage, mais une *mortification* qui dura toute la vie. La chose se passa quand il était encore enfant à Thagaste, dans le Constantinois algérien. Tard dans la nuit, Augustin allait avec d'autres gamins chiper des poires dans les jardins. « Seul, dit-il, je ne l'aurais pas fait, mais nous étions associés pour pécher ensemble. » Et il ajoute, naïvement : « Qui peut comprendre les péchés ? C'était un rire, un *chatouillement du cœur.* » Bref, ces poires, qui du reste ne les régalèrent pas, puisqu'ils les jetèrent aux cochons, le tourmen-

tèrent longtemps, car c'était un penchant naturel à la concupiscence. Et pour tout dire, une morsure irréparable.
La poire aime donc l'humiliation. On pourrait même penser que c'est le fruit qui est le plus porté à ce genre de choses. Le fruit qui cherche à s'abîmer au plus vite, avec un sûr instinct ou un penchant obscur pour le régime des coups. Colette, en confiturière féroce, s'entendait très bien avec les poires. C'était même, avec les châtaignes et les macres, son fruit préféré. Nostalgique de ce jardin de Saint-Sauveur où elle passait des journées entières à *trôler*, comme elle dit, au milieu des reines-claudes, des pêches âpres ou des poires Messire-Jean aux fruits *flogres* dès que mûrs, un régal pour les abeilles, Colette a toujours aimé, en fait, le flogre, le trop mûr, le blet. Aux veillées, dit-elle, elle piquait et pressait des nèfles flasques qui sentaient le cellier. Et les poires, elle les subtilisait aux abeilles pour en faire précisément des *poires tapées.* C'est-à-dire aplaties pour être mises au four (on disait dans certaines régions, des chapons ou des crottes d'ermites), qu'on servait telles quelles, sous forme de confitures sèches, ou dont on garnissait les tartes. Une recette de l'Ouest voulait qu'on les fasse d'abord sécher au four, et qu'on les tape à mi-dessication avec la main ou le marteau. Mais la poire se laissait faire. On la houspillait, on la fessait, on la giflait, elle en devenait plus délicieuse encore.

Poire d'angoisse

Un tout petit cerveau, de grosses joues et une queue sur le caillou, c'est son portrait de bonne poire, dans l'esprit des enfants. Ou des caricaturistes, puisqu'à la suite des caricatures de Philipon, en 1830, le toupet de Louis-Philippe fut bientôt appelé *coiffure à la poire.* Une *poire,* c'est aussi celui qui se fait duper, et en italien, *tomber comme une poire mûre,* se dit quand on a le coup de foudre ou qu'on s'est fait avoir (ce qui est apparemment la même chose). *Faire sa poire,* c'était, au siècle dernier, faire son gommeux, se donner un air crâne, et Delvau, en 1864, dit clairement que les filles qui font ainsi leur poire, ou leur étroite, « quand un homme propose de les baiser », font tout simplement les sages quand il ne le faut pas.

Dans le folklore populaire, c'était pareil : une poire pouvait être une fille facile (« Poire et fille mûres sont sujettes à mâchures », disait-on en Saintonge), et la poire, comme la femme, n'était bonne au fond que quand elle se taisait (« La poire ne doit pas crier sous le couteau ») ou quand elle pleurait (c'est-à-dire quand elle était juteuse). Quand Anna de Noailles, enfin, compara son cœur à une « poire qui nourrit doucement sa pelure au soleil », on se dit que la poire avait certainement atteint le point le plus bas de l'abnégation.

Mais voilà que dans une espèce de volte-face imprévisible, de retournement spectaculaire, un état de nerfs incompréhensible, la poire pouvait se faire implacable et vous mortifier. Insidieusement, elle manigançait les choses de façon à vous prendre aux rets de sa désolation, et vous inscrire dans des contraintes, des menaces, des souffrances qui n'étaient plus les siennes, mais bel et bien les vôtres. Rappelez-vous Conchita, dans *La Femme et le Pantin*, de Pierre Louÿs. « Si elle avait besoin du châtiment, elle avait aussi la passion de la faute. » C'était moins chez elle le plaisir de pécher que la joie de faire mal. Son rôle dans la vie se bornait à semer la souffrance et à la regarder croître. C'est tout le portrait de la poire. C'est pourquoi on s'en méfiait, au fond, comme d'un venin. Parce qu'elle transformait le délice en torture. *Promettre des poires molles* à quelqu'un, c'est dit-on le tromper. Et *ne pas promettre de poires molles,* c'est le menacer. Comment échapper à ça ? C'est toute l'histoire de la *poire d'angoisse.*

Figurez-vous qu'au XIIe siècle, cette poire d'angoisse était une variété de poire appréciée, originaire d'Angoisse, dans le canton de la Nouaille, en Dordogne. Poire d'hiver, à cuire ou à sécher, et aussi poire à cidre. Et puis voilà que par une homonymie fâcheuse, un retournement de sens typique à la poire, plutôt que par l'âpreté du fruit lorsqu'on le mangeait cru, on a estimé que cette poire d'Angoisse était, effectivement, une poire de l'angoisse, si bien qu'au XVe siècle, on parla de *manger* ou d'*avaler des poires d'angoisse* quand on avait de grands déplaisirs, qu'on souffrait mille maux, et que cette poire devint même un bâillon de fer à ressort dont on bloquait les mâchoires des prisonniers. Il en existait d'ailleurs de trois sortes. Une *poire de la bouche*, qui était ingligée aux prédicateurs hérétiques, aux blasphémateurs et à tous ceux qui avaient manifesté des pensées séditieuses. Une *poire du vagin*, plus grande, mais qui avait la même forme, et qu'on réservait aux femmes accusées d'avoir eu des rapports sexuels avec Satan ou avec ses adeptes. Enfin, une *poire de l'anus*, destinée aux sodomites, et particulièrement aux sodomites passifs. On introduisait ladite poire dans un des trois orifices, puis selon le principe de la pince à sucre, on l'élargissait par un mécanisme à vis, jusqu'à ce que les parties touchées soient irrémédiablement déchirées. Avec la scie, l'estrapade, le cheval espagnol, l'échelle d'étirement, la cigogne estropiante, l'écrase-tête, l'arrache-seins, le pince-langue, la fourche de l'hérétique et quelques autres, la poire d'angoisse fut, évidemment, un des appareils de l'horreur les plus courus de l'époque.

Charlie

Sans être aussi spectaculaires, les accès de sadisme du baron de Charlus (dans *Sodome et Gomorrhe*), en particulier avec Morel, au restaurant de Saint-Mars-le-Vêtu, n'en sont pas moins pervers. Car ils agissent avec la vitesse et l'imprévisibilité du cyclone. Quand une fiction, dit Proust, pouvait lui causer un plaisir sensuel momentané, il y donnait alors son adhésion, quitte à la retirer tout entière quelques instants après, quand le plaisir serait épuisé. Et Charlus peut être odieux quand il dit d'une voix aiguë et claquante comme un soufflet que le nom de « Poème triste », choisi par Morel pour un petit morceau de concert, est affreux, que le champagne qu'on lui sert est une horreur qui n'a aucun rapport avec le plus mauvais champagne, que c'est le vomitif appelé *cup* où on fait généralement traîner trois fraises pourries dans un mélange de vinaigre et d'eau de Seltz, ou encore, d'un ton impérieux : « Demandez au maître d'hôtel s'il a du Bon Chrétien. — Du Bon Chrétien ? Je ne comprends pas. — Vous voyez bien que nous sommes au fruit, c'est une poire. Soyez sûr que Mme de Cambremer en a chez elle, car la comtesse d'Escarbagnas qu'elle est en avait. M. Thibaudier la lui envoie et elle dit : "Voilà du Bon Chrétien qui est fort beau." — Non, je ne savais pas. — Je vois du reste que vous ne savez rien. Si vous n'avez même pas lu Molière... » Cette petite conversation épineuse dura quelque temps encore, le temps d'énumérer quelques autres variétés de poires, la Doyenné des Comices, le Triomphe de Jodoigne, la Virginie-Baltet ou la Passe-Colmar. Sur quoi le baron, ulcéré, mais ravi de son effet, quitta la table sur une dernière remarque qui s'adressait au garçon : « Eh bien, puisque vous n'avez rien, nous allons partir. La *Duchesse d'Angoulême* n'est pas encore mûre. Allons, Charlie, partons. »

Vide

Tant d'humiliations devaient fatalement conduire à se demander si ce fruit était habité par un démon, par une bête ou par rien du tout. Car il y eut aussi des adeptes de la poire vide. Comme Alexandre Vialatte. « Chyme l'Environnaire, le "philosophe inconnu", disait que le vide est en forme de poire (on l'a vu depuis l'ampoule électrique, qui est une poire en verre pleine de vide). A son époque, l'idée était hardie. Phorcypeute le Microchire assurait de son côté qu'il avait vu le néant, et même qu'il l'avait vu de profil, ce qui serait un comble de minceur et me fait penser au fils de mon ancien concierge (vu de face, il était si mince, si long de visage et si étroit d'épaules — il avait pourtant servi dans l'artillerie de montagne — qu'on ne pouvait le voir que de profil. Il menait les chèvres au Luxembourg. En jouant de la flûte). Quoi qu'il en soit, l'opinion de Phorcypeute, qui semble distinguer entre face et profil dans la physionomie du vide, ne prouve pas nécessairement qu'il parlait d'un autre néant que celui de Chyme l'Environnaire qui le voyait "en forme de poire", car la poire est la même de face comme de profil. Ils parlaient donc du même vide et du même néant et s'accordaient à dire qu'il est plus léger que tout. C'est là que leur opinion est fausse et qu'on se trompe beaucoup. La preuve en est qu'une ampoule électrique va se casser sur le sol si on la laisse tomber. Le vide en forme de poire est donc plus lourd que l'air. »

Ce qui arrive aussi, du reste, pour le vide en forme de tête.

C'est une consolation pour la poire.

Forfanterie du

poireau

Dans le poireau, tout commence par les feuilles.

Des feuilles qui se disposent invariablement en deux séries opposées, de façon à s'étaler les unes au-dessus des autres de chaque côté, symétriquement par rapport à l'axe de la plante, formant ainsi ce qu'il faut bien appeler un éventail. Car le poireau se prend volontiers pour un palmier. Mais, quoi qu'il en ait, ce n'est pas un palmier ou même une hypostase d'Isis, si l'on s'en réfère aux anciens papyrus de Haute-Égypte, qui considèrent le palmier comme une femme aux longs cheveux tressés, penchée en avant et manifestant sa douleur. Le poireau a pourtant une singulière propension à la forfanterie, à la gasconnade, il a un peu trop tendance à montrer qu'il est là et qu'il est le poireau. Ce qu'au demeurant, personne n'aurait l'idée de mettre en doute. Mais c'est ainsi : le poireau n'est pas grotesque comme on l'a prétendu, il est vaniteux.

Connu pour ses tartarinades, ses roucoulements satisfaits, ses gesticulations intempestives, dont on se demande toujours si elles sont destinées à impressionner son monde ou à duper l'opinion, le poireau a tout fait pour qu'on retienne de lui cette métaphore de Vert-Galant, dont parlait déjà Rabelais, dans Pantagruel *(1532) : « Tu me reproches mon poil grisonnant et ne considère point comment il est* de la nature des pourreaux *esquels nous voyons la tête blanche et la queue verte, droite et vigoureuse. » Et reprise, peu après, par Ronsard, dans ses* Odes *(1550) : « Si j'ai la tête blanche en haut, j'ai en bas la queue bien franche. » Façon de dire sans ambages que le poireau est « vaillant au lit », et de le claironner bien haut. On comprend, dans ces conditions, que le poireau n'est pas une petite poire, comme le soliveau, une petite solive. Arrière-petit-fils de l'Ail d'Orient, ou Poireau des Vignes, originaire de la région méditerranéenne, le poireau, qui est un légume vert et blanc (le blanc étant apparemment plus recherché que le vert), offre deux variétés qui ont chacune leurs adeptes : le long et fin, le gros et court. Mais dans tous les cas, il doit se montrer ferme et rigide, et ses couleurs, reluire et briller : sinon, ce n'est pas un poireau, c'est de l'herbe.*

Poireau d'amour

Le *Dictionnaire d'histoire naturelle,* paru en 1836, signalait à l'attention de ses lecteurs que *poirreau* était une expression vicieuse, vulgairement employée par les ignorants, au lieu de *porreau,* comme l'indiquent ses noms latin et botanique *(porrum).* Il faut donc croire qu'avec le poireau, le vice triompha. Mais il est vrai que le vice est aussi dans la nature de cette charmante liliacée. « Prends garde ! » disait des Hermies, dans *Là-bas,* de Huysmans. « Porta, un thaumaturge de la fin du XVIe siècle, nous apprend que ce légume longtemps considéré tel qu'un emblème de la virilité, perturbe la quiétude des plus chastes ! » Effectivement, il arrivait, au siècle dernier, dans la langue des mauvais garçons, qu'on *fasse le poireau d'amour* (comme dit Jehan Rictus), autre façon de se congratuler, de se faire mousser le créateur, de se taper la coloquinte, de se taquiner le hanneton, de manier la sottise ou de tromper la nature. Même quand il est mité, ou qu'il s'agit du poireau de monsieur l'curé (dont la sève sortait jaillissante, dit la chanson, pour peu qu'une main caressante dans ses doigts l'eût pressé), le poireau désigne toujours de façon flatteuse la verdeur du membre viril.

Je n'entrerai pas dans une foule de détails extrêmement techniques aux spécialités nombreuses et parfois inédites, mais enfin sachez qu'on peut (toujours dans la langue verte) *se chatouiller* ou *s'astiquer le poireau, souffler* ou *se faire souffler dans le poireau,* le *sucer* ou le *glouglouter* (le glouglou du poireau, il est vrai est un peu passé), comme on souffle ni plus ni moins dans le mirliton ou la peau d'anguille (*souffler dans un poireau* s'est d'ailleurs dit longtemps à propos d'une trompette d'enfant faite avec une tige de poireau), on peut encore *se dégourdir le poireau*, sans doute après les dernières gelées d'hiver, parce qu'on a été longtemps privé d'un tel plaisir, enfin on peut lui faire rendre gorge, de là les deux expressions d'*engorgé du poireau* et de *dégorger le poireau*, comme on fait du concombre ou des escargots, mais différemment : Pierre Guiraud (dans son *Dictionnaire érotique*, 1978) nous apprend du reste qu'on dégorge de la même façon sa sangsue ou son sifflet. Bref, comme dit le proverbe du Poitou, « femme stérile mangeant poireau, son ventre gros devient fertile ».

Fiasco

Si le poireau nous enchante, l'endive, elle, nous fait déchanter. Car l'endive, qui d'ailleurs est une chicorée et n'a rien à voir avec les liliacées, se révèle, au moment crucial, extrêmement décevante : c'est la salade de la débandade et pour tout dire du fiasco. L'endive, c'est le revers du poireau, c'est son infortune ou son contre-temps. C'est du moins ainsi que la considérait un poète de Cyzique, contemporain d'Auguste et de Tibère, Automédon, qui dans une épigramme a raconté l'inconfort moral de la débâcle amoureuse, quand l'amant est trahi par ses dispositions physiques et, comme les souffleurs de verre à Venise, crie *fiasco*, parce qu'il a manqué son coup. Beaucoup de poètes latins traitent de ce sujet délicat, qu'on a semble-t-il un peu délaissé (en tout cas, depuis *Armance*) : on peste devant cette défaite de la maudite, qui a le front de ressusciter ensuite, quand il n'est plus temps, au point qu'on reste dépité de ce capricieux sursaut. « Invite, appelle, tout est prêt. Mais si l'on vient, que vas-tu faire ? Rends-toi compte, Automédon ! Plus molle qu'une endive ! Elle, bandée et vive naguère, la voilà morte et pendue dans tes cuisses ! On rira bien de toi ! S'aventurer en mer si mal paré, marin qui n'aurait plus de rame ! »
En fait, cette endive-là n'a rien à voir avec notre *witloof*, encore appelée *chicon* (c'est-à-dire trognon, en ch'timi), plus raide qu'un piquet et d'origine récente (vers 1850). Ce que man-

geaient les Romains, c'était la chicorée-endive. Reste que le problème semblait suffisamment sérieux pour qu'Ovide, dans les *Amours*, s'en préoccupât également : « Le fiasco ! Je gisais, masse lamentable, sur le lit. Je la désirais, et elle avait du désir, et je n'ai pu le brandir, ce membre délicieux ! Mes reins étaient morts. » Le membre d'Ovide, lui, est pétrifié, engourdi et comme empoisonné par la ciguë qui glace, mais le résultat est le même : il doit rompre les chiens. Il est désarçonné, le vit désossé. Comme le résumait très justement Archiloque : « Ça ne bande plus, les verges sont molles ! » Ce que voyant, Léonard de Vinci en a déduit que la verge capricieuse, qui au moment propice pouvait se montrer si languide et inappétente, avait « une vie et une intelligence propres, séparées de l'homme » *(Della verga)*. Quoi qu'il en soit, l'accident est là, et l'affront, inévitable. Ne reste plus alors, dit Boris Vian, qu'« une valse en forme d'endive, comme tes grands yeux bleus, une valse longue et furtive, pour pleurer tous les deux » *(Valse dingue)*.

Antécédents

Le poireau serait-il voué à cette vie silencieuse et sans horizon dont parle Jules Renard dans son *Journal* (1907) ? Cette vie animale et sotte ? Le poireau ne serait-il qu'une vie qui pousse ? Comme semble le faire croire l'expression *faire le poireau*, ou *planter son poireau*, c'est-à-dire resté là planté, dans l'attente ? Dans l'attente de quoi, on se demande. Et pourtant. Le poireau a des antécédents. Il a de quoi relever la tête. Il y a bel et bien une lignée du poireau, qui remonte aux dieux du Sommeil et des Ténèbres. Car il était offert par les Égyptiens aux dieux de l'Amenti, on le représentait en bottes sur la plupart des fresques funéraires, on ne mourait pas, à cette époque, sans son poireau. Le poireau de Chaumot (Nièvre) prend quand même meilleure tournure quand on lui parle du poireau du roi Chéops. Ça flatte, ça donne de l'élan dans la vie. Et je ne parle pas de Latone, déjà grosse d'Apollon, qui eut alors une envie de poireau, si bien qu'en Grèce le poireau devint sacré, comme le chou. Sans remonter si loin, le poireau est aussi au pays de Galles le petit père de tout un peuple.

C'est l'emblème du pays, on le met à son chapeau pour la Saint-Davy. Et Pistolet a bien tort, dans *Henri V*, de Shakespeare, de se moquer de Fluellen le capitaine. En lui disant en face que son cœur se soulève à la vue du poireau. Car Fluellen lui fera manger son poireau, à ce Pistolet poltron, et la vinaigrette avec. C'est même devenu là-bas une expression : *to eat the leak*, manger du poireau, qui est un peu l'équivalent du français : *avaler un crapaud*, c'est-à-dire encaisser un affront.

Mort aux vaches !

Et puis ce fut l'affaire Dreyfus du poireau. Rappelez-vous *Crainquebille*, d'Anatole France (1902). C'était lui, dans la charrette du marchand de quatre-saisons, le parent pauvre de l'asperge. Lui qui transforma finalement le pauvre Crainquebille en porc-épic. Voilà l'affaire : Jérôme Crainquebille allait par la ville, poussant sa petite voiture en criant : *Des choux, des navets, des carottes !* Or, le 20 octobre, à l'heure de midi, comme il descendait la rue Montmartre, Mme Bayard, la cordonnière *A l'Ange Gardien*, sortit de sa boutique et s'approcha de la voiture. Et ce fut la catastrophe de sa vie.

Car la cordonnière se mit à rechigner sur les poireaux. A marchander une botte de quinze sous à quatorze sous. A le faire poireauter parce qu'elle était allée chercher l'argent dans la boutique, où une cliente portant un enfant l'avait précédée. Surgit l'agent 64 qui ordonne à Crainquebille de circuler. Crainquebille regimbe. L'agent 64 menace. Les conducteurs d'autobus, considérant Crainquebille comme la cause de l'embarras des voitures, le traitent de *sale poireau*. Crainquebille crie en s'arrachant les cheveux sous sa casquette. L'agent 64 se croit insulté : « Ah ! vous avez dit : Mort aux vaches ! C'est bon, suivez-moi ! » Crainquebille passe la nuit au violon. Et deux jours après, il est devant la justice. Le juge Bourriche consacre six minutes pleines à son interrogatoire. Le condamne à quinze jours de prison et cinquante francs d'amende pour un *mort aux vaches* qui déclencha des rires dans l'auditoire. La vie reprit. Mais Crainquebille eut beau crier rue Montmartre, en poussant sa voiture : *Des choux, des navets, des carottes !* ce n'était plus pareil. Les pratiques le délaissaient.

Crainquebille connut la misère, une misère noire. C'était l'hiver. Il se dit alors qu'en prison, c'était mieux. Il lança : *Mort aux vaches !* à un vieux sergot. Mais le vieux sergot le prit pour un poivrot. Et Crainquebille, la tête basse et les bras ballants, s'enfonça sous la pluie.

Baiser pointu

Entre le poireau et le baiser, dit-on, il faut choisir. Le poireau serait-il donc l'ennemi du baiser ? Juvénal reste assez réservé sur la question, disant simplement qu'après tout, le poireau fait le régal des savetiers et qu'il est le digne accompagnement de la tête de mouton bouillie. Martial, en revanche, conseille fermement à quiconque vient d'en manger de n'embrasser qu'à lèvres closes, autrement dit il fait du poireau l'origine du *baiser pointu.* « Ces poireaux tarentins, écrit-il, n'ont pas l'odeur des roses : après, pour tes baisers, garde les lèvres closes. » C'est pourtant une odeur qui ne rebuta pas la Renaissance. Jehan Gœurot, médecin de François Ier, recommanda même la *porée,* fameuse soupe de feuilles vertes de poireau hachées (connue depuis le XIIe siècle), à tous les mugueteurs de dames pour leur donner plaisante haleine. Ce qui est assez paradoxal, même s'il était de bon ton, à l'époque, de sentir un peu le fumet. Enfin, à défaut de plaisante haleine, le poireau passait pour avoir la propriété de chasser les mouches, de guérir les morsures de serpents et d'être rafraîchissant et purgatif, car « sa trame cellulosique agit à la façon d'un coup de filet qui rassemble et englobe les particules vagabondes des résidus intestinaux, tandis que son mucilage facilite leur glissement à travers les voies qu'elles ont à parcourir ».

L'envie de mourir

On ne saurait oublier de mentionner qu'en Angleterre, et par extension chez les colons anglais d'Amérique, le poireau servit longtemps de goupillon pour exorciser. Que la soupe aux poireaux, quand elle s'accompagne de pommes de terre, est un grand classique, mais naturellement, comme disait Furetière, on fait de la meilleure soupe aux poireaux avec un chapon. Ce qui n'empêcha pas Marguerite Duras, dans la revue *Sorcières*

(1976), de lui rendre hommage, dans une de ses vaticinations les plus inattendues : « Dans les maisons, dit-elle, son odeur se répand très vite, très fort, vulgaire comme le manger pauvre, le travail des femmes, le coucher des bêtes, le vomi des nouveau-nés. On peut ne vouloir rien faire et puis faire ça, oui, cette soupe-là : entre ces deux vouloirs, une marge très étroite, toujours la même : suicide. » Car le poireau flirte bizarrement avec l'idée de suicide, il en caresse l'idée et il y cède parfois. Voyez l'Aurélie de Marcel Aymé, dans *La Table-aux-crevés.* « La cuisine était propre. Au milieu, l'Aurélie pendait à une grosse ficelle, accrochée par le cou. De grand matin, courbée sur son cuveau, elle avait entrepris de buander le linge. Au soir, elle avait envie de mourir, tout d'un coup, comme on a soif. L'envie l'avait prise au jardin, pendant qu'elle arrachait des poireaux pour la soupe. Du pied heurtant une motte de terre, l'Aurélie était tombée à plat ventre dans le carré de poireaux. Et la terre lui avait paru molle comme édredon, si douce à son grand corps séché de fatigue qu'elle était restée un bon moment, le nez dans le terreau, à prier la Sainte Vierge. » Fort heureusement, Jules Vallès, qui adorait le poireau autant qu'il haïssait l'oignon, avait aussi une mère qui lui épargna de telles extrémités : « On me les arrachait de la bouche, dit-il, comme on arrache un pistolet des mains d'un criminel, comme on enlève la coupe de poison à un malheureux qui veut se suicider. » Pourquoi ne pourrais-je pas en manger ? demandait-il en pleurant à sa mère. « Parce que tu les aimes », répondait cette femme pleine de bon sens, qui ne voulait pas que son fils eût des passions.

Perdrix

Néron s'abandonna pourtant à la passion du poireau à couper. Ce fut aussi le seul chanteur *porrophage* que l'on connût dans l'histoire. Car le poireau possède en commun avec le navet la vertu d'éclaircir la voix. Et Néron, comme on sait, se piquait de chanter. Il chanta un peu partout, en Grèce, à Naples, à Antium et même à Rome. Il se présentait dans tous les concours de citharèdes, figurait dans des rôles tragiques et, d'après Suétone, payait une claque de cinq mille robustes jeunes gens de la plèbe, à qui il fit apprendre une série d'applaudissements variés, allant des bourdonnements aux bruits de tuiles et de tessons, afin d'être soutenu pendant son chant. Il ne négligeait aucune précaution pour conserver ou amplifier sa voix, supportait sur sa poitrine une feuille de plomb, prenait des lavements et vomitifs pour se dégager le corps, se privait de fruits nuisibles à ses cordes vocales : en revanche, il mangeait du poireau à l'huile, et rien d'autre, pas même du pain, chaque mois à jours fixes, pour améliorer son organe. Aristote prétendait que les perdrix en prenaient aussi pour rendre leur cri plus perçant. Néron, en tout cas, avait raison : le poireau fait merveille pour nettoyer la canne et le tuyau du poumon. Le poireau à couper lui permit ainsi de chanter la *Prise d'Ilion*, dans son costume de théâtre, sur le mont Esquilin, pendant que Rome flambait. Il lui permit accessoirement d'autres divertissements : parfois, vêtu d'une peau de bête féroce, Néron se précipitait en effet sur les parties naturelles d'hommes et de femmes attachés au pal, puis après avoir assouvi sa lubricité se livrait finalement à son affranchi Doryphore, allant jusqu'à imiter alors les cris et les gémissements des vierges auxquelles on fait violence.

A défaut de vous faire cacaber comme la perdrix, le poireau à couper peut devenir aussi un charmant accessoire amoureux, si vous l'épluchez profondément ainsi qu'un martinet.

La favorite et le petit pois

Le pedzouille aurait-il été engendré par le pois ?
Les étymologistes sont en bisbille à ce sujet. Certains voient, en effet, dans ce pedzouille, *qui n'est jamais qu'une manifestation du mange-bouse ou du cul-terreux, autrement dit du paysan, « celui qui se nourrit de pois ». Naturellement, il ne s'agit pas de pois verts ou petits pois, mais bien de pois secs, qu'on mangeait autrefois, été comme hiver, soit entiers comme les haricots ou les pois chiches, soit décortiqués et cassés. Pour eux, le pois serait donc d'abord un ventre, et qui plus est, un ventre de croquant.*

Lard

Il y avait pourtant, à l'époque, un mets fort apprécié à la cour comme au couvent, c'étaient les *pois au lard.* « Il n'est rien de plus savoureux », disait La Bruyère-Champier (1560), « qu'une épinée de cochon salé accommodée avec des pois. » Et Rabelais, dans le *Cinquième Livre* (paru en 1564), en faisait l'ordinaire du lundi, au monastère des frères Fredons, qui avaient cette particularité de toujours commencer leur repas par du fromage, et de l'achever par moutarde et laitue, selon l'usage des Anciens. Et comme il le souligne, « ils n'étaient ni pauvres ni souffreteux, car chacun d'eux avait bénéfice de ventre bien bon ». Cela dit, il faut bien admettre que ces « pois en cosse » et « pois chauds pilés » que l'on criait, dès le XIIIe siècle, dans les rues de Paris, servaient plutôt de *pitance* (un mot qui ne vient pas du pois, mais de la pitié, c'est pire) à tous les pauvres qui se serraient aux portes des couvents ou dans les hospices. Bref, le pois fut longtemps un légume triste. Et le régime des jours maigres.

Pour en revenir à notre pedzouille, d'autres linguistes y virent des influences encore moins recommandables : soit qu'on en situe l'origine dans le pou, avec influence de *pétrousquin* (le postérieur) et du pet, soit qu'on y voie un jeu de mots entre *pézan* (forme dialectale de paysan) et *péter*, soit enfin qu'on en fasse la fusion de *pétard* et de *vézouille* (le derrière), avec le sens également de *péter* et *vesser*. S'éloigne-t-on du pois pour autant ? Pas tout à fait. Car le pois lui-même est un péteux de première. « Quand le vinaigre militaire coulait sur les barbes non rasées », dit Crépitus, le Dieu des Pets, dans *La Tentation de saint Antoine*, de Flaubert (1874), « qu'on se régalait de glands, de pois et d'oignons crus et que le bouc en morceaux cuisait dans le beurre rance des pasteurs, sans souci du voisin, personne alors ne se gênait. Les nourritures solides faisaient les digestions retentissantes. Au soleil de la campagne, les hommes se soulageaient avec lenteur. »

Coup d'éclat

Et puis voilà qu'on assista à ce qu'il faut bien appeler la Révolution du Pois. Celui qu'on connaissait déjà à Paris depuis l'âge du bronze, soit près de deux millénaires avant Jésus-Christ, fit à nouveau sensation, en plein XVIIe siècle, sous la forme inattendue du pois vert, qui est bien l'excellence du pois, la fraîcheur, la primeur du pois, bref l'*aristos* du pois, aurait dit Homère, si Homère avait connu le petit pois (et l'*aristos*, c'est le plus brave, le plus noble des guerriers). Ce fut alors un emballement, une coqueluche, une folie. Le pois vert devint, en quelques années, le « ragoût des riches friands » et relégua désormais le *vulgum pecus* des pois chiches, pois secs et pois cassés au service subalterne des potages et purées. C'est en 1660 que se produisit le coup d'éclat du petit pois. Certes, on le connaissait déjà avant. Mais c'est une chose d'exister, une autre d'être officiellement présenté à la Cour. Une présentation qui visiblement déclencha une émeute.

Un jour, Audiger, ancien chef d'office de la comtesse de Soissons, puis de Colbert, passant par Gênes, vit dans les champs d'incomparables petits pois. Et comme il savait que le roi en raffolait, il décida d'en rapporter un cageot. « Le jeudi 18 janvier 1660, donc, raconte Audiger, j'eus l'honneur de le présenter au Roi, grâce à M. Bontems [premier valet de chambre du roi] qui, pour cela, me fit la faveur de me conduire lui-même au Louvre. Sa Majesté et tous les seigneurs qui sont avec Elle s'écrient que rien n'est plus beau ni plus nouveau, et que jamais en France l'on n'avait rien vu de pareil pour la saison. Monsieur de Soissons prit même une poignée de pois qu'il écossa en présence de Sa Majesté et qui se trouvèrent aussi frais que si l'on venait de les cueillir. Sa Majesté ayant eu la bonté de m'en remarquer sa satisfaction m'ordonna de les porter au sieur Baudoin, contrôleur de la bouche, et de lui dire d'en donner pour faire un petit plat pour la reine mère, un pour la reine, un pour Monsieur le Cardinal [Mazarin] et qu'on lui conserve le reste afin que Monsieur [son frère] en mange avec Elle. »

La cour, le faubourg, la finance, les évêques, tous en réclamaient. Il provoqua certes chez le roi, quelques embarras gastriques, que Fagon ne put contenir, mais Sa Majesté était folle de cette exquise petite rondeur. La Quintinie fit des miracles pour forcer sa venue dans les serres chauffées de Versailles. On l'apprêtait un peu de toutes les façons. En entremets, entre un plat d'asperges à la sauce douce et une crème à la pistache parfumée au musc. Avec des laitues pommées, du pourpier et un bouquet garni. On couchait aussi des pigeons en croûte sur un lit de petits pois, car le pigeon non seulement « fait du bon sang et restaure admirablement », mais (selon Savonarole) il « échauffe les reins et incite aussi au coït ». Tout Paris suivit. Boileau se moqua de cette manie du petit pois dans sa satire du *Repas ridicule* (1665). Dans une comédie jouée la même année, *Les Costeaux ou les Friands Marquis*, on dit payer cent livres trois quarts le litre de petits pois, ce qui est en effet « payer fort cher le fumier qui les fit venir ». François Mansart, paraît-il, s'en donna une indigestion, dont il mourut (c'était en 1666). Quant à la Maintenon, elle écrivait en 1696, donc plus de trente ans après l'esbroufe du petit pois : « Le chapitre des pois dure toujours ; l'impatience d'en manger, le plaisir d'en avoir mangé et la joie d'en manger encore sont les trois points que nos princes traitent depuis quatre jours. »

Vieille ripopée

Ce même mois de mai 1696, au cardinal de Noailles, elle ajoutait, visiblement abasourdie : « Il y a des dames qui, après avoir soupé avec le roi, et bien soupé, trouvent des pois chez elles pour manger avant de se coucher, au risque d'une indigestion ; c'est une mode, une fureur. » Faut-il voir dans ces excès de bouche une condamnation sévère de la Maintenon, passée si vite de la frivolité à la dévotion qu'elle ressemblait assez à ces « mineuses, piteuses, marmiteuses, froides, discrètes, serrées et modestes en leurs paroles et habits réformés, dont parlait Brantôme, qu'à voir ainsi on prendrait pour des saintes et très prudes femmes, qui sont au-dedans et par volonté, et au-dehors par bons effets, bonnes putains » ? La Palatine, qui ne fait pas autrement mention du petit pois, et paraît même s'en contrefiche un peu, n'en continue pas moins de traiter gaillardement la veuve Scarron de vieille ordure, vieille ripopée, vieille ratatinée, guenille, guenipe, loque, casserole, truie, sorcière, voleuse, accapareuse de blé, empoisonneuse et incendiaire. Elle aurait pu ajouter qu'elle lui volait l'affection du roi. L'une comme l'autre avaient pourtant tout à redouter de cet engouement du roi pour le petit pois. Pour une raison simple, qu'explique une comédie jouée en 1697, *Pasquin et Marforio :* « La nouveauté fait la folie des Français. Ils préfèrent les pois verts aux pois secs, la gazette nouvelle à la vieille et les filles de quinze ans aux mères les plus expérimentées. »
Précisément, en avril 1679, la nouveauté s'appelait Mlle de Fontanges. Laquelle avait beau être sotte et arriver du pays des loups (le château de Cropières, en Auvergne), tout le monde fut enchanté. « On ne peut rien voir de plus merveilleux », écrit la Palatine de cette fille d'honneur attachée à son service. « Elle est grande, blonde, a le teint vif, les yeux bleus et mille belles qualités de corps et d'esprit dans une grande jeunesse », ajouta *Le Mercure galant.* Bref, le roi s'affola pour cette beauté

qui lui résista quelques jours. Mais sa faveur passa vite, en même temps que sa beauté, altérée par des couches difficiles. Et Marie-Angélique mourut mystérieusement, en juin 1681, à vingt-deux ans. « La Fontanges est morte, dira la Palatine, parce que Mme de Montespan l'a empoisonnée dans du lait. » Rien n'est sûr. Toujours est-il que cette jeune personne laissa de son passage éclair à la cour et dans le monde deux choses : une façon d'attacher ses cheveux avec un ruban au sommet de la tête, dans une sorte de chignon de boucles, et un délicieux potage fait d'une purée de petits pois, éclaircie au consommé de bœuf ou de volaille, additionnée d'une chiffonnade d'oseille fondue au beurre et liée, au moment de servir, avec un jaune d'œuf délayé dans de la crème fraîche épaisse, parsemée de pluches de cerfeuil. C'était peut-être un peu lourd, mais l'intention était gentille. Quant au roi, il se consola dans les bras de la Maintenon, mais la Maintenon ne lui offrit jamais d'apprêt aux petits pois : la veuve Scarron était surtout connue pour sa côtelette de mouton en papillote.

Pois pouilleux

La Révolution ne manifesta, à l'égard du petit pois, aucun ressentiment particulier. Et Grimod de la Reynière, en 1804, lui réserva un accueil charmant. « Comment serait-on insensible, dit-il, à l'apparition du plus tendre, du meilleur et du plus délicat des légumes ? D'un légume qui nous procure à Paris quatre mois consécutifs d'indicibles jouissances, qui se marie avec toute espèce de viandes et de volailles, et qui par lui-même peut être considéré comme le prince de l'entremets ? » C'est assez dire que la bourgeoisie s'en goinfra. Quand Mme de Marelle, en 1885, veut inviter Bel-Ami et les Forestier, elle choisit d'aller au café Riche, dans un petit salon tendu de rouge, au deuxième étage, histoire, dit Maupassant, « de se pocharder et de faire la noce ». Au menu : huîtres d'Ostende, potage, truite rose comme de la chair de jeune fille, côtelettes d'agneau, tendres, légères, couchées sur un lit épais et menu de pointes d'asperges (un légume onctueux comme une crème), perdreaux flanqués de cailles, puis des petits pois, une terrine de foie gras accompagnée d'une salade aux feuilles dentelées, emplissant comme une mousse verte un grand saladier en forme de cuvette.

Qu'en est-il aujourd'hui ? Eh bien, le petit pois a fait sa vie. Une vie un peu insouciante, passablement agitée et dissolue comme le veut sa nature de petit pois. Il voyagea beaucoup, fit le fanfaron dans les bordels et même au Caf'Conc' (rappelez-vous le refrain de Dranem : « Ah les p'tits pois les p'tits pois les p'tits pois ! »), il envahit l'imprimé dès le début du XIXe siècle et fit une apparition remarquée sur les mousselines, à Longchamp, au Grand Prix d'Amérique, bref il mena la vie de patachon. Il importe toutefois de bien distinguer le petit pois de variétés cousines, dont on parla beaucoup, mais qui n'avaient rien à voir avec lui. C'est ainsi que le père Jean-Baptiste Labat (1663-1738), dominicain et missionnaire aux Antilles, connu surtout pour avoir inventé le procédé de distillation du rhum, grâce à l'alambic à cucurbite, avait rapporté de ses voyages un curieux pois, en fait une *mucune*, qui n'en créa pas moins l'engouement de la communauté religieuse des dames de Boulogne qui désiraient, paraît-il, « se divertir ». « Même les religieuses en demandent, dit-il, en échange de pâtes ambrées, d'eaux glacées et d'ouvrages de cloître. » Sans pour autant préciser à quelle sorte de divertissement ces religieuses faisaient allusion. En fait, ces gousses de mucunes, dites encore *pois pouilleux*, étaient recouvertes de fins poils aigus qui produisaient sur la peau de vives démangeaisons. Ces religieuses s'amusaient donc tout simplement avec des *pois à gratter*.

Relief

Pour en revenir au *vrai* petit pois, tout le monde naturellement a en mémoire ce conte étrange, extrêmement court, d'Andersen, intitulé *La Princesse au petit pois* (1835). C'est l'histoire d'un prince qui recherche désespérément une *vraie* princesse, sans la trouver nulle part au monde. Et puis en voilà une, qui arrive un soir d'orage. Qui naît en quelque sorte de la foudre, comme la truffe. On ne sait rien, ni qui elle est, ni quel âge elle a, ni à quoi elle ressemble, ni d'où elle vient. Elle dit simplement qu'elle est une *vraie* princesse, ce qui manifeste déjà une grande intuition. La mère du prince, qui la guette, veut aussitôt vérifier ce point. Car une *vraie* princesse était déjà très rare à cette époque. Elle dispose donc dans sa chambre, sous vingt matelas, et puis encore sous vingt couettes en plumes d'eider, un petit pois tout rond, mais tout petit aussi. Et le lendemain, la princesse dit à la cour du roi que quelque chose lui a fait mal, qu'elle « en a le corps tout brun et bleu » et qu'elle est à présent une princesse talée et meurtrie, ce qui prouve qu'elle a l'épiderme délicat et vulnérable, et qu'elle est donc une *vraie* princesse. Les mères s'y connaissent en ce genre de choses. Mais naturellement, prouver qu'on est une *vraie* princesse occasionne toujours quelque douleur. « Dieu sait ce qu'il y avait dans ce lit ? dit-elle. J'ai couché sur quelque chose de dur. » Car le petit pois fait incontestablement relief (même sous vingt couettes en plumes d'eider), un peu comme un plomb de chasse, et ce relief est intolérable, en tout cas pour une *vraie* princesse, car les autres apparemment sauraient parfaitement s'en accommoder. On ne saurait donc trop recommander de taper aux portes, la nuit, quand il pleut, et que l'eau vous coule dans les cheveux, en annonçant tout de go, avec beaucoup d'aplomb et de simplicité, mais en même temps la certitude de vos origines, ou de votre innocence, que vous êtes une *vraie* princesse. On ne vous croira sans doute pas, on voudra éclaircir la chose, on vous fera donc passer le test du petit pois. La douleur qui en résulte est étrange, insistante et en même temps impalpable, ouatée, caverneuse, en tout cas unique en son genre, et d'ailleurs suffisamment agréable pour qu'on s'en souvienne toute sa vie. C'est pourquoi la nature entière paraît se déchaîner cette nuit-là. Voilà donc ce qu'il en coûte d'être une *vraie* princesse et surtout de le prétendre. Mais c'est un bien qui semble extrêmement précieux pour un prince, à qui pourtant on ne demande jamais s'il est un *vrai* prince. Peut-être est-ce impossible à vérifier. Peut-être une *vraie* princesse s'en moque-t-elle aussi un peu.

Pea soup

Le pois créa également cette espèce de brouillard affreux qu'on nomme à Londres le *pea soup*, et dont parlait déjà Herman Melville, en 1887 (« the old fashioned *pea soup* London fog »). Ce *pea soup* fut longtemps l'atmosphère idéale du roman policier anglais, il a même son chef-d'œuvre, *Mort dans le brouillard*, publié en 1952, par Christianna Brand. Il se passe dans le quartier de Londres de Maida Vale, et on ne comprendrait rien au meurtre du seul Français de l'histoire, un nommé Raoul (qui s'avère, du reste, être d'origine belge), sans ce fameux *pea soup*. En un certain sens, dira plus tard P.D. James, *Mort dans le brouillard* est un récit historique : « Se trouver dehors à Londres, dans le *pea soup*, c'était étouffer, désorienté, dans une couverture malodorante, où le temps, la direction et la distance n'avaient plus aucun sens. » Car il s'agit bien d'une soupe, plutôt que d'une purée de pois, et la soupe, depuis le XIIe siècle, c'est une *trempée :* tranches de pain arrosées de bouillon gras ou maigre, qui évoquent en effet assez bien le chien mouillé, le froid qui s'imbibe et le brouet sommaire. C'est donc quelque chose de typiquement anglais que le *pea soup*, et qui ressemble assez à la cuisine de cette île. Daniel Quintero, peintre espagnol, voit même dans le petit pois la couleur typique de l'art anglais. Pour lui, les pays et leur végétation ont chacun leur chromatisme. C'est ainsi que la peinture française a la couleur de la carotte, du chou et de la laitue (les couleurs de Bonnard, de Matisse et de Vuillard, dit-il, sont fraîches comme un potager français). L'Espagne donne une peinture de la lentille et du pois chiche, même si, de-ci, de-là apparaît le vert d'une olive. L'Italie est le pays du safran. Et l'Angleterre, qui est arrosée partout, a une peinture extrêmement moussue, humide et brouillasseuse, qui a la couleur du petit pois.

Voyelles

Certains esprits ingénieux, qui croient que le monde est fait de mots, ont vu dans le petit pois une voyelle. Michel Leiris, par exemple, dans *Biffures* (1979), pense que les voyelles sont plutôt des légumes, et les consonnes, des viandes. Pour lui, « le *a* rappelle ainsi la purée de pois cassés et le *o* de pomme de terre, deux mets pesants, agréables en grande quantité et dont on aime avoir la bouche pleine. A côté de quoi, il y a des voyelles neutres, comme le *e* et la gamme des *é*, simples voyelles d'accompagnement qui font songer au pain, puis l'*i* et l'*u*, plus acides et plus légers, qui ont goût, le premier de citron, le second de légumes verts ». Donc, le pois aurait goût de voyelle, d'une voyelle épaisse comme le *a*, qui se prononce la bouche grande ouverte et la langue presque à plat : ce qui n'est pas, au demeurant, la meilleure façon de manger son petit pois. Encore que Bachelard indique, dans *L'Eau et les Rêves* (1942), qu'il avait lu dans Bachoffen que la voyelle *a* était la voyelle de l'eau, pas du pois. Que cette voyelle commandait *aqua*, *apa*, *wasser*, et que c'était la lettre du repos de l'âme dans la mystique thibétaine. Le petit pois, hélas, est incapable de résoudre une question de ce genre.

Courtoisie

Les petits pois, observe Proust, arrondis et fermés sur eux-mêmes, vivent dans l'insularité, disposés côte à côte en une succession discrète, « alignés et nombrés comme des billes vertes dans un jeu ». Mais à vrai dire, malgré sa cosse turgescente, sa texture juteuse et le plaisir de presser une gousse pour voir jaillir ces grains joufflus et brillants, le petit pois laissa Proust à peu près indifférent, tant son ravissement allait aux asperges, « trempées d'outre-mer et de rose et dont l'épi, finement pignoché de mauve et d'azur, se dégrade insensiblement jusqu'au pied ». Naturellement, le petit pois ne peut pas rivaliser avec l'asperge. Encore qu'il soit si rond de caractère qu'il ait pu être considéré par certains comme un modèle de courtoisie. Dans sa *Célébration du petit pois*, Michel Claude l'a ainsi photographié longuement, tirant de lui une centaine de portraits, tous très ressemblants, par-devant, par-derrière, par-dessous, par-dessus, profil droit, profil gauche et même profil perdu. Il en résulte que le petit pois se ressemble à lui-même, et ce, dans toutes les positions, quelque point de vue qu'on choisisse. C'est un vertige de la ressemblance. On pourrait faire une étude analogue du grain de riz ou de la lentille rousse, elle conduirait probablement à des résultats du même genre. Une ménagère du Devonshire est, paraît-il, devenue folle en comptant ses petits pois. On évitera donc soigneusement, en les triant, de les compter un par un. Et on se rassurera, en lisant la lettre de Magritte à Michel Foucault, à propos des petits pois. Le 23 mai 1966, Magritte signale à Foucault, qui n'était pas encore professeur au Collège de France, que les petits pois ont entre eux des rapports de similitude, à la fois visibles (couleur, forme, dimension) et invisibles (nature, saveur, pesanteur). Mais attention, ce ne sont que des rapports de similitude, pas de ressemblance. « Car les choses, dit Magritte, n'ont pas entre elles la ressemblance, il n'appartient qu'à la pensée d'être ressemblante. » Ce qui prouve au moins que, quoi qu'il fasse, le petit pois n'accédera jamais à la pensée.

Seiche

En revanche, il accède à la cuisine, en particulier comme accompagnement de la seiche. C'est d'ailleurs, selon l'écrivain italien Achille Campanile, l'un des accouplements les plus étranges et les plus mystérieux. Car la seiche, lorsqu'elle est vivante, ignore superbement l'existence des petits pois. Et même des légumineuses en général. On peut aller plus loin, et dire qu'elle ignore jusqu'à l'existence des jardins, de la terre, des feuilles, des arbres, et de tout le monde entouré d'air. De leur côté, les petits pois, en admettant qu'ils aient des idées, ne peuvent avoir qu'une vague idée de la mer. Essentiellement par ouï-dire. Pauvres petites billes aveugles, enfermées dans leurs cosses, les petits pois n'ont même probablement jamais entendu prononcer le nom des seiches. Pourtant, dirait-on, ils sont faits l'un pour l'autre. C'est ainsi que la seiche et le petit pois, qui proviennent respectivement des abysses de la mer et des viscères de la terre, font connaissance dans la casserole où ils se sont mis à roussir. Dès cet instant, leurs destins sont liés. Le premier abord est un peu froid, mais bientôt, bon gré mal gré, ils s'accordent à merveille. « Consummatum est. Ils forment un seul Tout. Ils ont accompli d'un bout à l'autre la trajectoire de leurs courtes vies qui, avec une éphémère phosphorescence, se sont rencontrées dans l'obscurité de l'univers, ont fusionné et se sont éteintes. »
Ainsi s'achève l'histoire du petit pois.

La pomme
n'est pas aussi chaste que la licorne

La pomme est ronde.
C'est la raison d'être de son existence, et même de son succès universel. Alors que la poire parut très vite maladroite, contrefaite ou ridicule, la pomme affirmait avec bonheur son invariable rotondité, sa constante fermeté, et pouvait paraître en effet le fruit le plus inaltérable de la création.
« Quand nous mordons dans ta ronde innocence », dit Pablo Neruda (Ode à la pomme), *« à nouveau pour un instant nous sommes aussi des enfants nouveau-nés : nous avons quelque chose encore de la pomme. » La pomme est donc le fruit que nous réoccupons, comme un ventre de femme où nous nous terrons en rond. C'est pourquoi si souvent on parle du bonheur de la pomme. « Je veux une cité, une république, un Mississippi de pommes, poursuit Neruda, et sur ses rives je veux voir toute la population du monde unie, réunie, dans l'acte le plus simple de la terre : mordre dans une pomme. » Bachelard, dans sa* Poétique de l'espace, *rappelle à ce sujet qu'on dit d'un homme franc et simple qu'il est tout rond. Il y aurait donc une sorte de* sincérité *dans la rondeur de la pomme : rien de retors ou de caché, de trompeur ou d'insidieux. La rondeur de la pomme, ce serait toute la pomme. Et toute sa bonté.*
Ronde, en effet. Comme les fesses et les joues de ces putti *lanceurs ou jongleurs de pommes, qu'on voit partout dans l'art de la Renaissance et de l'âge baroque. Comme une bille ou un ballon, la pomme se lance,*

s'attrape, se renvoie, on s'en sert comme cible et comme projectile, on jongle avec, on la fait rouler, c'est la pomme des jeux d'adresse et de hasard, la pomme des cours de récréation, la pomme d'arithmétique (j'ai trois pommes, j'en mange deux), la pomme de reinette et pomme d'api, la pomme des premières comptines, des premières images, la pomme des chapardages, on croque des pommes qui ne sont pas mûres, on se lance des pommes pourries, on se salit, on a mal au ventre. C'est la pomme de Claudel, qui se revoit à la plus haute fourche du vieil arbre dans le vent, enfant balancé parmi les pommes. « De là, dit-il, comme un dieu sur sa tige, spectateur du théâtre du monde, dans une profonde considération, j'étudie le relief et la conformation de la terre » (Connaissance de l'Est). *Et quand elle tombe de temps en temps, la pomme devient une* pensée *lourde et mûre.*
Comment décrire une pensée ?

Trognon

Commençons par sa pelure. Qu'on appelle aussi la pluche ou la pluchure, ou même la pèlote (Wallonie) ou la cotte (Amyot). Et puis ce drôle d'œil ou de nombril, qui est l'extrémité opposée à la queue et faite en forme de petite couronne : on disait parfois la lueur, la mouche ou le fleuron de la pomme. Enfin, quand on la coupe, parfaitement au centre, on trouve le trognon, qu'on ne mange pas, bien que ce soit le vrai fruit de la pomme, la chair n'étant que le réceptacle de la fleur. On dit encore, ici ou là, le rognon, le rouzigoou, le rougagnou, le rossignol, le crapion, le rakiyon (parce qu'on le racle), le toufion (parce qu'il étouffe ou étrangle), le curon (parce qu'on le cure) ou le ronjon (parce qu'on le ronge). Ce trognon, qu'on brûlait comme un détritus, contient pourtant les petits poupins, pinpins et perlimpinpins, ce que Cyrano de Bergerac appelait « les petits soleils de ce petit monde ». On considère parfois ce trognon comme le cul de la pomme : « Quand l'artilleur de Metz change de garnison, dit la chanson, toutes les femmes de Metz ont le feu au trognon. » Eh bien, on a tort. Car le trognon est en fait (étymologiquement) la tête de la pomme, sa souche, son moignon. Et Furetière est bien mal avisé de croire que ce petit tronc de trognon « est la

partie qui reste du fruit quand on a ôté le meilleur ». Car vous ôtez le trognon de la pomme et il ne reste plus rien.
Comme Olivier de Serres avant lui, Furetière parle de noms de pommes dont nous n'avons même plus idée. De races de pommes perdues. Comme la Pomme de neige, la Cousinette (qui est la petite calville d'été), la Pomme de belle fille, la Pomme noire (oui, toute noire), la Carmagnole, la Peau-de-vieille, la Pomme-cire ou la Pomme de paradis. Ou même la Cul-noué, qui n'était jamais qu'une pomme à cidre. On est donc doublement démuni, de ces fruits rustiques désormais oubliés et de ces noms délicieux, jugés trop naïfs ou trop bas. Certaines pourtant sont toujours là. La Pomme d'étoile, par exemple, à la chair acidulée et juteuse, ou la Court-pendue, dont l'œil dans sa cavité profonde est maculé de fauve autour de la queue. La Pomme de reinette, qui ne doit pas son nom à ses taches ou à sa ressemblance avec la grenouille (la rainette avec un *a*), mais parce que c'est une petite reine, et aussi la pièce maîtresse du jeu de la reinette, les échecs de la Renaissance. Quant à la Pomme d'Api, aux joues rouges, c'est la pomme d'Appius Claudius, dit l'Aveugle, qui la rapporta du Péloponnèse à Rome, au IIIe siècle av. J.-C. et qui est célèbre également pour être le plus ancien écrivain latin, avoir chassé le *z* de l'alphabet et inventé l'*éloquence aboyeuse,* c'est dire si on lui doit beaucoup.

Androgynat

Parlons un peu de ce qu'on appelle (abusivement) la *féminité* de la pomme. De Pomone à Marie, d'Eve à Vénus, il n'est paraît-il de pomme que femme et *vice versa.* Des formes rondes, une peau excessivement lisse, une peau « qui miroite sur les joues comme une pomme frottée » (dit Colette, dans *La Maison de Claudine*), des fesses charnues et des seins ronds, des petits seins en pomme comme on voit fréquemment dans l'art du XVe au XVIIe siècle, associeraient la chair fruitée de l'amante et le lait nourricier de la mère. La pomme serait donc la femme totale, alors que la poire (pourtant elle aussi féminine) n'en serait que la grimace ou la contrefaçon. Même des grammairiens aussi sévères que Damourette et Pichon, dans leur

Essai de grammaire de la langue française, se sont laissé abuser : « Dans *toutes les pommes*, déclarent-ils, *toutes* n'expriment pas la totalité. Il la commente. Il n'est pas subordonné à la notoriété, il y est allié. Il reprend les individus (pommes) en ce qu'ils ont de similaire, c'est-à-dire en leur *pommeté*, laquelle est féminine. » Eh bien, c'est faux. Comme le note Piero Camporesi, si la pomme est bien l'*hiéroglyphe de la volupté*, c'est surtout parce qu'elle l'est de *toutes* les voluptés. Et la pomme est une créature qui a les deux sexes de l'esprit, et d'ailleurs de la langue aussi : en italien, on trouve *mela* (féminin), mais aussi au nord-est de la péninsule *pomo* (masculin). C'est donc le fruit de l'androgynie, le fruit qui, en dépit de sa franchise et de sa rondeur, affirme aussi sa duplicité profonde, sa suavité équivoque.

Noque

Servius, grammairien latin, indique que les Anciens avaient l'habitude de nommer confidentiellement *mala* (pommes) les testicules. Et puis, ajoute Furetière, on appelle aussi pomme, ou morceau d'Adam, la saillie cartilagineuse du larynx, la glande thyroïde, dite *scutiforme* (en forme de bouclier), et qui avance en dehors dans le cou des hommes. « Ève, Adam poussa, et l'homme s'étrangla », dit un vieux poème français. Cet étranglement, c'est ce qu'on appelle le *nœud de la gorge* ou la *noque du cou*. Et c'est cette saillie de l'homme, ce trognon du cou, qui est évidemment l'emblème de sa virilité. Du reste, la pomme n'évoque jamais la féminité en soi, mais un état de la féminité. Comme le dit un fragment de Sappho, « la pomme résiste sur sa branche quand elle est vierge et verte ; mûre, elle tombe rapidement, dure peu et se défait aussitôt ». La pomme n'est pas qu'innocence et chasteté, elle peut être signe d'inquiétude (aujourd'hui encore, en Italie, rêver de cueillir des pommes est un mauvais présage) et surtout propice à enflammer les désirs, à stimuler les enlacements amoureux. La pomme, c'est avant tout la *vis venerea*, la puissance vénérique : Vénus Urania et la Vénus de Milo ont toutes deux une pomme à la main. Et quand autrefois, à Athènes ou à Rome, on parlait de séduire avec des pommes, c'était bien sûr pour le commerce des plaisirs.

Fraîches mamelles

On se souviendra donc que la pomme a une nature double. Qu'elle devient morceau d'Adam et trognon viril, mais quand on la coupe par la moitié, verticalement, on découvre aussi la conformation d'une vulve (une vulve à pépins, mais une vulve quand même). Marquée par une dépression ombilicale légèrement ridée, la pomme, dans sa rotondité d'une fermeté impeccable, évoque tout naturellement les fraîches mamelles adolescentes. « Les mamelles qui plaisent plus que les autres », soulignait Marinelli, dans ses *Ornements des femmes* (1562), « sont petites, arrondies, dures et semblables à deux belles pommes rondes ; d'aucuns veulent qu'elles ne soient point trop attachées, ni trop petites et de la couleur du sein. » Ces tétins *pommelus*, ces fruits tumescents suscitaient parfois le plaisir du tâtement : *contrectare papillas*, chez les Romains, c'était bien titiller le tétin, frotter le bouton afin de provoquer l'érection de la masse mammaire, zone de volupté flottant entre chair féminine, pulpe végétale et turgescence sylvestre. Plus licencieuses encore, les pommes des fesses féminines (voire masculines), attestées par exemple dans ce poème de Molza (XVIe siècle) : « Je ne trouve personne qui se lamente à raison du con, sinon celui qui a un goût dévié pour les pêches ou pour les pommes. » On a vu, au chapitre de la pêche, ce qu'il fallait penser de sa scissure. La pomme, elle, parle plutôt de rondeurs : les fesses ne sont plus définies comme une fente, mais comme une irrésistible plénitude, une fabuleuse congestion charnue, unique en son genre dans l'anatomie, et d'ailleurs propre à l'espèce humaine (puisque, Buffon l'avait déjà noté, les animaux n'ont pas de fesses). Bref, si féminité il y a dans la pomme, c'est dans ce qu'elle peut avoir de rond, de lisse et d'humide.

Pomme verte

Il existe pourtant d'autres états de la pomme. Quand elle est atteinte, par exemple, de vieillesse précoce, d'amertume et de maigreur, comme si elle était altérée par les humeurs malignes, ou quand ce n'est plus qu'un front ridé, une écorce flétrie. Olivier de Serres rappelle qu'il « faut cueillir en l'arbre les pommes, à la main, l'une après l'autre, et manger d'abord les *intéressées* », c'est-à-dire les piquées ou les meurtries. Quant aux pommes qui se sont écrasées, les pommes qu'on appelle cassées, tannées ou mâchées, il en recommande l'usage pour la boisson, en les faisant sécher au four ou au soleil. Parmi toutes ces pommes vicieuses, il y en a encore qui paraissent saines au premier abord, mais qui sont pourries à l'intérieur et sont fausses au cœur : ce qui est bien le contraire même de la nature de la pomme, car l'hypocrisie n'est jamais chez elle que la conséquence d'un abandon. Ou d'un maléfice, comme la pomme rouge empoisonnée que la sorcière offre à Blanche-Neige. Ou tout bonnement d'une imprudence, comme la pomme verte. Au siècle dernier, en Normandie, toute mère avertie recommandait à ses enfants de ne pas en manger, s'ils ne voulaient pas être à leur tour mangés par les poux. La pomme verte, c'était la pomme pas mûre (« le vert pomme pas mûre des résolutions viriles », disait Alphonse Allais), la pomme aigrelette, la pomme qui agresse le goût, car le vert a toujours été la couleur qui brouille et perturbe l'ordre des choses. Le vert était donc tenu à l'écart de la société des pommes.

C'était un vert acide qui, disait-on, fait souffrir le palais et le ventre. Un vert trompeur, comme la Granny Smith (au nom pourtant charmant de grand-mère australienne), qui reste verte tout en étant mûre. Un vert inquiétant, comme le vert des pommes de Magritte. Ce n'est pas que Magritte ait aimé spécialement les pommes. D'après son ami Scutenaire, on sait simplement qu'il n'aimait pas les biscuits secs, qui lui donnaient des secousses électriques. Et que ses préférences allaient plutôt au café noir, au chianti, à sa femme Georgette, aux cigarettes, aux aises, aux haricots, aux mets cuits à la tomate et à lui-même. Et bien sûr, au lapin aux prunes et au porc à la purée de choux. Mais pas spécialement aux pommes. Pourtant, il y en a beaucoup dans ses tableaux. Des pommes jaunes ou noires, mais surtout des pommes en granit et des pommes vertes, aux proportions ahurissantes et qui défient calmement les lois de la gravitation universelle. Elles se présentent comme un aérolithe au-dessus de l'eau, sur fond de briques ou même en guise de visage. Ce fut pour la pomme verte le summum de la bizarrerie. Sans vers ni poux, belles à voir, quoique immangeables, c'était de la peinture de pomme. Un rendu méticuleux, mais un hommage empoisonné.

L'armoire

« Je mets une pomme sur ma table, écrit Henri Michaux. Puis je me mets dans cette pomme. Quelle tranquillité ! » *(Lointain intérieur).* Car la pomme a aussi ses moments de vide, de silence, d'apaisement. Ses moments *domestiques.* On aime à en retrouver l'odeur (on s'en servait autrefois pour parfumer le linge) : avec la lavande et les piles de draps, la pomme est la mémoire de l'armoire. C'est le fruit qu'on croque le soir avant de s'endormir. Et croquer la pomme, c'est la broyer sous la dent avec un bruit sec : elle est fraîche, elle a du jus, mais elle résiste (elle reste même parfois en travers de la gorge). Ce n'est pas un fruit facile, mais c'est un fruit qui calme. Même Agatha Christie, si friande des dessous vermineux de la bourgeoisie victorienne, rassurait son lectorat féminin en écrivant ses romans, confortablement installée dans sa baignoire, en dévorant des kilos de goldens. C'est un fruit de garde, un fruit à portée de main, qui sert à décrasser les dents comme à faire le joli teint. On dit aujourd'hui qu'il suffit de manger deux pommes par jour pour voir baisser son taux de cholestérol, mais cet effet positif de la pomme n'a pour l'instant été enregistré que chez le hamster.

Et puis, il y a la tarte aux pommes. Un dessert de bonne femme, sans histoires, mais qui peut fort bien se retourner, par bévue ou pour des raisons plus obscures. Et cette tarte retournée, ce fut par exemple, en Bretagne, la tarte de Marie Pen-An-Aer (Marie Tête en l'air). Elle date de l'Occupation. Marie Pen-An-Aer tenait un café à Tréguier, à côté de Guingamp, et c'est là que se réunissaient les résistants de la région. Un après-midi, la Gestapo arrive et la questionne sur les allées et venues. Et Marie est paniquée, parce que la Gestapo est là et qu'une réunion est prévue dans la soirée. Et pour avoir, comme elle dira, à occuper ses mains, en affrontant le feu tiré des questions, elle se met à préparer un gâteau. Elle fait sa pâte, épluche ses pommes, met de la levure, allume son four à fond, y fourre sa tarte, réussit à se tirer à peu près de l'interrogatoire et à éloigner la suspicion. La Gestapo s'en va, elle reste seule dans son bistrot et tout à coup sent une odeur de gâteau. Elle le sort du four, va chercher une voisine pour lui « offrir un coup de jus » et goûter le gâteau. Et c'était une fausse tarte, une tarte sens dessus dessous, une pâte assez légère avec des pommes serrées dessous, mais c'était délicieux. Quant aux sœurs Tatin, qu'on ne confondra pas avec les sœurs Papin, domestiques dans l'Ouest, au cours des années 30, qui avaient massacré et scalpé leur patronne pour une histoire idiote de fer à repasser, les Tatin donc vivaient au cœur de la Sologne, et s'appelaient Caroline et Stéphanie. Elles tenaient l'hôtel Tatin-Terminus, juste en face de la gare de Lamotte-Beuvron, au bord de la route Vierzon-Orléans. Caroline accueillait le monde (on parla même d'une aventure avec un ministre, puis d'une naissance en dehors de tout lien conjugal), Stéphanie, elle, restait en cuisine. Et c'est là que se fit, à son corps défendant, cette tarte à l'étourdie, dite tarte Tatin, sans qu'on sache au juste si elle la renversa malencontreusement ou si, oubliant de préparer son fond de tarte, elle jeta à la hâte sa pâte sur les pommes au beurre en train de cuire. Certains murmurent que la recette aurait été élaborée par Tatin père, qui l'aurait léguée à ses deux filles avec l'hôtel. Toujours est-il que l'étourderie paraît sans cause, ou n'est qu'une « cause par accident ». Ce n'est pas la tarte de l'amour, mais enfin, en 1926, Curnonsky s'enflamma pour elle, la fit connaître et dans cette Sologne toute bruissante de bourgeoisie fortunée et de rendez-vous de chasse, la Tatin fit merveille. Les sœurs, elles, avaient déjà filé à l'anglaise, en 1907, sur la Côte, avec l'argent de la tarte.

Encore

Pourquoi, sur un dessin, Cézanne représente-t-il une pomme toute seule à côté de sa tête ? Pourquoi la pomme fut-elle à peu près l'unique fruit de sa peinture ? Pourquoi la caresse-t-il si tendrement, surtout dans les toiles les plus tardives ? Pourquoi, finalement, est-ce à partir du moment où Cézanne délaissa les chairs pour peindre des pommes que Cézanne est devenu Cézanne ? Sinon parce que la pomme lui ressemblait. « Cézanne », dit Giono (dans *Noé*), « c'était une pomme de Cézanne. » Et pour Meyer Schapiro, cette affinité ou cette attirance vient de ce que la pomme est un objet solide, compact, organiquement centré, d'une beauté banale c'est vrai, mais au charme subtil, disposée sur une table à la nappe rugueuse, ravinée et creusée comme une montagne. On conçoit mal, ajoute-t-il, Cézanne peignant le saumon, les huîtres ou les asperges de Monet le jouisseur, ou les pommes de terre de Van Gogh. Et même lorsque Courbet peint des pommes, non seulement elles sont plus grosses que celles de Cézanne, mais la queue et les feuilles qu'elles ont gardées leur donnent l'aspect d'un morceau arraché vivant à la nature par un homme aux énormes appétits sensuels. Pour Cézanne, la pomme est une façon de se retirer de la sensualité, des émotions confuses de la chair, une façon de se calmer. « Je peins des natures mortes, disait-il. Les modèles féminins m'effraient. Les coquines sont toujours en train de vous observer pour saisir le moment où vous n'êtes plus sur vos gardes. Il faut être tout le temps sur la défensive et le motif disparaît. » Mais il y avait aussi, dans cette histoire de pommes, une vieille affection. Une affection d'adolescence pour Zola. Une affection partagée, du reste. Car si Zola, dans *L'Œuvre* (1886), considérait Cézanne comme un peintre raté, vingt ans avant il lui disait : « Tu es toute ma jeunesse, je te trouve mêlé à chacune de mes joies, à chacune de mes souffrances. » Et voilà que vers 1895, Cézanne déclare au critique Geffroy qu'il voulait étonner Paris avec une pomme. Paris ou Pâris ? se demande Schapiro. Peut-être n'était-ce en effet qu'une façon d'étonner Zola, de l'étonner *encore*. Ultime manœuvre de séduction, poursuite d'un rêve qu'il avait autrefois évoqué vaguement, dans sa traduction de la 2e *Bucolique* de Virgile, à travers l'attirance du berger Corydon pour le jeune Alexis. « Pourquoi ne me l'envoies-tu pas ? écrivait Zola. Dieu merci, je ne suis pas une jeune fille, je ne me scandaliserai pas. » Cézanne n'en fit rien. Il envoya des pommes.

Licorne

Savez-vous comment on attrape une licorne ? Bien sûr, la licorne est un quadrupède imaginaire, un animal de légende et d'armoiries. Cavale solitaire qui habite dans la forêt, véloce et farouche, douce aussi, on l'attire seulement, disait-on, à l'aide d'une jeune fille irréprochable, mais qu'elle transperce sans pitié de sa corne d'ivoire, si elle a failli une seule fois à la pureté. « Elle a un tel goût à flairer odeur de pucelle et de virginité », rapporte un Bestiaire du Moyen Age, « que lorsque les chasseurs veulent s'en saisir, ils mettent sur son chemin une jeune vierge. A sa vue, la licorne vient dormir sur son sein, et la voilà prise. » Que vient faire la licorne près de la pomme ? Eh bien, justement, on ne comprend pas. Car la licorne, raconte-t-on en Angleterre, fréquente de préférence les prairies humides plantées de pommiers. Or, on peut dire qu'avec la pomme, virginité et chasteté ont tôt fait d'être mises au panier. Que la pomme trompe son monde, tout autant que la licorne. Que tout en elle dénonce la débauche secrète ou le plaisir usurpé. Ne fût-ce que dans la façon qu'on a de les gauler. En Bretagne autrefois, les filles grimpaient dans les arbres, ce qui était l'occasion de plaisanteries ou de regards suffisamment effrontés pour qu'un jour le recteur se décide à monter en chaire : « Mes chers frères, déclara-t-il, au moment où l'on gaule les pommes, il se passe souvent des désordres : les filles grimpent dans les arbres et la pudeur en est alarmée ; désormais, il faudra que les filles restent sous les pommiers et que les garçons montent dessus. »
Au Québec, au cours des danses carrées, on avait bien des façons de se toucher la main, qui constituaient un discret code érotique, allant du simple effleurement des doigts à des pressions plus fermes, destinées à organiser des rendez-vous clandestins. L'un des signes de ce discours muet consistait précisément pour le garçon à presser d'une façon particulière la *paume* de la jeune fille. C'était ce qu'on appelait *chanter la pomme*, par un simple glissement vocalique qui consiste en

somme à ouvrir l'*o* quand on presse la main. Ce n'est qu'une hypothèse de Claude Duneton, mais après tout, entre la pomme et la main, on sait qu'il n'y a jamais que l'écart d'une gentillesse. Naturellement, on pouvait aussi, comme en Grèce, bombarder de pommes, en général mordues, celle (ou celui) que l'on poursuivait : « Je suis une pomme, dit Platon, quelqu'un qui t'aime me jette à toi. Dis oui. » Les amoureux jetaient donc de ces fruits mordus à leurs aimés ou aux courtisanes. Certains parfois les interceptaient. D'autres les laissaient pourrir. Humbert Humbert ne fit rien de la sorte, quand Lolita lança dans l'air pailleté sa pomme d'un rouge édénique et la rattrapa habilement, refermant ses mains autour d'elle avec un claquement lisse et sonore. Il la subtilisa, puis la lui rendit. Lolita y planta les dents, et le cœur d'Humbert Humbert fut alors « comme une bulle de neige sous une fine enveloppe de peau écarlate ».

Confiture

Le baiser de la pomme peut, c'est vrai, n'être qu'un souffle « Le parfum de ton souffle, celui des pommes », Cantique des Cantiques), un joue-à-joue tendre et fermé (« Regarde cette pomme : elle a choisi deux couleurs pour les mélanger : eh, ne dirait-on pas que la joue de l'amant s'est collée à la joue du bien-aimé ? » [*Mille et Une Nuits*]) ou encore un jus de baiser, qui est le propre du baiser arabe, un baiser coulé (« Et ses lèvres humectées de salive ont exhalé un parfum de pomme et de musc » [*Le Jardin parfumé*]). Mais le baiser de pomme se veut parfois plus avide, plus féroce : on peut même légitimement s'inquiéter de la nature exacte de ce baiser. Naguère encore, en France, on *se suçait la pomme* ou on *se léchait la pomme,* à peu près de toutes les façons, sur le palier, avec acharnement ou même jusqu'au trognon. Et s'embrasser *jusqu'au trognon,* c'est beaucoup plus qu'un bécot, c'est un mordillage prolongé et incessant, un suçage goulu, une volonté de couper les baisers et de les avaler. Il y a pire encore. Le baiser infernal, le baiser de la bouche d'ombre, le baiser obscène de Verlaine : « L'odeur m'est assez gaie, en somme, du trou du cul de mes

amants, aigre et fraîche comme de pomme, dans la moiteur de sains ferments » *(Hombres).*
Odeur entêtante, ivresse fruitée, la pomme permet donc de faire plus ample connaissance. Il lui restait à officialiser les choses. Et c'est ainsi qu'en Grèce, Solon avait édicté une loi selon laquelle les nouveaux mariés devaient, avant leurs noces, croquer l'un une pomme (pour « amortir l'ardeur inféconde »), l'autre un coing (pour « exciter les désirs que la pudeur pouvait anéantir »). La pomme et le coing ne se neutralisaient pas, mais comme dans la confiture exaltaient leurs saveurs conjuguées pour accroître fécondité et salacité. A ceci près que les époux ne possédaient jamais, chacun, les deux arômes, mais que ces deux arômes les réunissaient par la force des choses. Manœuvre assez diabolique, mais qui n'était pas non plus, de la part de Solon, sans arrière-pensées prolifiques. La grandeur d'Athènes, après tout, valait bien une pomme.

La pomme de terre a tous les vices

On doit la pomme de terre à l'Amérique.
Comme le maïs, le chocolat, le dindon et la syphilis.
Son histoire, en tout cas l'histoire de son nom, qui dura plus de deux siècles, c'est un peu comme dans La Double Inconstance *de Marivaux, un jeu de dupes. Car la pomme de terre, soit qu'elle ait voulu jouer les Mata-Hari de la tubercule, soit que décidément elle fût trop moche, trop fade ou trop dangereuse, eut toujours le chic pour se faire prendre pour une autre, si bien qu'on l'appela tantôt* Petite Truffe *(L'Écluse, 1588), tantôt* Petite Patate *(par confusion avec la patate douce, la* Convolvulus Batata *de Linné, qui n'a rien à voir). Et, il fallut attendre, en France, le milieu du XVIII*[e] *siècle pour qu'enfin on sache à qui l'on avait affaire. La pomme de terre, naturellement resta toujours la pomme de terre, c'est-à-dire quelque chose d'aussi affreux, mais elle acceptait d'être ce qu'elle était. Et c'est déjà beaucoup.*
Originaire de la Cordillère des Andes, et amenée au début du XVIe *siècle par les conquistadores de Pizarre, la pomme de terre se présenta d'abord comme une chose de petite taille, âcre et indigeste, qu'on mangeait grillée à la façon des châtaignes. On en vendait sur les marchés et au coin des rues, sans grand succès, il faut bien le dire. Car elle dégoûtait. On croyait avoir affaire à une « pierre comestible », une bosse de la*

terre. Et bien qu'elle eût sauvé l'Europe à plusieurs reprises de la famine, on la négligea. On fut même assez cruel avec elle. Alors, pourquoi les Européens ne l'ont-ils acceptée que contraints et forcés, ou sur le point de mourir de faim ? se demandent Georges et Germaine Blond, dans leur Histoire pittoresque de notre alimentation. *C'est qu'elle ne ressemblait à rien de connu, et surtout pas à un légume à gousse. Elle était toute petite, c'était encore* Petite Truffe, *et pour cette raison, il ne vint à personne l'idée de la peler. Et l'on n'a pas aimé la peau de la pomme de terre, ni son contact, ni son goût, ni rien. Même aux mangeurs de châtaignes, la pomme de terre cuite avec sa peau semblait* fade. *On disait qu'elle sentait la terre. Quant aux Grands, ils n'acceptaient à leur table, en dehors des potages, que des légumes à saveur forte (comme le navet, le chou, l'oseille ou la roquette) ou fondant dans la bouche (comme l'asperge ou le cul d'artichaut) : à ces palais constamment excités par les épices, la pomme de terre paraissait encore plus morose qu'aux paysans. C'était une chose farineuse, qui ne donnait même pas une bonne farine avec laquelle on pût faire du pain ou quelque chose qui ressemble à du pain. C'était donc du farineux inutile. Et surtout désagréable.*

Écailles

On peut assez facilement dresser le martyrologe de la pomme de terre (qui dura plus de deux siècles), suite de petites méchancetés qui d'abord la vexèrent, puis la blessèrent. Et la blessure de la pomme de terre, on le sait peu, est une blessure profonde, une blessure à vie. Car si la pomme de terre cicatrise vite en surface, ses liaisons sont rompues en profondeur, ce qui donne parfois des taillades noires dans les frites. Et ces taillades noires (que l'on déteste aussi), ce sont justement les marques de souffrance de la pomme de terre. Donc, on commença, en Franche-Comté, vers 1620, par interdire, sous peine d'amende, de la cultiver, en prétextant qu'elle appauvrissait le sol et provoquait la lèpre. En Allemagne, on la réservait aux prisonniers, et en Écosse, on n'en voulait pas non plus, parce qu'elle n'était pas mentionnée dans la Bible. De Combles, en 1749 *(L'Ecole du jardin potager)*, déclare que c'est bien le plus mauvais de tous les légumes : « C'est un manger fade, insipide et fort à charge dans l'estomac, mais il a un certain goût qui

plaît à ses amateurs : que peut-on objecter contre ? » Ce qui était faux, du reste, car à l'époque, on la donnait à manger aux bêtes et les gens n'en voulaient pas. En 1765, dans l'*Encyclopédie*, Venel parle avec horreur de grosses écailles, d'yeux sur sa surface unie, d'excroissances souvent si fortes qu'on croirait un pareil fruit composé de plusieurs autres joints par le hasard (ce qui est d'autant plus paradoxal qu'on avait parfaitement adopté le topinambour, pourtant autrement noueux) : « On reproche avec raison à la pomme de terre, conclut-il, d'être venteuse : mais qu'est-ce que les vents pour les organes vigoureux des paysans et des manœuvres ? »
Selon la Faculté, en 1771, l'usage de la farine de pomme de terre provoquerait même la maladie scrofuleuse (les écrouelles). En 1782, Legrand d'Aussy, dans son *Histoire de la vie privée des Français*, confirme que « le goût pâteux, l'insipidité naturelle, la qualité malsaine de cet aliment, qui est flatueux et indigeste, l'ont fait rejeter des maisons délicates et renvoyer au peuple, dont le palais plus grossier et l'estomac plus vigoureux se satisfont de tout ce qui est capable d'apaiser sa faim ». Et au début du XIXe siècle, les Anglais la rangèrent froidement dans la catégorie des aliments pour cochons et pour catholiques. « Je ne trouve rien de plus éminemment fade », dira Brillat-Savarin (1825), et Hugo, dans *L'Homme qui rit* (1869), parle de « cet immondice dont on nourrissait alors les pourceaux et les forçats ». On comprend, dans ces conditions, que le curé d'Ars, qui faisait de la poire un péché, fasse de la pomme de terre une pénitence : comme seul aliment solide, il en prenait trois cuites à l'eau, et parfois une quatrième, « pour le plaisir ». Nietzsche, en tout cas, y vit toute l'horreur de l'idéalisme allemand et de Kant en particulier : un verbe hermétique, une phrase lourde, une rhétorique pesante, de celles qu'on doit à un excès de bière et de pommes de terre. De quoi susciter en effet indigestions, migraines et encombrements divers.

Le roi mou

Bien sûr, Parmentier s'acharna. La présenta à la Cour. Le 24 août 1785, jour anniversaire du massacre de la Saint-Barthélemy, il convainquit le roi d'en porter une fleur à sa boutonnière, au cours d'une réception à Versailles. La reine en garnit aussi son chapeau, lançant ainsi la mode totalement éphémère de la fleur de pomme de terre. On ne peut pas ne pas se dire d'ailleurs que ce roi qui n'était pas beau, déjà un peu gros, toujours emprunté, lourd, lent et taciturne (et, ajoutent aujourd'hui les historiens, sinon impuissant comme son frère, le comte de Provence, futur Louis XVIII, du moins « incapable de conclure »), était bien celui qu'il fallait à la pomme de terre. Certes, il la sauva du désastre et de l'oubli, mais pour quoi faire ? Elle poussa partout, ce fut une gangrène du monde. Combien y a-t-il au juste aujourd'hui de variétés de pommes de terre ? On ne sait pas. Un institut allemand en aurait dénombré 3 000. On lui donna des noms de jeune fille pour allumer la clientèle. Comme la Vitelotte, la Belle de Fontenay, la Reine des polders, la Rosalie, l'Early rose (c'est-à-dire celle qui s'est levée de bonne heure), la Fleur-de-pêcher, la Tsarine, l'Alexandrine Poussard, l'Aspasie, la Belle Augustine, la Rosette, la Négresse, la Rubannée ou la Princesse. Mais ces jeunes filles n'étaient pas toutes dans le meilleur état, car on trouve aussi la Souffleuse, la Fouilleuse, la Farineuse, l'Écharpée, la Saucisse rouge, la Corne-de-bélier (dite aussi Ratte, parce qu'elle garde accroché un petit bout de racine évoquant tout à fait la queue du rat), la Géante sans pareille, le Caillou à germe bleu, le Cornichon chaud, le Rognon violet, l'Éléphant blanc, et même la Victor ou la Cardinal, qui sont des variétés particulières. On signale aujourd'hui la Grosse Bintje, qui danse sans rien dire, et la BF15, qui est sans doute une espionne ou une mutante sublunaire. Mais ne nous laissons pas abuser. Car la pomme de terre est une *singeuse.* « Tu veux singer la pomme noire, visage de topinambour ! » disait déjà Augustin de Piis, au siècle dernier. Il avait raison.

Hosties

Dans son *Traité de la pomme de terre*, en 1826, Payen fait l'inventaire ahurissant du produit fini. On emploie les fanes vertes comme fourrage, et quand on les incinère, on en retire de la potasse. On fabrique aussi du vermicelle de pomme de terre. Elle sert à la nourriture des chevaux et à prévenir les incrusta-

tions dans les chaudières à vapeur. Elle remplace avantageusement le café. On en fait une peinture en détrempe et des encollages. On l'utilise pour le blanchissage, la préparation du tapioca, du sucre d'amidon et du cirage pour les chaussures. On l'applique à l'art de la teinture et du nettoiement des étoffes, contre le scorbut et pour fabriquer des briquettes-bûches. On prépare du riz de pomme de terre, selon la méthode de Mme Chauveau, ainsi que du vin de pomme de terre, de l'eau-de-vie de pomme de terre, du moût de pomme de terre et de la soude. On s'en sert parfois pour humidifier les cigares. Et pendant la guerre de 14, elle fit office de lait de toilette, pâte à blanchir et pommade adoucissante contre les démangeaisons, crevasses et gerçures. Mais Huysmans regrette qu'on en fasse aussi des hosties, car Dieu, dit-il dans *A rebours*, refuse de descendre dans la fécule.
Enfin, la fécule, à défaut d'hosties, s'utilise efficacement comme cataplasme.

Excentriques

Georges Perec (dans *La Poche Parmentier*) parle encore de crêpes vonassiennes, qui ont sans doute existé quelque part. Et Colette, qui aime beaucoup la cendre de bois, y fait cuire à peu près tout, la truffe, la poire à grosse peau, la betterave rouge, le poulet à la glaise et bien sûr la pomme de terre. Ce qui rend, dit-elle (dans *Prisons et Paradis*), « blanc comme neige, brillant et écailleux » ce tubercule, qu'elle accompagne d'un beurre froid et raide, salé, concassé en petits dés. On appelle ça, en Belgique, la *pomme pétée*. Bref, la pomme de terre est devenue si commune et si bête qu'elle devait favoriser la vocation de ces grands solitaires qu'on appelle les Excentriques. Comme leur nom l'indique, ils sont loin du centre, ce qui ne les gêne pas, puisque la pomme de terre est au centre de tout. Ils sont surtout répandus en Angleterre. Selon David Joseph Weeks, ancien de l'US Navy et titulaire de la chaire de psychologie à l'hôpital royal d'Edimbourg, étant nés une fois pour toutes dans une classe sociale donnée, il était impossible pour eux de progresser verticalement, si bien qu'ils se sont mis à se développer horizontalement. Cette façon de ramper les rapprocha davantage du tubercule. Ce ne sont pas des snobs ou des dandys, ils se fichent éperdument du monde, ils vivent dans le leur, qui est celui de la pomme de terre. Ils lui donnent tout, ce qui n'est pas de trop. Ils en retirent même un certain bénéfice, car ils meurent très vieux. Le plus célèbre des Excentriques de la pomme de terre est un certain Allen Fairweather, chargé d'inspecter la solanée auprès du département écossais de l'Agriculture. Il sait la cuisiner de cinq cents façons différentes, ce qui est mieux pour lui, car il ne mange que ça. Il en absorbe quotidiennement deux ou trois *pounds*, arrosées de quantités impressionnantes de thé. Il dort par terre dans son bureau, « ne voyant pas la nécessité de disposer d'une pièce particulière pour y sombrer dans l'inconscience ». Et se ruine en voyages, particulièrement au Pérou, en Bolivie et en Équateur, pour ramener des espèces sauvages, encore jamais vues, qui dateraient de l'âge du fer.

Le patatesque

Conformément à sa nature, la pomme de terre s'illustra principalement dans le bouilli. Une *patate* est ainsi une balle de tennis qui rebondit mal, ou encore quelqu'un d'empoté, ce que les Italiens appellent avec plus de majesté un *sacco di patata*. En Allemagne et en Angleterre, on la laisse tomber quand elle est chaude, comme une vieille chaussette. Et bien entendu, elle s'étale aussitôt, s'avachit, s'effondre et ne ressemble plus à rien. En Espagne, on est fait purée *(hecho puré)*, quand on est en capilotade, donc en piteux état. Et en France, la *purée*, qui a d'abord désigné le manque d'argent, a fini par signifier le découragement, l'abattement, le cafard : on est dans la purée comme dans la mouise, ou la panade, et pour parler franchement dans la merde, la merde étant ce qu'on pourrait appeler le dernier état du bouilli de la pomme de terre. On dit parfois d'une femme qu'elle est habillée comme une patate, ou pire comme un sac de patates, car la patate est sans formes, sans allure, sans rien. On a même créé une ligne : le *patatesque*, qui est bien la plus moche des lignes. Le patatesque, c'est le corps en forme de sac. On est loin forcément des vierges désincarnées, ondines et sylphides de Giraudoux. On est dans l'univers de l'asymétrique, ce qui est différent. Et qu'est-ce qui est asymétrique dans la nature ? se demande Roger Caillois *(Cohérences aventureuses)*. Très peu de choses : les nuages, certaines éponges, les cailloux (à la suite d'une érosion) et les pommes de terre (enfin disons, un certain nombre de tubercules). On entend dire parfois que la pomme de terre a des germes en spirale : quand on rejoint tous ces points violets qu'elle a sur la peau, on trace une spirale. Mais à quoi peut bien servir une spirale sur une créature aussi ridicule ? D'ailleurs, plutôt qu'un tubercule, ne serait-ce pas plutôt une forme de tuberculose avancée ? « Bien tuberculeux, note Jules Renard, à en juger par la pomme de terre de son nez ! » *(Journal*, 1894). Car ce rien pousse, enfle, bourgeonne, et ne se contente pas de faire des nez en pomme de terre, il fait des fesses en pomme de terre et des oreilles comme un cochon. Il devient même accidentellement un sexe de femme. Que vient faire la *patate* dans un sexe de femme ? On ne sait pas. Gérard Zwang dit que c'est un usage créole.

Reste à parler de l'animalité patatesque. C'est ainsi qu'on voyait, en Californie, il y a quelques années, les drogués de télévision : les *couch potatoes* (patates de sofa) et leurs femelles, les *couch tomatoes* (tomates de sofa). Sortes de bêtes douces et molles, d'une force d'inertie inébranlable, presque spongieuses, capables de digérer jusqu'à huit heures par jour de programmes, menant une vie de tubercules, ne se nourrissant que de tranches de pain de mie recouvertes de fromage en tube, ou de chips au paprika, et dont l'arrière finissait par prendre la physionomie de la poire. C'était une philosophie nihiliste de la vie, dont le programme se résumait à peu près à cette formule prophétique : *la patate sera toujours couchée*. Le peintre Henri Cueco poussa cette logique jusqu'au bout, dans un petit ouvrage récent, *La Belle de Fontenay*, pour montrer ce que pouvait être le pourrissement progressif de la pomme de terre : sa vieille peau terreuse et plissée, blessée, ressemble à la mère de Rembrandt ; le rose granuleux souligne ses étranges lèvres obscènes et soudain douloureuses : elle est alors mourante, morte déjà peut-être, se refroidissant ; ces boulettes, ces crottes, ces turgescences, ne sont finalement que des testicules coupés, des restes d'émasculations rituelles, des reliefs de festins, des traces de tortures. Tel est le dessèchement, l'enlaidissement, la putréfaction de la pomme de terre. Mais si jamais on se livre sur elle à des expériences vicieuses, c'est pire encore, car c'est l'apparition de la vermine. Et la vermine, c'est l'affaire de Courtial des Pereires.

Larves

Après le ballon *Zélé* et le journal *Génitron*, raconte Céline, dans *Mort à crédit*, Courtial des Pereires décida de se lancer, à Blême-le-Petit, avec sa femme, la Grosse Mignonne, et le jeune Ferdinand, dans une entreprise de radio-tellurisme. Une invention extraordinaire, capable de faire décupler la patate de volume, grâce à des ondes électriques, un maraîchage intensif. On leur envoie des secousses terribles, de puissantes décharges, des effluves cathodiques, on fait vibrer la terre. Mais en fin de compte, qu'est-ce qu'il en sort ? Des patates rongées, racornies, immondes, bien pourries et pleines de larves. Une allure pustuleuse répugnante. Moisies tout à fait, grouillantes de vermine, avec des mille-pattes, et puis une très vilaine odeur, infiniment nauséeuse, en dépit du froid intense. C'est même l'odeur qui faisait tiquer, l'odeur de patate puante. Impossible de dissimuler longtemps une telle invasion. La pourriture s'étendait. On avait beau émonder, extirper, sarcler toujours davantage, ça n'y faisait rien du tout. Par des inductions maléfiques, par l'agencement infernal de mille réseaux en laiton, Courtial avait corrompu la terre, provoqué le Génie des larves. Bientôt, tout l'arrondissement ne serait plus autour de Blême qu'un énorme champ tout pourri, une tourbe abjecte, un vaste cloaque d'asticots, un séisme en larves grouilleuses. Et ça ne cuisait même pas. Il essaya sur elles toutes les ruses de la tambouille. Tout allait se prendre en gélatine au fond de la casserole. Ça tournait au bout d'une heure, peut-être une heure trente, en un énorme gâteau de larves. Tel est donc le dernier état de la pomme de terre précipitée par les sulfures : un désert de pourriture.

La frite

Fort heureusement pour la pomme de terre, il y eut une seconde école, qui recommanda le frit, et nous épargna les larves. On raconte qu'à la fin du XVIIIe siècle, en Belgique, quand les eaux de la Meuse étaient gelées, interdisant la pêche, les habitants de la vallée coupaient des pommes de terre en forme de petits poissons et les faisaient frire comme du menu fretin. Ces pommes de terre frites apparaissent pour la première fois dans le *Journal* de Stendhal, en 1808. Sans commentaires particuliers, Stendhal, qui a alors vingt-cinq ans, est officier d'intendance en garnison à Brunswick, note qu'il dîne tous les jours, à quatre heures moins un quart, « avec du mouton grillé, des pommes de terre frites et de la salade ». Selon la suggestion de Brillat-Savarin, en 1825, le frit a au moins deux qualités : d'abord, tout le mérite d'une bonne friture provient de la *surprise* (« c'est ainsi qu'on appelle l'invasion du liquide bouillant qui carbonise ou roussit, à l'instant même de l'immersion, la surface extérieure du corps qui lui est soumis »), et puis « les choses frites sont agréables à la vue, conservent leur goût primitif et peuvent se manger à la main, ce qui plaît toujours aux dames ». Mais l'immense chance de la frite, c'est bien sa fermeté, car la frite ragaillardit la pomme de terre. Elle la virilise. *Estar frito*, en espagnol, signifie précisément être excité sexuellement, c'est avoir la frétillante. Et puis, la frite chatouille aussi le palais gourmand : c'est un mot apparenté au friand, à l'affriolant, à la fricassée, au fricot (ragoût de viande fricassée), au fricandeau (viande lardée), ainsi qu'au fric, qui fait oublier la triste purée. Bref, la frite a sauvé la pomme de terre de la débâcle du bouilli.

La pomme de terre incite-t-elle au déduit ? Curnonsky n'en était pas convaincu du tout. En tout cas, il ne l'appréciait pas pour ça. Pourtant, disait Charles de Lécluse (qui lui avait trouvé son nom de *Petite Truffe*), elle est flatulente, surtout si on la mange crue. Elle serait donc bonne pour le coït. Ce que pensait aussi Heywood, dans *Le Roi muet*, où l'on append que, si un pâté de moelle, des érynges cristallisées, des dattes conservées et des cantharides sont d'heureuses entrées en matière, si des moineaux mâles en ragoût, des cervelles de colombes et des membres de cygnes excitent agréablement, rien ne vaut des pommes de terre rôties ou des patates bouillies pour provoquer le saisissement sexuel. Et au début du XVIIIe siècle, un autre Anglais, William Salmon, proposa du *sang de pomme de terre,* qu'on prépare, dit-il, comme le panais ou la consoude, et qu'on prend avec du vin des Canaries, d'Alicante ou de Malaga, pour combattre toutes les formes de consomption, impuissance ou stérilité. Il est vrai que depuis cette époque, on ne s'est plus guère risqué à associer la pomme de terre à la production de sperme. Tout juste a-t-on pu dire, récemment, que la solanine, présente à l'état de traces dans la tomate mais en concentration élevée dans les feuilles et les baies de la pomme de terre, permettait à certains muscles de se contracter énergiquement, mais on n'a jamais précisé de quels muscles il s'agissait.

Comment la peler ?

Quand elle est *en grande tenue,* disait-on à Mons. Ou encore *en chemise,* ou *en robe de chambre,* comme on voudra. Bref, en simple déshabillé, cuite dans sa peau, la plus primitive des préparations, la plus nue des pommes de terre, la plus moelleuse aussi, la plus ardente. La fumerolle de la pomme de terre. Suivez alors le conseil de Francis Ponge : « Entre le gras du pouce et la pointe du couteau tenu par les autres doigts de la même main, l'on saisit — après l'avoir incisé — par l'une de ses lèvres ce rêche et fin papier que l'on tire à soi pour le détacher de la chair appétissante du tubercule. L'opération facile laisse, quand on a réussi à la parfaire sans s'y reprendre à trop de fois, une impression de satisfaction indicible. » Le léger bruit que font les tissus en se décollant est doux à l'oreille, et la découverte de la chair comestible, réjouissante. Malheureusement, aujourd'hui, on la déshabille au laser, si bien que sa peau en est réduite, en une fraction de seconde, à un petit chiffon mouillé ou à une poussière de charbon.
Ce qu'après tout, elle est depuis toujours.

Les prunes de Monsieur

Originaire des régions de l'Anatolie, du midi du Caucase et de la Perse septentrionale, en particulier autour du mont Elbrouz, la prune est un beau gros fruit d'été, rond ou long, à la chair couverte d'une peau fleurie, *dit Furetière. Elle a ceci de curieux que la fleur se trouve sur la peau du fruit. Qu'est-ce donc que cette fleur-là ? Eh bien, c'est tout simplement la* pruine, *qui est un peu le prurit de la prune, sorte de brume, de gelée blanche, de fine pellicule cireuse qui vient également sur la peau du raisin, matière poudreuse légèrement blanche qui disparaît au moindre contact. On disait d'ailleurs d'une femme qui avait une belle peau qu'elle était* fleurie comme une prune. *La fleur est donc le teint de la prune, son échauffement ou son effarouchement, particulièrement sensible d'ailleurs dans la prune de Monsieur.*

Rognon de coq

La prune fut au grand siècle, un des fruits de saison les mieux en cour. Furetière, en 1690, est très éloquent sur la prune, comme sur la pêche ou la poire. Il s'y attarde longuement, citant tour à tour la Prune virginale ou la Mignonne, assez grosse et longue, qui s'ouvre des mieux, délicate et sucrée, ainsi nommée à cause de sa bonté, le Rognon de coq, petite prune blanche tavelée de rouge, longuette et faite en rognon, et bien entendu le Damas gris ou Prune de Monsieur, prune violette fort fleurie, assez grosse, qui quitte le noyau et a un goût relevé, et la Reine-Claude, espèce de gros Damas vert, rond, un peu plat et carré (ce qu'on imagine du reste assez mal), qui a la chair très ferme et épaisse, quitte le noyau et est des plus sucrées. Furetière n'est pourtant pas un irréductible de la prune, un de ces monomaniaques qui n'ont que la prune à la bouche, qui ne pourraient goûter par exemple de canard à l'arabesque qu'accompagné de prunes de Sainte-Catherine cuites dans du vin blanc (comme le recommandait Pierre de Lune, en 1656), bref ce n'est pas un Caractère de La Bruyère : « Il vous mène à l'arbre, cueille artistement cette prune exquise ; il l'ouvre, vous en donne une moitié et prend l'autre : "Quelle chair ! dit-il, goûtez-vous cela ? cela est-il divin ? voilà ce que vous ne trouverez pas ailleurs." Et là-dessus ses narines s'enflent, il cache avec peine sa joie et sa vanité par quelque dehors de modestie. O l'homme divin en effet ! » *(De la mode).* Furetière n'avait rien de singulier, tout le siècle était ainsi. On avait l'engouement de la prune.

Malgré une tournure fort plaisante, la prune souffrit néanmoins d'un vice particulier. La rumeur voulait en effet qu'elle gâte le ventre. Si bien que toute l'histoire de la prune commence par cette épineuse question : constipe, constipe pas ? Les Grecs l'appelaient de deux noms assez curieux : *coccumèlon* (sans qu'on sache si c'était là le fruit du coucou, du cocu ou du coccyx) et *brabulon*, par allusion justement à ses propriétés de vidange. C'est ainsi qu'Athénée considérait que la prune était un fruit propre à expulser, alors que Dioscoride soutenait fermement le contraire : « Les prunes de Syrie, disait-il, surtout celles de Damas, quand elles sont sèches, sont salutaires à l'estomac et resserrent le ventre. » Galien lui opposa pourtant un démenti formel, et c'est presque avec un étonnement douloureux qu'il se demande pourquoi Dioscoride s'obstine ainsi à prétendre que la prune desséchée retient, alors qu'il est notoire qu'elle délivre. Ce que confirme Martial, dans une épigramme charitable à un ami : « Cette prune étrangère, dit-il, est ridée et bien vieille, mais prends-la néanmoins, elle purge à merveille. » Les Arabes suivront. Ibn Massouih assure qu'elle relâche le ventre et qu'elle évacue la bile, à cause de sa viscosité, et Mésué la prescrit sous forme de condit pour calmer l'ardeur de l'estomac, tempérer la fièvre, étancher la soif et exonérer le ventre. Les simplistes du Moyen Age donneront tort également à Dioscoride, en soutenant que la prune *alaske* (ou *alaschie*) le ventre, autrement dit qu'elle le lâche et le débride, et finalement ce fut Galien qui l'emporta. La querelle dura près de quinze siècles, mais on est désormais unanime à ranger la prune parmi les dons que la nature fit à l'homme pour amollir et fluidifier ses viscères. Ce que résume assez cavalièrement Flaubert, dans son *Dictionnaire des idées reçues*, à l'article *Pruneaux* : « Tiennent le ventre libre. »

Trompe-laquais

En dépit de l'*Ode à la prune*, d'ailleurs tardive, de Pablo Neruda, qui en fait un fruit de lumière, parle du baiser de la bouche à la prune, de dents et de lèvres pleines d'ambre parfumé, de ses agates ovales, de sa lumière liquide et de ses tétins grandissants, la prune connut les pires chagrins. Car elle devint, on ne sait trop comment ni pourquoi, l'emblème de la niaiserie. C'est ainsi qu'en Normandie, on disait couramment d'un grand bêta que c'était un *saute-aux-prunes*, parce que apparemment le seul avantage de sa taille était de pouvoir cueillir les prunes sans échelle. *Ne preisier une prune*, au XIIe siècle, c'était ne manifester aucune estime, encore que Jules Renard ait prétendu le contraire : « Je t'ai aimée, dit-il à sa femme Marinette, comme la nature, je t'ai regardée comme un bel arbre, je t'ai respirée comme une haie en fleurs, je t'ai savourée comme la prune ou la cerise » (*Journal*, 1908). Et *donner une prune pour deux œufs*, c'était un marché de dupes. Les Anglais furent plus enthousiastes, puisque pour eux, le *plum*, c'était un bon filon, une vache à lait, une assiette au beurre. Mais chez nous, la prune n'était rien de tout ça. La prune faisait mal. Car depuis le XIVe siècle, elle s'était spécialisée, comme la châtaigne, dans le gnon et la blessure. *Manger des prunes*, c'était voir marier sa promise avec un autre, et *manger des prunes sous le prunier*, pire encore : c'était être obligé d'assister à la noce, et donc souffrir deux fois. Bref, *peler* ou *avaler la prune*, c'était payer de déboires et de désillusions un

fruit qui n'en demandait pas tant. Et qui, pour beaucoup, était un signe de l'abandon du ciel.
La prune fut d'ailleurs toujours mêlée à des histoires douteuses, des tromperies, des conspirations ou de franches crapuleries. Prenez par exemple les prunes de cour. On donna ainsi à une prune verte ou dorée le nom de l'aînée des filles de Louis XII, que l'on qualifie toujours de « pauvre reine Claude ». Elle épousa le futur François Ier en 1514, elle avait tout juste quinze ans. Ce mariage assura du reste la réunification définitive de la Bretagne à la France. La reine Claude lui donna sept enfants en dix ans, autant dire qu'elle en fut toujours grosse, puis mourut. On dit d'elle que c'était la fleur, la perle des dames de son siècle, un miroir de bonté sans tache, qui fut beaucoup regrettée, mais il n'empêche qu'elle boitait et qu'elle était disgraciée par la nature, délicat euphémisme pour dire qu'elle était franchement laide. Elle fut même si douce, si pieuse et si fade qu'elle n'eut aucune influence sur rien ni personne. Bref, elle donna son nom à une prune. C'était en 1628. Un siècle après sa mort. Une prune que le botaniste Pierre Bolon avait rapportée d'Orient. On considère ladite prune, c'est vrai, comme la reine des prunes. D'une rondeur juvénile, à la peau vert tendre marquée de gros points rouges et à la chair jaune et fondante. Il n'empêche qu'on l'appela longtemps la *Trompe-laquais*, ou l'*Attrape-valet*, parce que les domestiques, ne lui voyant pas une belle couleur pourpre comme aux autres, croyaient qu'elle n'était pas mûre et n'y touchaient pas. Un peu comme ces poires qu'on appelait, en Ardèche, les *Malconnaître*, parce que même à maturité, elles gardaient la peau verte. Bref, pour eux, c'était un leurre. Peut-être même une variété de prune à cochons, de celles qu'on appelait pisseuses, baveuses ou encore prunes de marioles, lesquels sont, comme chacun sait, de petits escrocs rusés et coquins.

Prune de Monsieur

La violette de Brignoles commença sa carrière par une malencontreuse erreur. Alexandre Dumas soutient ainsi que Monsieur n'était autre que Philippe d'Orléans, frère de Louis XIV, qui dit-il les aimait beaucoup et ne pouvait s'en rassasier. Toute en violet comme un évêque, poudrée comme un abbé de cour, cette prune de Monsieur, qui mérite qu'on loue sa chair robuste, sucrée et parfumée, eût certes parfaitement convenu à ce prince perdu par le *vice italien.* Cette vipère de Saint-Simon disait que c'était « la plus sotte femme du monde ». Petit homme ventru, monté sur des échasses tant ses souliers étaient hauts, toujours paré comme une femme, plein de bagues, de bracelets et de pierreries, avec une longue perruque tout étalée devant, noire et poudrée, et des rubans partout où il en pouvait mettre, Monsieur finit par avoir le teint rouge enflammé et mourut logiquement d'une apoplexie, tout en assurant seul la postérité des Bourbons. Mais enfin, ce n'était pas lui. Puisqu'on la connaît depuis 1628, elle aussi, il ne peut s'agir que de Monsieur, frère de Louis XIII, autrement dit Gaston d'Orléans, son oncle. Un garçon dont la vie se passa en intrigues, révoltes et conspirations contre un peu tout le monde. « Il entra dans toutes les affaires », dit de lui le cardinal de Retz, « parce qu'il n'avait pas la force de résister à ceux qui l'y entraînaient pour leurs intérêts ; il n'en sortit jamais qu'avec honte, parce qu'il n'avait pas le courage de les soutenir. » Mais enfin, il cultivait à Blois 2 000 espèces de roses et quelques raretés, comme la tomate, le tabac et la pomme de terre, c'est donc à lui qu'on dédia cette prune, dite encore *Passe-Velours* ou *Prune d'Altesse.* Laquelle fit une courte carrière ecclésiastique, au début du XIXe siècle, puisqu'on appela *prune de Monsieur* un archevêque, et finit, comme le kaki et le chaudron, par exprimer une nuance assez inexprimable, un précipité de fort beau violet ou pourpre, un mordoré qui tourne progressivement au prune, bref un ton qu'on portait volontiers sur une longue redingote. Littré précisa pourtant, à l'intention des futurs écrivains de la prune : « On dit : j'ai mangé des prunes de Monsieur, et non : j'ai mangé des Monsieurs ou des Messieurs. »

Blois donna encore à la prune, soixante ans plus tard, le 23 décembre 1588, l'occasion d'un fameux traquenard, puisque ce jour-là, Henri de Guise y fut assassiné, sur ordre de Henri III, d'un coup de poignard au sein gauche. Henri de

Guise était un fort bel homme. Vêtu de blanc selon son habitude, avec simplement une chaîne de rubis, perles et diamants qui valait un royaume. Visage de géant blond, auquel donnait un air guerrier la trace laissée par l'épée d'un reître, à la bataille de Dormans. Ce matin-là, donc, il attendait dans la salle du Conseil son rendez-vous avec le roi. Un peu flapi. Il sortait d'une nuit passablement harassante avec l'immarcescible marquise de Noirmoutier (Charlotte de Sauve), qui l'avait retenu avec l'acharnement des amoureuses à leur déclin. Le Balafré se sentit défaillir. Il envoya Péricard, son secrétaire, chercher son drageoir garni de raisins de Damas. Et pour patienter, il se mit à croquer les bagatelles des armoires royales, de ces prunes de Brignoles confites dont les galants de l'époque usaient comme remontant contre les fatigues de l'amour. Un page apporta le drageoir, mais Péricard, arrêté par les hommes du roi, ne put rentrer. Pris d'une faiblesse, le Balafré chancela, puis saigna du nez.

— Monsieur, débita précipitamment Revol (secrétaire d'État de Henri III), le Roi vous demande. Il est en son vieux cabinet.

Guise se leva, enroula son manteau autour de son bras gauche, prit le drageoir et le mouchoir dont il s'essuyait les narines. Les prunes de Brignoles ne furent hélas d'aucun secours contre l'épuisement de la nuit et les caresses de Charlotte. Et ce fut l'attentat.

Enveloppé, désarmé, saisi aux jambes, au collet, le Lorrain eut beau se débattre comme un furieux. Des corps s'écroulèrent, d'autres battirent les murs, un bruit grêle de porcelaine, le drageoir s'écrasa contre le visage d'un assaillant.

— *Miserere mei Deus !* articula le Balafré.

Il mit son poing en sa bouche, puis trépassa.

Et Henri III courut chez sa mère.

Aller aux mirabelles

L'Alsace et la Lorraine défendirent assez bien la prune, se disant sans doute qu'elles valaient bien une quetsche ou une mirabelle. Cette quetsche, dont le nom est assez obscur, viendrait de l'imprononçable *Zwetschge,* variété de grosse prune allemande, par l'intermédiaire d'un patois alsacien. C'est une

belle prune allongée, comprimée, ventrue, dont la peau passe successivement du rouge-violet au bleu-noir, et dont la chair jaune un peu grossière plaît par sa saveur relevée. En tout cas, elle plut aux Suisses, qui l'appelèrent *pruneau*, et en firent des tartes sans lesquelles le Jeûne Fédéral suisse ne serait plus rien du tout. Elle inspira aussi une liqueur, avec laquelle Gertrude Stein chercha semble-t-il à séduire Hemingway, au grand désespoir de miss Toklas, l'amie de Gertrude, qui le détestait. Ça se passait à Paris, entre 1921 et 1926 et Hemingway a raconté la chose dans *Paris est une fête*. « C'étaient des liqueurs odorantes, incolores, renfermées en des carafons de cristal taillé, et servies dans de petits verres, et qu'il s'agît de quetsche, de mirabelle ou de framboise, toutes avaient le parfum du fruit dont elles étaient tirées, converti en un feu bien entretenu sur votre langue, pour la délier et vous réchauffer. » Alors qu'ailleurs miss Stein parle de Sherwood Anderson comme d'un sucre, un sucre de raisin, avec Hemingway, il s'agissait bien d'un feu. Du feu de la questsche sur la langue. Mais miss Toklas gardait son œil d'aigle. Et son sourire de sangsue.
La mirabelle fut à deux doigts de devenir une guillotine. Puisque la guillotine eut pour rivales malchanceuses une Louisette, une Louison et une Mirabelle (qui venait de Mirabeau). Mais la mirabelle n'eut aucun destin révolutionnaire. Ce n'est pas Théroigne de Méricourt, surnommée l'Amazone de la Liberté. Elle resta une bonne fille provinciale, assez mignonne, assez menue aussi, d'un beau jaune d'or tiqueté de points rouges et la chair embaumée, mais qui finit inévitablement dans un chaudron à confitures. On aima ces grains d'ambre, qu'on ramassait après les foins. L'abbé Merlet, au XVIIe siècle, parle de la Grosse et de la Petite Mirabelle, avec beaucoup de bonté dans la voix. Barrès y vit une douce lumière et Romain Rolland en fit « une pluie de fruits d'or, qui fondent dans la bouche comme un miel parfumé ». C'est déjà beaucoup, mais naturellement ce fut tout. On n'a jamais très bien su d'où elle sortait ni quelle était sa parentèle. Venait-elle du latin *mirabilis*, qui signifie belle à voir ? D'un maître échevin de Metz, nommé Mirabel, qui lui aurait donné son nom en 1430 ? De localités provençales au nom de Mirabel (composé de *mirer* et de *bel*, et

réservé à une hauteur où l'on voit loin), comme il en existe dans le Midi, hypothèse la plus vraisemblable ? Ou, comme certains le prétendent, du gros *murobalanos*, sorte de fruit des Indes, au nom grec signifiant le Gland parfumé, mais la mirabelle pourrait-elle venir du gland ? On se perd en conjectures. Ce n'est d'ailleurs pas pour rien si la mirabelle fut l'alcool préféré de Sherlock Holmes.

Cette mirabelle, dont on se disputa les rondeurs entre Metz et Nancy (la mirabelle de Metz fait 12,3 grammes et celle de Nancy 14,3 grammes, c'est un juste motif de colère), donna lieu à des préparations savoureuses et méconnues, comme le gratin de mirabelles (qui est un chaud-froid), les cochonneux de la Seille (petits pâtés au vin gris et à la mirabelle), les mirabelles confites (que goûtèrent à Metz, en 1568, Charles IX et sa mère) ou le *blosset* (mirabelles cuites sans sucre et bonnes à tartiner). Cela ne fit certes pas un grand fruit, mais enflamma les imaginations, qui se disaient peut-être qu'*aller aux mirabelles*, c'était à peu près pareil qu'allonger le bout de gomme, en tout cas quelque chose de vaguement cochon. Mais *aller aux mirabelles*, précise Jacques Réda, n'a jamais voulu dire quoi que ce soit de ce genre : c'est tout simplement aller secouer énergiquement les branches avec une gaule, au bout de laquelle on a fixé un fer recourbé : les fruits les plus mûrs dégringolent alors en grêle, roulent dans tous les sens. On les ramasse en triant le mauvais à la hâte, et on remplit vite les paniers. Voilà tout.

Roustons

Dans la prune, ce qu'on remarque surtout, c'est la couleur. On distingue ainsi la prune bleue (la prunelle) et la prune noire (le pruneau), qui sont deux bizarreries, tant le noir et surtout le bleu sont peu associés à la nourriture en général. Le pruneau, qui est une variété particulière de prune, dite *prune d'ente* (c'est-à-dire une prune greffée), mûrit vers la fin août et, après déshydratation complète, devient un pruneau de couleur très foncée, brillant et plissé, ce que Francis Ponge appelle un « deuil verni » ou encore « une encre acide aux lèvres ». On aura remarqué qu'il changeait à l'occasion de sexe, ce qui peut-être explique qu'il suscite en général des remarques éméchées. C'est *un petit pruneau*, ou *un pruneau relavé*, note Littré, se dit d'une fille qui a le teint extrêmement brun. Et quand cette fille avait aussi *les yeux noirs comme des prunes*, c'est qu'elle devait être chaude. Ces mêmes yeux en pruneaux, qui chez une fille passaient pour lubriques, avaient il est vrai chez un homme l'avantage de devenir vifs et spirituels. Mais ce n'est pas tant à l'œil que se devinait la salacité du pruneau qu'aux testicules.

Pourquoi la prune et le pruneau furent-ils ainsi amenés à désigner les roustons et les roubignolles, encore appelés roussets, roussettes et rousseaux, comme dans une moindre mesure les olives, les marrons ou les noix ? Leur grosseur ? Leur rougeur vineuse ? Leur aspect charnu, ferme et ridé ? En tout cas, toutes les appellations dialectales de la prune y passent. Pas les *burnes*, que Guiraud croit à tort être une variété de prunes, alors que c'est un mot rouchi désignant les nœuds, excroissances et loupes du tronc d'arbre. Mais les *blosses*, les *belaux*, les *baloces* ou *baloces*, les *baloches*, etc. Serait-ce parce qu'on disait d'un homme à femmes (« de ces têtes, notait Stendhal, dont la force suit celle des couilles ») qu'il avait beaucoup *secoué le prunier* ? Ou tout bêtement parce que les prunes et pruneaux, aux formes solides et rebondies, étaient des fruits revigorants, qu'on distribuait sous forme d'épices de chambre, dans les bordels élisabéthains ? Ou que le pruneau appartenait à toutes ces nourritures noires, réputées fortes, saignantes ou poivrées, et en général assez vénériques, comme la truffe, l'aubergine, l'andouille de Vire, le radis noir, le boudin fumé de Francfort ou le gibier en sauce ?

Œil de carpe

Autant le pruneau a un air de rouston, ou même d'étron, autant la prunelle joue les coquettes et passe son temps à vous agacer. Car on ne peut goûter à cette petite prune serrée, à la chair verte, juteuse et âcre, qu'après les premières gelées, quand elle est déjà ridée et un peu flasque. On l'appelle parfois la prune de haie, ou le petit pruneau sauvage, ou la baloce à cochon, mais elle a surtout quelque chose d'inquiétant, car elle est bleue. On crut longtemps que le diable l'avait en horreur, et on l'employa dans les rites d'exorcisme. Mais enfin ce fruit bleu donne une confiture bleue qui est d'un charme inouï. Pourquoi cette peur du bleu, en cuisine ? Le bleu est si immatériel qu'on a peut-être peur de s'évaporer avec lui. Et puis avaler du bleu relève plus souvent de la pharmacie, des calmants ou du collu-bleu, produit pour les aphtes. Ou d'une cuisine du meurtre, comme pour la truite ou le brochet au bleu (Nicolas de Bonnefons précisait même que « si le poisson est vif, il prend un bien plus beau bleu que le mort »). Ou tout simplement du poison. Il y eut récemment une alerte en Italie, quand on vit des pamplemousses veinés de bleu turquoise, qui causèrent la mort immédiate de cinq rats de laboratoire. Mais comme il s'agissait de pamplemousses de Jaffa, on pensa à une rumeur maligne. Ce qui était le cas en effet. Le terrible poison injecté dans les six pamplemousses saisis dans un supermarché de la banlieue romaine s'avéra finalement n'être que du bleu de méthylène. Le bleu fait si peur, même en Chine, qu'on appela la Veuve Mao (qui pourtant se prénommait Rivière d'Amour) *Grue des nuages* ou *Pomme bleue.*

C'est dire que, si la prunelle désigna l'iris, puis l'œil, même s'il n'était pas bleu, c'est peut-être à cause de sa configuration, mais plus sûrement du poison. Ce qu'on nomma l'*œillade assassine* ou *criminelle.* Toutes les femmes, disait Corneille, « savent faire jouer la prunelle de loin ». Même les veuves. Michel Leiris définit la prunelle comme la « ruelle profonde des lunules » : c'est joli, la lunule, c'est une tache en forme de lune, mais enfin ça signifie aussi que la prunelle peut aller jusque dans les coins, qu'elle furète, qu'elle virevolte, qu'enfin elle attaque en piqué, et c'est un bombardement. Alfred Delvau, dans son *Dictionnaire érotique* (1864), signale tous les entrechats savants de la prunelle : c'est d'abord un *œil marécageux,* tendrement voluptueux, ou un *œil de carpe,* quand on joue de la prunelle langoureuse juste pour allumer. Et puis l'*œillade américaine,* coup d'œil assez égrillard et scrutateur, comme l'œil des Indiens dans les romans de Fenimore Cooper. Et on termine inévitablement par les *yeux blancs,* façon de tourner de l'œil, de « s'évanouir sous l'homme dans l'excès de la jouissance », ce qu'on pourrait appeler l'éclat mystique de la prunelle.

Sirop

« Grosses perles blanches tachées de quelques rousseurs, note Jacques Réda à propos des reines-claudes, bien lisses, et sous ce brillant la pulpe bien dense comme une purée de soleil. Ferme et charnue, et souvent éclatée comme par un excès de bonheur, à peine y a-t-on goûté qu'elle se fond en jouissance, comparable en tout point à la maturité féminine dans l'amour, association intime d'une lumineuse plénitude charnelle et des sucs secrets les plus exquis » *(Aller aux mirabelles).* Telle serait donc la morale de la prune. Celle d'un plaisir d'autant plus liquide qu'il paraît destiné à la défaite. Ce que ressentit aussi le jeune Marcel, devant les prunes de Mme de Villeparisis *(A l'ombre des jeunes filles en fleur).* La veille encore, dit Proust, elles étaient glauques, lumineuses et sphériques comme était à ce moment-là la rotondité de la mer. Et le lendemain, elles avaient passé au mauve, comme la mer à l'heure du dîner. Cette prune changeante comme la mer, ce sirop en suspension, a l'amertume des choses qu'on n'a pas su saisir à temps, parce qu'on était trop bête ou trop empoté, l'amertume des amours dont on n'a connu en somme que le frisson. Si vous voulez savoir comment nous nous aimâmes pour des prunes, disait déjà Alphonse Daudet, eh bien c'est simple. « Elle en prend une, elle la mord, / Et me l'offrant : Tiens..., me dit-elle. / Mon pauvre cœur battait si fort / Elle en prend une, elle la mord. / Ses petites dents sur le bord / Avaient fait des points de dentelle / Ce fut tout, mais ce fut assez ; / Ce seul fruit disait bien des choses. / Si j'avais su ce que je sais !... »

R

Les queues de radis disent beaucoup de choses

Les radis, que l'on distingue grosso modo *en petits radis roses et gros radis noirs, se consomment généralement crus, en hors-d'œuvre. C'est presque un article du Code pénal, mais c'est la loi du radis. Qui ne souffre apparemment pas d'exceptions. Hors du petit rose et du gros noir, il n'y a aujourd'hui pas de salut pour le radis. Et pourtant, ce radis à la chair croquante, douce et piquante, se déclinait encore, dans le catalogue Vilmorin & Andrieux, en 1883, en innombrables variétés, généralement d'une chair d'albâtre, qui dans certaines espèces pouvait devenir translucide et se nuancer de l'incarnat tendre de l'églantine ou de la pâleur des colchiques.*

Mais on a décimé l'espèce Radis à peu près comme on fit des Indiens Hopi de l'Arizona. Et le radis, aujourd'hui, ne se fait plus qu'en deux coloris. Le radis à forcer rond rose (ainsi que le radis demi-long à bout blanc) et le radis noir gros long d'hiver. C'est un peu déprimant. Surtout quand on bénéficie, comme le radis, d'une très vieille âme. Car sous le nom de noun, *il figure déjà dans les hiéroglyphes de l'Egypte ancienne : deux variétés, l'une ronde, l'autre longue, sont représentées dans le temple de Karnak et la nécropole de Kaoum (XII*^e^ *dynastie). Les Grecs en connaissaient aussi plusieurs espèces qu'ils classaient comme des chapiteaux : le cléonien, le béotien, le corinthien et le liothasse. Mais ils en faisaient usage* après *le repas, pour aider à la digestion, pratique recommandée par Dioscoride, mais fermement condamnée par Galien, qui n'admet le radis qu'en apéritif.*

Les queues vertes

Commençons donc par le radis dit de tous les mois, qu'on sème à la volée de quinzaine en quinzaine sur peu de terrain pour ne récolter que des organes jeunes et exquis, parfaitement roses, renflés et bien formés. De ces grelots rougissants, dont on croque le petit bout et dont on roule le reste dans du sel. Encore humides et déjà effrontés. C'est au XVIe siècle qu'apparurent en Italie ces petites choses adorables, puis ils arrivèrent en France, sous le nom de *radice*, puis de *radis* (au début du XVIIe siècle) et ce sont les maraîchers français qui les firent connaître à l'Europe. Ce rose, qu'on dit parfois vulgaire et de mauvais goût, est d'ailleurs assez rare dans la nature, et rarement monochrome. C'est le rose du cochon, du flamant, de la crevette et de la saucisse de Strasbourg (encore que dans la saucisse de Strasbourg, ce soit le rose de la canthaxantine). C'est le rose de la peau de bébé (« Un berceau vide, qu'on emplit d'un petit enfant rond et rose comme un radis », dit Colette, dans *La Naissance du jour),* c'est le rose de certaines régions de la peau où le sang commence à affluer, le rose de la soie, des caracos de satin, des petits plissés, le rose de l'intimité à incrustations de dentelle. C'est le rose que les Suisses, qui croient voir la Suisse jusque dans les légumes, se sont volontiers approprié pour en faire un rouge drapeau : c'est ainsi, dit-on là-bas, que le radis manifeste ouvertement son amour pour « notre drapeau rouge et blanc », d'ailleurs, ajoute-t-on, *tous les radis sont suisses,* par leur couleur, leur caractère, leurs goûts et leur maintien. A ceci près, naturellement, que s'ils sont uniformes, ils ont encore de la saveur.

Et puis cette rencontre fraîche et légère du rose et du vert a quelque chose qui fait rêver, on ne sait pas à quoi, probablement à l'amour. « Tandis que sa mère cuisinait, écrit Raymond Queneau, dans *Pierrot mon ami,* Yvonne rangeait rêveusement en cercle autour de son assiette les queues de ses radis. Mme Pradonet, qui se trouvait de la psychologie, lui demanda : "Tu es amoureuse ?" » Ce n'est pas toujours le cas, forcément. L'autodidacte, dans *La Nausée*, n'est pas quelqu'un qui rêve, ce n'est pas quelqu'un d'amoureux non plus, c'est quelqu'un qui mange vite. Son âme disparaît alors de ses yeux. Il mange sans qu'il y paraisse, avec une rapidité extraordinaire. Il ne reste déjà plus sur son assiette « qu'un paquet de queues vertes et un peu de sel mouillé ». En fait, l'autodidacte mange comme il lit. De A à Z, méthodiquement, d'une rangée à l'autre, tous les livres de tous les rayons de toute la bibliothèque, passant brutalement de l'étude des coléoptères à celle de la théorie des quanta, d'un ouvrage sur Tamerlan à un pamphlet catholique contre le darwinisme : pas un instant il ne s'est déconcerté. Il engloutit. C'est une mandibule. « On mange trop vite, dit-il à Roquentin, on ne mâche pas. Mais j'ai un estomac d'autruche, je peux avaler n'importe quoi. » Bref, la queue du radis, c'est ce qui reste du livre quand on a tourné les pages.

Le pénis nègre

Si le petit radis rose a plutôt la tête à l'envers, le gros radis noir est d'un réalisme indubitable. Fernand Lequenne, dans son *Livre des salades*, note que c'est une surprenante réalité en plein hiver, que c'est même un extraordinaire élixir de santé, et c'est pourquoi on le confond si souvent avec le raifort, autre crucifère qui a les mêmes vertus, mais dont la saveur est si forte qu'on ne l'utilise qu'en condiment. On devrait toujours, dit-il, faire manger des radis noirs aux enfants, aux débiles et aux bronchiteux. Pour Jules Renard, c'était une « taupe de velours noir », et pour la langue verte, un « pénis nègre ». Ce qui est à peu près la même chose. Pour ceux qui n'auraient jamais vu de gros radis noirs d'hiver, il est bon d'indiquer que si la peau est noire, rugueuse et parfois gercée en long, la chair est d'un blanc de lait, ferme et compacte, mais très piquante. Que c'est une racine qui peut faire 25 centimètres de long sur 6 à 7 centimètres de diamètre, et qu'en Angleterre, on l'appelle *radis espagnol*. Rappelons encore quelques évidences : le radis noir n'a pas de pépins au centre comme le concombre, il est donc entièrement dur. Quand il vieillit, il ne pourrit pas, il ne ramollit pas non plus : il devient doux comme une peau de pêche, facile comme une peau de chamois. La carotte est pointue, pas le radis noir. Le concombre, quand on le pèle, dégorge de l'eau, pas le radis noir. Le radis noir a donc quelque chose de massif, d'imperturbable et d'encourageant. Si bien qu'il a pu, à l'occasion, quand on se trouvait provisoirement démuni, servir d'*olisbos,* c'est-à-dire de verge postiche. Il évoqua même, de façon pittoresque, l'allure général d'un abbé en soutane, mais c'est là un emploi très local du radis noir, comme celui du radis rose en orteil.

Rot du radis

L'ennui, avec le radis, c'est qu'il revient. En raison de ses principes soufrés et piquants. Lourd et froid à l'estomac, son suc irrite la muqueuse. Si Nana, qui disait avoir l'estomac dans les talons, se jetait sur les radis, qu'elle croquait sans pain, Mme Lerat, sa « tante », ne voulait pas de radis : ça donnait la pituite. Et la pituite, qu'est-ce que c'est ? Sinon le résidu du radis sous forme de mucus, de liqueur visqueuse, d'humeur fétide que l'on expectore ou que l'on vomit par la bouche. C'est en somme l'écoulement du radis. Sa gomme. Mais, a-t-on pensé, ce qui s'avérait fort désagréable pour le haut (sous forme d'éructations et de vomissements) pouvait en revanche se révéler souverain pour le bas (sous forme de sperme), et c'est ainsi que le radis fut en général considéré comme une racine vénérique. En réalité, si Nana, avec ses goûts de perruche, croquait les radis comme des pralines, c'est qu'elle dévorait à peu près de la même façon la fortune de ses amants successifs. « Ferme à ferme, prairie à prairie, dit Zola, elle croqua l'héritage [de La Faloise], de son air gentil, sans même s'en apercevoir, comme elle croquait entre ses repas un sac de pralines posé sur ses genoux. » C'est le radis dévastateur, le radis de la ruine, le radis de l'écroulement des grandes fortunes, et pour tout dire le désastre de la France.

Pline a longuement parlé du raifort, dont le nom français signifie la racine forte *(raiz fors)*, et qu'on appelle aussi bien Radis de cheval *(Horse-Radish)* , Cran de Bretagne, Moutarde des Allemands ou des Capucins. Mais, en réalité, ni les Latins, ni les Grecs n'ont connu le raifort : ce n'est qu'au XVIe siècle qu'il se répandit en Italie, à partir de l'Allemagne et de la Hongrie. Ce que Pline appelle ainsi, c'est une variété de gros radis noir. Bref, pour lui, ce raifort, qui a toujours été considéré comme l'ennemi des dents, parce qu'il les use, ou du moins en pâlit l'ivoire, est aussi une racine qui, à un haut degré, a la propriété de provoquer des flatulences et des rots. Aussi, dit-il, est-ce un aliment grossier, surtout si l'on mange ensuite du chou. Mais si on en mange avec des olives très mûres, les rots sont moins fréquents et moins fétides. Pline n'aime pas beaucoup ça, il ajoute que c'est une racine qui apprécie tant le froid qu'elle atteint en Germanie la grosseur d'un petit enfant.

Le pal

A la suite d'Hippocrate, Pline lui accorde pourtant de la bonté, si l'on en frotte la tête des femmes qui perdent leurs cheveux ou si l'on en met sur l'ombilic contre les douleurs de la matrice. Il dit aussi qu'il rend aux cicatrices la couleur naturelle de la peau. Qu'enfin le raifort serait bon pour le coït, et c'est peut-être pourquoi certains le dirent nuisible à la voix. Car on considérait, à l'époque, que les rapports sexuels nuisaient à la poitrine et aux poumons. Mais si le raifort, ou gros radis noir, est tenu pour une racine sexuelle, c'est pour une autre raison moins avouable. Selon divers auteurs (Aristophane et Lucien, en particulier), le coupable pris en flagrant délit d'adultère devait, en Grèce, être empalé par le fondement au moyen d'une rave. « Ci-gît Alcée », lit-on dans *La Couronne de Méléagre,* « qu'a tué la bien feuillue qui lave et punit l'adultère, la fille de la terre, la rave. » Et dans *Les Nuées* d'Aristophane, le Raisonnement Juste s'écrie : « Mais quoi ! Si, épilé à la cendre chaude, il se fait enfoncer une rave ? Aura-t-il une maxime pour dire qu'il n'est pas un large anus ? »
Ce qui était alors un châtiment infligé par le mari bafoué, selon une loi de Solon (d'ailleurs, un adoucissement de la loi de Dracon, qui prévoyait purement et simplement la mise à mort), était semble-t-il devenu un jeu du temps d'Alexandre, si l'on en croit R. Peyrefitte, dans sa *Jeunesse d'Alexandre.* « On va t'épiler l'anus avec une pince, dit Alexandre à Autolyque,

on te le frottera de cendre chaude et on y introduira un gros radis noir. Puis, le radis dans le derrière, tu feras dix fois le tour de la salle, assis à l'envers sur un âne. » Ce qui fut fait, malgré les protestations dudit Autolyque. Et provoqua apparemment chez lui quelques soubresauts inespérés, attestant que le plaisir avait vaincu la douleur. « Démètre fut autorisé à continuer ses caresses pendant l'application de la cendre brûlante et, quand on vint au raifort, le supplicié, remis sur son séant, apparut dans l'état qui lui était familier. "J'ai de la chance, dit-il. A Athènes, lorsqu'il n'y a pas de raifort pour cette opération, on prend le manche d'une hache." La promenade sur l'âne fut aussi triomphale que son érection. »
Il convient donc de ne pas se montrer trop ingrat vis-à-vis du radis, qui peut rétablir à leur avantage des situations jugées parfois désespérées, faire rêver les jeunes filles à des amants qu'elles ne connaîtront peut-être jamais, et les courtisanes à ceux qu'elles ont croqués à petits coups de dents.

S

La salade, la limace et l'ennui

En latin, sal, *c'est le sel, mais aussi l'esprit, le piquant, le caustique de l'esprit. Les* sales, *c'étaient les grains de sel, les bons mots les plaisanteries. Et* salum, *la grande salée, la haute mer, le roulis. Si bien que* Salacia *fut le nom d'une déesse marine, femme de Neptune : autant la* malacia *était la bonace, le calme plat, l'apathie de la mer, autant la* Salacia *était la déesse intrépide, la déesse courroucée, convulsive, rageuse (dont l'écume, dit Hugo, dans* Les Travailleurs de la mer, *ressemble « à la salive d'un Léviathan », dont « l'eau est pleine de griffes »), bref une furie de la mer. Le sel engendra aussi la salive précisément, le salpêtre (qui est un sel de pierre), le saugrenu (un sel en grain, manifestement pas assez fin), le saupoudré (le poudré de sel, pas de sucre), la sauce, la saucisse et naturellement la salade. La salade appartient donc à une famille entièrement vouée au sel et à ses à-côtés. Certains de ses membres sont volontiers lubriques, mais pas tous. Plutôt acerbes ou moqueurs. Alors que l'on croit souvent, c'est en tout cas une superstition populaire, que la salade fait bafouiller, rien n'est plus faux : la salade a la langue pointue. Mais quelle frivolité, quelle effervescence, quelle légèreté ! Ce n'est pas de l'herbe, c'est un taffetas. Un frémissement de taffetas. Un air de fraîcheur enjouée. Une fête galante.*

La rue

S'il est une salade qui conjugue à un point extrême toutes les vertus du salé, du piquant, de la congestion salace, et qu'on

utilise pourtant rarement aujourd'hui, car son goût paraît désagréable, c'est la rue. Elle pousse un peu partout, sur les coteaux arides, les vieux murs, les décombres. A partir du Moyen Age, on la rencontre fréquemment dans les potagers, et en 1883, elle figure encore parmi les plantes cultivées de Vilmorin. Ses feuilles sont découpées mollement, épaisses, d'un gris vert, d'une odeur légèrement brûlante. Certains la qualifièrent d'herbe fétide, allant jusqu'à dire qu'elle rappelait curieusement l'odeur du sperme. D'autres en firent au contraire un condiment agréable, à la saveur chaude, piquante et aromatique. Mais c'est sans doute sa réputation abortive et toxique qui fut à l'origine de son abandon progressif. Car cette Herbe-à-la-belle-fille, comme on l'appelait, était aussi une Empoisonneuse. Il suffisait, disait-on, qu'une femme passe au-dessus d'un pied de rue et qu'en même temps elle en mette un brin sur la langue pour avorter. Ou simplement qu'elle pisse sur un pied de rue. On en donnait aussi aux petits poulets pour les purger. Une décoction de rue et d'urine, dit même le *Grand Albert*, fait merveille pour chasser les puces.
Les Romains l'utilisaient surtout pour relever les appétits d'estomac et ceux du petit bassin, des hommes comme des femmes. Elle agissait dans les salades au moment précis où les propos, puis les gestes, devenaient salaces. Martial cite souvent la rue dans ses *Epigrammes*, « la rue qu'il faut se garder d'oublier si l'on n'oublie pas la laitue qui fait dormir ». Naturellement, ces vertus énergiques et gaillardes de la rue l'ont vite fait considérer, dans la chrétienté, comme la plante du démon. On opposait ainsi trois plantes du Christ : l'*aubépine*, qui guérit la fièvre parce qu'elle servit à tresser la couronne d'épines, le *basilic*, qui poussa à l'endroit où était enterrée la croix du Christ et la *mauve*, qui s'efforça de tapisser l'intérieur de la grotte pour en faire un lit d'odeurs à l'Enfant Jésus, aux trois plantes maudites : le *géranium*, sur lequel le démon urina, le *sureau* où Judas se pendit et la *rue*, puante comme le diable. La rue est donc la pire de toutes les salades, et la salade de tous les péchés.

La mâche

Rabelais était salé, Montaigne (et Ronsard) sucré. Gargantua mangeait « les laitues avec huile et vinaigre et sel pour se rafraîchir avant souper ». Montaigne, lui, préférait la salade au sucre, comme on la préparait souvent au XVIe siècle, et encore au XVIIe, et jusqu'à présent dans certaines régions d'Europe. Il y a du reste, une salade qui ne se définit pas par le salé ou le salace, mais par le sucré et le suave, qui est en quelque sorte le paradoxe de la salade, c'est la mâche, originaire de Sicile et de Sardaigne. Son nom lui vient non pas de ce qu'elle est douce à mâcher, mais de ce qu'elle est sucrée comme un fruit ou comme le miel (on l'appelait d'ailleurs, au XVIe siècle, la *pomâche*, la Pareille-à-un-fruit). La plus prisée, aujourd'hui, vient du pays nantais : poussant sur un sol moelleux et sablé, elle présente de petites feuilles vertes charnues, veloutées, au goût fruité, disposées en rosettes. Ce qui surprend, chez elle, ce sont ses mille petits noms de jeunes filles. L'accroupie, la doucette, la salade de pompon, la blanchette ou la clairette, la boursette (chez Ronsard), la coquille, la grisette ou la galinette, la laitue de brebis, la bouche grasse ou la poule grasse, les oreilles de ratte ou de lièvre, la mignotte, la pommette, mais aussi des noms plus rébarbatifs, comme le rampon (à Genève), la barbe de chanoine, la couille à l'évêque, la bourse de berger ou même le tabouret, à cause de la forme de sa fleur.

Reste que la mâche est à l'extrême opposé de la rue, elle en est le versant tendre, innocent et délicat. Ce fut longtemps un des plats de la liturgie culinaire de carême, comme un peu toutes les salades. Les botanistes de la Renaissance, sans doute par allusion à la teinte verte de ses feuilles, l'appelèrent *Locusta*, qui ne désignait pas l'empoisonneuse de Britannicus, mais la sauterelle. Et qui fit croire à certains que, lorsque Matthieu affirmait que Jean-Baptiste se nourrissait dans le désert de sauterelles et de miel sauvage, ce pouvait être tout simplement de mâche, plutôt que de cet insecte sauteur connu dès l'Ancien Testament pour occasionner des tourments d'origine démoniaque (du reste, l'exorcisme fut longtemps utilisé contre les sauterelles, jamais contre la mâche). Aujourd'hui, la salade de mâche s'auréole volontiers de ronds de betterave rouge, qui en indiquent précisément la sainteté et confirment l'alliance et la bonté naturelle des chairs sucrées.

Vinaigre rosat

Ronsard, qui aimait beaucoup la mâche, envoyait Jamyn, son fidèle secrétaire, cueillir en plein champ la « boursette touffue », mais La Quintinie, un siècle plus tard, la jugeait encore trop sauvage et rustique, et soutenait qu'on la faisait paraître rarement en bonne compagnie. C'est peut-être aussi ce qui devait plaire à Ronsard. Car dans un long poème, publié en 1569 et dédié justement à Jamyn, il en fait un éloge presque intime. Ce qu'il appréciait en elle (et dans les salades sauvages, en général), c'était bien sûr sa féminité, mais surtout qu'elle fût si fraîche, douce, menue et savoureuse. Ronsard, alors prieur à Croixval, dans le Vendômois, avait quarante-cinq ans. Il était seul. Loin de la Cour, il avait fini par oublier les petites cruautés de l'amour. Lui qui disait autrefois : « J'aime le bal, la danse et les masques aussi, / La musique et le luth ennemi du souci », en était venu à croire qu'il haïssait la Cour comme la mort. On peut se dire des choses pareilles quand on est seul. Et ces mignonnes verdures, si précoces, qui exigeaient dans leur cueillette comme dans leur préparation infiniment de soins et de délicatesse, le ravissaient. Elles devinrent pour lui mieux qu'une feuille de bouche, une savourée de l'amour. Bref, Ronsard est seul, mais loin d'être désemparé. Il lit Ovide en apprêtant ses salades et avec un plaisir gaillard se met à leur faire l'amour « à mains pleines », mélangeant la pâquerette à la feuille menue, la pimprenelle heureuse pour le sang et pour la rate (et pour le mal de flanc), la *responsette* (raiponce) à la racine douce et le bouton des nouveaux groseilliers. L'érotisme est juvénile, mais le geste fougueux, et après les avoir lavées « au cours sacré de ma belle fontaine », Ronsard les blanchit de sel en mainte part, les arrose de vinaigre rosat et les engraisse de l'huile de Provence. Ce qui est, en somme, la recette du « tendre baiser » de la salade.

Violettes

Louis XIV préférait s'en amuser. Car ce fut aussi le roi de la salade. Dès le mois de mars, La Quintinie lui fournissait ses salades pommées, mais toute l'année, raconte Saint-Simon, il en mangeait une quantité prodigieuse. On disait alors qu'elles humectaient, rendaient le ventre libre, conciliaient le dormir, ouvraient l'appétit, tempéraient les ardeurs de Vénus et apaisaient la soif. C'était pratiquement une médication. Donc, que ce soient de tendres salades de couche, des chicorées bouillies ou encore des concombres largement couverts de poivre et de ciboulette, arrosés d'un puissant vinaigre et mélangés à un fromage blanc, Louis ne se refrénait point, il s'empiffrait. Au point que Fagon, à la fin de sa vie, dut les lui supprimer, comme il lui supprimait à peu près tout, les fraises, les petits pois, le raisin muscat ou le vin de champagne. Ce qui est d'autant plus paradoxal que ces salades paraissaient plutôt faites pour assommer les ardeurs royales (qui étaient grandes). Mais il est vrai, ajoute le petit duc, que « tout ce qu'on lui servait était plein d'épices, du double au moins de ce qu'on y met ordinairement et très fortes d'ailleurs ». Ce qui devait contrarier davantage encore la Maintenon, car la Maintenon avait alors trois bêtes noires : les occasions pénibles où elle devait satisfaire les élans du roi, le vide affreux de sa vie et les courants d'air de Versailles.

Donc, Louis donnait dans la salade, et volontiers la salade *parfumée.* La chicorée blanche se garnissait de betteraves, de cerfeuil et de fleurs, les laitues nouvelles se bordaient de violettes « et autres menues herbettes, chicorée sauvage à l'huile et au sucre, des citrons, des grenades et des eaux odoriférantes ». On parfumait alors la salade comme la peau, violemment. Et on jouait avec. C'est ainsi que le duc de Luynes raconte que dans les soupers du roi, avec les princesses et les dames à Marly, il arrivait quelquefois que le roi, qui était fort adroit, se divertisse à jeter des boulettes de pain aux dames et permette qu'elles lui en jettent toutes. M. de Lassoy, qui était fort jeune et n'avait jamais vu ces soupers, fut saisi d'un étonnement extrême en voyant ainsi jeter des boulettes de pain au roi. Pas seulement des boulettes, d'ailleurs, mais des pommes ou des

oranges. On prétend même que Mlle de Vautois, fille d'honneur de la princesse de Conti, à qui le roi avait fait un peu de mal en lui lançant une boule, lui jeta une salade tout assaisonnée.
Ce qui était presque, déjà, un aveu.

Farandoler

La salade, en général, veut être apprêtée à la main. Certaines, il est vrai, note Fernand Lequenne, demandent à être *ciselées*, c'est-à-dire émincées (même les plus délicates) avec un couteau tranchant à perfection, de façon à en faire des lanières fines jusqu'à l'invisible. D'autres, à être *chiffonnées*, comme l'oseille : on doit alors en trancher de nets rubans assez larges pour l'ornement, par exemple faire onduler la laitue gotte avec plus d'art encore, lui donner l'aspect de délicats chiffons de soie, l'enflammer pour ainsi dire avec élégance. Mais toute salade doit être *dressée*. Il convient donc de l'éplucher, de diviser les feuilles trop larges, d'ôter les plus gâtées, de nettoyer et d'égoutter, en évitant toute meurtrissure de la chair. On montera ensuite la sauce au fond du saladier, en attendant de mélanger, juste avant de servir, de peur de les flétrir : ce qu'on appelle, en Languedoc, *fatiguer la salade*, et que Joseph Delteil, encore plus enjoué par un tel froissement, appelle *farandoler la salade*. « Jamais fille ni salade, dit-il, ne fut trop farandolée. » Précisément, c'est à ce moment de la farandole qu'intervient la toute jeune fille. Car la coutume voulait que ce fût elle qui la retourne, à la fin, *avec les doigts*. « Le temps ne viendra que trop », dit Claire d'Orbe, dans *La Nouvelle Héloïse*, « d'être prude et réservée. Tandis que je compte encore par vingt, je me dépêche d'user de mes droits, car passé la trentaine, on n'est plus folle, mais ridicule, et ton épilogueur d'homme [Saint-Preux] ose bien dire qu'il ne me reste que six mois encore à retourner la salade avec mes doigts. Patience ! » Que fallait-il donc pour retourner ainsi la salade avec ses doigts ? La jeunesse. La virginité n'était pas indispensable, puisque Claire d'Orbe était déjà veuve et avait une fille, Henriette. Être amoureuse, certainement, et d'ailleurs Claire d'Orbe le dit un peu avant : « Saint-Preux appliqua sur cette main un baiser que je sentis sur mon cœur. Je ne connais pas bien le baiser de l'amour... » Bref, le farandolage de la salade veut nécessairement le baiser que l'on sent sur son cœur, le baiser du vinaigre rosat.

Limace

Quoi qu'on ait dit de la salade, elle n'éloigne pourtant pas de nous trois grands vices que sont la limace, le fanatisme et l'ennui. La limace est une créature nocturne (en général) et hermaphrodite, dont la vie dépend de l'humidité des environs et qui est tenue d'absorber de l'eau par la peau. Qu'elle soit une grosse rouge ou une petite grise, la limace se trouve bien dans la salade. Mais enfin, voir à la table voisine un homme vénérable et réellement barbu, personnage éloquent et des plus belles manières, avec un beau profil, je ne dis pas d'accipitre, mais enfin de chèvre orientale, disons de brebis à queue plate ou de bouc mésopotamien, porter jusqu'à sa bouche une feuille de salade sur laquelle rampe ladite limace, ou le limaçon, qui est du genre limace avec coquille, est invariablement un moment pénible. C'est précisément ce moment que connut Alexandre Vialatte, quand il vit Gide, « un de nos meilleurs auteurs, un puriste, écrivain célèbre, utiliser une de mes traductions, *y compris* la faute de français qu'il n'avait pas eu le temps de corriger ». C'est donc cette limace de la langue que Gide avala et le pauvre Vialatte mit bien du temps à s'en remettre. Au demeurant, ceux qui dénicheraient un limaçon rouge au fond d'un saladier peuvent l'utiliser avec profit : si la peau du ventre d'une femme est ridée à cause du nombre d'enfants, dit le *Grand Albert,* il suffit d'en faire une huile, en hachant menu ensemble limaçon rouge et romarin, puis en mettant pendant quarante jours sous du fumier de cheval, dans un pot plombé et bien bouché. Cette huile de limaçon bien appliquée leur rendra la peau du ventre aussi unie et douce que si elles étaient filles.

Boucheries

Napoléon, à Sainte-Hélène, vécut avec une tortue mâle, prénommée Jonathan. Elle avait deux mètres de long, pesait six cent quatre kilos, était née sous Louis XIV et était veuve, depuis Charles X, d'une certaine Carmen. Napoléon lui donnait bien évidemment de la salade. Mais quand on s'appelle Napoléon, on ne vit pas d'offrir des feuilles de chicorée, ou même de laitue romaine, à une tortue qu'il faut aller chercher sous le groseillier. Même si elle a vu Anne d'Autriche. Et c'est pourquoi Napoléon mourut d'ennui, avec une grosse tête jaune, sur ce roc sinistre de l'Atlantique, quelque part entre Brésil et Angola. Remarquez, on ne réussit guère mieux à faire de la salade, à défaut de nécessité, une religion. Comme le constata un certain Hassen, fils de boucher, qui brûlait toutes les boucheries autour de lui. Il n'aimait déjà pas son père, ni la boucherie, ni le couteau de la boucherie, ni le sang de la boucherie, ni rien de la boucherie. Aussi, quand son père lui fit part de son intention de lui faire reprendre la boucherie, et de le faire travailler, lui, Hassen, comme garçon boucher, il incendia les boucheries pour la plupart arabes de son quartier. D'ailleurs, il ne mangeait plus que de la salade, refusant tout ce qui de près ou de loin pouvait venir de la boucherie, et même des animaux en général. Cette rage de feu pouvait-elle venir à bout de toute la boucherie du monde, et finir par imposer l'hégémonie de la salade ? On ne sait pas. L'histoire s'arrête là. Car à la deuxième boucherie, on l'arrêta.

Saladier

Dans l'argot des voyous, au siècle dernier, le saladier, qui est « un vase profond où l'on sert la salade » (Littré), devint une métaphore de tous les récipients du corps : la bouche, bien sûr, et surtout le sexe des femmes. Ce qu'on appela le *saladier de l'amour* (1896). On a déjà dit ce qu'il en était de la laitue et de l'amour. C'est-à-dire rien. La laitue, c'est la mort de l'amour. La mort des amants d'Aphrodite : Adonis comme Phaon. Mais toutes les salades ne sont pas comme la laitue. La roquette, par exemple, est un très bon saladier de l'amour. La roquette est une *eruca.* Qu'est-ce qu'une *eruca ?* C'est une chenille. Parce que la tige de la roquette, comme la chenille a le corps velu. Mais c'est aussi une *urica,* parce qu'elle brûle, qu'elle échauffe, qu'elle fait monter le sperme. Donc, autant le pourpier ôte les imaginations, songes et appétits du jeu d'amour, autant la roquette, « herbe lubrique » (Ovide), incite à la copulation charnelle. On se gardera pourtant de la confondre avec la *trique-madame,* qui est une petite plante grasse, charnue et rampante, qui servait effectivement de fourniture aux salades, mais qui n'a aucun rapport avec la salacité de la roquette. Simplement, sa feuille a l'allure d'un petit phallus.

La roquette passait pour être si ravigotante qu'on recommandait aux moines de la bannir de leurs jardins, et que Platine de Crémone en faisait le correctif salutaire de la réfrigérante laitue : « On l'adjoint et mêle communément avec la laitue, dit-il, en salades ou autres viandes, afin que pareille ferveur mêlée à tant de froideur fasse justement attemprance [tempérance] et équipollence. » Si la roquette ne peut réhabiliter les organes usés ou flétris, elle doit à son essence, comme la plupart des crucifères, cette saveur fortement piquante capable de donner du montant aux salades les plus fades, comme aux tempéraments les plus ramollis. Les Romains, que ne gênait pas semble-t-il son goût d'ail un peu âcre, l'assaisonnaient volontiers avec le pourpier. Et bien sûr, ils en usaient, comme le recommande Ovide, dans *L'Art d'aimer,* avec l'oignon blanc, les œufs, le miel et les amandes de la pomme de pin. Grâce à quoi ils pouvaient se défendre en toute occasion d'avoir été infidèles. Car c'est le lit, insiste Ovide, qui doit prouver qu'on n'a pas auparavant goûté les plaisirs de Vénus : « N'épargne donc pas tes reins, la paix est à ce prix seulement. » Comme disait le Régent, qui ne s'embarrassait pas de phrases : « Buvez une décoction de roquette, et vous foutrez d'abondance. »

Rosée d'homme

C'est un remède d'amour qui vaut, du reste, autant pour les femmes, à ce que dit le *Petit Albert* : « Si le mari trouve que sa femme soit de complexion froide et ne se plaise au déduit, qu'il lui fasse manger les couillons d'oie et le ventre de lièvre, assaisonnés de fines épices et, de temps en temps, des salades où il y ait beaucoup de roquette et de satyrion et de céleri avec vinaigre rosat. » Rien d'amoureux, en revanche, ou de diabolique dans le pourpier, que les Grecs appelaient *andrachnè*, écume ou rosée d'homme, par allusion au mucilage dont sont gorgées ses feuilles charnues et molles, et les Romains, *portulaca*, parce que ce serait une nourriture très recherchée des porcs. En fait, une étymologie plus sérieuse en fait l'herbe de la matrice, car *porcus*, pour les Romains, c'était aussi la vulve. Pline confirme qu'on utilisait le pourpier dans du vin cuit pour favoriser les règles. En France, apparemment, ce sens fut oublié, et on s'en est tenu au *cochon*, dans les anciens termes de pourchaille, pourcelaine, ou alors au *pied de poulet*, en raison de la forme de sa tige, d'où ses noms de poulpied, herbe de patte de coq ou engraisse-poule. Bref, le pourpier se situe quelque part entre la vulve, la truie et la patte de poulet. Qu'il soit vert à tiges dressées ou doré à larges feuilles, le pourpier mériterait en tout cas, mieux que la mâche, le nom de *Bouche Grasse*, tant ses feuilles et tiges sont gonflées de suc, au point de prendre sous la lumière des reflets d'arc-en-ciel, comme les peaux cellulitiques.

Nénuphar

Sans grand goût, croquant et vaguement visqueux, le pourpier ne fait plus guère aujourd'hui qu'un fond de salade (aussi le retrouve-t-on dans le *mesclun*, qui en niçois désigne un mélange de salades). Parler de résistance quasi charnelle sous la dent, comme Fernand Lequenne, est peut-être abusif, mais il est sûr, dit Pline, que le pourpier prévient les rêves érotiques, et même affaiblit tout le reste. H.D. Thoreau, dans *Walden*, prétend qu'il dîne de façon fort satisfaisante, satisfaisante à plusieurs points de vue, « simplement d'un plat de pourpier, qu'il a cueilli dans son champ de blé, fait bouillir et additionné de sel », mais tout le monde ne vit pas seul, dans les bois, « à un mille de tout voisinage », près de Concord, Massachusetts. Comme on voit, le pourpier ne prédispose pas aux relations. Les athlètes grecs, qui s'imposaient six mois de chasteté absolue avant la compétition, au point de se faire infibuler à l'extrémité du prépuce, pour faire voir au public qu'ils ne céderaient pas à de viles tentations sexuelles qui leur ôteraient leurs forces, suivaient également une discipline stricte : ils buvaient du vin chaud, mangeaient du bœuf, prenaient des lavements, se mettaient la nuit une plaque de plomb sur les reins, avalaient de l'infusion de pourpier contre les songes lubriques et, à titre de précaution supplémentaire, avaient leur couche parsemée de feuilles de saule et d'agnus castus. Autant le vinaigre était réputé pour aigrir les testicules, autant le pourpier, comme le nénuphar, le glaïeul, la bergamote, le pissenlit, le cornichon ou le houblon, passait pour dessécher la semence. Que lui restait-il ? Sinon la boisson (*vivre comme le pourpier,* c'est avoir toujours soif) ou les larmes (*arroser le pourpier,* c'est pleurer), ce qui ne donne pas forcément des raisons d'espérer.

Blanc d'œuf

Il existe pourtant une salade unique en son genre, une salade célibataire, en un certain sens, mais qui, loin d'être comme le nénuphar une herbe aux moines, est même susceptible, par une alchimie merveilleuse, de pousser le plaisir jusqu'au sang. On est à Venise, en 1753. Après avoir séduit C.C., une nonne libertine du couvent de Murano, Casanova entraîne avec lui M.M., la mère supérieure, au casino de l'abbé de Bernis (car, à l'époque, les mœurs ecclésiastiques étaient un peu différentes d'aujourd'hui). Dans ce casino d'amour, sorte de petit pavillon privé et théâtre de fabuleuses débauches, a été aménagé un « cabinet indevinable » qui permet à l'abbé d'observer incognito ce qui se passe dans la chambre. Car il semble qu'à trente-huit ans, Bernis était assez peu éblouissant dans le déduit et préférait l'amour par procuration. Protégé de la Pompadour, à qui il avait d'ailleurs dédié un poème intitulé *Les Petits Trous* (« Ainsi qu'Hébé, la jeune Pompadour a deux jolis trous sur la joue »), l'abbé a été admis à vingt-neuf ans à l'Académie française et vient d'être nommé ambassadeur à Venise. Il est comblé, ou presque. Un spectacle est donc monté pour le seul plaisir de cet abbé tourmenté, à qui sa jolie figure a fait donner le sobriquet de Babet la Bouquetière (encore que la Pompadour préférât l'appeler « mon pigeon battu », et M. de Moras « mon gros cochon »). Ce spectacle fut à ce point réussi, et Casanova fit preuve d'une telle ardeur, que la belle Babet en fut transportée.

Certes, on avait bu du punch et on s'était amusé à manger des huîtres de la manière la plus voluptueuse pour deux amants qui s'adorent (c'est-à-dire « en les humant tour à tour après les avoir placées sur la langue »), mais le secret de Casanova résidait plutôt dans une salade de blancs d'œufs assaisonnée à l'huile de Lucques et au vinaigre des quatre-voleurs (un vinaigre dont la recette daterait, dit-on, de la grande peste qui sévit à Marseille en 1726, et qui, outre des gousses d'ail et du bon vinaigre rouge, comprenait toute une série d'aromates, comme des graines de roquette, noix muscade, girofle, cannelle, absinthe, fleurs de lavande, menthe, rue et sauge). Une chose assez simple, en somme, mais qu'évidemment il était impossible de trouver à Venise. « J'étais ardent et vigoureux, écrit Casanova, mais j'avais affaire à forte partie [avec M.M.] et le matin, après le dernier exploit, nous étions positivement épuisés, et à tel point que ma charmante nonne en fut alarmée pour moi. Elle avait effectivement vu mon sang jaillir sur son sein pendant la dernière libation, et comme elle ne soupçonnait pas ce phénomène, elle en fut pâle de frayeur. »
M.M. ne le savait pas, mais Casanova était un sanguin qui aimait s'épancher. Elle lui défendit alors les blancs d'œuf et le vinaigre miraculeux à tout jamais. L'abbé pourtant en réclama. Il avait passé une nuit délicieuse, « malgré la crainte qu'il avait des suites de nos ébats, car il a trouvé mes transports, dit-elle, supérieurs à la délicatesse de mon sexe ». Ce vinaigre fit donc une belle carrière ecclésiastique, car l'abbé, cinq ans après, reçut le chapeau de cardinal. Ce fut, bien sûr, pour la salade, un triomphe, qui devait définitivement ruiner la sinistre renommée que lui avait faite Brantôme, en affirmant un peu péremptoirement, dans les *Dames galantes*, qu'« un seul coup n'est que la salade du lit ». Casanova lui prouva, avec panache, que la salade d'une nuit pouvait aussi, parfois, laisser espérer bien davantage.

Le salsifis
et le noir de fumée

Le salsifis n'a aucune raison d'exister, déclare miss Toklas, dans son Cook Book. *Il est long à nettoyer, noircit les mains (en raison d'une sécrétion blanchâtre qui s'écoule de lui comme du pissenlit), n'a presque pas de goût et mérite bien son impopularité. Seule la sauce, ajoute-t-elle, justifie le temps passé à préparer des salsifis au vin blanc. Miss Toklas détestait-elle le salsifis parce qu'elle était américaine ? En fait, un vieux proverbe de la Vienne dit que la jeune fille qui aime les salsifis aura un mari amoureux. Et miss Toklas, qui n'était déjà plus très jeune, avait aussi tout l'amour qu'elle pouvait espérer auprès de miss Stein. Le salsifis n'était donc plus nécessaire.*

Fleur de poireau

Salsifis et scorsonère sont des faux jumeaux, des hétérozygotes, qui ne diffèrent guère que par le sexe (grammatical) et la couleur de leur racine : d'un blanc crémeux pour le premier, noir de fumée pour la seconde. Seuls les botanistes observent que les feuilles ovales et légèrement ondulées de la scorsonère à fleurs jaunes sont passablement différentes des feuilles étroites, lisses et pointues du salsifis aux fleurs d'un beau violet pourpre. Mais ne chipotons pas. Les Grecs connaissaient déjà le salsifis et l'appelaient *tragopôgon*, c'est-à-dire Barbe-de-bouc (c'est un nom d'ailleurs qui lui est resté, ici ou là, comme celui de Barberon), à cause des aigrettes soyeuses de ses semences.

Son nom de salsifis apparut, dans la langue française, en 1600, dans le *Théâtre d'agriculture* d'Olivier de Serres, sous la forme de *sercifi*, mot emprunté à la *sassefrica* italienne, sans qu'on sache vraiment s'il faut y voir un salsifis à fleurs de poireau, ou une plante qui frotte contre les roches (comme la saxifrage). Ce qui, évidemment, n'est pas la même chose. Car si vraiment c'est une Frotteuse, on peut parfaitement rapprocher la *sassefrica* de ces jeunes filles bretonnes qui, autrefois, allaient « s'érusser à cul nu » sur la roche de Lesmon (en Plouër), pour savoir si elles se marieraient dans l'année. Bref, racine de jeunes filles à marier ou fleurs prometteuses de poireau, la destinée du salsifis hésite. Cette racine charnue, qui peut atteindre jusqu'à 20 centimètres de long, à la peau assez lisse et à la texture fondante et moelleuse, ne fut manifestement pas la coqueluche du grand siècle (qui lui préféra la scorsonère). Furetière conseille de la manger au sel et au vinaigre, et de la confire dans le sucre pour la conserver. Quant à l'*Encyclopédie*, elle assure que sa racine est d'un grand secours de la Toussaint jusqu'à Pâques, mais elle ne dit pas de quel secours il s'agit. Elle recommande toutefois de la faire bouillir avec de la moelle de bœuf et du lard coupé en morceaux, et de verser là-dessus du jus de gigot de mouton. Le tout sera relevé d'un peu de jus d'orange ou de citron, ou d'un filet de vinaigre. Comme on voit, la graisse fait beaucoup pour le salsifis. Certains ont ajouté que c'était la plus dure et la plus indigeste des fibres, qu'elle provoquait des fermentations intestinales, des ballonnements désagréables et des flatulences. En définitive, l'effet pétomane du salsifis est-il bon pour l'amour ?

Vipère noire

La scorsonère, dite encore salsifis noir ou écorce noire, ressemble beaucoup, selon Fernand Lequenne, au pissenlit, à ceci près que sa racine est noire et que sa graine ne montre qu'une aigrette sans gloire. Son nom de scorsonère, qui ne date que de 1667, vient lui aussi de l'italien : *scorzonera* serait pourtant un emprunt à l'espagnol : *escorzonera*, lui-même issu du catalan *escurçonera*, dérivé de *escurço* : la vipère noire. La scorsonère n'aurait donc rien du pissenlit, mais tout du reptile. La doctrine des signatures en a conclu que sa racine était l'antidote le plus efficace qu'on puisse opposer à la morsure du serpent, qu'il suffisait même de l'asperger du suc de la plante pour le plonger dans la torpeur et de lui en introduire dans la gueule pour le faire mourir. Ce qui paraît compliqué. On assurait qu'elle faisait merveille dans les fièvres malignes, qu'elle était même héroïque dans la mélancolie, l'épilepsie et les suffocations utérines. Mais enfin, on la mangeait. Et La Quintinie, en 1690, affirme que « c'est une de nos principales racines qui est admirable cuite, soit pour le plaisir du goût, soit pour la santé du corps ». C'était surtout une racine de carême, mais comme disait Rabelais, il se trouve que les aliments de carême ont toujours été particulièrement vénériques et ont « excité à la lubricité ». Certes, il ne citait pas la scorsonère, mais les fèves, les pois chiches, les oignons, les huîtres ou les harengs. On peut donc s'interroger : l'effet vipérin de la scorsonère est-il bon pour l'amour ?

Talisman charnel

En fait, loin d'aiguiser les sens, le salsifis serait plutôt, à considérer ses multiples sens, une racine d'après-gloire, une racine du fiasco. Car enfin, qu'appelait-on au XVIIIe siècle, un *salsifis ?* Une façon d'attacher les cheveux sur la nuque avec un nœud ou un ruban, coiffure qui succéda à l'imposante perruque « à marteau » du siècle précédent, et qui porta en 1768 le nom de *catogan :* cette longue mèche hagarde, cette queue enrubannée, n'était en définitive qu'une coiffure de fin de règne. Le salsifis servit aussi, en particulier dans le Lyonnais, à désigner des doigts de mort, tout au moins les racines épluchées du salsifis, en raison de leur pâleur cadavérique. Comme les blancs de poireau, quand ils ont bouilli et baissé pavillon. Et comme le pénis peu viril, ajoute Alfred Delvau, dans son *Dictionnaire érotique* (1864). Le salsifis serait, en somme, une des multiples variations du pénis mou, flapi, dépité, pénis de la défaite ou ombre de pénis, comme on voudra, mais de triste condition. Ce que Zola, dans *Nana,* à propos d'un trait de sang qui barre la porte, appelle « un membre nu étalé par terre »,

et Giono, dans *Jean le Bleu,* « un grand cou de poule tout déformé ».
On comprend, dans ces conditions, que la réputation du salsifis n'ait pas tardé à être éclipsée, en France, par la scorsonère. Car la scorsonère, avec ses allures de vipère, possédait des pouvoirs autrement plus convaincants. Talisman charnel, à qui l'on attribue depuis longtemps le pouvoir d'allonger vigoureusement la durée de la vie humaine, la vipère passe aussi pour un excellent conservateur de la beauté féminine fanée par les années. Le libertin La Mothe Le Vayer, au XVIIe siècle, écrit que les princes d'Europe « en font avaler à la volaille qu'on leur sert après la viande », et que cette chair de vipère transposée dans la chair des volailles domestiques est des plus magiques et des plus appétissantes. Alors que le salsifis faisait figure de légume en capilotade, la scorsonère en parut l'équivalent glorieux : sorte de racine animale, pleine d'une sève vivante et rajeunissante, d'une expansion cordiale, d'un sang irradiant.
Hélas, cette perfection de la scorsonère ne devait pas résister à l'examen. Parlant, en 1804, dans l'*Almanach des gourmands,* du salsifis et de la scorsonère, Grimod de la Reynière note, laconique, qu'« assaisonnés de parmesan, ils ressemblent à l'œil aux macaronis ». Du reste, qu'on les apprête au beurre, au gratin, au jus, en beignets, à la Mornay, à la polonaise, en omelette fourrée ou sautés à la provençale ou de quelque autre façon que ce soit (de Candolle goûta même, à Naples, des sorbets à la *scorzonera* qu'il trouva détestables), salsifis et scorsonère ont invariablement le même goût suave et désenchanté. C'est queue si queue mi. Que l'un paraisse comme le fantôme du sexe, l'autre comme l'ultra du sexe, n'aura donc rigoureusement aucune influence sur votre langue, et vous vous demanderez même, bizarrement, si le sexe a jamais existé ici-bas. Car le salsifis comme la scorsonère provoque l'endormissement des sens, l'évanouissement des énergies et l'atonie de tout. Ce n'est plus une racine, c'est déjà un renoncement

Tomates
farcies

« Le dimanche matin », raconte Giono, dans Le Serpent d'étoiles, *« les ménagères des petits villages font de la soupe à la tomate. Des tomates coupées en deux et nettoyées des graines — appropriées, comme elles disent —, de l'eau, une burette d'huile, une friture d'oignons fins. Tout ça sur la marmite de terre bout sur le feu. Quand arrive onze heures, toutes les marmites se mettent à bouillir et le village tout entier sent la soupe à la tomate. Le berger est arrivé au matin et, tout lourd de fatigue et de poussière, il se repose sous les platanes. Cette odeur de soupe à la tomate est pour lui l'odeur du dimanche, du beau dimanche où l'on a le jour libre, une maison, une table propre, une cheminée fraîche, lavée, bleue du bleu à la pierre et lavandée à la planche de l'armoire, du beau dimanche où l'on a sa ménagère prête à s'allonger contre soi, avec toute sa chair, où l'on n'est plus berger, ce marin de terre, ce coureur d'escale, cet errant... » Toute l'histoire de la tomate viendrait donc d'un rêve. Le rêve d'un berger seul sous les platanes, tandis que le village est à d'autres. Le rêve d'un dimanche bleu, de la chair d'une femme et d'une soupe aux oignons frits.*

Fièvre rouge

C'est peut-être oublier un peu vite le démon de la tomate. Car la tomate appartient corps et biens à la redoutable tribu des solanées. Et si l'on crut longtemps qu'elle avait un pouvoir ensorcelant, hypnotique ou tout simplement toxique, c'est aussi qu'elle restait, comme la belladone, la jusquiame ou la mandragore, un rêve de sorcière. Un médecin suisse raconta, au XVIIe siècle, qu'appelé auprès d'un frénétique qui brisait tout, il parvint à le faire dormir rien qu'en lui donnant une tomate à tenir dans la main. Les botanistes appelèrent donc *Lycopersicum*, c'est-à-dire Pêche de loup, ce fruit qu'avaient rapporté du Pérou les conquistadores, au début du XVIe siècle, et que les Aztèques, qui en faisaient avec le maïs, le haricot et le piment, une de leurs principales cultures, nommaient *tomatl*. Ce ne fut qu'à la fin du XVIIIe siècle qu'on la jugea comestible (et qu'on lui ajouta l'épithète d'*esculentum*, bonne à manger). Jusque-là, on ne vit en elle qu'une « nourriture mauvaise et corrompue », et on préférait la cultiver en pots pour éloigner les moustiques et les fourmis.

Seulement voilà, sa couleur écarlate en fit très vite une figure maléfique de la féminité, et en particulier du sang de la féminité. « Les menstrues sortent de la matrice comme du sang cru et délié », disait le *Grand Albert* : alors que la femme est de nature froide et humide, l'homme au contraire est chaud et sec. Ce rouge feu de la tomate, c'était donc l'étendard de la femme, comme le blanc-sperme est l'étendard de l'homme. Mais ce sang pur, ce sang allégé, ce sang vivant et clair de la tomate, était aussi tout le contraire du sang lourd de la betterave, sang vineux, épais et stagnant, sang pétrifié. Le latin avait deux mots pour le sang : *sanguis*, qui est le sang rouge des écoulements, y compris des écoulements intimes, et puis *cruor*, qui est le sang noir coagulé, la flaque de sang. Seul le premier est un sang vivant, c'est aussi le sang de la tomate. « Les tomates éclatent, disait Jules Renard dans *Ragotte*, et de leurs gerçures, le jus coule. » Mais c'est cette coulée de sang qui précisément horrifia. « La femme, note Pline, est le seul être qui ait un flux menstruel. » Comme si la femme perdait, en le gaspillant, ce sang qui est la vie.

Effectivement, ajoute Pline, « l'approche d'une femme en cet état fait tourner les moûts ; à son contact, les céréales deviennent stériles, les greffons meurent, les plantes des jardins sont brûlées, les fruits des arbres sous lesquels elle s'est assise tombent ; l'éclat des miroirs se ternit rien que par son regard, la pointe du fer s'émousse, le brillant de l'ivoire s'efface, les ruches des abeilles meurent ; même le bronze et le fer sont aussitôt attaqués par la rouille et le bronze contracte une odeur affreuse ; enfin la rage s'empare des chiens, qui goûtent de ce liquide et leur morsure inocule un poison sans remède ». C'est donc un sang qui gâte les choses, une force suffisamment dangereuse pour déclencher par exemple la tempête ou la foudre. Et peut-être même pour pétrifier les hommes. Au Moyen Age, on pensait que c'était du venin qui s'échappait ainsi du corps des femmes, que les femmes dans cet état transmettaient la lèpre, et on conseillait aux épouses menstrueuses de cacher leur honteuse disposition à leur mari pour que « entre eux, l'amour croisse ».

Pour Paracelse (1493-1531), le sang de femme est tout simplement une ordure « qu'aucun poison sur terre ne peut égaler en nuisance et puissance », ajoutant que si le basilic a « du poison dans le regard et dans les yeux », c'est qu'il « croît et naît de la plus grande impureté des femmes, des menstrues et du sperme du sang ». Le Moyen Age ne connaissait d'ailleurs pas d'aphrodisiaque plus puissant que ce sang peccant. Il existe des centaines de recettes d'élixirs d'amour, dont le sang du désir et de la luxure est l'ingrédient principal, la plupart du temps mélangé à du sperme. Même la Bible indique que « les filles qui veulent s'attacher les hommes doivent leur servir, mêlé aux plats, leur sang séché et réduit en poudre ». Bref, quand la tomate apparut en Europe, au XVIe siècle, ses noms de *pomme d'amour* ou de *pomme d'or* ne firent pas oublier qu'elle était aussi le fruit du sang, et du sang pernicieux. C'est même quelque chose qui la poursuivit longtemps. Zola, dans *Le Ventre de Paris*, parle du « rouge saignant d'un tas de tomates », et à peu près à la même époque, Alfred Delvau, dans son *Dictionnaire érotique*, note cette expression, dans l'argot des petites dames, d'*écraser ses tomates*, pour « avoir ses règles », expression qui fit suite à celles d'*avoir ses rougets* (Cholières, XVIe siècle), *ses brouilleries* (XVIIe) ou encore *la fièvre rouge* (XIXe).

Belladone

Résumons : la tomate était femme, sang de femme et sorcière, ce qui assurément est beaucoup pour un fruit. Car enfin, que sont les solanées ? Des Consolantes, disait-on au Moyen Age. Mais aussi des poisons. Elles avaient la vertu ambiguë de guérir et de faire mourir. Elles supposaient une science des herbes et des racines que seule, précisément, possédait la sorcière. Michelet suit ainsi, patiemment, la gradation de leurs pouvoirs, de la molène (ou bouillon-blanc) à la douce-amère, de la morelle noire à la jusquiame, encore appelée mort-aux-poules, « une vilaine herbe, la plus vilaine que j'aie vue, d'un jaune pâle de malade, avec des traits rouge et noir, comme on dit les flammes d'enfer. L'horrible, c'est que toute la tige était velue comme un homme, de longs poils et collants ». Encore, Michelet ne parle-t-il pas de la mandragore, qui naissait, dit-on, sous les gibets, de la semence « grasse et onctueuse » des pendus, et qu'on ne devait jamais arracher soi-même, car au moment où on la déracinait, elle poussait un « cri maléfique », un « cri perçant », comme un hurlement, qui frappait aussitôt de folie ou de mort (c'est pourquoi on recourait à un chien noir pour la déterrer). La mandragore, arôme aphrodisiaque et fétide, dont les demoiselles en amour aimaient sentir leur chair imprégnée, huile capiteuse dont les séducteurs mal armés pour réussir s'oignaient les tempes et les yeux, la mandragore qui pouvait conjurer les diables bleus de la mélancolie et pouvait aussi bien, au-delà d'une dose de cinq grammes, vous faire périr.

Il y a enfin la belladone, dite encore l'herbe à la mort, ou la cerise enragée, dont la ressemblance avec la petite tomate est si frappante, en raison des cinq sépales pointus qui persistent à l'aisselle du fruit. Cette baie toxique, les botanistes l'ont appelée *Atropa Belladona,* du grec *atropos,* qui signifie la Cruelle, l'Inflexible, du nom de la troisième des Parques, celle qui coupe le fil de la vie. Avec la stramoine (le datura) et la jusquiame, elle composait le fameux « onguent des sorcières », dont il suffisait de s'enduire le corps pour sombrer dans un sommeil de vingt-quatre heures, se sentir irrésistiblement entraîné dans des courses échevelées au milieu des airs et se livrer avec un plaisir intense aux danses frénétiques d'un sabbat. Compte tenu de cette inquiétante famille, on comprend que la tomate ait mis plus de deux siècles à s'introduire dans la communauté humaine. On s'inquiéta peu de savoir si cette *Love Apple*, cette *Liebesapfel*, cette *Pomme d'amour* avait de semblables effets sur l'organisme. Mais quand on la goûta, du bout des lèvres, peut-être au fond fut-on navré qu'il n'en fût rien.

Farci

La tomate fit une entrée spectaculaire à Paris, au moment de la Révolution. Grimod de la Reynière, héritier d'une des plus grosses fortunes de France, à moitié ruiné, mais pas chien, en fit avec beaucoup de panache l'emblème révolutionnaire : après tout, elle avait la couleur des insurgés comme des martyrs. « Ce légume ou fruit, comme on voudra l'appeler », écrit-il en 1804, dans l'*Almanach des gourmands,* « était presque entièrement inconnu à Paris, il y a quinze ans. C'est à l'inondation des gens du Midi que la Révolution a attirés dans la capitale, où presque tous ont fait fortune, qu'on doit de l'y voir acclimaté. » Effectivement, c'est à cette époque que le restaurant des Trois Frères Provençaux, maison fondée petitement en 1786, rue Helvétius (l'actuelle rue Sainte-Anne), en servit pour la première fois à ses clients, avec les rougets à la provençale, la brandade de merluche et la morue à l'ail. Clients parmi lesquels on remarquait Robespierre et Barras. Grimod consacra ainsi un des mets les plus populaires de la cuisine française, un « entremets délicieux », dont il donne la recette pour la première fois : la *tomate farcie* dans sa redingote de chapelure. « Après en avoir ôté les pépins, on les bourre d'une farce savante, ou même tout uniment d'une chair à saucisse, pétrie avec un tiers de mie de pain rassis, et dans laquelle on a mêlé une gousse d'ail (excipient nécessaire de la pomme d'amour), persil, ciboule, estragon haché. On met le tout cuire sur le gril, ou ce qui vaudrait mieux encore, dans une tourtière, ou sous un four de campagne, avec une bonne redingotte de chapelure. »

Colère

La tomate se sentant désormais en confiance, courtisée et admirée, s'enhardit et prit des kilos. Tout au long du XIXe siècle, elle devint joufflue, confirma ses rondeurs, multiplia ses variétés, et le catalogue Vilmorin de 1883 la montre dans tout son éclat et son embonpoint (elle avait paru pour la première fois, comme plante potagère, dans le catalogue de 1778). La tomate était manifestement réjouie de ce qui lui arrivait. Que ce soit la Grosse rouge, aux fruits en grappes, volumineux, irrégulièrement côtelés et d'un bel écarlate foncé ; la Perdrigon à la chair ferme et délicate ; la Merveille des marchés, dont la chair rosée peut supporter de longs voyages sans se détériorer, la Champion violette venue d'Amérique, la Reine des hâtives, parfaitement lisse, ou la Ponderosa écarlate, aux fruits pleins et charnus. Toutes ces créatures se bousculaient, rubicondes et radieuses, en manifestant une telle pétulance qu'elles excitèrent l'envie. On les gratifia parfois d'une humeur colérique, comme si le sang leur montait à la tête dans un accès de furie. *Ah ! quelle tomate !* disait-on au siècle dernier, de quelqu'un qui avait le visage cramoisi. Mais on craignait de s'en prendre à une telle santé et les découper devenait presque un massacre. « Nous devons par malheur l'assassiner », dit Pablo Neruda (dans son *Ode à la tomate*) : « Le couteau plonge dans sa pulpe vivante, c'est un rouge viscère, un soleil frais, profond, inépuisable. »

Choléra

Cette viscéralité de la tomate, qu'on trouve du reste parfaitement accomplie dans sa variété dite Cœur de bœuf, d'un rouge si luisant, c'est peut-être d'abord ce que recherche l'amateur de tomates. C'est en tout cas un amateur de ce genre que rencontra, en 1923, à Pampelune, Joseph Delteil : il était en train de manger en désordre des tomates crues. « Il les saisissait dans ses mains », écrit-il dans *Choléra,* « les partageait en deux avec son coutelas, les saupoudrait de sel, de poivre, d'ail et de clous de girofle, et les avalait d'un trait. Il les préférait grosses, épaisses, à triple menton, toutes pâmées, toutes lourdes, comme des hanches. La chair des tomates est énorme et sensuelle. Elles sont humides de jus et d'humeurs écarlates, ivres de vinaigre et de sucre. O tomates mûres, vous êtes la joie du monde et la volupté des intestins. Votre chair âcre et molle est nourrissante comme des seins, rose comme les pubis. Sous une peau transparente pareille à une paupière, vous cachez et tour à tour vous montrez une substance pure et pesante, une sorte de pâte mondiale, un éther rouge tout constellé de graines ou d'astres. Vous êtes des systèmes solaires, ô tomates, des systèmes solaires et des ventres de femmes, des ventres de femmes et les cervelles de la Terre. Vous recelez en vos flancs les rouges les plus épais et les pourpres les plus écarlates. O tomates cardinales, qui sentez le Pape, le Soleil et le Mikado, tomates qui êtes l'essence et la bile du grand Pan, tomates qui avez la densité de l'or et le volume des cœurs, vous êtes autrement belles, autrement désirables qu'une âme... »

Hirondelle

Il n'y a guère que Furetière pour avoir soutenu que la tomate provoquait fort à la luxure (on était encore au XVIIe siècle, à l'époque de la tomate hérésiarque). Mais il est vrai que chez les Bambaras du Mali et du Sénégal, par exemple, la tomate parut suffisamment fécondante (comme ailleurs la grenade ou la pastèque) pour que les couples en mangent avant de s'unir. Et les Bambaras, il faut bien le dire, sont le peuple de la Tomate. Faro, le grand démiurge des eaux et de la parole, féconda les femmes avec des tomates, et les femmes continuent à lui en faire périodiquement l'offrande. Ce jus de la tomate, comme le sang des victimes sacrifiées, est recueilli par son messager l'hirondelle, porté au ciel et redescend sur terre sous forme de pluies bienfaisantes. Ce sont les pluies de la Tomate. Peut-être est-ce une telle fertilisation qu'il faut voir dans cette fête étrange de la Tomatina, à Bunol (Catalogne) : chaque année, pendant quinze minutes exactement, le dernier mercredi d'août à midi, la ville appartient aux lanceurs de tomates. C'est une frénésie d'écrasement et d'éclatement de la chair joyeuse des tomates. La place de Bunol disparaît dans des ruisseaux rouges de sang, et les hommes sont saisis d'une sorte de furie, ou de plaisir de l'éclaboussure. Ce chaos sauvage, cette sorte de fraternité débridée de la tomate, ce simulacre d'anarchie d'une ville en sang, fut certainement l'apothéose de la Tomate.

Cœur de farine

Car ses jours étaient comptés. La Sorcière devint assez vite un fruit d'une symétrie parfaite et désolante : plus de dépressions, plus de côtes irrégulières, plus d'épiderme doré, nuancé d'orange du côté du soleil, rien qu'un fruit uniformément globuleux, absolument rouge et ferme, et même, dit Courtine, *sans cœur*, ou alors au cœur désastreux, une sorte de grumeleux mélange blanchâtre immangeable, un cœur de bois blanc. Alors que Hans Carossa, dans *Le Docteur Gion* (1931), voyait dans le cœur de la tomate quelque chose qui ressemblait à « un petit ange d'ivoire, un petit ange agenouillé avec des ailes pointues comme celles des hirondelles », on ne voit plus aujourd'hui, dans les belles Ferlines, qu'un cœur de farine. « La chair périphérique, compacte et homogène, d'un beau rouge de chimie », notait déjà Robbe-Grillet, dans *Les Gommes*, en 1953, « régulièrement épaisse entre une bande de peau luisante et la loge où sont rangés les pépins, jaunes, bien calibrés, maintenus en place par une mince couche de gelée verdâtre le long d'un renflement du cœur. Celui-ci, d'un rose atténué légèrement granuleux, débute, du côté de la dépression inférieure, par un faisceau de veines blanchâtres, dont l'une se prolonge jusque vers les pépins — d'une façon peut-être incertaine. Tout en haut, un accident à peine visible s'est produit : un coin de pelure, décollé de la chair sur un millimètre ou deux, se soulève imperceptiblement. » C'est sans doute le dernier décollement de chair de la tomate, au cours de l'histoire. Le fait méritait d'être signalé. Car on a imaginé, en Californie, de fixer définitivement le sang de la tomate, en créant le rouge perpétuel.

C'est son dernier état en date. Une variété galactique, transgénique et futuriste, qui ne ramollit pas, ne pourrit pas et reste pourtant mangeable avec les dents. La première génération, mise au point en 1992, d'une nouvelle race de tomates, dont le patrimoine héréditaire a été modifié par génie génétique. On ne l'appelle plus vraiment tomate, du reste, mais d'un nom étrange, *Flav Savr.* Sa perfection est celle d'une équation. C'est la tomate éternellement neuve, définitivement rouge, rouge et belle. Et sans cœur, naturellement. Ce qu'on appelle encore la tomate désactivée. La Sorcière, la femme-sang, la révolutionnaire butent donc, désormais, sur cette icône de la modernité, mais une icône s'accommode-t-elle aussi facilement que le croyait la Reynière avec une « redingotte de chapelure », ou comme le croyait le berger de Giono, avec une friture d'oignons fins ?

Les femmes gâtent-elles la truffe ?

La truffe ne fut longtemps qu'un kyste de la terre, peut-être un craquement du ciel, ou dans le pire des cas, un topinambour, à en croire du moins Furetière. Conglomérat de boue ou bave des sorcières, on a, il est vrai, à peu près tout dit de la truffe, et même qu'il s'agissait d'une maladie. Ce fut surtout, pendant des siècles, un mystère absolu. Une sorte de champignon invisible et verruqueux, qui aurait en quelque sorte oublié de sortir de terre et qui, pour ne pas salir sa chambre nuptiale, se serait roulé sur lui-même et aurait mûri ses asques à l'intérieur de sa substance, un peu comme font les figues pour leurs graines. La truffe serait la figue des profondeurs. C'est du moins l'opinion du mycologue Georges Becker. La truffe-parasite, la truffe-tumeur, la truffe-excrément, elle a tout entendu. Elle est habituée. On a même prétendu que seuls les peuples de religion catholique pouvaient être fascinés par quelque chose comme la truffe, alors qu'en Angleterre, par exemple, on a toujours observé avec des jumelles la migration des grues.

L'éclair

Reprenons. Les Romains, qui s'y connaissaient, appréciaient beaucoup la truffe. Encore que Martial la jugeât inférieure aux *boleti*, ces amanites dont la variété vénéneuse aurait été fatale à l'empereur Claude. Il est vrai que la truffe n'empoisonne *jamais*. On connaissait à l'époque la truffe blanche et peut-être aussi la truffe d'été (ou fausse noire), la truffe rousse (en nez de chien) et la noire musquée. La Libye produisait de son côté la *terfez* ou truffe des sables (abondante, encore aujourd'hui, en Afrique du Nord et au Moyen-Orient). Mais comment naissait-elle ? D'où venait-elle ? Les Romains ne savaient pas. « On ne peut dire ni que c'est de la terre, ni que c'est autre chose qu'une callosité de la terre », constatait Pline. Déjà, les Grecs pensaient que la truffe provenait du tonnerre : c'en était en quelque sorte le produit inversé et changé en racine dans le sol. Ils avaient imaginé que Dionysos, fils de Zeus et d'une femme mortelle, Sémélé, était né de l'éclair sorti du sein de sa mère. Alors, pourquoi pas la truffe ? « Un coup de lumière en est la principale cause », disait Théophraste, et Plutarque pense à la cuisson par la foudre de conglomérats de boue : « Puisqu'au cours des orages, des flammes sortent de vapeurs humides, tandis que des nuages obscurs émettent des bruits assourdissants, quoi d'étonnant à ce que la foudre, lorsqu'elle frappe le sol, donne naissance à des truffes qui ne ressemblent pas à des plantes ? » La légende promettait d'être tenace. La truffe était un résidu de l'orage, un sperme noir, une lésion ou une cloque, bref une éclaboussure du ciel. Peut-être même une projection de la colère divine.

Cabotinage

Outre qu'elle était d'origine inconnue, qu'elle vivait enfouie sous terre, que là où elle venait la terre était brûlée, ravagée (ce qu'on appelle, comme pour les champignons, des *ronds de sorcières,* ou simplement des *brûlés,* dans le Sud-Ouest, qui ressemblent à des taches, des tonsures ou des auréoles calcinées), outre qu'il fallait que des cochons la reniflent pour la dénicher et qu'elle était aussi noire qu'un Ethiopien, la truffe, dans son nom même, exprimait l'idée bizarre d'un gonflement, d'une intumescence, d'une excroissance. La truffe était comme une grosseur ou une tumeur. Si bien qu'elle désigna bientôt tous les bourgeonnements, en particulier celui du nez : *se piquer la truffe,* c'était le fait d'un ivrogne profond, et la *truffe,* le nez épaté et fleuri de qui a manifestement trop bu. Ce n'est donc pas parce que la truffe se cache qu'elle donna son nom au *tartufo* (le personnage de la comédie italienne, repris par

Molière, dans *Le Tartuffe*), mais bien parce qu'elle s'enfle, qu'elle est railleuse, vantarde, facétieuse et qu'elle trompe son monde. Un *trufeor* (ou *trufleor*), au Moyen Age, était quelqu'un qui racontait des fanfrelues, qui *se trufflait* en moquerie. C'est donc le cabotinage de la truffe qui fit d'elle l'emblème parfait du simulateur et du faux dévôt.

La truie

Comme le rappelle à juste titre Joël Robuchon, on ne récolte pas la truffe : on la chasse. Comme le lièvre, mais pas au furet. Plutôt à la mouche, au cochon, au chien, voire au renard ou au blaireau. Enfin, aujourd'hui, surtout au chien dressé, parfois de simples bâtards qu'on a habitués au goût de la truffe dès leur plus tendre enfance en frottant, avec le délicieux tubercule, les mamelles de leur mère : c'est le lait aux truffes. Le cochon est un peu délaissé, mais il intrigue encore beaucoup. C'est vers le milieu du XVIe siècle que des cochons muselés commencèrent à chercher la truffe en France. Muselés, pour empêcher naturellement qu'ils ne la dévorent. Car le cochon adore la truffe. Mais on s'est aperçu que, dans cette entreprise, la truie était d'une bien meilleure efficacité que le mâle ou même le cochon castré. Qu'elle se montrait plus douce, moins capricieuse et encore plus friande de la truffe. Pourquoi la truffe tourmente-t-elle ainsi la truie ? Selon trois chercheurs allemands, la truffe imiterait le verrat en sécrétant plusieurs de ses hormones sexuelles, en particulier le 5-alpha-androstérone (qu'on trouve également dans le céleri). La truffe serait donc l'ultra-sexe du pourceau. Ce qui rend folle la truie. On la comprend. D'autant plus folle que ce surmâle, pour une raison obscure, se trouve être sous terre. C'est aussi ce qui l'enflamme et la force à se servir de son groin comme d'un épieu pour le trouver. Dans cette situation, il faut bien dire que la truie est prête à tout. Même à vous briser le poignet pour vous empêcher de lui subtiliser ce petit mâle truffier qu'elle a déterré. Quelle déconvenue, d'ailleurs ! Car ce qu'elle trouve, ce n'est pas un sexe de verrat, mais un champignon glaiseux. Elle renifle alors un peu plus loin, joue désespérément du groin pour tenter d'avoir au moins celui-là, et c'est à nouveau une déception. Imaginez qu'un champ entier vibre de ces multiples appels odorants de mâles superbes et vigoureux qui tous la veulent furieusement, mais dont aucun ne se montre jamais. On ne comprend pas, à vrai dire, comment après un tel traitement, la truie ne devient pas complètement abrutie et ne se laisse pas mourir.

Eunuques

Dans la truffe, il y a les noires, bien sûr, les musquées du Périgord, les *Melanospora,* à la peau biseautée comme une écorce de diamant et à la chair intérieure légèrement veinée de blanc, dont la grosseur peut aller de la noix à l'œuf. Et puis les blanches du Piémont, les *Magnata,* très recherchées aussi, dont Brillat-Savarin disait qu'elles ont « un petit goût d'ail qui ne nuit point à leur perfection, parce qu'il ne donne lieu à aucun retour désagréable ». En quoi d'ailleurs, curieusement, les truffes font songer aux eunuques de la Perse, tels que les décrit (entre autres) Jean Chardin, au XVIIIe siècle. Car il y avait à l'époque des *eunuques blancs,* qui étaient les officiers du sérail, et des *eunuques noirs,* destinés à la garde du harem, donc à la chambre des femmes. On avait simplement « taillé » les premiers, alors qu'aux seconds, on avait « tout coupé à fleur de ventre ». On pourrait croire qu'ayant encore quelque chose d'un homme, l'eunuque blanc avait plus de valeur que le noir. Eh bien, pas du tout. Les noirs étaient les plus estimés. Et même les plus difformes, note Tavernier (1665), étaient ceux qui coûtaient le plus, « leur extrême laideur tenant lieu de beauté dans leur espèce ». Pourquoi ? Tout simplement parce que les femmes, « ayant toujours devant les yeux de pareils monstres, en trouvent le Grand Seigneur plus beau et plus aimable ». Bref, ne pouvant rien (en principe) sur les femmes, l'eunuque noir était hors de prix. La truffe aussi, bien sûr. Mais voilà bien le paradoxe de l'eunuque et de la truffe, c'est que le premier, par d'habiles manœuvres, parvenait à « tromper la nature » et à procurer aux femmes des plaisirs aussi recherchés qu'inavouables, et la seconde ne réussit finalement qu'à épuiser le désir des hommes, au point qu'ils en vinrent, au siècle dernier, à chasser les femmes de leurs débauches célibataires.

Demi-deuil

Certaines affaires récentes (comme en 1990, à Carpentras) ont fait apparaître qu'on pouvait aussi travestir ou maquiller la couleur de la truffe, pour en faire de frauduleuses *Melanospora.* Il y aurait donc, outre la vraie noire et la vraie blanche, deux sosies troublants : la fausse noire et la fausse blanche. Des ruses aussi savantes, il faut bien dire, que celles des papillons fantômes, des araignées caméléons ou des insectes brindilles. La fausse noire, c'est une vraie *Melanospora,* mais qui a surgi en novembre, qui est donc précoce et ne présente qu'une teinte grise. La fausse blanche, elle, n'a rien à voir, c'est une truffe d'été ou truffe de la Saint-Jean, qui ressemble parfaitement à l'autre, à ceci près que sa chair est blanche (ou brune) et que sa saveur rappelle la terre chaude ou la rave. Ce sont donc ces deux variétés, ainsi que la *terfez* au petit goût de mousseron, que l'on noircissait avec du brou de noix, des algues marines ou de la rouille, et auxquelles on ajoutait un petit zeste d'arôme, pour éliminer la fadeur. On obtenait ainsi une étrange créature parfaitement imaginaire, mais aussi beaucoup plus chère, une sorte de truffe en trompe-l'œil, une truffe en travesti, qui dans des cas semblables satisfait toujours ceux qui en tirent bénéfice. Cette contrefaçon chimique n'a rien à voir avec l'apprêt consistant à exalter sa couleur, en l'incrustant dans le blanc de volaille, pour obtenir ce qu'on appelle en cuisine le *demi-deuil.* Il s'agit de décorer de truffes la chair blanche de la volaille, parfois même de les glisser entre chair et peau, comme de petits médaillons de velours noir qu'il serait défendu d'arracher. Le demi-deuil fait penser un peu à la façon dont on fait ressortir le blanc de la pupille en le cernant de khôl, ce qui donne parfois à l'œil arabe cet aspect gourmand d'une poularde à la Lyonnaise.

Cendre

Comme le remarque Jean-Louis Flandrin, la truffe, en cuisine, eut deux fidélités : la cendre et le vin. Avant de cuire la truffe, disait Platine de Crémone, il faut la laver dans du vin, et après l'avoir mangée, il faut en boire. A partir du XVIIIe siècle, on recommanda même pour cet usage le plus élégant des vins : le champagne. Ce contre quoi s'insurgea vigoureusement Colette. « Baignée de bon vin blanc très sec », dit-elle dans *Prisons et Paradis* « — gardez le champagne pour les banquets, la truffe se passe bien de lui —, salée sans excès, poivrée avec tact, elle cuira dans la cocotte noire ouverte. » Mais cette truffe fabuleuse, ce monstre inégalé, peut aussi se cuire sous la cendre chaude. C'est une recette qu'on trouve déjà chez Platine, (XVe siècle), comme s'il y avait là une alliance naturelle entre la truffe et la poussière du feu, et même dit Bachelard, « l'excrément du feu ». Une alliance, en somme, avec la déjection. Les rabassiers rappellent, du reste, qu'il n'y a pas de meilleures terres à truffes que les vieilles vignes abandonnées ou les abords des ruines, et que pendant des siècles, on fumait champs et jardins avec du crottin de cheval, de la colombine, de la bouse de vache, du lisier de porc, du fumier de mouton ou des excréments humains. En tout cas, Antoine de Courtin rappelle, au XVIIe siècle, que si l'on sert des truffes couvertes de cendres, il ne faut jamais souffler dessus, car « le souffle de la bouche dégoûte quelquefois les personnes ».

Faut-il plumer ou brosser la truffe, avant de la cuisiner ? On peut faire comme on l'entend. Certains soutiennent pourtant que tout le parfum de la truffe se trouve dans le grain de sa peau, et que si on les pèle, c'est un peu comme si on déshabillait la peau avant de faire l'amour, ce qui serait dommage. Colette est d'ailleurs de cet avis : il faut brosser. Et elle ne confie à personne le soin de le faire, pas même à sa fidèle Pauline. Elle brosse seule. Comme elle mange la truffe seule, dans son simple appareil, « embaumée, grenue, chaude, servie à fastueuses portions ». Car la bouche veut l'intimité de la truffe, sa délicate résistance, son musc et sa noirceur presque violette, elle la veut après tout comme le groin inspiré de la truie, avec des élans primitifs et toutes les manières d'une somnambule. Curnonsky, pourtant, avoue qu'il la préfère liquéfiée, amoureusement liquéfiée, sous forme d'un ratafia de truffes, susceptible d'enflammer les timides, de donner de l'audace aux moins résolus. « Ce sont des truffes fraîches, dit-il, coupées en tout petits morceaux et macérées pendant vingt et un jours dans un cognac ou un armagnac, accompagnées d'une gousse de vanille, trois clous de girofle et une forte pincée de cannelle. » Qu'elle soit à usage de la bouche ou du petit bassin, la truffe se confond donc inévitablement avec l'histoire de la volupté.

Baiser de l'huître

De Platon le Comique (contemporain d'Aristophane) à Curnonsky, on est d'accord là-dessus : la truffe, comme le vin, *émeut charnalité.* « Mange beaucoup de truffes cuites sous la cendre et bien imprégnées de sauce, disait ce Platon-là. Rien de préférable pour les combats amoureux. » A quoi Critobule, médecin de Philippe de Macédoine, rétorquait que c'était le fenouil qui fabriquait le plus de sperme. Encore que naturellement, en ces matières, on ne puisse tout à fait confondre l'échauffement des sens et le volume de sperme. Galien exprima mieux la chose en disant que la truffe produit une excitation *générale* qui dispose à la volupté. Et c'est bien pour un tel embrasement que la truffe s'alliait alors avec l'huître, comme ce fut le cas dans le dîner offert à Cologne par Casanova, splendide ambigu de vingt-quatre plats d'huîtres d'Angleterre, suivies d'un énorme plat de truffes en ragoût, qu'il conseilla de déguster en buvant du marasquin. Mais Casanova jouait aussi à un jeu qui consistait à retirer avec sa bouche l'huître d'une autre bouche : ce qu'on pourrait appeler le *baiser de l'huître.* « Quelle sauce que celle d'une huître que je hume de la bouche de l'objet que j'adore ! C'est sa salive. Il est impossible que la force de l'amour ne s'augmente quand je l'écrase, quand je l'avale. » Mais il pouvait aussi bien faire tomber une huître dans le devant d'un corset, et ensuite dans un autre corset, si bien qu'il en résultait d'intéressantes explorations et de charmantes digressions. L'effet conjugué de l'huître et de la truffe était paraît-il prodigieux, et bien des filles étaient troussées séance tenante. On peut certes s'étonner de voir l'huître et la truffe prendre un tel ascendant dans un siècle ennemi des ténèbres, et qui pourtant s'enticha de la pulpe molle, gélatineuse et exsangue de l'huître, comme de la senteur de terre humide de la truffe mélancolique. C'est un peu comme si l'on s'était senti attiré, à son corps défendant, vers des organismes glacés, inertes, sortis décomposés des eaux, semi-cadavériques, ou des bulbes stériles, ennemis de la lumière et nourris par l'humidité nocturne et sélénique du sous-sol. Comme si en somme, tout en exaltant la Raison, on se sentait convulsément entraîné par ses démons les plus noirs. Qu'on ne se méprenne pas pour autant sur l'huître et la truffe, comme le rappelle Laurent Joubert, médecin de Henri III et du roi de Navarre, en 1580. « Tant s'en faut, dit-il, que les huîtres engendrent beaucoup de semence : elles n'engendrent que phlegme gros et visqueux. » Et si effectivement, « on est plus invité au coït et congrès pour avoir mangé des huîtres, ce n'est que des grosses vapeurs et ventosités qui font tendre la verge, sans grand exploit à faute de munition qui y réponde. Autant en feront bien les pois, les fèves ou les châtaignes qui rendent fort salaces tant hommes que femmes. Le vulgaire pense que les huîtres sont chaudes et que cela suffit à la gaillardise d'amour. Mais il s'abuse grandement. Car les huîtres et les truffes sont froides. Elles sont donc bien loin de produire beaucoup de sperme ou d'exciter à l'acte vénérien : ce ne sont que ventosités et grosses vapeurs qu'elles peuvent engendrer. Ce qui peut bien rendre les personnes salaces, mais non pas fécondes ».

Ce qui, parfois, n'est pas nécessaire, en effet.

La macreuse

On ne sait pas pourquoi Dieu, qui « se plut (selon Voltaire) à pétrir d'incarnat et d'albâtre les charmes arrondis du sein de la Pompadour », la rendit par ailleurs aussi froide que la macreuse. Du moins, Louis XV le lui reprochait amèrement. Qu'est-ce qu'une macreuse, me direz-vous ? Est-ce un oiseau, un poisson, une créature du démon ? On s'interrogea beaucoup à ce sujet, et par voie de conséquence sur les dangers moraux et spirituels qu'on pouvait encourir à l'avaler en période de jeûne ou de carême. Car, bien que sa chair fût noire, sèche et dure, le concile de Latran, en 1215, avait confirmé qu'il s'agissait là d'un mets gras. Mais enfin, gras ou maigre, la question était bien de savoir ce que c'était. Un oiseau-poisson, dira Nicolas de Bonnefons (1654), qui ne diffère en rien du canard, mais qui est mis au rang des poissons, à cause qu'il a le sang froid. Pour d'autres, elle naîtrait d'un coquillage, la *concha anatifera*, ou encore, pour Isaac Cattier, auteur d'un célèbre *Discours de la macreuse* (1650), elle serait engendrée par des bois pourris flottant sur la mer, débris de navires auxquels elle reste attachée par le bec jusqu'au moment où, complètement formée, elle peut s'envoler. Boethins précisa que la macreuse sortait des vers de ce bois pourri, lesquels peu à peu montrent une tête, des pieds, des ailes, des plumes, pour acquérir enfin la taille d'une oie et se mettre à voler. Voilà donc, *grosso modo*, à quoi Louis XV comparait Jeanne-Antoinette Poisson, marquise de Pompadour.

Naturellement, pour réchauffer cet oiseau-poisson, il conseillait entre autres des animelles, qui sont des testicules de bélier. Son médecin, devant des langueurs persistantes, ordonna à la favorite de se réchauffer au champagne, en prenant au préalable un bain d'orties. Finalement, elle en fit un peu à sa tête, et Mme Du Hausset raconte, dans ses *Mémoires*, qu'elle se gavait de tasses de « chocolat à triple vanille et ambré », de céleri et de truffes pour s'échauffer le sang. Ce qui apparemment ne lui échauffa rien du tout, mais lui couvrit le visage de rougeurs incendiaires. Bref, elle resta comme Michelet à peu près la décrit : fade, molle, délayée, elle détrempait tout, comme la crème tournée dans le plâtre. On lui saura gré pourtant d'avoir laissé à la postérité le souvenir de tendrons d'agneau au soleil, d'une sauce pour asperges au beurre et aux jaunes d'œufs, de filets de sole aux truffes, de croquettes de perdreaux et même d'une bombe assez originale : glace aux asperges chemisant une composition à la grenadine. Manifestement, la Pompadour s'affligeait moins de ses médiocres élans que des jours maigres.

Dinde truffée

Le grand siècle de la truffe fut le XIXe. Pour une raison bête, c'est qu'on en ramassait beaucoup plus. Le Sud-Ouest

s'enrichissait, la Provence aussi, et à la fin du siècle, la France produisait le chiffre faramineux de 800 à 1 000 tonnes de truffes par an, contre 30 aujourd'hui. Comme le note Brillat-Savarin (1825) : « Vers 1780, les truffes étaient rares à Paris ; on n'en trouvait, et seulement en petite quantité, qu'à l'hôtel des Américains et à l'hôtel de Provence, et une dinde truffée était un objet de luxe, qu'on ne voyait qu'à la table des plus grands seigneurs, ou chez les filles entretenues. On peut dire qu'au moment où j'écris, la gloire de la truffe est à son apogée. » Quant à savoir si la truffe rendait le cœur fou, Brillat-Savarin est formel (après enquête minutieuse) : « La truffe n'est point un aphrodisiaque positif, mais elle peut, en certaines occasions, rendre les femmes plus tendres et les hommes plus aimables. » Il faudra se contenter de cet aphorisme.
Pour marier sa fille Emilie, le comte de Fontaine, chef de l'une des plus anciennes familles du Poitou, qui avait servi avec tant d'intelligence et de courage pendant la guerre de Vendée, offrait aux plus riches partis de France des dîners parfumés de truffes, dit Balzac (dans *Le Bal de Sceaux*, 1830), qui rivalisaient avec les célèbres repas par lesquels les ministres du temps s'assuraient le vote de leurs soldats parlementaires. Et parmi ces parfums, celui qu'on préférait, c'était bien celui de la *dinde aux truffes*. La Reynière conseillait de ne pas la plumer quand on venait de la truffer. « Car si on ne plume pas l'animal, tous les pores restent fermés et il n'y a point d'évaporation. Les truffes chaudes se combinent avec les chairs palpitantes et l'infiltration de leurs parfums est plus active, plus intense, plus universelle. Mais dans cette combinaison, les truffes perdent ce qu'elles donnent. » Aussi le marquis de Cussy invita-t-il à laisser la dinde pendue par les pattes dans un garde-manger frais et, au bout de trois jours, après l'avoir plumée et flambée, de sacrifier ces vieilles truffes épuisées pour les remplacer par des truffes vierges, dans leur plein arôme.

Ongles roses

L'autre grand plat de cette époque fut la *salade de truffes*. Celle de Rossini, bien sûr, célèbre par ailleurs pour le *contre-ut* de *Guillaume Tell* et ses macaronis fourrés de foie gras, parmesan et beurre, à l'aide d'une seringue en argent. Il la préparait avec de l'huile de Provence, de la moutarde anglaise, du vinaigre de France, un peu de citron, du poivre et du sel : « Battez et mêlez le tout, puis jetez-y quelques truffes que vous aurez soin de couper en menus morceaux. Les truffes donnent à ce condiment une sorte de nimbe fait pour plonger un gourmand dans l'extase. » Pour lui, la truffe était le Mozart des champignons. En 1873, Alexandre Dumas, dans son *Grand Livre de cuisine*, fit les mérites comparés de la salade de truffes de Mlle Mars et celle de Mlle George. « La salade de truffes en général, dit-il, remonte les organes, ranime le sang engourdi, donne du courage, de l'esprit même. » Mais la salade de truffes en particulier, c'est autre chose. Car si chez Mars, elle était l'affaire d'un cuisinier, chez George, en revanche, c'était la salade des ongles roses d'Agrippine, qui ne faisait grâce à la truffe d'aucune des sensations qu'elle pouvait lui communiquer. Donc, « de sa main moulée sur l'antique, de ses doigts de marbre aux ongles roses, elle commençait à éplucher le plus adroitement du monde le tubercule noir qui était un ornement pour sa main, puis elle coupait par feuillets minces comme du papier, versait dessus du poivre ordinaire, quelques atomes de poivre de Cayenne, les imprégnait d'huile blanche de Lucques ou d'huile verte d'Aix et passait la salade à un de ses serviteurs qui retournait la salade préparée par elle ». Une salade où, naturellement, la truffe gardait pour elle tout l'abandon et le laisser-aller charmant d'Agrippine.

Le Viveur

Mis à part George Sand, ce sont surtout les hommes qui portèrent la truffe au pinacle. Dans ces dîners de célibataires, où l'on se faisait mutuelle confidence de son indiscutable salauderie, des dîners dira Goncourt, d'« irrécupérables cochons », elle triomphe. Car, bien entendu, ces dîners excluaient les femmes. « Pas de femmes », dit l'oncle Bachelard (dans *Pot-Bouille*), « car les femmes ne savent pas manger : elles font du tort aux truffes et gâtent la digestion. » Et Briffault, dans son portrait du *Viveur*, s'applaudit d'être là-dessus bien plus malin que les roués de la Régence : « Les femmes n'entendent rien au souper ; si elles s'abandonnent, elles risquent d'inspirer le dégoût. La Régence s'est trompée en admettant les femmes à table ; c'est une des erreurs de nos pères... » Grimod de la Reynière, déjà, qui avait été toute sa vie un amant déçu, disgracié de surcroît par la nature, avec des mains qui ressemblaient à des serres d'oiseau de proie, avait eu des mots très durs à ce sujet : « Dans ces importantes occasions, disait-il, l'oie la plus stupide l'emporte sur la femme la plus aimable. » Et, à la fin de sa vie, raconte Pierre Béarn, dans l'ancienne demeure de la Brinvilliers où il s'était retiré, à Villiers-sur-Orge, il n'avait pour commensal, à la place d'honneur, qu'un superbe goret, dont l'impatience se traduisait par des cris indignés.

A la table de l'oncle Bachelard, donc, au Café Anglais, les quatre hommes se déboutonnaient, ils mettaient leur ventre sur la table. Aucune fille n'était là pour abuser de leur attendrissement. « Les yeux à demi clos, ils évitèrent même d'abord de parler, absorbé chacun dans son plaisir solitaire. Puis, libres, tout en se félicitant qu'il n'y eût pas de femmes, ils posèrent les coudes sur la table, rapprochèrent leurs visages allumés, et ne causèrent que des femmes, interminablement. » La truffe a le plaisir chaste, mais les mots orduriers. Du reste, les viveurs le savaient, aux soupers des filles, c'était l'ennui : on aurait pu espérer que ce fût Byzance, on se trompait, gémissent Flaubert et les Goncourt, rien que des Marguerite Gautier qui tachent de sang leur mouchoir, des teints livides, des visages défaits, du champagne renversé dans un piano, des convives qui ronflent ou qui dégueulent.

Quant aux femmes qui reçoivent pour le thé, comme la comtesse Sabine (dans *Nana*), ce sont d'insupportables rabâcheuses, des femmes-somnifères, qui causent auprès du feu, dans un salon sépulcral, à la clarté verdâtre et à l'odeur d'église. Balzac avait bien raison : « Le thé ne gâte pas moins la femme au moral qu'au physique », dit-il dans son *Traité des excitants modernes*. « Là où les femmes boivent le thé, l'amour est vicié dans son principe ; elles sont pâles, maladives, parleuses, ennuyeuses, prêcheuses. » En quoi, du reste, le thé est bien l'ennemi juré de la truffe. Car en ce siècle de vieux garçons, la truffe, c'étaient les lumières, la nuit des boulevards, les teints flambants des noceurs, les digestions lentes et les cochonneries rapprochées. « J'aime les hommes parce que j'aime les truffes », avait écrit, sur une glace du café Riche, la courtisane Laure d'Aurigny. Mais les hommes, eux, préféraient la truffe, ils enviaient cette petite planète noire, née de l'orage, musquée et vertigineuse, qui leur enrobait la bouche, et leur donnait le sentiment confus d'un bonheur immérité.

V

La grappe et le ver-coquin

« Houe-moi profond
Taille-moi rond
Ôte-moi la mousse
Je te remplirai la bourse » (Béarn).
Et ceci : « Pour avoir le raisin
Il faut caresser la souche » (Gard).

Comme on voit à travers ces proverbes, la grappe manifesta très tôt certaines prédispositions pour les mille et une façons de « sentir douceur d'homme » (selon la jolie formule de Des Accords, au XVIe siècle). Mais qu'est-ce au juste qu'une grappe *? Eh bien, étymologiquement, c'est un crochet d'abordage, une sorte de grappin, de crampon ou de harpon. Quelque chose apparemment de diabolique, puisque les démons du Moyen Age entraînaient les damnés en Enfer à l'aide de gaffes métalliques et que le curé d'Ars, au siècle dernier, avait surnommé* grappin *son diable tourmenteur. Il existait d'ailleurs, dit Furetière, un raisin (ainsi qu'une prune) en* rognon de coq, *et la peau du grain de raisin se disait aussi la* bourse, *la* calotte *ou la* cotte. *La grappe affirma donc résolument sa virilité, mais la virilité est forcément quelque chose de très variable : le* Larousse du XIXe siècle *précise ainsi que la grappe peut être grosse ou courte, cylindrique ou cylindro-conique, ailée ou rameuse, selon les espèces ou variétés. Cette grappe lourde aux grains charnus date aussi de la plus haute Antiquité : une stèle rupestre d'Ivry (près d'Eregli, Turquie), dit Henri*

Jeanmaire, dans Dionysos, *révèle un colosse divin, barbu, à la chevelure abondante et frisée, coiffé de la tiare garnie de cornes des divinités mésopotamiennes qui, d'une main, semble moissonner des épis, tandis que l'autre saisit les lourdes grappes d'un cep, dont le plant jaillit du sol entre les jambes.*
L'Américain Mapplethorpe en photographia une, en 1985, qui offre la chaleur sur son versant concave, l'ombre sur le versant convexe. Car sa grappe, qui paraît avoir été prise de profil (si l'on ose dire d'une grappe qu'elle a un profil), se présente comme une imposante masse de chair lourde, noire, fraîche et bien taillée, mais naturellement plus volumineuse, plus renflée à son sommet, et qui s'amincit à la base de façon assez obtuse. C'est une grappe splendide, une grappe choisie, qui paraît nue, car elle n'a ni feuilles ni tige, elle est simplement pendue à un fil, comme une chose qu'on aurait coupée tôt le matin, encore humide de rosée et déjà pleine de vigueur et de jus.

Comment la mordre ?

Mordre à la grappe est une expression qui remonte à 1480, et signifia longtemps le plaisir qu'on prend à goûter une idée, à saisir plus ou moins avidement une proposition. Comme le note fort justement Mme de Sévigné, « les muscats sont comme des grains d'ambre que l'on peut croquer, et qui vous feraient fort bien tourner la tête, si vous en mangiez sans mesure, parce que c'est comme si l'on buvait à petits traits du plus exquis vin de Saint-Laurent » (1694). Et Brantôme, dans les *Dames galantes,* raconte assez précisément comment une dame qui brûlait en feu, et n'avait d'autre envie que de manger des muscats qui étaient en la treille, put ainsi, sur un lit fait de gazon et mottes de terre, en jouir fort doucement. Les choses se gâtèrent pourtant, car on s'aperçut que la grappe pouvait être aussi un trompe-l'œil, une facture approximative, un appeau en somme plus qu'un appât. Et on comprit un peu tard (au siècle dernier) que *mordre à la grappe,* c'était saisir avec trop d'empressement et sans beaucoup de discernement une proposition ou une promesse qui s'avérait finalement être un leurre.
A défaut de mordre dedans, certains s'avisèrent alors de l'écraser, ce qui, à tout prendre, apportait plus de satisfaction. « Elle

me barbouillait le nez avec le jus d'une grappe (dit Colas Breugnon), et moi je lui en écrasais une juteuse et noire, sur sa gorge dorée que le soleil brûlait. » Ou simplement *grappiller*, autrement dit cueillir les grappillons après la vendange, ce qui est moins risqué, mais moins plaisant, car ce grappillon, qu'on appelait souvent la *demoiselle*, c'est la grappe mal venue et chétive, qui n'a pas mûri en temps opportun, ou dont les grains sont restés tout petits sur un cep épuisé. Grappiller, c'est ainsi faire de petits profits, plus ou moins licites, en douce. Ce qui se traduisit, dans la langue érotique, par : cueillir les fruits de l'amour en les dérobant pendant le sommeil, comme le font les pusillanimes de la grappe. A l'inverse, il y en a qui sont prêts à tout piller, à tout rafler, et la *rafle*, c'est-à-dire la grappe, a peut-être reçu son nom justement de ceux qui l'égrappaient sauvagement et la dépouillaient comme des brutes. A côté de ces vandales de la grappe, il y en a d'autres, qui préfèrent se réfugier vers la grappette, donc vers un plaisir plus oral. Car la grappette, c'est en fait la *luette*, l'uvule en forme de petite grappe : petit corps charnu et spongieux, dit Ambroise Paré, de figure quasi d'une pomme de pin, suspendu perpendiculairement à la fin du palais. Et il y a toujours des gens friands de cette petite saillie charnue de l'uvule, des explorateurs à la recherche du spasme de la luette. Mais naturellement, une luette n'est pas tout à fait pareil qu'une somptueuse grappe de raisin sur son cep.

Braguette

La grappe à l'état naturel apparaît rarement sans sa feuille. Selon Flaubert *(Dictionnaire des idées reçues)*, la feuille de vigne serait « l'emblème de la virilité dans l'art de la sculpture ». Il est vrai qu'on n'a jamais masqué ce qui n'existait pas. Toujours est-il que cette feuille se disait *chiaccone*, en patois napolitain, et que la *chiaccone* était aussi une parole obscène. La feuille vaut donc la grappe. Ces feuilles de vigne dont parle Flaubert n'ont pourtant rien à voir avec les braguettes, imitées (dit Rabelais, *Tiers Livre*) des fruits & légumes que la nature a munis et couverts par admirable industrie de gousses, gaines et autres coques qui leur sont comme belles et fortes braguettes

naturelles, si bien que la partie de son corps que l'homme commença par couvrir et armer, ce fut, par la vertu de Dieu, la couille. En fait, ce dont parle Flaubert, et dont il paraît si mécontent, c'est de la feuille considérée non pas comme une armure, mais comme une censure. Selon Sébastien Mercier, elle apparut un beau matin à Marly, sous l'influence de Marie Leszczynska, Polonaise dévote, gourmande et ennuyeuse, vivement conseillée par son confesseur pour voiler la virilité des héros. Feuille de vigne ou de figuier, du reste, car les deux formats furent requis, selon la taille de l'objet. Toujours est-il que la Révolution sonna bientôt la chute de la feuille. La pudeur était certes une vertu révolutionnaire, mais une reine pouvait-elle paraître plus patriote qu'un sans-culotte ?
La Restauration tenta de rétablir ce digne ornement de la monarchie, mais apparemment sans grand succès. « Quoi ! s'écria le *Journal des artistes.* Appliquer un cataplasme sur les parties viriles des statues pour les soustraire honnêtement à la vue du public, les emplâtrer dans du plâtre gâché, afin de satisfaire la pudibonde sollicitude qui doit veiller, dit-on, sur les jeunes regards ! Quelle bévue ! » Et quand Flaubert découvrit avec stupéfaction (comme il le note dans ses *Voyages)* cette mode au musée de Nantes et contempla ces feuilles de vigne en fer-blanc qui avaient l'air d'appareils contre l'onanisme, il s'écria : « L'Apollon du Belvédère, le Discobole et un joueur de flûte, enharnachés de ces honteux caleçons métalliques qui reluisent comme des casseroles ! On voit d'ailleurs que c'est un ouvrage médité de longtemps et exécuté avec amour, c'est escalopé sur les bords et enfoncé avec des vis dans les membres des pauvres plâtres, qui s'en sont écaillés de douleur. » Plus perfidement encore, le *Journal des artistes* souligna la « psychologie vicieuse » de la feuille de vigne : « La pensée d'une feuille adhérente comme un polype au sexe d'une statue est plus indécente que toutes les pensées des grivois et des rieurs cyniques. » Ce qui ne saurait s'appliquer, bien sûr, quand ladite feuille enrobe amoureusement la perdrix ou la bécasse qu'on s'apprête à rôtir.

Vigne grosse

Si la grappe parut jusqu'ici si virile, si spectaculairement virile, cela ne doit pas nous faire oublier la grande tradition de la féminité de la vigne. Ce qui correspond, au fond, à l'androgynie de Dionysos. Lequel n'avait rien du viril Apollon. Car ce dieu au corps en forme de grappe, qui versait négligemment à sa panthère, sur les hauteurs du Vésuve, une libation aux pures éclaboussures, avait quelque chose de féminin dans sa nature, préférant se métamorphoser pour vaincre des ennemis puissants et s'entourant toujours de femmes en délire, ses Ménades. Bref, la grappe hérita de ces ambiguïtés. Vachard comme pas deux, Jules Renard dit d'une femme que c'est « une peau de raisin qui a eu froid » (*Journal*, 1904), ce qui bien sûr n'est pas la meilleure façon d'aborder la question. Mais Jean Onimus, très chrétiennement, vit dans la vigne l'emblème de la femme pleine. « La femme, indique-t-il, n'accomplit son destin que dans la fécondité : c'est pourquoi une malédiction pèse sur la vigne stérile. C'est Isaïe qui compare Israël à une vigne stérile, comblée pourtant d'attentions par son vigneron. Personnellement, je ressens une sorte d'antipathie pour la vigne vierge, cette sauvageonne, sèche et nerveuse, qui a échangé contre sa féminité la violence vitale de l'aventure. La vigne est sensuelle et voluptueuse. Regardez-la en été, au soleil, et en automne voyez ces grappes pleines à éclater. Mais c'est une sensualité de bon aloi, saine et contenue : comme nous sommes loin des lianes exotiques, avec leurs fleurs excessives, leurs crampons, leurs suçoirs, leurs torsions violentes, leurs bras de serpents » *(L'Arc, La Vigne et le Vin).*

Vigne folle

Jean Onimus, manifestement, en veut beaucoup à la vigne vierge, à la grappe stérile de la bryone, dite encore *vigne du diable, navet galant* ou *feu ardent.* Une plante, il est vrai, toxique, purgative et vermifuge, au point que Bartholin (XVIIe siècle) n'hésite pas à dire que des Lézards, des Crapauds et des Grenouilles ont été rejetés par la bouche à la suite d'absorption de suc de Bryone et d'Iris. Les sorciers se servaient de sa racine, qui contrefait parfois grossièrement la forme humaine, pour fabriquer ce qu'ils appelaient une Mandragore, petit monstre dont la possession assurait chance et richesse. Mais surtout, la bryone, la vigne blanche, était connue, si on l'absorbait à petites doses, pour ses propriétés abortives. Voilà pourquoi c'était une vigne de sorcière. Et pourquoi aussi elle tracasse tant Jean Onimus. Ce n'est plus du tout l'image de la femme pleine, mais celle de la « madone infertile », qui revendique un plaisir cherché pour lui-même, hors du souci ou du devoir d'engendrer. Vigne « pervertie », disent donc les chrétiens, vigne qui « trompe la nature » et qui est une des multiples et retorses tentations du diable. C'est pourquoi Onimus se tourne, en dernière instance, vers le vigneron : « Comme ces femmes délicates, dit-il, il faut sans cesse s'occuper d'elle. Abandonnez tant soit peu votre vigne, elle aura tôt fait de s'évader, de redevenir sauvage et de vous tromper. »

Emblème de volupté, la grappe évoqua donc le corps plein, charnu et humide de la féminité (y compris de la féminité de l'homme). « Regarde cette grappe sous le pampre vert, spectacle propice, délectable saveur », disait Bachchâr, poète persan. « J'ai visité ces vierges brunes à la verte mantille, et mon cœur soucieux à les voir a trouvé son repos. On aurait dit les filles d'un roi nègre que leur père sous ces voiles aurait voulu cacher » *(La Grappe)*. Et c'est ce sexe savoureux de la grappe qu'on s'est plu à détailler, en le détournant sur certains attributs de la féminité. Les seins, bien sûr, mais surtout la chevelure. Dionysos, qui s'éprend un jour, au pied des monts phrygiens, du petit Ampelos (le Petit Vigne), décrit longuement les « grappes bouclées qui courent sur ses blanches épaules, dénouées, et en frémissant sous le murmure de la brise, qui se soulèvent à son haleine. Et quand ses cheveux s'écartent, on voit poindre, à peine visible au milieu d'eux, son cou nu dont le lumineux éclat dissipe l'ombre, telle la Lune à demi visible quand sa lumière déchire une humide nuée » (Nonnos, *Dionysiaques*).

Jus de baiser

Et puis il y a le baiser de la grappe. Si la pomme, dans la poésie arabe, a du baiser surtout gardé l'odeur, le raisin, lui, n'est plus qu'un jus. Toute la qualité du baiser arabe vient qu'il doit couler entre les lèvres, comme le lait des tiges. Ce n'est pas du tout un baiser asphyxiant, il n'absorbe pas le souffle, il est sucement des lèvres et flux désaltérant. C'est un *boire amoureux*. On ne parle, dans les *Mille et Une Nuits*, que de cette salive plus douce qu'eau parfumée, qui a le jus d'un goût tout frais pressé de la grappe, qui est un miel mêlé à un vin vieux, et, dans la 124e Nuit, An-Nu'mân n'y tient plus : « Lorsque je la vis ainsi, dit-il, je ne pus me contenir. Tout en lui suçant les lèvres, je plantai mon pieu dans la grotte. Elle soupirait et gémissait et suppliait... » Tel est le baiser arabe : un *lait de grappe*. On a parfois, du reste, assimilé les vertus chimiques de ce lait végétal à celles du lait de femme, on en a mesuré le taux en eau, en sucre, en matière azotées et minérales, et pour Herpin (1865), il ne fait aucun doute qu'entre le jus de raisin frais et le lait de femme existe la plus grande analogie. Pourtant, Pline y voyait une différence appréciable : pour lui, le lait nourrissait les os, et le raisin, le sang. Si bien que les hommes qui usent du lait sont moins rouges, moins robustes et moins résistants à la fatigue, car seul le vin entretient les forces, le sang et le teint.

Quand Cesare Ripa, en 1593, dans son *Iconologie*, voulut figurer l'hiéroglyphe de la luxure, il dessina l'image d'une femme lascivement parée, assise, appuyée sur son coude gauche et tendant dans sa main droite un scorpion. A ses côtés, un bouc enflammé de lubricité et une vigne avec quelques grappes de raisin. Pourquoi le scorpion ? Parce que, dit-il, les parties naturelles du corps humain sont consacrées par les astrologues au scorpion. Pourquoi la vigne ? Parce qu'elle est emblème d'inépuisable vigueur et d'irrépressible élan ascensionnel, mais aussi de désir impérieux, car « on dit les vignes luxurieuses, qui croissent gaillardement, comme les hommes aveuglés par la luxure, qui ne s'apaisent jamais ». En tout cas, si la femme est une grappe, et son corps, un désir de grappe, la grappe, elle, resta interdite aux femmes. Cruelle peste liquide, boisson pernicieuse, suc de l'âme, aliment du vice, séduction de Vénus, tel était le vin, et sans lui, nul doute que la volupté adultérine des dames galantes de la Renaissance eût été moins pétillante. Mais chez les Anciens, depuis toujours, le vin leur était refusé · Aulu-Gelle dit même qu'on infligeait des peines aussi sévères, si elles en buvaient, qu'en cas d'adultère, comme s'il s'agissait d'une *possession.* Car le vin endort jusqu'au plaisir, comme le suggère Montaigne, à propos d'une villageoise, veuve de chaste réputation, qui se reconnut un jour enceinte sans pouvoir comprendre comment. « Or, dit Montaigne, sur la promesse d'être pardonné, un sien valet de labourage déclara l'avoir trouvée, un jour de fête, ayant bien largement pris son vin, si profondément endormie près de son foyer, et si indécemment, qu'il s'en était pu servir sans l'éveiller. »

Cousines

« La peur garde la vigne », dit un proverbe bas-limousin. « Mais le raisin de la vigne non gardée est doux », rétorque habilement un proverbe turc. Car la vigne, c'est aussi la *nature* d'une femme. *Fouler la vendange,* depuis le XIIIe siècle, a toujours voulu dire coïter. Et *travailler la vigne du Seigneur,* coïter et s'enivrer. Ce qu'on ne confondra pas pour autant avec *travailler à la vigne du Seigneur,* qui signifie pour les prédicateurs convertir les âmes et qui, d'après Stendhal, suppose de l'instruction. Dans ce contexte, la vigne incite fatalement à fréquenter des *vendangeuses d'amour,* « filles ou femmes, note Alfred Delvau, qui ont pour unique occupation de vendanger l'amour et de tirer de la meule de leur pressoir assez d'argent pour ne pas être obligées de faire autre chose ». Ou encore des *cousines de vendanges,* « femmes que l'on baise sur la table de certains cabarets borgnes ». En somme, des femmes de noces, des Vénus populaires, des catins. Voilà donc à quoi vous expose la vigne. Et encore y a-t-il des cousines de vendanges qui ne sont que « des variétés de Tantes, dit encore Delvau, des enculés qui portent tous des noms de filles, la Reine d'Angleterre, la Grille, la Marseillaise, la Fille à la perruque, la Léontine, la Nantaise, la Folle, la Fille à la mode, la Pipée ou la Bouchère », et qui ont apparemment autant de succès que les autres.

C'est assez dire que la vigne accueille des tas de monde, contrairement à ce croit Jean Onimus. Y compris, naturellement, les *vrilles*, qui étaient les lesbiennes du siècle dernier. Car la vigne, *vitis* en latin, n'a rien à voir avec le vin, mais avec la tresse. La vigne, c'est la plante des courbes et des enroulements. C'est sans doute la raison pour laquelle on appliqua aux tribades ce nom du pédoncule de la vigne grimpante qui, en croissant, s'enroule fortement autour d'un support adéquat. Ce qui fit rêver des générations d'étymologistes mâles. Selon eux, on pouvait considérer la *vrille* comme l'homosexuelle qui n'a de plaisir qu'à être l'élément actif, par opposition à la *gouine*. D'autres, en revanche, prétendirent que c'était la *gousse* qui remplissait le rôle actif de souteneur féminin, tandis que les *vrilles* attacheuses jouaient un rôle passif. On n'en saura sans doute jamais davantage. Sinon que la vrille se disait *ville* au Moyen Age, ce qu'on a sans doute tout bêtement pris pour *fille*.

L'étourdie

La grappe attira auprès d'elle d'autres vendangeuses, comme on les appelait, qui étaient les grives (ou les merles, ou encore les tourterelles). Et si l'on dit parfois de quelqu'un qu'il est *saoul comme une grive,* c'est que la grive se gave de ce raisin qui l'engraisse, elle aime s'attarder dans les grappes et s'y piquer le bec. Célèbre depuis toujours par son manque de discernement, la grive est aussi une étourdie (n'avoir pas de tête se dit, en Espagne, *avoir une tête de grive*). Mais si les grives de septembre ont tant de mal à voler, si leur vol paraît si indécis et chaloupé, ce n'est pas par étourderie, encore moins parce qu'elles sont saoules, c'est simplement parce qu'elles sont grosses de raisins. Car les grives de vigne sont des oiseaux minuscules, dont l'appétit de raisins (mais aussi de baies de genièvre) est aussi insatiable qu'une panse de mouton, si bien que cette vendangeuse n'est pas seulement dodue à souhait, sa chair imbibée a aussi l'arôme subtil du vin. On se demande donc pourquoi Buffon dit que la grive est triste. Cette grive vendangeuse, dite aussi musicienne, est peut-être la plus petite dans la gamme des grives, c'est aussi la plus succulente. Grimod de la Reynière a bien raison de dire que « c'est un oiseau fort

distingué dont les gourmands ont toujours fait un cas particulier ».
Les rapports du renard avec la grappe sont plus compliqués. Car il existe bel et bien des raisins qui ont un goût très prononcé de renard. Ce sont des raisins à gros grains, recouverts d'une peau épaisse et qui gardent une saveur piquante, bien qu'on les vendange blets, et qui donnent le vin de Noah, un vin qui dit-on rend fou. D'où leur vient ce goût de renard ? Du musc. Car si le renard ne possède pas de poche à musc (comme le chevrotain), il dégage pourtant une odeur épouvantable qui le fit associer souvent aux mustélidés, comme la fouine ou le putois, qui sécrètent une abondante matière parfumée. Bref, le renard est considéré comme une bête à musc. Et ce musc, bizarrement, peut donner aussi bien les fruits délicieux, doux et miellés du *muscat* que ces immangeables raisins acides et dirait-on toujours verts du Noah. Mais jamais on ne pensait au renard quand on goûtait au muscat, naturellement. Ce qui était d'une criante injustice. Hasard ou stratagème, Goupil finit pourtant par faire oublier ces raisins à goût de renard et ces détestables vins « foxés ». Comment ? En pissant sur les grappes, tout bêtement. Ce qui donna des grappes mûres et ambrées, aussi rousses, aussi flamboyantes que lui, les raisins les plus doux qu'on ait jamais vus. En Haute-Saône, on trouve sur le territoire de Gy une vigne au vin renommé : c'est l'*Enclos aux renards*. Par une nuit d'orage, dit-on, tous les renards de la région s'y sont donné rendez-vous pour manger des raisins. Les éclairs incessants favorisaient leur maraude. « Encore une éluze ! » (éclair) criaient-ils, afin de mieux voir les plus belles grappes. Tout à coup, le tonnerre éclata avec une telle violence qu'ils crurent que le ciel tombait. De peur, ils arrosèrent la terre de tout ce qu'ils avaient dans le ventre. Et c'est à dater de ce jour que les raisins de cette vigne sont d'un beau jaune doré et que le vin possède un délicieux bouquet.

Pouilles

Les vendanges furent toujours un enclos de propos licencieux et de gestes illicites. Paillardises et lubricité étaient de règle.

« A Caresme-prenant et en vendange, disait-on au XVIe siècle, tous propos sont de licence. » Et Brantôme, dans les *Dames galantes*, raconte un épisode réjouissant à propos des vendangeurs de la campagne de Naples, « auxquels est permis, dit-il, tant qu'ils vendangent, de dire tous les mots et injures et *pouilles* [reproches mêlés d'injures] à tous les passants, en particulier les femmes, qui vont et viennent sur les chemins ». Sacrées revanches et doux larcins, c'était le harcèlement sexuel en toute impunité, et cela plaisait énormément. On n'aurait manqué pour rien au monde d'aller faire un tour aux vendanges. Donc, dit Brantôme, « j'ai ouï dire que plusieurs dames, princesses et grandes, quelles qu'elles soient, pour en avoir le plaisir, se donnaient des affaires et allaient exprès aux champs, et passaient par les chemins pour les ouïr gazouiller et entendre d'eux mille salauderies et paroles lubriques qu'ils leur disaient et débagouillaient, leur faisant la guerre de leurs paillardises et lubricités qu'elles exerçaient envers leurs maris et serviteurs, jusqu'à leur reprocher leurs amours et habitations avec leurs cochers, pages, laquais et *estaffiers* [valets de pied], qui les conduisaient. Et, qui plus est, leur demandaient librement la courtoisie de leur compagnie, et qu'ils les accueilleraient et traiteraient bien mieux que tous autres. Et ce disaient en franchissant naïvement et naturellement les mots, sans autrement les déguiser. Elles étaient quittes pour en rire leur saoul et en passer leur temps ». On m'a dit, ajoute Brantôme, que cette coutume dure encore, et que « beaucoup de gens en France voudraient bien qu'elle fût observée en quelque saison de l'année, pour avoir le plaisir de leurs médisances en toute sûreté, qu'ils aiment tant ».

Ver-coquin

Le pépin de raisin est bien ce qu'il y a de pire au monde. Car il est inévitable. Pour une jeune fille, au siècle dernier, le pépin, c'était un caprice, une amourette, une graine d'amour. « On peut dire qu'elles ont le pépin du canotage et aussi des canotiers », disait Larchey. C'était donc un béguin que le pépin : pas une passion, juste une toquade. Ce qu'on appelait à la Renaissance un *ver-coquin* (lequel désignait aussi la larve parasite de la vigne, c'est-à-dire le ver de vigne). « Chacun, écrit Gui Patin, au XVIIe siècle, a son ver-coquin dans la tête et son malheur fatal. » D'où vient que le pépin ait pu devenir aujourd'hui synonyme de complication, de désagrément ou d'incident regrettable ? Est-ce parce que le pépin vous restait en travers du gosier ? Ou plutôt que l'amourette avait été poussée trop loin, au point de provoquer un embarras imprévu, c'est-à-dire l'attente d'un enfant (car *avaler le pépin,* dans l'argot des petites dames, c'est bien être enceinte) ? Gueulin, dans *Pot-Bouille,* de Zola, résume assez bien la situation : s'il refuse les femmes, ce n'est pas parce qu'il les dédaigne, mais parce qu'il redoute les lendemains du bonheur, « toujours des embêtements », dit-il. Voilà bien la double nature du pépin : le caprice et ses conséquences, les embêtements du lendemain. Et quand l'oncle Bachelard trouve Gueulin dans la chambre de Fifi, petite amie et protégée de l'oncle, Gueulin s'écrie : « Parbleu ! la nuit a été très agréable ; mais après, va te promener ! On en a pour la vie à pleurer comme des veaux ! » Bref, entre *avoir le pépin* et l'*avoir avalé,* il n'y a que l'écart d'une bêtise.

Comme, dans pépin, il y a un petit radical expressif *pep,* où la répétition du *p* exprimerait l'idée d'exiguïté, certains ont cru y voir la verge du petit garçon, qui serait en quelque sorte sa « toute petite graine relativement molle ». Pourquoi pas, en effet ? Encore que l'usage en soit rare. En revanche, on considéra plus souvent le pépin au goût amer comme un poison (et donc *avaler le pépin,* c'était aussi s'empoisonner). On ne croit plus aujourd'hui à des conséquences aussi fâcheuses du pépin. Mais on est bien obligé de reconnaître qu'Anacréon s'étrangla d'un seul pépin de la grappe, à l'âge de quatre-vingt-cinq ans, dans sa ville natale de Téos. C'était en 485 avant J.-C. Il ne nous reste, hélas, de son œuvre poétique qu'une grappe un peu dépareillée. Ami de quelques tyrans, Polycrate de Samos et Hipparque, buveur profond, éternel amoureux de garçons comme de filles, dont quelques prénoms sont venus jusqu'à nous (Smerdiès, l'enfant thrace, aux boucles ciconniennes, ou encore la blonde Eurypylè), Anacréon parle du cœur qui tremble, de la vague grise d'écume où il plonge et des osselets de l'amour. « Apporte l'eau, apporte le vin, mon garçon ! Apporte-nous les couronnes de fleurs ! Apporte tout cela, car je veux faire le coup de poing contre l'Amour. » Apparemment, ce fut le pépin qui fit le coup de poing contre lui.

Table

d

e

f

g

h

k

l

m

n

o

p

r

s

t

v

DU MÊME AUTEUR
AUX ÉDITIONS ALBIN MICHEL

Les Garçons de passe,
1978.

Morgue,
1979.

Le Voyeur,
1981.

Grisélidis, courtisane,
1981.

Les Français de la honte,
1983 (avec Guy Hocquenghem).

Obsessions,
1985.

Cap Fréhel,
roman, 1989.

Lettre ouverte aux Suisses, si bons, si gros, si tristes,
1991.

Mon beau légionnaire,
roman, 1991.

La composition de cet ouvrage
a été réalisée par Nord Compo
l'impression et le brochage ont été effectués
sur presse Cameron dans les ateliers BCA
à Saint-Amand-Montrond (Cher),
pour le compte des Éditions Albin Michel.

Achevé d'imprimer en décembre 1994.
N° d'édition : 14355. N° d'impression : 94/963.
Dépôt légal : décembre 1994.